HISTOIRE DU THÉATRE EN FRANCE

# RÉPERTOIRE

du

# THÉATRE COMIQUE

EN FRANCE

AU MOYEN-AGE

par

L. PETIT DE JULLEVILLE

PROFESSEUR-SUPPLÉANT A LA SORBONNE

PARIS
LIBRAIRIE LÉOPOLD CERF
13, RUE DE MÉDICIS, 13

1886

# RÉPERTOIRE

## DU

# THÉATRE COMIQUE

## EN FRANCE

## AU MOYEN-AGE

Tiré à 10 exemplaires sur papier Japon à la main numérotés de 1 à 10.
— 10 — — de Chine — de 11 à 20.
— 30 — — vergé — de 21 à 50.
— 500 — — vélin du Marais — de 51 à 550.

N° 58.

*OUVRAGES DU MÊME AUTEUR*

# L'HISTOIRE DU THÉATRE EN FRANCE

## AU MOYEN-AGE

Ouvrage terminé se composant des parties suivantes :

LES MYSTÈRES. Paris, Hachette, 1880. 2 volumes in-8°.

LES COMÉDIENS EN FRANCE AU MOYEN-AGE. Paris, L. Cerf, 1885, in-16.

LA COMÉDIE ET LES MŒURS EN FRANCE AU MOYEN-AGE. Paris, L. Cerf, 1886, in-16.

RÉPERTOIRE DU THÉATRE COMIQUE EN FRANCE AU MOYEN-AGE. Paris, L. Cerf, 1886, grand in-8°.

# AVERTISSEMENT

Ce *Répertoire* se compose de plusieurs catalogues distincts. Le premier présente une liste de deux cent cinquante pièces comiques du Moyen-Age, dont le texte s'est conservé; quelques-unes seulement sont antérieures au xv⁰ siècle; on les a réunies à part. Les autres, toutes composées au xv⁰ siècle ou au xvi⁰, ont été réparties par genres (*Moralités, Farces* et *Sotties, — Monologues* et *Sermons joyeux*). Nous donnons, pour chaque pièce, le titre exact, l'indication des manuscrits et des éditions imprimées; celle des personnages et le nombre des vers; le nom de l'auteur, s'il est connu; la date, quand on peut la fixer; l'énumération des représentations, s'il en survit quelque trace; enfin une courte analyse du sujet, et, au besoin, quelques citations.

Ce catalogue s'arrête à l'année 1600. Mais on n'y trouvera point les *comédies* qui ont été écrites selon le goût de la Renaissance, durant la seconde moitié du xvi⁰ siècle, par Jodelle, Grevin, Jean de la Taille, Remi Belleau, Pierre Le Loyer, Odet de Tournebu, etc. Nous ne nous occupons ici que des pièces comiques écrites selon les procédés dramatiques du Moyen-Age jusqu'à l'entrée du xvii⁰ siècle.

Un nombre infini de pièces comiques du Moyen-Age sont perdues ; mais il en est plusieurs dont on a conservé le souvenir, le titre même ou quelque autre trace ; nous réunissons ces témoignages dans un second catalogue de soixante pièces comiques perdues.

Un troisième catalogue offre une liste de plus de deux cents représentations de pièces comiques données en divers lieux de France entre les années 1352 et 1600. Quelque incomplète que soit nécessairement une liste de cette nature, on jugera peut-être que ce travail n'est pas sans utilité ; on y a rassemblé un très grand nombre de faits inédits ou peu connus, intéressants pour l'histoire du Théâtre, et même l'histoire générale.

# TABLE DU RÉPERTOIRE

Note sur plusieurs recueils de pièces comiques du Moyen-Age............................................................ 1
I. Catalogue des pièces comiques dont le texte est conservé................................................................ 17
    A. Pièces antérieures au xv<sup>e</sup> siècle............. 19
    B. Moralités....................................... 31
    C. Farces et Sotties............................. 104
    D. Monologues et Sermons joyeux............. 259
II. Catalogue des pièces comiques perdues............. 293
III. Catalogue des représentations de pièces comiques... 319
Appendice......................................................... 403

# NOTE

SUR

# PLUSIEURS RECUEILS DE PIÈCES COMIQUES

DU MOYEN AGE

# NOTE

SUR

## PLUSIEURS RECUEILS DE PIÈCES COMIQUES

DU MOYEN AGE

Il existe plusieurs recueils, anciens ou récents, de pièces comiques du Moyen Age ; et dans les Catalogues suivants, nous aurons très fréquemment l'occasion d'y renvoyer. Pour éviter de nombreuses redites, nous réunissons ici les indications bibliographiques concernant ces divers recueils. Nous renverrons d'un mot à ces notices générales dans les notices particulières consacrées à chaque pièce.

Voici d'abord la table des seize recueils dont il sera parlé ci-dessous ; nous les avons disposés par ordre chronologique :

1. *Recueil du British Museum* (xvi$^e$ siècle) ;
2. *Manuscrit La Vallière* (xvi$^e$ siècle) ;
3. *Recueil Nicolas Rousset* (1612) ;
4. *Recueil de Copenhague* (1619) ;
5. *Collection Caron* (1798-1806) ;
6. *Mélanges des Bibliophiles* (1828-1829) ;
7. *Collection Montaran* (1829-1830) ;
8. *Collections Silvestre* (1830-1832 et 1838-1858) ;
9. *Recueil Le Roux de Lincy et Francisque Michel* (1837) ;
10. *Recueil Viollet-Leduc* (1854) ;

11. *Recueil Montaiglon* (1855-se continue) ;
12. *Recueil P.-L. Jacob* (1859) ;
13. *Recueil Charles Brunet* (1872) ;
14. *Recueil Édouard Fournier* (1872) ;
15. *Recueil E. Mabille* (1872) ;
16. *Recueil Émile Picot* (1880).

Dans nos Catalogues chacun de ces seize recueils sera indiqué par la formule abrégée qui les désigne ici.

## I. — RECUEIL DU BRITISH MUSEUM (xvi<sup>e</sup> siècle).

Recueil (factice) de soixante-quatre pièces dramatiques, imprimées séparément, au milieu du xvi<sup>e</sup> siècle, puis reliées ensemble, et conservées aujourd'hui au British Museum, $\frac{\text{C. 20 d}}{4}$.

Ce recueil de 64 plaquettes, imprimées séparément vers 1550, et reliées ensemble dans leur nouveauté, fut trouvé à Berlin, dans un grenier, vers 1840. M. Asher, libraire à Berlin, en fit l'acquisition (pour quinze cents francs, dit-on) et le revendit au Musée Britannique cent vingt livres sterling (3,000 fr.) en 1845. La reliure est en parchemin avec une courroie de même matière qui sert de fermoir. Les caractères sont gothiques ; le papier grisâtre et grossier. Le format est très particulier ; plus haut que large ; la hauteur est de 286 millimètres ; la largeur de 80. C'est le format dit d'*agenda*, qui n'appartient qu'à un fort petit nombre d'autres pièces. Le volume renferme des farces, des moralités, et un seul mystère. Sept pièces étaient déjà connues par d'autres éditions ; mais aucune, sans exception, n'était connue dans celle-là, dont chaque exemplaire est ainsi absolument unique. Quelle preuve frappante des pertes incalculables qu'a subies le répertoire de notre ancien théâtre comique ! Les dates, quand ces plaquettes sont datées, indiquent les années 1542, 1543, 1544, 1547, 1548. L'éditeur, quand il est nommé, est presque toujours *Barnabé Chaussard* à

Lyon. Il est probable que le recueil du British Museum nous offre un répertoire surtout Lyonnais ; comme le manuscrit La Vallière (voir ci-dessous) renferme un répertoire surtout Rouennais. L'historien Claude de Rubis[1] parle d'une troupe qui, en 1540 et durant les années suivantes, jouait à Lyon « les jours de Dimanche et les festes après le disner… la plupart des histoires du Vieil et Nouveau Testament *avec la farce* au bout ». Rien ne prouve que cette troupe ait représenté les pièces du British Museum ; mais rien n'empêche de le croire.

Ce recueil a été réimprimé (par les soins de M. A. de Montaiglon) dans les trois premiers volumes de l'*Ancien Théâtre Français* publié par M. Viollet-Leduc, dans la Bibliothèque Elzévirienne (voy. ci-dessous, n° 10)[2].

Deux des soixante-quatre pièces contenues dans ce recueil, ne sont pas réellement dramatiques, quoique dialoguées. Ce sont : 1° *La confession de Margot* (*Ancien Théâtre Français*, I, 372-379), pièce dont l'extrême licence rendrait le caractère dramatique déjà fort douteux, si l'absence de toute formule initiale, ou finale, propre aux farces, ne venait confirmer nos doutes. Ce n'est réellement qu'un fabliau dialogué (en 167 vers). Il en existe, au Musée Britannique, une autre version plus courte, in-8° goth. 4 ff. s. l. n. d.

2° Le *débat du Corps et de l'Ame* (*Ancien Théâtre Français*, III, 325-336). Il y a des *Débats* dramatiques et d'autres qui ne le sont point ; celui-ci est de ces derniers. L'Ame et le Corps y dialoguent assez froidement en vers de douze syllabes ; mais *l'Acteur* (l'auteur) interrompt sans cesse le dialogue par des couplets purement narratifs ; et tout le mor-

---

1. Cl. de Rubis, *Hist. de Lyon,* livre III, ch. LIII.
2. Voy. *Description bibliographique et analyse d'un livre unique qui se trouve au Musée Britannique,* par Tridace-Nafé-Théobrome, gentilhomme breton (Octave Delepierre). Au Meschacébé, chez El Eriarbil (le libraire), York-Street (à Gand), 1849, in-8°.

ceau est présenté comme le récit d'une vision révélée à un saint ermite.

Une autre pièce, contenue dans le recueil, appartient bien au théâtre, mais non au théâtre comique. C'est le « *Miracle du Chevalier qui donna sa femme au dyable* » (voir nos *Mystères*[1], tome II, p. 335).

Le nombre des pièces comiques contenues dans le recueil du British Museum s'élève ainsi à soixante et une.

## 2. — MANUSCRIT LA VALLIÈRE (XVIe siècle).

Manuscrit, dit La Vallière, contenant soixante-quatorze pièces (farces, moralités, sermons joyeux) et un court fragment de prologue, tiré d'un mystère. Petit in-folio, papier. 413 feuillets. Bibliothèque Nationale, 24341. (Anc. La Vallière, 63).

Ce manuscrit a été publié par MM. Le Roux de Lincy et Fr. Michel, avec peu de critique et quelques modifications, que nous indiquerons (voir ci-dessous la notice sur le Recueil Le Roux de Lincy). La table en tête du manuscrit diffère un peu de la table imprimée. L'ordre des pièces n'est pas tout à fait le même. Les titres offrent quelques différences. Notre catalogue reproduisant ceux que donne le manuscrit, il n'y a pas lieu d'insister ici sur ces légères inexactitudes des éditeurs.

Toutes les pièces sont anonymes, une seule exceptée (*le Pèlerin passant,* monologue de Pierre Taserye). Mais, comme on verra plus loin, il a été possible de restituer, d'après divers indices, les noms des auteurs de plusieurs pièces. A la fin de la table, on lit ces mots : *Ne soit marry en tout; mal n'y a y*, qui semblent renfermer un anagramme. Après la dernière pièce, on lit cette devise : *Du faict le faict.*

Le texte du manuscrit présente un assez grand nombre

---

[1]. Paris, Hachette, 1880, 2 vol. in-8º.

de corrections qui semblent toutes de la même main.

Les fréquentes mentions de la Normandie qu'on rencontre dans ces pièces ont fait supposer aux éditeurs qu'elles furent composées et jouées pour la plupart dans cette province ; nos observations personnelles confirmeront plus loin cette hypothèse.

## 3. — RECUEIL NICOLAS ROUSSET (1612).

*Recueil de plusieurs Farces tant anciennes que modernes. Lesquelles ont esté mises en meilleur ordre et langage qu'auparavant.* A Paris, chez Nicolas Rousset, rue de la Pelleterie près l'orloge du Palais à l'image S. Jacques, devant la chaire de fer M.DC.XII (1612) avec privilège du Roy.

Très petit in-8° de 144 p., contenant sept farces :

1. Le médecin qui guérit de toutes sortes de maladies ;
2. Colin, fils de Thenot le maire ;
3. Les deux savetiers ;
4. Les Femmes qui aiment mieux suivre Folconduit ;
5. L'Antéchrist ;
6. Les Femmes qui demandent les arrérages, etc. ;
7. Le débat d'un jeune moine et d'un vieux gendarme.

## 4. — RECUEIL DE COPENHAGUE (1619).

Petit volume, sans titre général, in-8° de 173 p., imprimé à Lyon en 1619 ; aujourd'hui à la Bibliothèque de Copenhague. Il renferme les neuf pièces suivantes :

1. Farce du Cuvier ;
2. Monologue du Franc Archer de Bagnolet ;
3. Dialogue (de deux amoureux), par Clément Marot ;
4. Farce de deux jeunes femmes qui coiffèrent leurs maris ;
5. Farce de deux hommes et de leurs deux femmes ;
6. Farce du pèlerin et de la pèlerine ;
7. Farce de la présentation des joyaux ;
8. Sermon joyeux contenant le ménage, etc. ;
9. Maître Hambrelin, serviteur de maître Aliboron.

Les n⁰ˢ 4, 6, 7 et 8 étaient inconnus avant la découverte de cet exemplaire, sans doute unique.

Le recueil de Copenhague, signalé par M. Christophe Nyrop à M. Émile Picot, a été publié récemment (voy. ci-dessous Recueil Emile Picot, n° 16).

## 5. — COLLECTION CARON (1798-1806).

*Collection de différents ouvrages anciens, poésies et facéties, réimprimées par les soins de Pierre Siméon Caron.* Paris, 1798-1806, 11 vol. petit in-8° (tirés à 56 ex.).

Dans cette collection, les pièces suivantes appartiennent au théâtre comique du Moyen Age :

1. Les sept pièces du Recueil Nicolas Rousset (voir ci-dessus, n° 3) ;
2. Deux sotties à dix personnages (voir au Catalogue des Sotties *Sotties de Genève*) ;
3. Le Jeu du prince des Sots, de Gringore ;
4. La moralité d'Une pauvre fille villageoise ;
5. La farce du Galant qui a fait le coup.

## 6. — MÉLANGES DES BIBLIOPHILES (1828-1829).

*Mélanges publiés par la société des bibliophiles français.* Paris, F. Didot, 1828-1829. 6 vol. gr. in-8°.

Les pièces suivantes appartiennent au théâtre du Moyen Age :

Dans le tome I : La moralité des Blasphémateurs ;
Dans le tome II : Le Jeu de Robin et Marion ;
Dans le tome III : Le Jeu d'Adam ou de la Feuillée. — La moralité de l'Enfant de perdition. — Tout, Chacun, Rien, moralité.

## 7. — COLLECTION MONTARAN (1829-1830).

*Recueil de livrets singuliers et rares dont la réimpression peut se joindre aux réimpressions déjà publiés* (sic) *par Caron.* (Collection publiée par M. de Montaran, Paris, imprimerie Guiraudet, 1829-1830, petit in-8°).

Les pièces suivantes appartiennent au théâtre comique du Moyen Age :

1. Discours facétieux des Hommes qui font saler leurs femmes;
2. Comédie du Voyage de Frère Fecisti;
3. Moralité de l'Enfant de perdition;
4. Farce de la Mère, Jouart, le Compère et l'Ecolier;
5. Farce du Meunier et du Gentilhomme;
6. Farce du Porteur d'eau;
7. Farce de la Cornette;
8. Farce d'un Curia qui trompa la femme d'un laboureur;
9. Farce de Poncette et de l'Amoureux transi;
10. Farce de la Ruse, méchanceté et obstination d'aucunes femmes.

## 8. — COLLECTIONS SILVESTRE (1830-1832 et 1838-1858).

Nous rangeons sous cette rubrique deux collections différentes qui ont paru successivement.

I. *Poésies des xv° et xvi° siècles, publiées d'après des éditions gothiques et des manuscrits.* Paris, Silvestre, imprimerie de Crapelet, 1830-1832, gr. in-8° ; caractères gothiques.

Ce premier recueil (de quinze fascicules) renferme six pièces comiques :

— N° 5, Sermon nouveau des Maux du mariage;
— N° 7, Le Sermon de S. Hareng, et le Monologue des nouveaux sots de la joyeuse bande;
— N° 13, Le Meunier de qui le diable emporta l'âme;

— N° 14, Moralité de l'Aveugle et du boiteux ;
— N° 15, Farce, dite de la Pippée.

II. *Collection de poésies, romans, chroniques*, etc., *publiées d'après d'anciens manuscrits et d'après des éditions des* xv° *et* xvi° *siècles*. Paris, Silvestre, de l'imprimerie de Crapelet, 1838-1858, in-16, caractères gothiques, avec vignettes gravées sur bois.

Ce second recueil (de vingt-quatre fascicules) ne renferme que deux pièces appartenant au théâtre comique ; ce sont le n° 5 : Moralité de l'Assomption, de Jean Parmentier ; et le n° 23 : Maître Hambrelin qui de tout se vante, monologue.

## 9. — RECUEIL LE ROUX DE LINCY — FRANCISQUE MICHEL (1837).

*Recueil de farces, moralités et sermons joyeux publié d'après le manuscrit de la bibliothèque royale*, par Le Roux de Lincy et Francisque Michel. Paris, Techener, 1837, 4 vol. in-8° (tiré à 76 exemplaires).

D'après la *Préface*, en tête du tome I, le recueil comprend, comme le manuscrit, 74 pièces distinctes. Mais on a supprimé la 15° farce du manuscrit (*Un vendeur de livres et deux femmes*) qui a paru faire double emploi avec la 41° (*Trois commères et un vendeur de livres*) et pour compléter le chiffre de 74, on a publié à titre de pièce distincte une « Remontrance à une compaignie de paroisse de venir voir jouer farces ou moralitez ». Ce morceau, très insignifiant, en 18 vers, n'est visiblement qu'un fragment de « prologue final[1] », c'est-à-dire d'épilogue de quelque mystère et il devait se placer entre la dernière journée d'une *Passion* et la première de la *Résurrection*[2]. Le recueil imprimé ne

---

1. Cette expression vicieuse était fort usitée au xv° siècle.
2. Voici ce morceau, réimprimé deux fois dans le Recueil de Le Roux

contient donc réellement que soixante-treize pièces comiques.

Dans la préface, l'éditeur, cédant au goût de son temps, invite les romanciers de 1837, à venir puiser dans le livre qu'il met au jour. « Ces farces ressuscitent les temps passés et font revivre tout un peuple : véritables chroniques de nos places, de nos rues et de nos carrefours; couleurs fraîches, naïves qui datent de trois cents ans et qui peuvent prêter des grâces nouvelles aux œuvres romano-historiques de nos jeunes écrivains. C'est dans des monuments de ce genre que Walter Scott a cherché les types de ces caractères originaux qui sous sa plume deviennent l'expression de tout un siècle. Il y a là des pierres toutes taillées pour refaire une ville gothique, et un peuple facétieux et naïf prêt à revivre pour l'habiter. » Ces promesses sont exagérées ; ce n'est pas un tableau complet de la société du xve siècle et du xvie siècle, qu'il faut chercher dans les farces. C'est seulement la parodie et la caricature des tra-

---

de Lincy; à part, comme nous venons de dire, et à la suite de la farce du *Marchand de pommes*.

> En general, peuple present,
> Nul de vous ne doibt estre exent
> De vous comparoir a huytaine.
> Lors vous voyrés, chosse certaine,
> Que le doulx Jesus precieulx
> Monta de ces bas lieux es cieulx.
> Concluon le (donc) sans doubtance.
> Lors vous monstrerons en substance,
> En la fin, tant debuoir ferons ;
> Car aujourd'uy nous differons,
> Pour donner au vray Mesias,
> Et a tous, *Deo Gratias*.
>
> SIZAIN.
>
> Dont chascun se doibt transporter
> D'y venir, et nous supporter,
> Excusant le mal, en efaict,
> Si quelque faulte or avons faict
> Ce dict jour, en bien et honneur.
> Mais qu'il plaise a nostre Seigneur.

vers particuliers de ce temps et des travers généraux du monde.

## 10. — RECUEIL VIOLLET-LEDUC (1854).

*Ancien Théâtre françois, ou collection des ouvrages dramatiques les plus remarquables depuis les mystères jusqu'à Corneille*, publié avec des notes et éclaircissements, par M. Viollet-Leduc. Paris, Jannet, 1854-1857, 10 vol. in-16 (Bibliothèque Elzévirienne).

Les trois premiers volumes, publiés en 1854, par les soins de M. de Montaiglon, reproduisent le précieux recueil du Musée Britannique, signalé plus haut (voy. p. 4). Les tomes suivants ne renferment aucune pièce antérieure à la *Cléopâtre* de Jodelle (1552). Ils intéressent l'histoire du théâtre au temps de la Renaissance, non celle du théâtre au Moyen Age.

## 11. — RECUEIL MONTAIGLON (1855. — Se continue).

*Recueil de poésies françoises des* $xv^e$ *et* $xvi^e$ *siècles, morales, facétieuses, historiques*, réunies et annotées par M. Anatole de Montaiglon. Paris, Jannet, 1855 (date du tome I). (Bibliothèque Elzévirienne.)

Treize volumes ont paru de 1855 à 1878.
Les tomes X à XIII sont signés de MM. de Montaiglon et de Rothschild.
Ce recueil renferme un certain nombre de pièces comiques ; presque tous monologues ou sermons joyeux.

Tome I. La Chambrière à louer à tout faire ;
    Les Friponniers ;
    Les Nouveaux sots de la joyeuse bande ;
    Saint Ognon ;
    Le Varlet à tout faire ;

Tome II. La Chambrière dépourvue du mal d'amour ;
          L'Entrée de table ;
          Les Maux du mariage ;
          Saint Hareng ;
          Saint Raisin ;
Tome IV. L'Andouille ;
Tome XI. Le Clerc de taverne ;
          Les Menus Propos ;
          Les Merveilleux faits de Nemo ;
Tome XIII. Le Franc Archer de Cherré ;
          Hambrelin.

## 12. — RECUEIL P.-L. JACOB (1859).

*Recueil de farces, soties et moralités du xv$^e$ siècle réunies pour la première fois et publiées avec des notices et des notes, par P.-L. Jacob, bibliophile. Paris, Ad. Delahays, 1859, grand in-8°* (plusieurs fois réimprimé).

Ce recueil contient : Pathelin. — Le Nouveau Pathelin. — Le Testament de Pathelin. — Moralité de l'Aveugle et du Boiteux. — La Farce du Meunier. — La Condamnation de Banquet.

## 13. — RECUEIL CHARLES BRUNET (1872-3).

*Recueil de pièces rares et facétieuses, anciennes et modernes, en vers et en prose, remises en lumière pour l'esbattement des Pantagruélistes,* avec le concours d'un bibliophile (M. Charles Brunet). — (Paris, Barraud, 1872-1873, 4 vol. in-8°).

Dans ce recueil, les pièces suivantes appartiennent au théâtre comique du Moyen Age :

Tome I. Les sept farces du Recueil Nicolas Rousset (voir n° 3, ci-dessus), et de plus : Dire et faire (voir au Catalogue des Farces : Raoullet-Ployart). Le Galant qui a fait le coup.
Tome II. 1. Le Varlet à tout faire, monologue ;
          2. La Chambrière à tout faire, monologue ;

3. Le monologue de la Chambrière dépourvue du mal d'amour ;

4. Le Sermon joyeux d'Un Fiancé.

Tome III. 1. Le discours joyeux des Friponniers et Friponnières ;

2. Le Sermon de l'Andouille.

## 14. — RECUEIL ÉDOUARD FOURNIER (1872).

*Le théâtre français avant la Renaissance* (1450-1550). *Mystères, moralités et Farces;* précédé d'une Introduction et accompagné de notes pour l'intelligence du texte par M. Édouard Fournier. Paris, Laplace, Sanchez et C$^{ie}$. S. d. (1872) gr. in-8° à 2 col.

Le recueil Ed. Fournier contient les pièces comiques dont les titres suivent :

Le Pâté et la tarte, p. 12. — Marchebeau, p. 36. — Métier et marchandise, p. 44. — Mieux que devant, p. 54. — Peu d'acquêt, p. 61. — Les Gens nouveaux, p. 68. — Le Mauvais Riche, p. 74. — Pathelin, p. 86. — MM. de Mallepaye et de Baillevant, p. 113. — L'Obstination des Femmes, p. 125. — La Pippée, p. 130. — Le Pont aux Anes, p. 148. — L'Aveugle et le Boiteux, p. 155. — Le Meunier, p. 162. — Le Cuvier, p. 192. — *Mundus, Caro, Dœmonia*, p. 199. — Les Deux Savetiers, p. 210. — La Condamnation de Banquet, p. 216. — Le Pèlerin passant, p. 272. — Le Savetier Calbain, p. 277. — Folconduit, p. 284. — Le Résolu, p. 288. — Le Prince des Sots, p. 293. — Les Deux Amoureux, p. 307. — Maître Mimin, p. 314. — Le Bateleur, p. 322. — Tout, Rien, Chacun, p. 329. — Science et Anerie, p. 334. — Le Chaudronnier, p. 340. — La Vieille, p. 344. — L'Empereur et son neveu, p. 354. — Le Goutteux, p. 370. — Le Bon Payeur et le Sergent boiteux et borgne, p. 375. — Le Vieil et le Jeune amoureux, p. 382. — La Mère et la Fille, p. 386. — Les Béguins, p. 392. — Le Monde, p. 399. — Les Trois Pèlerins, p. 406. — Le Maître d'Ecole, p. 412. — Les Théologastres, p. 417. — Les Sobres Sots, p. 429. — La Cornette, p. 438.

— La Prise de Calais, p. 446. — Les Trois Galants, p. 449.
— Le Porteur d'eau, p. 456.

En tout 45 pièces comiques de tout genre. Le recueil renferme en outre quatre courts mystères.

## 15. — RECUEIL E. MABILLE (1872).

*Choix de farces, sotties et moralités* des xv$^e$ et xvi$^e$ siècles recueillies sur les manuscrits originaux et publiées par Émile Mabille. Nice, Gay, 1872. 2 vol. in-16.

- Tome I. L'Arbalète. — Lucas. — Les Deux Savetiers. — L'Aveugle, son varlet, une tripière. — Le Sourd, son varlet, l'ivrogne. — L'Aveugle et le boiteux. — L'Aventureux — Le Gentilhomme et son page. — Le Galant qui a fait le coup. — Robinet et la veuve.
- Tome II. Colin. — La Mère, la fille. — Le Poulier. — Le Retrait. — Trois commères et un vendeur de livres. — Le Vendeur de livres et deux femmes. — Le Couturier. — Le Vieil amoureux. — Le Meunier.

## 16. — RECUEIL ÉMILE PICOT (1880).

*Nouveau recueil de farces françaises* des xv$^e$ et xvi$^e$ siècles, publié d'après un volume unique appartenant à la bibliothèque royale de Copenhague, par Émile Picot et Christophe Nyrop. Paris, Damascène Morgand et Charles Fatout, 1880, in-16, LXXX-244 pages.

Reproduction du recueil de Copenhague (voy. ci-dessus n° 4), avec notice sur les pièces, et avant-propos.

# I

# CATALOGUE
# DES PIÈCES COMIQUES

### DONT LE TEXTE EST CONSERVÉ

# A. — CATALOGUE DES PIÈCES COMIQUES
## ANTÉRIEURES AU XV⁰ SIÈCLE

Le grand développement du théâtre comique en France date du xv⁰ siècle. Les pièces antérieures sont en fort petit nombre. Rien n'est plus ancien dans ce genre que les deux *jeux* d'Adam de la Halle, écrits l'un vers 1260, l'autre vers 1280 ; une courte scène (le *jeu du Pèlerin*), attribuée quelquefois au même auteur, est de quelques années plus récente. Voilà tout ce qui nous reste du xiii⁰ siècle, avec une petite farce qui est du même temps ; quoique composée dans le goût de celles qui fleurirent cent cinquante ans plus tard en France. Le xiv⁰ siècle est moins riche encore ; il ne nous fournit que deux pièces dialoguées d'Eustache Deschamps ; pièces dont le caractère dramatique n'est pas même tout à fait certain. Nous expliquerons ailleurs comment les *débats*, les *disputes*, les *dialogues*, n'appartiennent pas au théâtre comique et n'ont pu être débités sur la scène que par accident et d'une façon tout exceptionnelle.

Cette pénurie du xiv⁰ siècle, en fait de comédies, s'explique difficilement. Il est probable que plusieurs farces du xv⁰ siècle sont un rajeunissement d'œuvres plus anciennes oubliées de bonne heure sous leur première forme : mais on ne peut apporter aucune preuve précise à l'appui de cette hypothèse.

1. — ADAM (Le jeu d'), ou de *La Feuillée*, par Adam de la Halle (vers 1262).

### MANUSCRITS.

1º Jus Adan, Bibl. nat., fr. 25566, fº 49 a-59 b. Le ms. contient tout l'œuvre d'Adam et d'autres poésies. Il est du xiiiᵉ siècle, sur vélin, avec miniatures.

2º Bibl. nat., fr. 837, fº 250 b. Il contient seulement les deux cents premiers vers du Jeu, parmi un grand nombre d'autres poésies. Ce ms. est sur vélin, du xiiiº siècle.

3º Bibl. du Vatican, fonds de la Reine Christine, nº 1490. Contient les mêmes vers que le manuscrit précédent.

### ÉDITIONS.

1º Li jus Adan de la Feuillé, publié par Monmerqué, avec observations et glossaire (*Mélanges des Bibliophiles*, voyez ci-dessus, p. 8).

2º *Théâtre français au Moyen Age*, par Monmerqué et F. Michel, Paris, gr. in-8º, 1839 (p. 55 à 101).

3º *Œuvres complètes du trouvère Adam de la Halle*, publiées par E. de Coussemaker. Paris, Durand, 1872, gr. in-8º (p. 297 à 344).

Le *Jeu* contient 1094 vers (édit. Coussemaker), dix-huit personnages : Adans, Rikece Auris, Hane li Merciers, Guillos li Petis, Maistre Henris ou Henris de le Hale, Li Fisisciens, Douce Dame (ou la grosse feme), Rainnelés, Li Moines, Walés, Li Kemuns, Li Peres au dervé, Li dervés, Croquesos, Morgue, Maglore, Arsile, Li Ostes.

A consulter sur Adam de la Halle :

Paulin Paris, *Notice sur Adam de la Halle* (*Encyclopédie catholique*, Paris, 1839, t. II, p. 426, et *Histoire littéraire de la France*, t. XX, p. 638).

Magnin, *Le théâtre français au Moyen Age* (*Journal des Savants*, septembre et octobre 1846).

Dinaux (Arthur), *Trouvères de la Flandre* (Paris, 1839, in-8º), et *Trouvères artésiens* (Paris, 1843, in-8º).

Adam de la Halle, d'Arras, né vers 1230, mourut avant 1288, à Naples, où il avait suivi Robert II d'Artois. Il composa le *jeu d'Adam* à Arras, vers 1262 (il y est fait allusion à la mort du pape Alexandre IV, comme à un fait assez récent ; ce pape mourut le 25 mai 1261). Dans cette œuvre singulière, qui n'a eu en France ni modèle ni imitateur, le poète, avec une liberté tout aristophanesque, se met en scène lui-même, avec son père, ses amis, son ménage ; et raille, avec autant d'esprit que d'audace, les ridicules et les vices de tout son entourage. Il annonce, au début, qu'il va quitter Arras pour aller étudier à Paris. On lui rappelle qu'il est marié. Il répond qu'il a beaucoup aimé sa femme, mais que ce goût lui a passé. Il faut de l'argent pour le voyage ; maître Henri, son père, est trop avare pour lui en donner. Tous les bourgeois d'Arras essuient à leur tour les malices du poète. La fin de la pièce est toute fantastique ; la nuit où l'on joue est celle où tous les ans les Fées viennent goûter sous une *feuillée* au repas que l'on a soin de leur préparer. Elles paraissent et font leurs dons à tous les assistants. Adam, pour sa part, est condamné à rester à Arras sans jamais voir Paris. Le *jeu* s'achève par les joyeux propos qu'échangent entre eux les acteurs attablés. Tout donne à penser qu'une telle pièce était représentée dans quelqu'une de ces Académies littéraires que le Moyen Age appelait *puys*, plutôt que sur des tréteaux publics. Le *puy* d'Arras était célèbre au XIIIe siècle.

2. — **ROBIN ET MARION** (Le jeu de), par Adam de la Halle (vers 1280).

### MANUSCRITS.

1º Chi commenche li gieus de Robin et Marion, c'Adans fist. Bibl. nat. fr. 25566, fº 39 *a*-48 *b*. (Voyez ci-dessus, p. 20.)

2º Li jeus du Bergier et de la Bergiere. Bibl. nat. fr. 1569.

Incomplet à la fin. Manuscrit du XIII<sup>e</sup> siècle sur vélin, avec miniatures.

3° Mariage de Robin et Marote. Bibl. d'Aix en Provence, n° 572. Manuscrit du XV<sup>e</sup> siècle sur vélin, avec miniatures. Il offre de nombreuses variantes.

### ÉDITIONS.

1° Li gieus de Robin et de Marion, publié par Monmerqué, avec un glossaire (par Méon), dans la première partie du second volume des *Mélanges des Bibliophiles français*. (Voy. ci-dessus, page 8.)

2° Le même jeu a été inséré par Raynouard, dans le deuxième volume de la troisième édition de Legrand d'Aussy (*Fabliaux ou contes des XII<sup>e</sup> et XIII<sup>e</sup> siècles*). Paris, 1829, in-8°.

3° *Théâtre Français au Moyen Age*, par Monmerqué et F. Michel, Paris, 1839, gr. in-8°, pages 102-135 (avec une étude musicale par Bottée de Toulmont).

4° *Œuvres complètes du trouvère Adam de la Halle*, publiées par E. de Coussemaker. Paris, Durand, 1872, gr. in-8°, pages 347-412.

Le jeu contient 854 vers (Ed. Coussemaker). Dix personnages : Marions ou Marote. Li Chevaliers. Robins. Gautiers. Baudons. Peronnele ou Perrete. Huars. Warniers. Guios. Rogaus.

A consulter : les mêmes ouvrages que ci-dessus ; et *Le jeu de Robin et Marion*, dans la *Revue de Musique ancienne et moderne*, année 1856.

Le Jeu de Robin et Marion est le plus ancien de nos opéras-comiques ; le texte ne renferme pas moins de vingt-six morceaux ou couplets qui étaient chantés avec accompagnement de musique ; ce sont de pures mélodies du caractère le plus simple. Robin et Marion sont deux amoureux rustiques ; un chevalier courtise Marion qui se moque de lui et l'écarte. Elle n'a d'yeux que pour Robin. Le chevalier revient, bat Robin, enlève Marion ; mais la petite bergère lui parle si bien, qu'il la laisse aller. Amis et cousins, filles et garçons s'en viennent jouer et danser avec les deux amoureux. Toute la bande joyeuse quitte la scène et disparaît en dansant la *tresque* (sorte de chaîne).

Le genre inauguré dans cette gracieuse pastorale ne s'est pas développé dans la suite du Moyen Age. Dans le *Jeu de Robin* comme dans la *Feuillée*, Adam de la Halle fut tout à fait original et n'eut pas d'imitateurs.

Au reste, les noms de Robin et Marion étaient avant lui et furent après lui les noms traditionnels des amoureux champêtres. Monmerqué, dans l'édition indiquée ci-dessus, a rassemblé vingt-sept pastorales et neuf motets où ce couple rustique est mis en scène. On le retrouve jusque dans les mystères. Celui de *Job* offre un dialogue pastoral de *Robin et Marote*. Des *Lettres de remission*, datées de 1392, parlent d'un jeu « que l'en dit Robin et Marion... qu'il est accoustumé de faire chascun an (à Angers), les foiries de Penthecouste, par les gens du pays, tant par les escoliers et fils de bourgeois, comme autres ». Qu'il s'agisse ici de quelque danse figurée ou d'une véritable représentation dramatique, le texte d'Adam de la Halle devait paraître suranné, après plus d'un siècle écoulé, dans un temps où la langue changeait si vite. Il n'est pas probable que les gens d'Angers en aient fait usage sous Charles VI. (Voy. ci-dessous, *Représentations*, 1392.)

## 3. — PÈLERIN (Le jeu du), fin du XIII<sup>e</sup> siècle.

#### MANUSCRIT.

Li jus du Pelerin. Bibl. nat. fr. 25566 (voyez ci-dessus, page 20), f° 37 *b*-39 *a*.

#### ÉDITIONS.

1° Le jeu du Pèlerin, publié par Monmerqué, dans le tome II des *Mélanges des Bibliophiles*. (Voy. ci-dessus, p. 8.)

2° *Théâtre français au Moyen Age*, par Monmerqué et F. Michel, Paris, 1839, in-8° (p. 97-101).

3º *Œuvres complètes du trouvère Adam de la Halle*, publiées par Coussemaker, Paris, Durand, 1872, gr. in-8º (p. 415-420).

Le jeu du Pèlerin renferme 131 vers dans l'édition Coussemaker; cinq personnages : Li Pelerins, Li vilains ou Gautiers ou Gautelos li Testus, Guios, Warnés ou Warniers, Rogaus.

A consulter : Magnin, *Théâtre français au Moyen Age (Journal des Savants*, 1846).

Un pèlerin arrive à Arras après trente-cinq ans de voyages; il est revenu par la Pouille où il a appris la mort de maître Adam, d'Arras, l'excellent poète, si cher au comte d'Artois. Quelques vilains veulent battre le Pèlerin. Rogaus, mieux avisé, prétend qu'on le respecte pour l'amour de maître Adam, dont il a fait un si bel éloge. Telle est cette courte pièce, peu intéressante. Coussemaker la croyait d'Adam lui-même; ce feint récit de la mort du poète serait un artifice pour préparer sa rentrée à Arras, au retour d'Italie. Mais l'invention serait singulière, et l'œuvre est peu digne de l'auteur de *Robin*. Il est plus probable qu'Adam mourut à Naples sans avoir revu Arras, et que le *Pèlerin* est l'ouvrage de quelque disciple fort inférieur à son maître.

## 4. — GARÇON (Le) ET L'AVEUGLE (vers 1280).

### MANUSCRIT.

Bibliothèque nationale, fr. 24366 (fonds Notre-Dame, 275), pages 242-243, à la suite du *Roman d'Alexandre*.

### ÉDITION.

*Jahrbuch für romanische Literatur*, tome VI, p. 165-172 (1865). M. Paul Meyer y a inséré cette pièce sous ce titre : *Le garçon et l'aveugle, saynète du XIIIᵉ siècle* (270 vers).

La pièce est en dialecte de la Flandre française. L'écriture du manuscrit ne saurait guère être postérieure à 1290. D'autre part, l'aveugle et son garçon chantent une chanson *sur le roi de Sicile*[1], c'est-à-dire probablement sur Charles d'Anjou, frère de saint Louis, couronné roi de Sicile par le pape, en 1266. La petite pièce dut être composée entre ces deux dates, vers le temps où Adam de la Halle écrivait *Robin et Marion*. Il n'y a que deux personnages : *Li garchons* et *li aweules*. L'aveugle cherche sa vie en invoquant Dieu, les saints et les bonnes âmes. Le garçon s'offre à le conduire ; l'aveugle crédule lui confie sa bourse. Le garçon s'enfuit avec l'argent et crie au pauvre volé :

> S'il ne vous siet, si me sivés.

Cette pièce, assez insignifiante en elle-même, est fort curieuse par la date. Le manuscrit qui nous l'a conservé est de la fin du XIII<sup>e</sup> siècle. Or, *Le Garçon et l'Aveugle* ressemble beaucoup aux farces du XV<sup>e</sup> siècle, dont les plus anciennes sont plus jeunes que cette pièce de près de cent cinquante ans. Ainsi l'esprit comique du XIII<sup>e</sup> siècle s'essayait capricieusement dans les genres les plus variés et fournissait au siècle suivant des types et des modèles dont cet âge prosaïque et malheureux n'a point su profiter.

## 5. — MAITRE TRUBERT ET ANTROIGNART,
### par Eustache Deschamps (fin du XIV<sup>e</sup> siècle).

#### MANUSCRIT.

Bibliothèque nationale, fr. 840 (manuscrit contenant toutes les œuvres d'Eustache Deschamps[2]), f° 372-376, 628 vers. Voici

> 1.
> Dou Roi de Sesile diray
> Que Diex soit en l'aïe,
> Qui cascun jour est en asay
> Contre la gent haïe.
> Or a chevalerie
> Remandee par tout le mont ;
> Tous ceux qui nule cose n'ont
> Iront a ost banie

2. Il existe à l'Arsenal une copie moderne de ce manuscrit.

le titre du morceau : « Comment un homme en trouva un autre en son jardin, cueillant une amende, et dont il le fist mettre en prison, et du jugement qui en fut fait. »

Ce titre n'annonce guère une véritable pièce de théâtre, et le texte aussi laisse douter que la pièce soit réellement dramatique. Il est tout en dialogue, mais les noms des personnages, au lieu d'être inscrits en vedette, sont le plus souvent omis, et même sont quelquefois indiqués dans le corps du vers et comptent dans la mesure. Les personnages sont : maître Trubert, avocat; Antroignart, plaideur; de plus, *Barat, Hasart, Feintise* servent de témoins à la partie de dés que jouent l'avocat et le plaideur; ils prennent même quelquefois la parole.

Antroignart, d'Antroigne, en Sologne, veut faire condamner un homme qui lui a dérobé une amende. Il va trouver maître Trubert, avocat, qui l'excite à faire ce beau procès. Maître Trubert personnifie l'avocat fanfaron et malhonnête; tout rempli d'une aveugle confiance dans son talent retors, il excelle à blanchir les réputations les plus noires :

> Je fai d'un preudhomme, larron ;
> Et si fai d'un mauvais garson
> Homme de bonne renommée.

Il demande quatre francs d'avances, et Antroignart, en les lui donnant, laisse voir qu'il en a vingt autres. Maître Trubert voudrait bien les empocher; il offre de jouer aux dés, comptant plumer un naïf. Mais voilà qu'Antroignart, ou par bonheur ou par talent, gagne deux, trois, dix parties et dépouille l'avocat de son argent d'abord, puis de son manteau, de sa ceinture, de sa cotte et de son pourpoint. Le fripon, réduit au haut-de-chausses, ne peut plus que moraliser :

> Ne soit nul qui saige se cuide,
> Car li sens en cuider se vuide,

> Et tel cuide on maistre coquart,
> Qui scet assez ; par Antroingnart,
> Est bien ceste chose avoirée.
> Alons humer de la purée,
> En chantant : Barat et Hasart
> Et Feintise avec Antroingnart
> Ont maistre Trubert trumelé.

C'est à peu près la morale de *Pathelin* : à trompeur trompeur et demi.

A consulter : Sarradin, *Etude sur Eustache Deschamps*, Versailles, 1878, p. 285.

## 6. — OFFICES (Les quatre) DE L'HOTEL DU ROI, par Eustache Deschamps (fin du xiv<sup>e</sup> siècle).

### MANUSCRIT.

Cy commence un beau dit des quatre offices de l'ostel du Roy, c'est assavoir Panneterie, Eschançonnerie, Cuisine et Sausserie, a jouer par personnaiges.

Bibl. nat., mss. fr. 840, contenant tout l'œuvre d'Eustache Deschamps, f<sup>os</sup> 376-380 (494 vers).

(Copie moderne à la Bibliothèque de l'Arsenal.)

Les quatre Offices de bouche se disputent la prééminence et échangent de grossières injures. *Cuisine* dit avec raison :

> Que seroit-ce de pain et vin
> Sans moy ? le disner d'un coquin...

*Panneterie*, *Eschançonnerie* lui reprochent d'être meurtrière, et fort sale si on y regarde de près. *Sausserie* énumère tous ses talents et prétend que

> La cuisine vauldroit petit,
> Se ne lui donnoye appetit.

La querelle s'échauffe. Un huissier arrête les quatre tapageurs et les conduit au Maître d'hôtel, qui les exhorte à la concorde ; ils sont tous bons, pris en eux-mêmes ; chacun toutefois a besoin des autres :

> Car il ne fut ne hui ne hier
> Que l'un n'eust de l'autre mestier.
> Souffise a chascun son estat.

Sur cette pièce voyez : *Poésies morales et historiques d'Eustache Deschamps* publiées par Crapelet, Paris, 1832, p. xxxvi. — *Œuvres inédites d'Eustache Deschamps*, publiées par Tarbé, Reims, 1849, t. I, p. xxxvii. — Sarradin, *Etude sur Eustache Deschamps*, Versailles, 1878.

*Maître Trubert* et les *Quatre Offices* n'ont pas encore paru dans les *Œuvres complètes de Eustache Deschamps*, publiées par le marquis de Queux de Saint-Hilaire, pour la Société des anciens textes français. (Les tomes I, II et III ont seuls paru jusqu'à ce jour.)

Nous n'avons pas rencontré ailleurs après le titre de *dit,* ces mots : *à jouer par personnages*. Hormis cette unique exception, les *dits* ne sont pas un genre vraiment *dramatique :* c'étaient de petits poèmes presque toujours satiriques ou moraux, dans lesquels l'auteur s'appliquait à décrire un objet, une personne, une qualité ; ils appartiennent proprement au genre didactique. Les *débats* et les *disputes*, entre lesquels il ne faut pas chercher de différence sous peine de se perdre dans des nuances imaginaires, sont, pour ainsi parler, deux *dits* qui s'opposent l'un à l'autre et se font pendant. Presque toujours les deux objets décrits vantent leur mérite l'un contre l'autre. Il y a là dialogue et il pourrait y avoir action scénique ; il n'est pas de débat qu'on ne pût facilement mettre au théâtre, mais il y serait fort ennuyeux. La régularité de l'attaque et de la riposte, et l'espèce de balancement mesuré selon lequel se succèdent les couplets des deux acteurs en présence et en lutte, seraient insupportables à l'oreille des spectateurs. Nous en dirons autant de la *tenson* ou *jeu-parti ;* c'est une chanson à deux parties où deux trouvères rivaux discutent, le plus souvent sur des points de législation amoureuse. D'ordinaire, rien de plus subtil, de plus froid, de moins théâtral. Nous ne voulons pas nier l'influence que ces poèmes dialogués ont pu exercer sur le développement de la comédie en France. Ils ont habitué les esprits et les oreilles au dialogue qui, sans doute, n'est pas tout le drame, mais qui en est, du moins, la forme extérieure et le cadre préféré. Hormis cette influence, ils n'ont rien de commun avec le théâtre.

---

# OBSERVATION

Dans les trois catalogues suivants, les pièces sont classées selon l'ordre alphabétique. Celles qui ont un titre sont classées d'après le premier mot de ce titre. Celles qui n'en ont pas sont désignées par les noms des personnages, rangés dans l'ordre qu'indique le manuscrit ou l'édition originale. Les articles et les noms de nombre ne comptent pas dans le classement alphabétique. Exemple : *Farce des trois Galants*. Cherchez à : *Galants* (les trois).

# B. — CATALOGUE DES MORALITÉS

C'est l'esprit didactique, c'est l'intention de *moraliser* qui constitue le genre des moralités dramatiques. Il est vrai que le mystère aussi se vantait d'être édifiant, mais d'une autre façon, par le spectacle de l'histoire. Dans la moralité, les faits sont imaginaires et censés tels ; ils appartiennent à la vie domestique et privée. L'abstraction et l'allégorie y sont d'un emploi très fréquent, sans s'imposer absolument au genre : l'immense succès du *Roman de la Rose* les avait mises en vogue dans toutes les formes littéraires. Au reste, ne tranchons pas trop absolument sur les limites des genres au Moyen Age. Certaines farces sont dites *farces morales;* beaucoup de moralités pourraient s'appeler *moralités farcies*. Dans la décadence du genre on tenta même, non sans succès, de le rajeunir en composant des moralités *historiques;* et nous ne voyons pas de différence bien marquée entre ces pièces et les *miracles* du xive siècle.

Il nous reste environ soixante moralités fort variées d'étendue, de style et de sujet ; presque toutes paraissent avoir été composées durant la seconde moitié du quinzième siècle et la première moitié du seizième.

## 7. — AFFLIGÉ (L'), IGNORANCE ET CONNAISSANCE (1545).

MANUSCRIT.

Moral a troys personnages, c'est assavoir l'Affligé, Ignorance et Congnoisance.

Ms. La Vallière, ff. 350 *b*-355 *b*, 279 vers (62ᵉ pièce).

ÉDITIONS.

1º *Recueil Le Roux de Lincy*, t. IV, 2ᵉ pièce.

2º *Théâtre mystique de Pierre Du Val et des Libertins spirituels de Rouen*, publié par E. Picot. Paris, Damascène Morgand, 1882, in-16 (p. 221-236).

Moralité protestante. Dès les premiers jours, la Réforme usa hardiment du théâtre pour répandre ses doctrines et exprimer ses griefs. Les catholiques se servirent aussi de la scène comique, mais plus rarement, pour combattre la Réforme.

L'*Affligé* gémit sous le joug d'*Ignorance*, qui figure l'Eglise et qui lui répète sans cesse que :

> Des Anciens y fault ensuyvir l'ombre.

L'Affligé se défend :

> Quoy que le feu ou la mort m'en aviengne
> Je veulx tirer au but du vray fidelle.

Connaissance, qui est la Réforme, vient au secours de l'Affligé ; elle argumente si bien contre Ignorance que celle-ci se déclare vaincue, et se rend à Connaissance.

La pièce est datée dans le texte même : 1545. Elle est écrite en vers de dix syllabes ; forme exceptionnelle. Le théâtre comique au Moyen Age emploie presque exclusivement le vers de huit syllabes. Quoique grave jusqu'à l'ennui, la moralité de l'Affligé finit par la même formule qui termine un grand nombre de farces :

> En prenant congé de ce lieu,
> Une chanson pour dire adieu.

## 8. — AGES (Les quatre).

#### MANUSCRIT.

Moral a quatre personnages, c'est assavoir l'age d'or, l'age d'argent, l'age d'airain et l'age de fer.

Ms. La Vallière, ff. 74 $b$-81 $b$. (Les folios 79 $b$ et 80 $a$ sont blancs.) 351 vers (17° pièce).

#### ÉDITION.

*Recueil Le Roux de Lincy*, t. I, 16° pièce.

Cette moralité met en scène l'allégorie du règne successif des quatre âges ; elle est surtout dirigée contre la noblesse et le clergé, arrogants et impitoyables à la faveur de l'âge de fer. Mais les marchands eux-mêmes ont leur compte :

> Qui ne vendent pas en leur art
> Rien ou y n'y ayt fraulde ou fart.

## 9. — AMOUR (L') D'UN SERVITEUR ENVERS SA MAITRESSE, par Jean Bretog (1571).

#### ÉDITIONS.

1° Tragedie françoise a huict personnages traictant de l'amour d'un serviteur envers sa maistresse, et de tout ce qui en advint : composée par M. Jean Bretog, de Saint-Sauveur de Dyve. A Lyon, par Noël Grandon, 1571, petit in-16 de 24 feuillets (830 vers).

2° Réimpression, Chartres, Garnier fils, 1831, petit in-8° de 42 feuillets (par les soins de M. Grattet-Duplessis).

A consulter : Parfait, *Histoire du Théâtre français*, t. III, p. 330. — *Bibliothèque du Théâtre français*, par le duc de La Vallière, I, p. 161.

Malgré le titre (tragédie françoise) qui n'est qu'un sacrifice fait au goût de la Renaissance, c'est bien ici une moralité. Nulle division par actes et scènes ; trois personnages sont allégoriques ; le fond et les procédés sont tout à fait ceux de l'ancien théâtre. S'il faut croire le prologue, l'action s'était passée réellement :

> Mais y lirez, ainsi qu'elle est cogneue,
> Depuis trois ans une histoire advenue
> Dedans Paris ; je le dy d'asseurance,
> Pour y avoir lors faict ma demeurance,
> Et avoir veu faire punition.

A la fin du prologue, l'auteur promettait d'autres œuvres si celle-ci était bien accueillie. Mais il paraît s'en être tenu là. On ne sait rien de lui que son nom.

Sa pièce, en vers de dix syllabes, met en scène huit personnages : Le Serviteur, Vénus, Chasteté, la Femme, Jalousie, le Mari, l'Archer, le Prévôt.

Jean Bretog avant Diderot a créé la tragédie bourgeoise. Le valet, jeune et bien fait, séduit la femme de son maître. Le mari feint d'aller monter la garde au guet, puis rentre brusquement, chasse la femme et livre à l'archer le valet, puis meurt lui-même de rage et de jalousie. Le prévôt condamne alors l'amant à être pendu comme adultère et comme homicide. Il fait une fin très édifiante, et le poète conclut sa pièce par les réflexions qu'inspire au public la vue d'un châtiment si sévère : le prévôt est un peu trop dur, mais Jean Bretog est un peu trop complaisant :

> . . . Je suis tout esperdu
> De veoir un homme en potence pendu
> Pour avoir fait une chose commune
> A un chacun, tout ainsi que la lune.

## 10. — ASSOMPTION (L') DE NOTRE-DAME, par Jean Parmentier (1527).

ÉDITIONS.

1° Moralité tres excellente a l'honneur de la glorieuse assumption Nostre-Dame, a dix personnages. C'est assavoir : le Bien naturel, le Bien gracieux, le Bien vertueux, la Bien parfaicte, la Bien humaine, les troys filles de Sion, le Bien souverain, le Bien triumphant. Composée par Jan Parmentier, bourgeois de la ville de Dieppe, et jouée audit lieu, le jour du puy de ladicte assumption. L'an de grace mil cinq cens vingt et sept. Maistre Robert Lebouc, baillif de ladicte ville, prince du puy, et maistre de ladicte feste, pour sa troisiesme année. Imprimée a Paris, en la rue de Sorbonne, le septiesme jour de janvier M.DXXXI. Petit in-4° goth. A la suite : *Description nouvelle des merveilles de ce monde,* par le même auteur.

2° Réimpression dans la seconde *Collection Silvestre*, n° 5 (Paris, 1839).

A consulter : Beauchamps, *Recherches sur les théâtres*, I, 312. — Parfait, II, 264, et III, 134. — *Bibliothèque du théâtre français*, I, 92.

Jean Parmentier, né à Dieppe (1494), poète, traducteur, voyageur et marchand, avait composé, selon Du Verdier, quantité de poésies de tout genre, et traduit le *Catilina* de Salluste ; lorsqu'il s'embarqua, en 1529, avec son frère Raoul, pour les Indes Orientales. Il mourut l'année suivante (1530), à Sumatra, et Raoul ne survécut que quinze jours à son frère. Pierre Crignon, compagnon de leur voyage, composa sur le trépas des deux frères une complainte[1] où il les loue comme

>     Deux des plus clers
> Pour composer ballades, chants royaux,
>   Moralités, comedies, rondeaux.

[1]. *Celebration sur la mort de Raoul et Jean Parmentier*, Paris, 1541, in-4°.

Le même Crignon fit imprimer les œuvres de Jean Parmentier, contenant la Moralité de l'Assomption, des *chants royaux,* couronnés dans les Puys de Dieppe et de Rouen, et la relation de son voyage en vers[1].

Cette moralité est peut-être ce que le genre a produit de plus mauvais. Le Bien Souverain, c'est Dieu ; le Bien Gracieux est son secrétaire ; la Bien Parfaite est la Vierge Marie. Le Bien Souverain épouse la Bien Parfaite, que le Bien Triomphant lui amène dans un char. Ces abstractions causent entre elles, échangent des compliments et des madrigaux. Le Bien Gracieux félicite la Bien Parfaite, qui répond modestement :

> — Monsieur, je ne suis qu'une femme
> — Madame, foy de gentilhomme,...
> Vous estes la perle et la palme,
> Et l'honneur de toutes, en somme.
> — Monsieur, Monsieur, on voit bien comme
> Vous estes le Bien Gracieulx,
> Car ainsi vous plaist a parler.
> — Demandez au Bien Vertueux.

Il y a dans cette pièce des adresses de mise en scène qu'on croirait moins anciennes. Au début, le Bien Naturel est confondu parmi les spectateurs « faignant n'estre point de la bende ». Ce Bien Naturel figure les sentiments humains et grossiers ; le Bien Gracieux, en rappelant à la Bien Parfaite les souvenirs de sa vie terrestre, vient à parler des noces de Cana ; le Bien Naturel tressaille au souvenir d'un si bon vin :

> Plein de liqueur, plein de mellifluence,
> Friant, coulant, un gaillart vin mignon,
> Ce n'estoit pas un gros vin bourguignon !

---

[1]. *Navigation de Parmentier, matelot de Dieppe, contenant les merveilles de la mer, du ciel et de la terre, avec la dignité de l'homme.* Réimprimée par les soins de M. Estancelin sous ce titre : *Journal du voyage de J. Parmentier à l'île de Sumatra en 1529*, Paris, 1832, in-8º.

## 11. — AUCUN, CONNAISSANCE, MALICE, PUISSANCE, AUTORITÉ ET MALHEUR.

#### MANUSCRIT.

Moralité a six personnages, c'est assavoir Aulcun, Cognoissance, Malice, Puissance, Autorité et Maleureté.

Bibl. nat., ms. fr. 25467 (olim 3343, La Vall. 156) ff. 92 *a*-157 *b*. Environ 2500 vers.

Ce ms. de 204 ff. in 8° contient en outre : la moralité du Petit et du Grand, la farce de Pathelin et la farce anonyme, dite de la Pipée.

Aucun (c'est-à-dire *quelqu'un*), qui symbolise ici l'homme en général, poussé par l'ambition des grandeurs, repousse et dédaigne Connaissance, et s'abandonne à Malice, Puissance, Autorité, qui le livrent à Malheur. Mais il se repent encore à temps de ses fautes, et revient à Connaissance qui le sauve, non sans lui faire un beau sermon contre la présomption.

## 12. — AVEUGLE (L') ET LE BOITEUX, par ANDRIEU DE LA VIGNE (1496).

#### MANUSCRIT.

Bibliothèque nationale, fr. 24332 (La Valliere, 51). La moralité, sans aucun titre, suit le *Mystere de saint Martin*, lequel occupe les ff. 1-233 du ms. Elle remplit les ff. 234 *a*-240 *b*. A la suite : la farce du *Meunier* (voir ci-dessous à ce titre), puis les noms des personnages et ceux des acteurs, avec le procès-verbal de la représentation donnée à Seurre en 1496. Elle se composa du Mystère de saint Martin et de la Moralité de l'Aveugle, et dura trois jours. Auparavant on avait joué la farce du Meunier en manière de prologue.

#### ÉDITIONS.

1° Première *Collection Silvestre*, n° 14 (édition donnée par M. Francisque Michel).

2º *Recueil Paul Lacroix*, p. 211-266.

3º *Recueil Edouard Fournier*, p. 155-161.

4º *Recueil Emile Mabille*, t. I.

Voy. O. Le Roy, *Etudes sur les Mystères*, p. 400; Raynouard, *Journal des Savants*, juillet 1833, p. 385.

A consulter sur Andrieu de la Vigne, la représentation de Seurre et les deux mystères de saint Martin : Nos *Mystères*, t. I, p. 328; et II, p. 67, 535 et 539. — *Anciennes poésies françaises*, par Montaiglon et Rothschild, t. XII, p. 105.

André ou Andrieu de la Vigne, né à La Rochelle, secrétaire du duc de Savoie, puis de la Reine Anne de Bretagne, suivit Charles VIII en Italie, et s'acquit le titre de « facteur du Roi » c'est-à-dire poète attitré du souverain. En 1496, il écrivit le Mystère de saint Martin et la Moralité de l'Aveugle pour les bourgeois de Seurre. En 1504, il composa les *Complaintes et Epitaphes du Roy de la Bazoche;* en 1508 et en 1514, il écrivit peut-être deux importantes pièces comiques[1], la Moralité du *Nouveau Monde;* la Sottie de *Monde et Abus*. La même année 1514, il rimait les *Épitaphes* de la Reine Anne de Bretagne sa protectrice.

Le sujet de la Moralité de l'*Aveugle et du Boiteux* est tiré de la légende de saint Martin. Le saint vient d'ex-

---

1. Andrieu de la Vigne aimait à signer ses œuvres au moyen d'un jeu de mots que lui fournissait son nom. Les exemples abondent dans le *Vergier d'honneur;* et les Complaintes et Epitaphes du Roy de la Bazoche ne portent pas d'autre signature que ce vers :

J'estandray *de la vigne* ung vert jus.

M. Picot croit reconnaître la même signature dans ce vers de la moralité : Le Nouveau Monde avec l'Estrif du Pourveu et du Collectif (voir ci-dessous).

C'est *la vigne*, c'est l'olivet
De Dieu dont sort fruit blanc et net.

Quant à la sottie : *Le monde, abus, les sots*, elle a été publiée par le même imprimeur, dans le même format, avec les mêmes caractères, et, à ce qu'il semble, le même privilège : ce qui ne prouve pas d'ailleurs qu'elle soit du même auteur. (Voy. E. Picot, *La sottie en France*, p. 42.)

pirer. Les miracles se multiplient devant son corps. Un aveugle, un paralytique, que leur infirmité nourrit grassement, par la charité des bonnes âmes, tremblent d'être guéris au passage du corps du saint, qu'on va ensevelir. Comment fuir? L'aveugle prend sur son dos le paralytique; l'un prête ses yeux, l'autre ses jambes; mais ils ne courent pas assez vite; la procession les rattrape, et au passage du corps de saint Martin, ils sont bon gré mal gré subitement guéris. Andrieu de la Vigne n'est pas le premier qui ait imaginé de mettre sur la scène cette aventure singulière : nous avons conservé deux mystères de saint Martin; dans le plus ancien le miracle de l'aveugle et du paralytique guéris malgré eux par le passage du corps saint, fait encore partie du drame religieux. Andrieu de la Vigne imagina de détacher cet épisode et d'en faire une pièce à part sous le nom peu justifié de *moralité*. M. Ed. Fournier cite une lettre curieuse de Boursault à l'évêque de Langres, où Boursault raconte au prélat cette ancienne légende tirée de la vie de saint Martin (Boursault, *Lettres nouvelles,* 1703, in-12, II, p. 154-6).

## 13. — BIEN AVISÉ, MAL AVISÉ.

### ÉDITION.

Bien advisé, Mal advisé... Cy finist le mistere du Bien advisé et Mal advisé. Imprimé a Paris, par Pierre le Caron pour Anthoine Verard, libraire, s. d., petit in-fol. goth. de 56 ff. à 2 col.

Environ huit mille vers. Les personnages sont au nombre de cinquante-neuf : Bien advisé, Mal advisé, Franche Voulenté, Raison, Foy, Contricion, Enfermeté, le Povre, Humilité, Tendresse, Oysance, Rebellion, Folie, Hoquellerie, Houllerie, Confession, Occupation, Penitence, Satisfaccion, Aumosne, Vaine gloire, Jeusne, Oraison, Desesperance, Povreté, Mallemeschance, Larrecin, Honte, Chasteté, Abstinence, Obedience, Diligence, Pacience, Prudence, Fortune, Regno, Regnavi, Sine regno, Regnabo, Malle fin, Premier, Segond, Tiers et Quart diable, l'ame de Maladvisé, l'ame de Regno, l'ame de Regnabo, Demon,

Satan, Leviathan, Belial, Lucifer, Honneur, Bonnefin, Dieu, Michiel, Gabriel, Raphael, Uriel. Pour les représentations de cette pièce, voir ci-dessous au *Catalogue des représentations*, 1396 et 1439, Rennes.

Bien avisé, Mal avisé est une moralité puisque l'action, d'un bout à l'autre, et presque tous les personnages sont allégoriques : les frères Parfait ont même considéré cette pièce et l'ont analysée comme le type des moralités. Toutefois elle est qualifiée de *mistere* dans la rubrique finale de la seule édition connue : elle tient en effet du mystère par le rôle important qu'y jouent les personnages surnaturels, Dieu, les anges et surtout les diables.

Voyez Beauchamps, *Recherches sur les théâtres*, t. I, p. 230. — Parfait, t. II, p. 113-144, et t. III, p. 86. — *Bibliothèque du théâtre français*, t. I, p. 3. — *La France littéraire au xv$^e$ siècle*, par G. Brunet, p. 23. — Magnin, *Journal des Savants*, janvier 1856, p. 47. Magnin croyait retrouver dans *Bien avisé, Mal avisé* une mise en scène allégorique de la jeunesse de Charles VI, et estimait que l'ouvrage pouvait dater de 1390 environ. Ces hypothèses sont peu fondées ; l'œuvre est plus récente.

Beaucoup de moralités sont nées d'une pensée religieuse ; elles mettent en scène les bonnes et les mauvaises influences qui se disputent le cœur de l'homme ; les unes l'appelant au bien, à la vertu, à la récompense ; et les autres l'entraînant au mal, au vice, au châtiment éternel. Tantôt ces destinées opposées sont personnifiées dans deux rôles distincts, dont les actions, la conduite et la fin suprême offrent un perpétuel contraste ; et tantôt la moralité nous présente un même homme partagé, combattu entre le bien et le mal.

Ici nous voyons Bien Avisé et Mal Avisé s'engager dès le début de la pièce, dans deux routes distinctes. Le premier s'attache à Raison, qui le conduit à Foi ; qui l'amène à Contrition ; Contrition l'envoie à Confession sous la conduite d'Humilité. Pénitence, Satisfaction, Jeûne, Oraison, Chasteté, Abstinence, Obédience, Diligence, Patience, Prudence, Honneur, le conduisent à Bonne Fin, entre les bras de laquelle il expire.

Mal Avisé suit une route toute différente ; entraîné d'abord par Oysance et Rebellion, il suit Folie, Hoquellerie (Débauche), Désespérance, Pauvreté, Malechance et Larcin ; qui le conduisent à Malefin ; celle-ci l'étrangle et il est la proie des Diables ; tandis que les Anges portent au ciel l'âme de Bien Avisé.

Un des tableaux les plus curieux de cette moralité est celui où Bien Avisé était admis à contempler la roue de la Fortune. On voyait la Fortune montrant un double visage aux hommes, l'un riant, l'autre affreux. Sur la roue qu'elle fait tourner, quatre hommes sont attachés, qui lui servent de jouets, portés de bas en haut et de haut en bas par le perpétuel mouvement. Le premier s'appelle *Regnabo;* le second *Regno;* le troisième *Regnavi;* le quatrième *Sum sine regno*. Les quatre formules composent ensemble un vers hexamètre : « Je règnerai, je règne, j'ai régné ; je suis sans royaume ». Ainsi sont personnifiées les vicissitudes de la grandeur.

## 14. — BLASPHÉMATEURS (Les).

### ÉDITIONS.

1º Moralité tres singuliere et tres bonne des Blasphemateurs du nom de Dieu : ou sont contenus plusieurs exemples et enseignemens. A l'encontre des maulx qui procedent a cause des grans juremens et blasphemes qui se commettent de jour en jour ; et aussi que la coustume n'en vault rien ; et qu'ilz finent et fineront tres mal, s'ilz ne s'en abstinent. Et est ladicte moralité a dix-sept personnaiges (Dieu, le Crucifix, Marie, Seraphin, Cherubin, l'Eglise, la Mort, Guerre, Famine, le Blasphemateur, le Negateur, l'Injuriateur, Briette, le fils de l'Injuriateur, Sathan, Behemoth, Lucifer)... Cy finist la moralité tres singuliere des Blasphemateurs du nom de Dieu... Imprimé nouvellement a Paris, pour Pierre Sergent, libraire, demourant a Paris, en la rue Neufve-Nostre-Dame, a l'enseigne Sainct-Nicolas, sans date, petit in-fol. goth., format d'agenda, 52 ff., environ 5000 vers. (L'exemplaire unique est à la Bibliothèque nationale ; il fut acquis en 1818 au prix de 800 francs. Un curé de Normandie l'avait acheté cinq sous sur le pont de Rouen, en 1793.)

2º Réimpression publiée par H. de Chateaugiron (Paris, P. Didot, grand in-8º, 1820) dans le premier volume des *Mélanges publiés pour la Société des bibliophiles français* (30 exemplaires).

3º Réimpression *fac-simile*, Paris, Silvestre, imprimerie Crapelet, 1831 (90 exemplaires).

Voyez Du Verdier, *Bibliothèque française*, édit. Rigoley, t. I, p. 273. — Beauchamps, *Recherches sur les théâtres*, t. I, p. 244. — Parfait, *Histoire du théâtre français*, t. III, p. 104.
Le format de l'édition originale des Blasphémateurs (conservé dans la réimpression faite en 1831) est l'in-folio allongé, appelé vulgairement *format d'agenda* ; le volume a neuf pouces de hauteur sur trois pouces deux lignes de largeur. En dehors du Recueil de farces qui est au British Museum, on ne connaît, dans le format d'*agenda*, que les pièces suivantes : Les *Blasphémateurs du nom de Dieu*, la *Vendition de Joseph*[1], *Mundus Caro, Dæmonia* (voir ci-dessous), avec la farce des *Savetiers*. Il faut y joindre des fragments de deux farces très incomplètes : les *Femmes qui apprennent a escrire en grosses lettres*, et *Fromage, farine, petit tournois et tartelette*, fragments signalés dans la préface de l'édition des *Blasphémateurs* donnée en 1831 par M. Durand de Lançon, mais vainement recherchés depuis par les bibliophiles.

M. Gosselin *(Histoire du théâtre à Rouen)* a supposé, sans preuves bien solides, que cette pièce avait été jouée à Rouen en 1530.

Trois Blasphémateurs mènent leur vie comme une orgie sans trêve, et fatiguent le Ciel par leurs outrages répétés. En vain l'Eglise les admoneste, et lève devant leurs yeux le Crucifix ; ils s'attaquent à la Croix. Ils la mutilent. Les Anges les frappent ; terrassés ils blasphèment encore. Guerre, Famine et Mort viennent les attaquer ; l'un d'eux enfin se rend à merci. Les deux autres meurent désespérés en maudissant le Dieu qui les accable.

1. Voir nos *Mystères*, tome II, page 368.

La pièce est normande, et l'action se passe en Normandie; comme plusieurs vers l'expliquent formellement. Le fils d'un des blasphémateurs, fuyant devant Guerre, Famine et Mort, s'écrie :

> Adieu, Normandie ! Je m'en voys,
> Je m'en voys vivre o les François.

Il y a de réelles beautés dans cette pièce étrange, que La Monnoye dans ses notes sur la *Bibliothèque française* de Du Verdier, qualifie un peu légèrement de « farce allégorique ». Il ajoute, il est vrai, plus singulièrement encore : « Nous avons le *Festin de Pierre* dans ce goût-là. »

## 15. — CARÊME PRENANT, par BENOET DU LAC (CLAUDE BONET), 1595.

### ÉDITION.

Caresme prenant, tragicomedie facetieuse en laquelle il y a un coq a l'asne a quatre langues touchant plusieurs abus de ce temps. A Aix, en Provence, par Jean Courraud, 1615. Imprimé à la suite du *Désespéré* (voir ci-dessous) de Benoet Du Lac.

Entre parleurs (au nombre de vingt-neuf) : Le Prologue, la Concupiscence, le Mespris de religion, le Remords de conscience, la Temperance, le Monde, le Voluptueux, la Continence, Caresme-Prenant, le Dimanche gras, le Lundy gras, le Mardy gras, le Mercredy gras, le Jeudy gras, Cerès, Bacchus, la Gloutonie, Cupidon, Venus, le Mignon de Caresme-Prenant, Morphée, Caresme, Tivan, Jaumet, Arlequin, Guillot, le Mercredy des cendres, Penitence, l'Epilogue.

Moralité joyeuse, ou, si l'on veut, farce morale. C'est l'histoire de Carême-prenant (c'est-à-dire Carnaval) battu par Carême. Le Voluptueux s'abandonne à tous les vices, puis il se convertit à la voix de Religion. La fin est édifiante ; les détails ne le sont pas tous, quoique le Prologue annonce une pièce « plus grave que grasse ». La pièce, en vers de huit syllabes, est, à la mode nouvelle, divisée en cinq actes ; entre le quatrième et le cinquième, quatre personnages, qui ne sont pas mêlés au reste de l'action, Tivan Savoyard, Jaumet Provençal, Guillot Français, et Arlequin Italien, forment un intermède où se trouvent les allusions promises par le titre « touchant quelques abus de ce temps ». Chacun s'exprime dans son patois natal. Les quatre compagnons sont des soldats d'aventure qui, à la faveur des guerres civiles, ont mis la pauvre Provence aux abois.

M. Joly, qui le premier a attiré l'attention sur les pièces oubliées de Benoet du Lac[1], fait ressortir avec raison que « ces énormités rabelaisiennes que nous n'oserions pas réimprimer aujourd'hui ont été représentées dans une salle de l'Archevêché par les enfants des meilleures familles et d'après l'attestation du chroniqueur Sobolis, elles faisaient partie d'un système d'éducation. C'était un moyen de faire parvenir les enfants en éloquence », dit le vieil auteur. (Sur cette représentation, voyez *Catalogue des Représentations,* 1595, Aix.)

« Benoet du Lac » est l'anagramme de Claude Bonet, inconnu d'ailleurs sous l'un et l'autre nom. On sait qu'il était du Dauphiné et l'on croit que le D. dont il fait suivre son nom au titre de sa tragi-comédie, rappelle cette origine. Il était aussi docteur en droit civil et canon, selon le *privilège* qu'on lit au commencement d'une traduction de Grégoire de Tours, publiée par lui, en 1609 : le D peut signifier *docteur,* mais cela est moins probable. C'est probablement le même Claude Bonet qui, sous un autre anagramme (*conte d'Aulbe*), a composé *la Tasse,* comédie licencieuse, en cinq actes, mêlée de provençal, d'italien et de français. Nous n'en parlons pas ici ; cette pièce appartient pleinement au théâtre de la Renaissance.

---

1. Joly, *Notice sur Benoet du Lac,* Lyon, Scheuring, 1862, in-8°, page 88.

## 16. — CHACUN, PLUSIEURS, LE TEMPS QUI COURT, LE MONDE.

###### MANUSCRIT.

Moralité a quatre personnages, c'est a scavoir Chascun, Plusieurs, le Temps qui court, le Monde.
Ms. La Vallière, ff. 239 a-246 b, 378 vers (43° pièce).

###### ÉDITION.

*Recueil Le Roux de Lincy*, t. III, 2° pièce.

Plusieurs et Chacun se plaignent que l'argent est maître de tout. Le *Temps qui court* vient à passer ; ils le prennent dans un lacet ; le Temps est habillé en fou ; il se vante de vivre sans rien faire, aux dépens de tous et surtout du « bonhomme », c'est-à-dire du paysan :

> Etre subtil, trencher, faire le brave,
> Prendre l'autruy, comme une espave,
> C'est la façon du temps qui court.

Plusieurs, Chacun, le Monde lui-même, charmés de ces maximes, se hâtent de les adopter, et jurent de suivre désormais le Temps qui court.

## 17. — CHARITÉ.

###### ÉDITIONS.

1° Moralité nouvelle tres bonne et tres excellente de Charité; ou est demontré les maulx qui viennent aujourd'huy au monde par faulte de charité ; et est ladicte moralité a douze personnaiges, dont les noms s'ensuyvent cy après : et premièrement le Monde, Charité, Jeunesse, Vieillesse, Tricherie, le Pouvre, le Religieux, la Mort, le Riche avaricieux et son Varlet, le Bon riche vertueux et le Fol.
... Cy fine la bonne Charité. Imprimé nouvellement en la maison de feu Barnabé Chaussard, près Nostre-Dame de Confort (à Lyon).

*Recueil du British Museum,* s. d., 13 ff., 2490 vers.

2º *Recueil Viollet-Leduc,* t. III, p. 337-424.

Voy. Saint-Marc Girardin, *Tableau de la littérature française au* xvi<sup>e</sup> *siècle,* p. 345.

Il y a beaucoup de vers bien faits dans cette pièce, plusieurs scènes fortement tracées et toutes sortes de détails heureux. Magnin *(Journal des Savants,* mai 1858, p. 267) croit cependant que le texte a été fort mutilé par des acteurs forains.

Après un sermon (avec texte et *Ave Maria*) le *Preco* ou Héraut présente les personnages, comme on faisait dans les mystères. Un *Fou* débite quelques plaisanteries licencieuses. Puis le drame commence : le Monde s'écarte de Charité, pour suivre Jeunesse et Tricherie; celle-ci se vante de régner sur tous les hommes, en particulier sur les avocats, les marchands et les cabaretiers. Charité, chassée par le Riche Avaricieux, est recueillie par le Riche Vertueux. Mais la Mort entre en scène, elle tue l'Avare et Jeunesse ; le Riche Vertueux meurt aussi, mais très doucement dans les bras de Charité.

18. — CONCILE (Le) DE BALE, attribué à Georges Chastellain (1432).

### MANUSCRIT.

Le concile de Basle, mystere. Bibliothèque de Berne, ms. 205. Environ 1120 vers conservés. Le manuscrit est incomplet et rempli de lacunes.

### ÉDITION.

*Œuvres de Georges Chastellain,* publiées par M. le baron Kervyn de Lettenhove, Bruxelles, 1864, in-8º, t. VI, p. 1-48 [1].

Personnaiges : Concile, l'Eglise, Paix, Reformation ou Justice, Heresie, France.

---

[1]. Un vers que dit *Heresie (Je brairay si haut com morra)* où l'éditeur croit voir « une allusion au chant bruyant des Morabites », doit être entendu ainsi : Je brairay si haut qu'on m'orra.

Le Concile de Bâle, bien qu'il soit intitulé *mystère,* est une véritable moralité. « Ce poème, sans nom d'auteur, mais plein de rapports dans la forme aussi bien que dans le style avec les autres *mystères* de Chastellain, est sans doute l'un des plus anciens, car il paraît remonter à l'année 1432 ou 1433, et peut-être Chastellain était-il encore à l'Université de Louvain quand il l'écrivit. Les allusions historiques y abondent et l'on y remarquera sans doute les plaintes de la France sur la triste situation à laquelle elle se voyait réduite ». (Kervyn, t. VI, p. v.)

Le Chroniqueur Georges Chastellain, protégé des Ducs de Bourgogne, Philippe le Bon et Charles le Téméraire, naquit en 1403 et mourut en 1475. Les pièces qu'il composait sous le nom de *Mystères* furent-elles jamais représentées ? nous l'ignorons. Mais on sait que Chastellain lorsqu'il fut attaché à la personne du Duc de Bourgogne, Philippe le Bon, s'occupa de régler les jeux de personnages qu'on représentait devant ce prince.

Les plaintes que la France épuisée par la désastreuse guerre de Cent-Ans fait entendre au Concile de Bâle, sont la partie la plus remarquable de ce poème d'ailleurs un peu languissant :

> Y a plus de trente ans passés
> Qu'on me commença cette dance ;
> Mais or on peut dire : « Adieu, France !
> Le doux pays ! la bonne terre !
> Tu fineras tes jours en guerre,
> Non obstant quelconque famine
> Qu'auras par vengeance divine. »

## 19. — CONDAMNATION (La) DES BANQUETS, par Nicolas de la Chesnaye (1507).

#### ÉDITIONS.

1° La nef de santé, avec le gouvernail du corps humain et la condamnacion des bancquetz a la louenge de diepte et sobrieté, et le traictié des passions de l'ame. Paris, Anthoine Verard, 1507, in-4° goth., 98 ff. à 2 col.

2° Les mêmes, par Michel Lenoir, libraire. Paris, 1511, petit in-4°, 96 ff.

3° Les mêmes, par la veuve feu Jehan Trepperel et Jehan Jehannot, petit in-4° goth.

4° Les mêmes, par Philippe Lenoir. Sans date. Edition citée par Du Verdier, omise par Brunet qui déclare ne l'avoir pas rencontrée.

5° Les mêmes, à Paris, en la rue Neufve Nostre-Dame, à l'enseigne Sainct-Jehan-Baptiste près Saincte-Genevieve des Ardens.

6° *Recueil P.-L. Jacob*, p. 267-454.

7° *Recueil Edouard Fournier*, p. 216-271.

3650 vers.

A consulter : Beauchamps, *Recherches sur les théâtres*, I, 306. — Parfait, III, 124-132. — *Bibliothèque du théâtre français*, I, 89. — O. Le Roy, *Etudes sur les mystères*, p. 372.

Le nombre des personnages s'élève à trente-neuf : Le docteur Prolocuteur, Disner, Soupper, Bancquet, le Fol, Bonne compaignie, Gourmandise, Friandise, Passetemps, Je-boy-a-vous, Je-pleige-d'autant, Accoustumance, l'Escuyer, le Cuysinier, le Premier serviteur, le Second serviteur, Appoplexie, Paralisie, Epilencie, Pleuresie, Colicque, Esquinancie, Ydropisie, Jaunisse, Gravelle, Goutte, Experience, Secours, Sobresse, Clistere, Pillule, Saignée, Diette, Remede, Ypocras, Galien, Avicenne, Averroys, le Beau pere confesseur.

La pièce est bien connue ; elle a été souvent analysée. Une troupe de joyeux compagnons, après avoir mangé plantureusement chez Dîner, sans encombre, vont se faire traiter chez Souper, qui les livre aux Maladies. Ils s'enfuient battus, presque assommés. Ils n'en vont pas moins finir la journée chez Banquet ; alors les Maladies les assaillent de nouveau et tuent quatre d'entre eux. Les autres portent plainte devant Dame Expérience qui fait saisir le traître Banquet. Il est condamné à mort, comme assassin ; Souper devra porter des manchettes de plomb pour servir à boire d'une main moins légère ; il n'approchera pas Dîner de moins de six lieues. Diète étrangle Banquet qui fait une fin édifiante, en réclamant les prières des médecins, les seules personnes au monde à qui il ait fait du bien :

> Pour ce que j'ay bien fait gaigner
> Les medecins bons et parfaictz,
> Car ils ont eu a besongner
> A guerir les maux que j'ay faictz ;
> Veu qu'ilz sont riches et refaictz,
> Je veux qu'ilz me facent promesse,
> Que pour mes pechés et meffais
> Chascun fera dire une messe.

Cette pièce, si souvent citée comme le type des *moralités* a-t-elle été jamais représentée ? A la vérité, on la rencontre au milieu d'un traité qui n'a rien de dramatique ; ce qui rend la représentation assez douteuse. Mais voici comment s'exprime l'auteur lui-même au commencement de la moralité dans un *prologue* en prose : « Et pour ce que telles œuvres que nous appellons jeux ou moralitez ne sont toujours faciles a jouer ou publiquement representer au simple peuple, et aussi que plusieurs ayment autant en avoir ou ouyr la lecture comme veoir la representacion, j'ay voulu ordonner cest opuscule en telle façon qu'il soit propre a demonstrer a tous visiblement par personnages, gestes et parolles sur eschaffaut ou autrement, et pareillement qu'il se puisse lyre particulierement ou solitairement par maniere d'estude, de passe temps ou bonne doctrine. A ceste cause, je l'ay fulcy de petites gloses, commentacions ou canons, tant pour elucider la dicte matiere comme aussi advertir le lecteur, des acteurs, livres et passaiges desquels j'ay extraict les alegations, histoires et auctoritez inserées en ceste presente compilacion. Suffise tant seulement aux joueurs prendre la ryme tant vulgaire que latine et noter les reigles pour en faire a plain demonstracion quant bon semblera ».

A la fin du Prologue de la *Nef de Santé,* un acrostiche

donne le nom de l'auteur : *Nicolaus de la Chesnaye,* le même que *Nicolaus de Querceto* ou *Querqueto,* auteur du *Liber auctoritatum* (imprimé à Paris, en 1512), où il est qualifié *utriusque juris professor ;* c'est-à-dire professeur en droit *civil* et en droit *canon.* Le personnage n'est pas autrement connu ; ses contemporains n'ont rien dit de lui : toutefois, sa *moralité* de la *Condamnation de Banquet* dut obtenir un assez grand succès ou de théâtre ou de lecture ; plusieurs des scènes qu'elle renferme, furent reproduites par la tapisserie ; Nancy possède six tapisseries magnifiques, provenant des fabriques de Flandre, où ce sujet est représenté. Mais on a prétendu un peu légèrement que ces tapisseries étaient la dépouille de la tente du Téméraire, tué devant Nancy, en 1477. La *Condamnation de Banquet* est postérieure de trente ans à la mort du duc de Bourgogne [1].

20. — CONTEMNEMENT (Le) DE LA MORT, par Pierre Du Val.

### ÉDITIONS.

1° *Dialogue du contemnement de la Mort ou sont introduicts troys personnages assavoir l'Indiscret, le Discret et Amour.*

Se trouve (aux pages 68-82) à la suite de *Deux dialogues de Platon* (Axiochus et Hipparchus), Rouen, 1547, in-16. (Voyez E. Picot, *Théâtre mystique de Pierre Du Val,* p. 109.)

2° *Théâtre mystique de Pierre Du Val et des libertins spirituels de Rouen au* xvie *siècle,* publié par Emile Picot, Paris, Damascène Morgand, 1882, in-16 (pages 121-135, 262 vers).

La pièce est mêlée de vers de diverses mesures et diversement entrelacés. L'Indiscret est l'âme grossière et

---

1. Voy. A. Jubinal et Sansonnetti, *Les anciennes tapisseries historiées.* Paris, 1837, 2 vol. in-fol.

plongée dans les ténèbres de la chair. Le Discret est l'âme éclairée. Le Discret mène l'Indiscret vers Amour qui ouvre les yeux du pécheur. Toute la pièce respire un mysticisme obscur, tendant au protestantisme. Au point de vue littéraire, rien n'est plus mauvais. L'œuvre n'est nullement dramatique, mais elle a pu être représentée aussi bien que telle autre moralité du même auteur, Pierre Du Val, auquel M. Picot croit pouvoir attribuer les pièces publiées avec la devise : « Riens sans l'Esprit ». Cette devise se rencontre à la fin du *Dialogue du Contemnement de la Mort;* et de la moralité de Nature, Loi de Rigueur, Divin Pouvoir, Amour, Loi de Grâce et la Vierge. M. Picot rapproche de ces deux pièces les moralités suivantes, sans affirmer qu'elles soient du même auteur :

— Le Fidèle, le Ministre, le Suspens, Providence divine et la Vierge ;
— L'Homme fragile, Concupiscence, la Loi, la Grâce ;
— L'Affligé, Ignorance et Connaissance ;
— Le Monologue de Mémoire.

Il note en outre, comme également protestantes par l'intention avouée, mais très différentes par le procédé, trois autres moralités (l'Eglise et le Commun ; — l'Eglise, Noblesse et Pauvreté qui font la lessive ; — le Ministre de l'Eglise, Noblesse, Labeur et le Commun) ; et deux farces (Science et Anerie ; — Hérésie, Simonie, Force et Scandale). Pour cette dernière pièce nous croyons au contraire qu'elle émane d'une plume catholique. Voyez ci-dessous.

Pierre Du Val, couronné plusieurs fois pour ses hymnes mystiques au Puy de Rouen entre 1533 et 1543, se fit protestant vers la fin du règne de François Ier, passa en Angleterre, puis devint ministre en Frise, et y mourut en 1558.

## 21. — CROIX (La) FAUBIN.

#### MANUSCRIT.

Moralité nouvelle de la Croix Faubin, a sept personnaiges. Bibliothèque nationale, fr. 904, ff. 273 *a*-281 *b* (à la suite du Mystère de la Création et de la Passion, et de la farce : le Vilain et son fils). 484 vers. La fin manque. Personnages : Le Pain, le Vin, Tout, l'Un, l'Autre, Pacience. Le nom du septième personnage, qui ne paraissait sans doute qu'à la fin de la pièce, nous manque ainsi que son rôle. La copie du Mystère de la Passion est datée de 1488 ; celle de la moralité paraît être du même temps. (Voy. nos *Mystères*, t. II, p. 413. — Voy. P. Paris, *Manuscrits français de la bibliothèque du roi,* t. VII.)

Pièce intéressante, malheureusement incomplète. Le Pain et le Vin, personnifiant les Laboureurs et les Vignerons se plaignent amèrement des taxes et des vexations dont les accable un souverain nommé Tout, par le ministère oppressif de l'*Un* et de l'*Autre*. Celui qui sème le blé, manque de farine, dit le Pain. Celui qui taille la vigne, ne boit que de l'eau, dit le Vin.

> — Je ne suis seullement repu
> Que de pain d'orge ou d'aveine.
> L'Un de mes brebis prend la laine.
> — L'Autre tient mon cellier ouvert
> Pour boire vin a grosse aleine.

Tous deux se plaignent que la justice est méprisée ; ils sont pillés, ils sont battus, et encore traités de *vilains*. Pourtant

> Quand Pain et Vin seront faillis,
> Qui est-ce qui Tout soustiendra ?

Patience intervient pour les exhorter à souffrir avec résignation. Mais elle n'est guère écoutée.

## 22. — DÉSESPÉRÉ (Le), par Benoet Du Lac (Claude Bonet), 1595.

###### ÉDITION.

Le Desesperé, tragicomedie pour exemplaire d'obeissance, poeme tres remarquable aux peres et enfans de famille,... par Benoet Du Lac D. A Aix, en Provence, par Jean Courraud, MDCXV.

On trouve une réimpression du titre avec citation de plusieurs fragments, à la suite de la *Note sur Benoet Du Lac,* par A. Joly, Lyon, Scheuring, 1862, in-8°. Dans la *note* l'éditeur attribue à l'édition la date de 1595; le titre *fac-simile* porte bien 1615. Il est vrai que la pièce était composée depuis vingt années au moins, car, en 1595, elle avait été représentée à Aix (voir au *Catalogue des représentations,* 1595). Tout ce que Claude Bonet (qui se cache ici sous l'anagramme de *Benoet Du Lac*) doit à la Renaissance, c'est le titre de *tragicomedie;* au reste, sa pièce est une *moralité* pure, par le fond et par le style; nous ne disons pas la forme, puisqu'il divise l'ouvrage en actes et l'écrit en vers de douze syllabes. (Sur Claude Bonet ou Benoet du Lac, voyez ci-dessus, p. 44.)

Les *entreparleurs* du Désespéré sont au nombre de quinze, à savoir: Le Prologue, le Pere, Charles, Thomas, la Sagesse, la Vertu, la Volupté, l'Abus, l'Ange, le Laquay, le Serviteur, la Mort, le Diablon, Lucifer, l'Epilogue.

Un Prologue édifiant affirme l'objet moral que l'auteur s'est proposé:

> Icy on n'orra point ny brocars ny caquets.

Mais on y apprend à faire son salut, par l'exemple de ces deux jeunes fils: l'un est lourd, mais résolu; l'autre est paresseux, débauché. Le premier, Charles, s'engage dans le monde, et y fait sa voie, honnêtement, courageusement; suivant *Sagesse* et *Vertu,* et fuyant *Abus* et *Volupté,* malgré leur air aimable et leur douceraux langage. Thomas au contraire s'abandonne aux pires compagnies et finit par le brigandage, où il laisse ses deux oreilles ; il se tue, désespéré, en maudissant les parents qui l'ont si mal élevé. Le diable emporte aussitôt son âme. En apprenant cette fin, le père, qui a refusé le pardon à Thomas, se sent un peu coupable, et pense à se tuer lui-même ; un ange l'arrête, et lui persuade qu'il fera mieux de marier avantageusement le fils qui lui reste et dont il est satisfait. La pièce finit gaiement par un éloge du mariage. Telle est cette dernière refonte, peu originale, d'un sujet si souvent traité par les auteurs des moralités ; l'opposition du fou qui se damne et du sage qui se sauve dans ce monde et dans l'autre.

## 23. — ÉGLISE (L') ET LE COMMUN.

#### MANUSCRIT.

Moralité a deulx personnages, c'est assavoir l'Eglise et le Commun.

Ms. La Vallière, ff. 60 b-64 a (14º pièce), 194 vers.

#### ÉDITION.

*Recueil Le Roux de Lincy*, t. I (14º pièce).

Œuvre d'un auteur catholique et très dévoué à l'Eglise, dont il invoque l'énergie contre les novateurs : cette moralité, d'ailleurs faiblement conçue, offre un singulier contraste avec beaucoup d'autres pièces où l'Eglise paraît aussi en face du *Commun,* mais dans un rôle très différent. Ici l'Eglise se plaint des maux qu'on lui fait souffrir par « dissensions et abusions ». Le Commun répond en gémissant sur les misères que causent les « Séducteurs » qu'on a grand tort de laisser libres. L'Eglise s'étonne de ce langage : « Je suys par toy mise en ce poinct », dit-elle. — Je n'en puys mais, reprend le Commun. — « Tu en as esté l'inventif. » Le Commun proteste de son innocence, et demande la punition des vrais coupables. C'est à l'Église à les châtier :

> Vous debvés avoir le regart
> Sur tous estats; tirer a part
> Et mectre a fin blasphemateurs,
> Flateurs, menteurs, fols inventeurs.

Les temps sont bien mauvais; nul ne se tient en sa place. Les deux personnages s'accordent cependant pour louer la Noblesse et la Royauté, et leur confier le soin de rétablir l'ordre et la paix

> — Vive la fleur de gentillesse !
> — Vive la fleur de lys aussy !
> — Vive le noble sang de France !

## 24. — ÉGLISE (L'), NOBLESSE ET PAUVRETÉ QUI FONT LA LESSIVE.

#### MANUSCRIT.

Moralité nouvelle a troys personnages, c'est assavoir l'Eglise, Noblesse et Povreté qui font la lessive.

Ms. La Vallière, ff. 109 *b*-113 *b* (23ᵉ pièce), 257 vers.

#### ÉDITION.

*Recueil Le Roux de Lincy*, t. I, 23ᵉ pièce.

La pièce fut représentée en forme de tableau vivant, mêlé de quelques couplets, le dimanche gras de l'année 1541, dans la montre des Conards de Rouen. Voir, à cette date, au *Catalogue des représentations*.

Nous avons peu de comédies où les rancunes populaires se soient exprimées avec plus d'amertume contre la Noblesse et le Clergé. L'Église et Noblesse contraignent Pauvreté de laver leur linge sale; et quand la besogne est faite, elles chargent encore tout le faix sur son dos. Pauvreté gémit et maudit, mais à demi-voix, et sans oser désobéir.

## 25. — EMPEREUR (L') QUI TUA SON NEVEU.

### ÉDITIONS.

1º Moralité nouvelle d'ung empereur qui tua son nepveu qui avoit prins une fille a force, et comment le dict empereur estant au lict de la mort, la saincte hostie lui fut apportée miraculeusement.

Et est à dix personnaiges, c'est assavoir : L'Empereur, le Chappelain, le Duc, le Conte, le Nepveu de l'Empereur, l'Escuyer, Bertaut et Guillot, serviteurs du nepveu, la Fille violée, la Mere de la fille, avec la Sainte Hostie qui se presenta a l'Empereur.

... Finis. *Beati qui faciunt justiciam in omni tempore.* Imprimé nouvellement à Lyon en la maison de feu Barnabé Chaussard, près Nostre-Dame de Confort, M.D.XLIII.

*Recueil du British Museum*, 16 ff. 1156 vers.

2º *Recueil Viollet-Leduc*, t. III, p. 127-170.

3º *Recueil Edouard Fournier*, p. 354-369.

Moralité historique, du genre que nous avons plus haut comparé avec les miracles du xiv<sup>e</sup> siècle. L'Empereur devenu vieux, abdique l'exercice du pouvoir en faveur de son neveu, mais se réserve la souveraineté. Le jeune prince, fougueux et pervers, use d'abord de sa puissance pour faire amener de force au palais une jeune fille qu'il n'a pu séduire. La fille déshonorée va demander justice au vieux souverain. Celui-ci appelle son neveu, l'accable de reproches, et finalement l'égorge de sa main. Les grands s'indignent ; le chapelain refuse le viatique à l'Empereur, tombé mourant après cet acte de violente justice ; car le moribond refuse de s'accuser à péché d'un fait qu'il tient à honneur. Alors, à son ardente prière, un miracle s'accomplit ; l'hostie vient d'elle-même se poser sur ses lèvres. Il expire en priant. Cette pièce singulière est semée de vraies beautés ; l'intérêt dramatique n'y languit pas un moment, et les beaux vers y abondent. Il est fâcheux que ce genre de la moralité historique, créé tard, ait disparu si tôt devant l'avènement triomphal et les présomptueuses promesses de la tragédie pseudo-classique, inaugurée par Jodelle.

## 26. — ENFANT (L') DE PERDITION.

### ÉDITIONS.

1° Moralité nouvelle tres fructueuse de l'Enfant de perdition qui pendit son pere et tua sa mere : et comment il se desespera. A sept personnages : Le Bourgeois, la Bourgeoise, le Fils du bourgeois, quatre brigands. Imprimé nouvellement. Lyon, Pierre Rigaud, 1608, petit in-8° de 48 pages, 929 vers.

2° La même. Lyon, Olivier Arnoullet, s. d., in-16 goth. (Edition indiquée par Du Verdier, t. I, p. 551 de l'édition Rigoley. Elle a entièrement disparu.)

3° Réimpression du n° 1 dans les *Mélanges des Bibliophiles* par les soins de H. de Chateaugiron, Paris, Didot, 1828.

4° *Collection Montaran* (réimpression du n° 1).

5° Paris, Silvestre, impr. Pinard, 1833, in-16, 20 ff. (idem).

Voy. Du Verdier, édit. Rigoley, t. I, p. 551. — Parfait, t. III, p. 153. — Beauchamps, *Recherches sur les théâtres*, t. I, p. 231.

L'Enfant de perdition, tandis que son père gémit de ses vices, et que sa mère les excuse, vit avec des brigands et leur propose d'aller tuer ses propres parents afin de les voler. Il étrangle de ses mains son père et sa mère, et s'empare de leurs richesses dont ses complices le dépouillent aussitôt. Il meurt désespéré en invoquant les Démons :

A tous les diables me command.

## 27. — ENFANT (L') PRODIGUE.

### ÉDITIONS.

1° L'Enfant prodigue par personnaiges, nouvellement translaté du latin en françoys selon le texte de l'Evangile, et lui bailla son pere, sa part, laquelle il despendit meschamment avec folles femmes. Paris, s. d., petit in-4º goth., 20 ff.

2º Le même... selon le texte de l'Evangile par lequel est monstré la miserable vie ou parviendront ceux qui leurs biens despendent prodigallement. Rouen, Richard Aubert, s. d., in-4º, 20 feuillets.

3º Histoire de l'enfant prodigue par personnages, par laquelle est demontree la vie miserable ou parviendront ceux qui despendent leurs biens prodigalement. Lyon, Pierre Rigaud, s. d., in-16 de 128 ff. (vers 1580).

4º Le même, Lyon, Pierre Marniolles, 1616, in-16 de 103 p. (Une autre édition de Lyon, chez Benoist Chaussard, citée par Du Verdier (éd. Rigoley, t. I, p. 552), ne se retrouve pas.)

Personnages : Le Rustre, l'Enfant gasté, le Pere, le Prodigue, le Frere aisné, la Maquerelle, la Gorriere, Fin Cœur-Doux, l'Acteur, le Maistre (du prodigue), l'Amy de bonne foi, le Valet du pere. Environ 1500 vers.

L'Enfant prodigue fut joué à Laval en 1504, à Béthune en 1532 et 1563, à Cadillac-sur-Garonne vers 1538, à Limoges en 1539, et à Auriol (Bouches-du-Rhône) en 1580 (voy. au *Catalogue des représentations*). Lorsque le duc Philippe le Bon fit son entrée à Gand, après la révolte de 1458, on exhiba sur un théâtre une représentation de l'*Enfant prodigue*, mais ce ne fut qu'une pantomime (Jean Chartier, *Histoire de Charles VII*).

Il ne faut pas confondre cette moralité avec la pièce suivante, laquelle est en prose, divisée par actes et scènes, et appartient, par l'esprit, le style et la conduite, au théâtre de la Renaissance :

« L'histoire de l'Enfant prodigue reduitte et estendue en forme de comedie, et nouvellement traduitte du latin en françoys, par Antoine Tiron, matiere tres utile et profitable pour les jeunes gens a cause des bons propos, sentences et ammonitions qui y sont anexees. » Anvers, Jean Waesberghe, 1564, petit in-8º de 66 feuillets.

L'auteur déclare avoir destiné sa pièce aux collèges ; elle est traduite du latin de Guillaume Volder de la Haye, surnommé Gnapheus. On remarquera que les vers que dit l'*Acteur* dans la pièce précédente servent d'argument à la pièce de Tiron : quelques-uns sont modifiés, un peu rajeunis dans la forme. Au verso du titre, Tiron annonce ses personnages sous des noms grécolatins, tirés des comiques anciens : Pelargus, Eubulus, Philautus, Pamphagus, Sannio, Sirus, Bromia, Laïs, Sira, Chremes. Dans la pièce il les appelle pour la plupart à la vieille mode : Claquedent, Galifre, le Rustre, Ardent, Bouchefresche, la Gorriere, Colin. Plusieurs de ces noms, on le voit, sont empruntés à l'ancienne moralité.

A consulter : Lacroix du Maine et Du Verdier, *Bibliothèque française*. — Beauchamps, *Recherches*, t. I, p. 319. — Parfait, t. III, p. 139-145. — *Bibliothèque du théâtre français*, t. I, p. 4. — Sainte-Beuve, *Tableau de la poésie au* XVIe *siècle*.

L'Avertissement en prose promet une pièce édifiante ; elle ne l'est pas d'un bout à l'autre. La plus grande partie de la moralité se passe dans un mauvais lieu où trois femmes de mauvaise vie et deux débauchés, leurs amis, font fête à l'Enfant prodigue, et lui dévorent son argent au jeu et en ripailles.

Cette pièce renferme une particularité curieuse : vers le milieu de la moralité, l'*acteur* (auteur) prend la parole et commence à réciter en strophes de cinq vers la parabole de l'Enfant prodigue, en commençant au début. (Un homme avait deux fils...) Après chaque strophe, il s'interrompt, et on joue une scène plus ou moins longue, qui est le développement de la strophe qu'il a lue. Cette sorte de *leçon* justifie le titre : *translaté du latin en français ;* car autrement la pièce est originale. Nous avons rencontré ailleurs une disposition analogue dans les drames primitifs du douzième siècle. (Voy. nos *Mystères,* tome I, page 81 : *Adam, la Résurrection.*)

La conclusion de la pièce en explique l'intention.

L'AMY.

C'est icy une remonstrance
Belle pour enfans de maison,
Qui despendent outre raison,
Et courroucent peres et meres.

LE PERE.

Veu avez aussy les mysteres
Du vilain estat de luxure,

Les pauvretez et les miseres
Qu'il faut en la fin qu'on endure.

L'AMY.

Ce n'est que pitié et ordure,
Car les venimeuses femelles
N'ayment, sinon tant qu'argent dure,
Et sans excepter creature
De leur mestier, sont toutes telles.

## 28. — ENFANTS (Les) DE MAINTENANT.

ÉDITIONS.

1° Moralité nouvelle des Enfans de Maintenant, qui sont des escoliers de Jabien, qui leur monstre a jouer aux cartes et aux dez et entretenir luxures, dont l'un vient a Honte et de Honte a Desespoir, et de Desespoir au gibet de Perdition, et l'aultre se convertist a bien faire ; et est a treze personnages, c'est assavoir : Le Fol, Maintenant, Mignotte, Bon Advis, Instruction, Finet (premier enfant), Malduict (second enfant), Discipline, Jabien, Luxure, Honte, Desespoir, Perdition.

*Recueil du British Museum*, s. l. n. d., 8 ff., 2086 vers.

2° *Recueil Viollet-Leduc*, t. III, p. 1-86.

Voyez dans Saint-Marc Girardin (*Tableau de la littérature française au* XVIe *siècle*, p. 334) une appréciation de cette moralité.

A la fin de la pièce on lit ces vers qui semblent indiquer qu'elle est l'œuvre d'un écolier :

L'auteur est encore apprenant,
Qui a cette œuvre composée ;
Et est enfant de Maintenant ;
Dont mieulx doibt (elle) estre excusée.

Elle était jouée par des enfants, comme le dit, pour finir, un des personnages :

Seigneurs, c'estoit nostre pensée,
D'enfans seulement introduire.

La pièce finit comme le *Mariage de Figaro* par une

suite de couplets variés, que viennent débiter tour à tour en s'adressant au public, les différents personnages, excepté l'un d'eux (Finet) qui est déjà mort et ne ressuscite pas.

Voici le sujet de la pièce : Dame Mignotte a gâté ses deux fils. Instruction n'en peut rien tirer. Ils aiment mieux suivre Jabien qui enseigne seulement les « cartes et dés » et s'amuser avec Luxure sa fille, qui a bientôt plumé les deux naïfs. Malduict se corrige alors, et revient au bien. Finet s'entête à jouer, perd jusqu'à sa robe et finit par s'abandonner à Désespoir et à Perdition qui le pendent.

## 29. — ENFANTS INGRATS (LE MIROIR ET EXEMPLE MORAL DES).

### ÉDITIONS.

1° Le mirouer et exemple moralle des enfans ingratz pour lesquelz les peres et meres se destruisent pour les augmenter, qui en la fin les descongnoissent. In-4° goth., s. l. n. d., 36 ff. (environ 2000 vers).

2° Le même, sous ce titre : Histoire de l'enfant ingrat, mirouer et exemple moral des mauvais enfans envers leurs peres et meres, Lyon, Benoist Rigaud, 1589, petit in-8°, 94 ff.

(Du Verdier et Beauchamps indiquent deux autres éditions : Paris, s. d., in-8°, et Lyon, Olivier Arnoullet, s. d., in-16.)

3° Réimpression du n° 1, Aix, Pontier, 1836, petit in-8°, 176 pages.

Moralité souvent confondue à tort avec l'*Histoire de l'enfant prodigue*, traduite du latin par Antoine Tiron (voy. ci-dessus, p. 58, et Brunet, III, col. 1750) : l'abbé Mercier de Saint-Léger attribue le *Mirouer* à Eustorg de Beaulieu.

A consulter : Du Verdier, *Bibliothèque française*, édit. Rigoley, p. 551. — Beauchamps, *Recherches sur les théâtres*, t. I. — Parfait, t. III, p. 153. — *Bibliothèque du théâtre français*, I, 5. — Saint-Marc Girardin, *Tableau de la littérature française au* XVIe *siècle*, p. 349.

Il y a une histoire analogue dans Césaire d'Heisterbach, *Histoires mémorables*, livre VI, ch. xxii. Le Dominicain Thomas de Cantimpré, lequel vivait au xiiie siècle, raconte dans le *Livre des abeilles* (livre II, ch. vii, partie iv) entre autres légendes pieuses, celle d'un fils ingrat, qui fut sévèrement puni de sa dureté envers son père par l'intervention miraculeuse d'un gros crapaud qui s'attacha à sa bouche. Cette légende fut rédigée en vers français dans le même siècle; le manuscrit de cette rédaction est à l'Arsenal. On connaît une rédaction du même trait faite au xive siècle, en prose française. Notre moralité a certainement puisé à cette source (*Histoire littéraire de la France*, t. XXIII, p. 193).

C'est encore un enfant gâté que ce fils ingrat. Ses parents se dépouillent pour le marier à la fille d'un grand seigneur. Après la noce, ils vont demander à leur fils les moyens de vivre; le fils leur fait jeter un morceau de pain noir; ils se plaignent; ils sont chassés. Le père maudit son fils, qui sans se troubler, va se mettre à table, et ouvre un gros pâté de venaison. Un crapaud s'en échappe, s'attache à son visage, et ne veut plus lâcher prise. Tout le monde comprend que le Ciel a voulu punir le fils ingrat : on le mène au Curé, à l'Evêque, au Pape, qui voit son repentir et l'absout. « Le crapaud chet ». L'Enfant ingrat demande et obtient le pardon de ses parents.

Au commencement de la pièce on intercalait une farce à volonté dans la représentation des fêtes données à l'occasion du mariage.

## 30. — ENVIE, ÉTAT, SIMPLESSE.

### MANUSCRIT.

Moralité a troys personnages, c'est assavoir Envye, Estat et Simplesse.

Ms. La Vallière, 50 *a*-53 *b* (11e pièce), 166 vers.

### ÉDITION.

*Recueil Le Roux de Lincy*, t. I (10e pièce).

Pièce de la dernière platitude. Envie et Simplesse se disputent la tutelle d'Etat, qui à la fin se décide à suivre Simplesse et s'abandonne à elle.

## 31. — EXCELLENCE, SCIENCE, PARIS ET PEUPLE.

### MANUSCRIT.

Moralité a quatre personnaiges (Excellance, Science, Paris, Peuple). Bibl. nat., fr. 1661, in-fol., ff. 85 *a*-99 *b*. 740 vers. Papier, xv<sup>e</sup> siècle.

Pièce tout allégorique ; œuvre d'écoliers, semée de vers et même de couplets écrits en latin. Le jardin d'Excellence est battu d'un vent aigre et froid ; Science voit ses enfants dispersés ; Paris se plaint de sa décadence ; et le Peuple, plus que tout autre, souffre et se lamente ; mais ils n'osent parler trop haut. Science dit même :

> C'est vray, la plus grande prudence
> Que je voye aujourd'huy regner
> Si est de sobrement parler [1].

## 32. — FEMME (Histoire romaine d'une) QUI AVAIT VOULU TRAHIR LA CITÉ DE ROME.

### ÉDITIONS.

1° Moralité ou Histoire rommaine d'une femme qui avoit voulu trahir la cité de Romme et comment sa fille la nourrist six sepmaines de son lait en prison. A cinq personnaiges, c'est assavoir Oracius, Valerius, le Sergent, la Mere et la Fille... Cy fine l'Histoire rommaine. Imprimé nouvellement a Lyon en la mai-

---

1. Il est beaucoup question dans cette pièce du collège du Cardinal-Lemoine. On en rapprochera ces vers de Marot, dans la 4<sup>e</sup> ép. du *Coq a l'asne* :

> Que du grief feu de saint Anthoine
> Soit ars le cardinal Lemoine .
> *Ennemi des Basochiens.*

son de feu Barnabé Chaussart pres Nostre-Dame de Confort. M.DXLVIII.

*Recueil du British Museum*, 6 ff. 386 vers.

2° *Recueil Viollet-Leduc*, t. III, p. 171-186.

3° *Recueil Edouard Fournier*, p. 386-391.

L'anecdote bien connue que cette moralité met en scène est tirée de Valère-Maxime (*Actions et dits mémorables*, l. V, ch. IV, § 7) ou de Pline l'Ancien (l. VII, ch. XXXVI). Hygin (fable 254) la raconte autrement et attribue le fait à Xanthippe, fille de Cimon, laquelle aurait ainsi sauvé son père en l'allaitant.

Comparer *Straparole*, VII° nuit, *Enigme IV*. — Voyez *D'Aubigné, Tragiques*, édit. Lalanne, p. 17, en note (*Biblioth. elzév.*).

L'auteur de cette moralité a placé la scène à Rome ; ses personnages sont chrétiens. Sous ses diverses formes l'anecdote est touchante beaucoup plus que dramatique, et plus propre à la peinture qu'au théâtre.

## 33. — FIDÈLE (LE), LE MINISTRE, LE SUSPENS, PROVIDENCE DIVINE ET LA VIERGE.

### MANUSCRIT.

Moral a cinq personnages, c'est assavoir le Fidelle, le Ministre, le Suspens, Providence divine, la Vierge.

Ms. La Vallière, 190 *a*-199 *a* (36° pièce). 579 vers.

### ÉDITIONS.

1° *Recueil Le Roux de Lincy*, t. II, 12° pièce.

2° *Théâtre mystique de Pierre Du Val et des Libertins spirituels de Rouen*, publié par E. Picot, Paris, Damascène Morgand, 1882, in-16 (p. 171-197).

*Moral* (comme dit le titre), ou moralité, si grave et si peu dramatique qu'elle ne fut probablement jamais jouée. C'est dans la première partie une dissertation dialoguée sur la prédestination, dans la seconde un dialogue lyrique sur les beautés du Paradis. L'auteur est protestant : sa doctrine sur la prédestination est celle de Calvin.

> Ce Seigneur, plein d'amytié,
> Endurcit celui qu'il veult,
> Et par grace qui tout peult,
> De qui luy plaist a pitié.

Le personnage appelé le *Suspens*, hésite encore entre l'Eglise Romaine et la Réforme. Il fait quelques objections à la doctrine de la prédestination.

> Dieu en vouldroyt il l'un saulver
> Et l'aultre au tourment reserver,
> Sans quelque esgard aux œuvres bonnes
> Ou mauvaises...

Si nous sommes sauvés d'avance ou damnés

> Prenons plaisir, faisons grand chere.

Mais à la fin le Suspens se rend, et le Ministre l'envoie visiter sur les ailes de la Foi la Jérusalem nouvelle.

## 34. — FRÈRES (Les) DE MAINTENANT.

### ÉDITIONS.

> Moralité nouvelle contenant
> Comment Envie, au temps de Maintenant,
> Fait que les freres, que Bon Amour rassemble,
> Sont ennemys, et ont discord ensemble,
> Dont les parens souffrent maint desplaisir,
> Au lieu d'avoir de leurs enfans plaisir.
> Mais a la fin Remort de conscience,
> Vueillant user de son art et science,
> Les fait renger en paix et union,
> Et tout leur temps vivre en communion.

A neuf personnaiges, c'est assavoir : Le Preco, le Pere, la Mere, le Premier filz, le Second filz, le Tiers filz, Amour fraternel, Envie et Remort de conscience... Fin de la moralité des Freres de Maintenant. Nouvellement imprimée a Paris par Nicholas Chrestien, demourant en la rue Neufve Nostre Dame, a l'enseigne de l'Escu de France.

*Recueil du British Museum*, s. d., 12 ff. 1009 vers.

2° *Recueil Viollet-Leduc,* t. III, p. 87-126.

C'est un arrangement bourgeois de l'histoire de Joseph vendu par ses frères. Joseph ici s'appelle Anatole; et ses frères, Pierre et Jean. Anatole, dont ils sont jaloux, est jeté par eux dans une citerne; sa robe, trempée du sang d'un mouton, est rendue au père désolé. Mais Remords-de-Conscience fait entendre sa voix aux coupables. Ils se dénoncent eux-mêmes; ils vont délivrer leur frère qui par bonheur est encore vivant; et la paix, l'amitié règnent désormais dans la famille. L'auteur n'avait pas grande confiance en la beauté de son œuvre; il termine en promettant le ciel à ceux qui l'admireront.

## 35. — HÉRÉSIE, SIMONIE, FORCE, SCANDALE, PROCÈS, L'ÉGLISE.

#### MANUSCRIT.

Moralité a six personnages, c'est assavoir Heresye, Symonie, Force, Scandalle, Procès, l'Eglise.
Ms. La Vallière, ff. 325 *b*-331 *a* (57ᵉ pièce). 326 vers.

#### ÉDITION.

*Recueil Le Roux de Lincy,* t. III (16ᵉ pièce).

Voy. O. Le Roy, *Histoire comparée du théâtre et des mœurs,* p. 377.

Pièce écrite à l'époque des premiers troubles excités en France par la Réforme; l'auteur est quelque pieux catholique qui s'indignait à la fois de la rébellion des hérétiques et des abus réels qui y donnaient prétexte. Hérésie et Simonie montent à l'assaut de l'Eglise, l'une veut forcer la porte avec une clef de fer, l'autre avec une clef d'argent. *Scandale pueril,* qui personnifie singulièrement les bambins pourvus dès l'enfance de dignités ecclésiastiques, se fait fort d'entrer avec *une clef de toutes pièces* (passe-partout).

A la fin, l'Eglise risque une sortie hors du temple ; elle met
en fuite les assaillants profanes.

## 36. — HOMME (L') FRAGILE, CONCUPISCENCE, LA LOI, LA GRACE.

#### MANUSCRIT.

Moral a cinq personnages, c'est assavoir l'Homme fragille, Concupiscence, la Loy, Grace (le scribe a oublié *Foi*).
Ms. La Vallière, ff. 293 *a*-299 *a* (52ᵉ pièce). 386 vers.

#### ÉDITIONS.

1° *Recueil Le Roux de Lincy*, t. III (11ᵉ pièce).

2° *Théâtre mystique de Pierre Du Val et des Libertins spirituels de Rouen*, publié par E. Picot, Paris, Damascène Morgand, 1882, in-16 (p. 199-220).

Concupiscence et Loi se disputent l'Homme Fragile qui promet toujours de suivre la dernière qui lui a parlé. L'intervention de Grâce et de Foi assure la victoire à Loi. Cette moralité n'est, comme plusieurs autres, qu'une homélie dialoguée et rimée ; elle était cependant destinée au théâtre, car elle se termine par la formule traditionnelle :

> En prenant congé de ce lieu,
> Une chanson pour dire adieu.

M. Picot en a fait ressortir la tendance protestante.

## 37. — HOMME (L') JUSTE ET L'HOMME MONDAIN, par Simon Bougoin.

#### ÉDITION.

L'Homme juste et l'Homme mondain nouvellement composé et imprimé a Paris, *cum privilegio*... Cy. fine ce present livre intitulé l'Homme juste et l'Homme mondain avec le jugement de l'ame devote et execution de sa sentence. Imprimé a Paris le xixᵉ jour de juillet mil cinq cens et huit pour Anthoine Verard...

In-4° goth. à 2 col., 229 ff. Environ trente mille vers de diverses mesures ou lignes de prose.

Quatre-vingt-quatre personnages : La Terre, l'Homme juste, l'Homme mondain, le Monde, Fortune, l'Eglise, Baptesme, Innocence, Enfance, Adolescence, Congnoissance, Divine bonté, Divin vouloir, Justice divine, Dieu, Michel, Gabriel, Raphael, Uriel, le Premier ange, le Second ange, Misericorde, Nostre-Dame, la Royne de Salvation, Humilité, Chasteté, Charité, Largesse, Abstinence, Diligence, Patience, Raison, Lucifer, Sathan, Astarot, Belzebuth, le Premier dyable, le Second dyable, la Royne de Perdition, Orgueil, Avarice, Luxure, Envie, Gloutonnie, Ire, Paresse, Oultrecuydance, Ignorance, la Chair, l'Honneur mondain, Liberté, Folle plaisance, Bon vouloir, Perseverance, Devotion, Mauvaise voulenté, Obstination, Prodigalité, Tromperie, Usure, Symonie, Necessité, Pouvreté, Adversité, Larrecin, Reproche, Infameté, Desconfort, Impacience, Malle fin, Labeur, Desesperance, Sapience divine, la Mort, Confession, Contriction, Satisfaction, Penitence, l'Ame de l'homme mondain, Foy, Esperance, l'Ame de l'homme juste, l'Acteur, Saint Michel et plusieurs personnages muets (entre autres beaucoup de saints dans le Paradis).

L'ouvrage, malgré sa longueur, était destiné à la représentation. (Il fut joué à Tarascon en 1476. Voy. au *Catalogue des Représentations*.)

Voyez sur cette pièce Du Verdier, *Bibliothèque*, édit. Rigoley, III, p. 472. — Parfait, II, p. 147, et III, p. 112. — *Bibliothèque du théâtre français*, I, p. 83.

La Croix du Maine et Du Verdier nomment l'auteur de cette pièce *Bourgoin*; mais lui-même se nomme *Bougoinc* dans l'acrostiche qui termine son poème *L'Espinette du Jeune Prince* (in-folio, 1508). Il fut valet de chambre de Louis XII.

Sa moralité, analogue au *Bien Avisé, Mal Avisé,* met en scène dans un perpétuel contraste la vie de l'élu avec celle du damné. Le Mondain s'abandonne à tous les Vices personnifiés; il meurt désespéré, tandis que le Juste meurt repentant. Dans la seconde partie l'âme du Juste est tirée du Purgatoire par les prières de l'Eglise.

La première partie, qui est de beaucoup la plus longue, présente un grand nombre d'indications de mise en scène ; tel personnage devra rester en vue ; tel autre, disparaître ; on disposera de ce côté le Paradis ; de celui-là, l'Enfer, etc. Dans la seconde partie, l'*Acteur* (auteur) prend plusieurs fois la parole ; les indications précises sur la mise en scène y font défaut ; elle devait être fort compliquée, car l'*Ame dévote* est promenée par un Ange à travers l'Enfer, le Purgatoire et le Ciel.

## 38. — HOMME (L') JUSTIFIÉ PAR FOI, par Henry de Barran (1554).

### ÉDITION.

Tragique comedie françoise de l'homme justifié par Foy, composé (*sic*) par M. Henry de Barran, 1554, s. l. très petit in-8° de 48 ff.

Douze personnages : La Loy, l'Esprit de crainte, Satan, Peché, la Mort, Concupiscence, l'Homme. Rabby, predicateur de la Loi. Paul, predicateur de l'Evangile. Foy, Grace, l'Esprit d'amour. Environ 2,000 vers.

Un prologue en vers atteste que la pièce était vraiment destinée à la représentation :

> Plaise vous donc nous donner doux silence,
> Vous asseurant que dans sa conscience
> Chacun lira qu'il est de la partie ;
> Si bien aussi est l'histoire partie
> Qu'il n'est aucun a qui ne soit permis
> Avec silence estre en ce jeu admis.

Il y a des choses curieuses dans la préface : *Au lecteur*. « Je n'ignore pas, chrestien lecteur, les grans abuz qui sont commiz journellement, tant en ceux qui jouent comedies, tragedies et autres semblables histoires pieuses de l'Ecriture sainte, que en ceux qui y assistent. Car les uns ne regardent qu'au profit temporel, ou bien imprimer es entendements des auditeurs quelque opinion de leur bonne grace, mettant souvent choses prophanes et dissolues avec les saintz propos. Les autres se contentent d'occuper le temps en quelque chose plaisante, se delectant plus en la grace des personnages, ou bien en propos joyeux et facecieux, qu'en l'utilité et edification qui leur en peut venir. C'est pourquoi communement, apres telz Dialogues, on joue quelque farce dissolue, n'estimant rien le tout si la farce joyeuse n'y est adjoustée. » Pénétré de ces idées, l'auteur a gardé deux ans par devers lui la *tragique comedie;* il se décide à la publier, en suppliant « tous les lecteurs et auditeurs d'icelle qu'ils en tirent edification. »

Cette pièce est une pure moralité, malgré la division par actes et scènes. L'auteur est protestant, mais non déclaré; il prêche dans la pièce la justification par la foi; toutefois il fait soutenir par *Rabby,* docteur juif, et non par un docteur catholique, l'utilité des œuvres et oppose au vrai fidèle, non le *papiste,* mais le pharisien.

A consulter : La Croix du Maine, *Bibliothèque française,* édit. Rigoley, p. 363. (Il cite une autre édition de la même moralité, datée 1561, et intitulée : *Tragique comedie du pecheur justifié par la foy*). — *Bibliothèque du théâtre français,* tome I, p. 142. (L'auteur s'est tout à fait mépris en présentant cette pièce comme dirigée contre la doctrine calviniste.)

## 39. — HOMME (L'), LE CIEL, L'ESPRIT, LA TERRE, LA CHAIR, par GUILLAUME DES AUTELS (1549).

### ÉDITION.

Autre Dialogue Moral sus la devise de Monsieur le Reverendissime Cardinal de Tournon : *Non quæ super terram.* Joué à Valence, devant luy, le dimenche de my Caresme, 1549 [1]. Les personnages : Le Ciel, l'Esprit, la Terre, la Chair, l'Homme.

[1]. Le cardinal de Tournon, successivement archevêque de Bourges, d'Auch et de Lyon, diplomate, ambassadeur à Rome, et fort mêlé,

Pièce insérée dans le recueil de vers intitulé *Repos de plus grand travail* (par Guillaume des Autels), à Lyon, par Jean de Tournes et Guil. Gazeau. 1550, petit in-8º (pp. 97-141. 824 vers).

Le *Dialogue* est précédé d'une autre pièce du même genre (voy. ci-dessous : *Vouloir divin, Ignorance, le Temps, Verité*). Ainsi s'explique le titre : *Autre Dialogue Moral*.

Voy. *Bibliothèque du théâtre français*, t. I, p. 125.

En tête de l'œuvre on lit l'*argument* suivant : « L'Homme enfin doit recevoir vie ou mort eternelle. La vie est au ciel, la mort en enfer. L'Esprit conduisant l'homme a ceste vie celeste, l'incite a l'amour et crainte de son Dieu et au desir de parvenir a celle joye en mesprisant les biens terriens. La Chair au contraire le seduisant, pour le faire abismer en la mort et damnation, le chatouille par les plaisirs mondains, luy met au devant les richesses et boubances, luy oste l'espoir d'une autre vie. Brief le rend non seulement aliene et estranger, mais aussi ennemy de son Createur. Pour donc parvenir au Ciel, il fault suivre l'Esprit, et (comme dit saint Paul), crucifier la chair. Ce que nous ne pourrons pas faire sans l'ayde de Dieu, que nous aurons en le priant. Somme toute, il fault faire selon la devise de Monseigneur le Cardinal, *non quæ super terram*. C'est-a-dire que nous ne cherchions point les biens qui sont sus terre, ains ceux du ciel : qui est le commandement de nostre Seigneur.

Sur ce thème édifiant (mais peu original) le Dialogue met aux prises la Chair et l'Esprit qui se disputent l'Homme : ce combat fait le fond de plus d'une moralité (entre autres de *Mundus, Caro, Dæmonia*). L'Esprit l'emporte ; la Chair meurt, et retourne à la Terre dont elle est fille ; l'Homme est ravi en gloire vers Ciel qui le reçoit.

Guillaume des Autels, poète et grammairien, combattit violemment les tentatives de réforme orthographique de Meigret. Né en 1529, il mourut vers 1576.

malgré sa devise, aux affaires de ce monde, présida en 1561, le colloque de Poissy et mourut l'année suivante.

## 40. — HOMME (L') PÉCHEUR.

#### ÉDITIONS.

1º L'omme pecheur par personnages, joué en la ville de Tours... A l'onneur et a la louenge de N.-S. J.-C. a esté fait ce livre appellé l'omme pecheur nagueres joué en la ville de Tours et imprimé a Paris par Anthoine Verard... s. d. (vers 1494), in-fol. goth., 154 ff. à 2 col. Environ 22,000 vers. Cette édition est regardée comme la première ;

2º Autre. Paris, Pierre Le Dru, 1508, petit in-fol. goth. 130 ff.

3º Autre... A LXIIII personnages. — Imprimé par Jehan Trepperel... in-4º goth. 164 ff.

4º Autre... Vᵉ Jehan Trepperel et Jehan Jehannot, petit in-4º goth. 150 ff. (s. d. 1529, selon Du Verdier).

5º Autre... Paris, imprimé par Le Petit Laurens pour Guillaume Eustace, libraire. S. d. in-fol. goth. C'est sur cette édition que nous avons relevé les noms des personnages, au nombre de 62.

Voy. Du Verdier, *Bibliothèque française*, t. II, p. 256. — Parfait, t. III, p. 88-92. — De Beauchamps, *Recherches sur les théâtres*, t. I, p. 232. — *Bibliothèque du théâtre français*, t. I, p. 13.

La représentation de Tours dut précéder de peu l'impression. La pièce fut encore jouée en 1507 à Orléans (Voy. *Représentations*, 1494, Tours; et 1507, Orléans). 62 personnages : Le Prologue, le Lymon de la terre, la Terre, l'Adolescent (puis le Pecheur), le Monde, Charité, Foy, Esperance, Dieu, Sapience divine, Justice divine, Michiel, Gabriel, Raphael, le bon Ange, Raison, Franc Arbitre (habillié en Rogier Bon Temps), Conscience, Entendement (habillié en legiste), Lucifer, Sathan, Demon, Belphemot, le Dyable, Peché, Sensualité, Desperation-de-pardon, Honte-de-dire-ses-pechiés, Crainte-de-faire-penitence, Esperance-de-longue-vie, Orgueil, Avarice, Luxure, Envie, Gloutonnie, Ire, Paresse, Compassion (en nonnain), Concupiscence, Finete, chamberiere de Luxure, Marie, Misericorde, Maladie, la Mort, Contrition, le Prestre, Confession, Penitence, Humilité, Largesse, Chasteté, Abstinance, Pacience, Diligence,

Satisfacion, Perseverance, Contricion, Aulmosne, Oraison, Jeusne, Affliction, l'Ame du pecheur.

Cette longue moralité rappelle en beaucoup de parties celle de *Bien avisé, Mal avisé,* ainsi que *l'Homme juste* et *l'Homme mondain.* Mais dans ces deux moralités, le contraste du bien et du mal, de la vertu et du vice, du salut et de la damnation est personnifié dans deux hommes, opposés l'un à l'autre d'un bout à l'autre de la pièce. Ici c'est le même homme qui successivement s'abandonne à tous les vices et met son salut en péril ; puis, touché de remords, fait pénitence, obtient son pardon, et meurt réconcilié, pour être enlevé dans son âme au Ciel pendant que son corps est enseveli sur la terre.

On remarquera les noms bizarres de certains personnages : Despération-de-pardon — Honte-de-dire-ses-péchés — Crainte-de-faire-pénitence — Espérance-de-longue-vie. Nulle part, l'abstraction ne s'est montrée plus hardie au théâtre. Il faut venir jusqu'au *Cromwell* de Victor Hugo pour retrouver sur la scène des personnages affublés de noms aussi longs. N'oublions pas Franc Arbitre « habillié en Rogier Bon Temps » de qui tout le rôle consiste à dire à l'homme : « Fais tout ce que tu voudras. » Personnification toute matérielle et vraiment singulière de la liberté humaine. On voit que « Roger Bontemps » est antérieur au poète Roger de Collerye qui passe à tort pour avoir créé le personnage ou lui avoir au moins donné son surnom au XVIe siècle.

## 41. — HONNEUR DES DAMES, FRANC VOULOIR, CŒUR LOYAL, DANGER, ENVIE, MALLEBOUCHE, par Andrieu de la Vigne.

ÉDITIONS.

Cette moralité (en 580 vers) est imprimée à la fin du *Vergier d'honneur,* par « Maistre Andry de la Vigne, secretaire de monsieur le duc de Savoie », ouvrage en prose et en vers, plusieurs fois réimprimé : in-fol. goth à 2 col., s. l. n. d. — Petit in-4° goth. de 236 ff. s. l. n. d. (Antoine Verard, 1500 ?) — Paris, Jehan Trepperel, grand in-4° goth. s. d. (vers 1520). — Paris (Philippe Le Noir), in-fol. goth. s. d. — S. l. n. d. (Paris, Jehan Petit), petit in-fol. goth. — Voyez Brunet, *Manuel*, article *Saint-Gelais.*

Octavien de Saint-Gelais est indiqué au titre du *Vergier* comme auteur de l'œuvre, aussi bien qu'Andrieu de la Vigne ; mais il n'y a réellement de lui dans le recueil qu'un poème de 800 vers sur la mort de Charles VIII. Toutes les autres pièces de vers qui suivent le *Vergier* et précèdent la Moralité sont d'Andrieu de la Vigne.

Trois vils personnages, Danger, Envie, Mallebouche, qui semblent échappés du *Roman de la Rose,* veulent attaquer Honneur des Dames, bravement défendu par Franc Vouloir et Cœur Loyal. D'abord, on se contente d'échanger force injures, en vers de toutes les longueurs ; ensuite on en vient aux coups et le bon droit triomphe ; les deux chevaliers des Dames bâtonnent leurs trois adversaires et les mettent en fuite.

Andrieu de la Vigne a déployé dans cette moralité toutes les fâcheuses richesses de la versification compliquée qui florissait de son temps ; on en jugera par le dizain suivant, choisi au hasard entre vingt autres, tous écrits de même en pur galimatias :

HONNEUR DES DAMES.

Gens vertueux m'ont en leur protho*colle*
*Collé* et mis comme par chaulde *colle*
*Coll*acteral de leur parfaicte ac*tente*
*Tent*ant les faitz ou pres ma digne es*colle*
*E*sco*ll*iers doux et humbles je re*colle*
*Coll*iquement soubz l'amoureuse en*tente.*
*Entens* ici toy qui d'euvre *existente*
*Existent* es franc, libere et de*livre*
*Livr*ant ton cas envers ma court pa*tente*
*Tant* et si bien qu'environ de ma *tente*
*Temps te* soit deu pour y regner et vivre.

On se demande quelle figure pouvaient faire les bonnes gens devant qui ces vers étaient débités.

Nous douterions que cette pièce fût vraiment dramatique, si certains signes ne nous prouvaient qu'elle était bien destinée à la représentation. Les indications de mise en scène abondent; en outre, Envie, s'adressant à Honneur des Dames, lui dit :

> Honneur des dames, vieulx briffaul
> Aujourd'huy *sur cest eschaffault*
> Je t'osteray du corps la vie.

Comme la pièce finit par une ballade et un *rondelet* à l'honneur de la Vierge Marie, suivis de la récitation du *Salve Regina;* nous pensons qu'elle dut être représentée dans quelque Puy dédié à Notre-Dame.

42. — INQUISITEUR (L'), par MARGUERITE DE NAVARRE.

### MANUSCRIT.

Bibliothèque nationale, fr., 12485. Ms. in-fol. contenant les poésies de la Reine de Navarre. L'Inquisiteur occupe dans ce manuscrit les feuillets 100 *a*-108 *b*. Il suit la farce des *Deux filles,* etc., sans autre titre que celui-ci : Autre farce.

### ÉDITION.

L'Heptaméron de la Reine de Navarre, édition Leroux de Lincy, p. CCXIV-CCXXXIX. Huit personnages : L'Inquisiteur, le Varlet, Janot, Perrot, Jacot, Thierrot, Clerot (enfants). Un petit enfant. La pièce est à rimes croisées en vers de diverses mesures au nombre de 672.

C'est ici une moralité quoique dans le manuscrit cette pièce, et le *Malade* (qui la précède) soient l'une et l'autre intitulées *Farces.* L'éditeur Leroux de Lincy résume ainsi *l'Inquisiteur:*

« Un inquisiteur de la foi, depuis longtemps docteur en Sorbonne, se plaint de l'extension que prennent chaque jour les nouvelles doctrines religieuses. Il se promet bien *d'honneur,* par « Maistre Andry de la Vigne, secretaire de monsieur le duc de Savoie », ouvrage en prose et en vers, plusieurs fois réimprimé : in-fol. goth. à 2 col., s. l. n. d. — Petit in-4° goth. de 236 ff. s. l. n. d. (Antoine Verard, 1500?) — Paris, Jehan Trepperel, grand in-4° goth. s. d. (vers 1520). — Paris (Philippe Le Noir), in-fol. goth. s. d. — S. l. n. d. (Paris, Jehan Petit), petit in-fol. goth. — Voyez Brunet, *Manuel*, article *Saint-Gelais.*

Octavien de Saint-Gelais est indiqué au titre du *Vergier* comme auteur de l'œuvre, aussi bien qu'Andrieu de la Vigne ; mais il n'y a réellement de lui dans le recueil qu'un poème de 800 vers sur la mort de Charles VIII. Toutes les autres pièces de vers qui suivent le *Vergier* et précèdent la Moralité sont d'Andrieu de la Vigne.

Trois vils personnages, Danger, Envie, Mallebouche, qui semblent échappés du *Roman de la Rose,* veulent attaquer Honneur des Dames, bravement défendu par Franc Vouloir et Cœur Loyal. D'abord, on se contente d'échanger force injures, en vers de toutes les longueurs ; ensuite on en vient aux coups et le bon droit triomphe ; les deux chevaliers des Dames bâtonnent leurs trois adversaires et les mettent en fuite.

Andrieu de la Vigne a déployé dans cette moralité toutes les fâcheuses richesses de la versification compliquée qui florissait de son temps ; on en jugera par le dizain suivant, choisi au hasard entre vingt autres, tous écrits de même en pur galimatias :

HONNEUR DES DAMES.

Gens vertueux m'ont en leur protho*colle*
*Collé* et mis comme par chaulde *colle*
*Coll*acteral de leur parfaicte ac*tente*
*Tent*ant les faitz ou pres ma digne es*colle*
*Escoll*iers doux et humbles je re*colle*
*Coll*iquement soubz l'amoureuse en*tente.*
*Entens* ici toy qui d'œuvre e*xistente*
*Existent* es franc, libere et de*livre*
*Livr*ant ton cas envers ma court pa*tente*
*Tant* et si bien qu'environ de ma *tente*
*Temps te* soit deu pour y regner et vivre.

On se demande quelle figure pouvaient faire les bonnes gens devant qui ces vers étaient débités.

Nous douterions que cette pièce fût vraiment dramatique, si certains signes ne nous prouvaient qu'elle était bien destinée à la représentation. Les indications de mise en scène abondent; en outre, Envie, s'adressant à Honneur des Dames, lui dit :

> Honneur des dames, vieulx briffaul
> Aujourd'huy *sur cest eschaffault*
> Je t'osteray du corps la vie.

Comme la pièce finit par une ballade et un *rondelet* à l'honneur de la Vierge Marie, suivis de la récitation du *Salve Regina*; nous pensons qu'elle dut être représentée dans quelque Puy dédié à Notre-Dame.

### 42. — INQUISITEUR (L'), par Marguerite de Navarre.

#### MANUSCRIT.

Bibliothèque nationale, fr., 12485. Ms. in-fol. contenant les poésies de la Reine de Navarre. L'Inquisiteur occupe dans ce manuscrit les feuillets 100 *a*-108 *b*. Il suit la farce des *Deux filles*, etc., sans autre titre que celui-ci : Autre farce.

#### ÉDITION.

L'Heptaméron de la Reine de Navarre, édition Leroux de Lincy, p. ccxiv-ccxxxix. Huit personnages : L'Inquisiteur, le Varlet, Janot, Perrot, Jacot, Thierrot, Clerot (enfants). Un petit enfant. La pièce est à rimes croisées en vers de diverses mesures au nombre de 672.

C'est ici une moralité quoique dans le manuscrit cette pièce, et le *Malade* (qui la précède) soient l'une et l'autre intitulées *Farces*. L'éditeur Leroux de Lincy résume ainsi *l'Inquisiteur :*

« Un inquisiteur de la foi, depuis longtemps docteur en Sorbonne, se plaint de l'extension que prennent chaque jour les nouvelles doctrines religieuses. Il se promet bien de déployer contre tous ceux qui s'en montreront partisans, la sévérité la plus grande, à moins pourtant qu'ils ne se rachètent à prix d'argent. Il sort en compagnie de son valet et veut empêcher plusieurs petits enfants de se livrer à leurs jeux. Mais ceux-ci se moquent de lui. Il adresse à l'un d'eux plusieurs questions auxquelles le jeune enfant répond avec beaucoup de sens. Ses compagnons et lui chantent en chœur les psaumes de David. L'Inquisiteur étonné revient au véritable principe de la religion qui est la tolérance et renonce à ses fonctions. »

Cette pièce est faible. On y trouve toute la mièvrerie dont la Reine de Navarre nous a paru entachée quelquefois dans ses *comédies*[1] (qui sont, comme on sait, des *mystères*). Ce féroce Inquisiteur, transformé en mouton tolérant, pour avoir ouï chanter des enfants, manque de vraisemblance. L'interrogatoire qu'il fait subir à l'un des enfants est parfaitement niais. L'auteur a voulu traduire sensiblement le verset du Psalmiste : *Ex ore infantium, Deus, et lactentium perfecisti laudem.*

###### L'INQUISITEUR.
Mon filz, comme appellez-vous Dieu ?

###### LE PETIT ENFANT.
Pappa.

###### LE VARLET.
Cest tres bien respondu ;
Pere il est de tous en tous lieux,
Mais il n'est pas bien entendu.

###### L'INQUISITEUR.
Qu'esperez-vous trouver en luy ?

###### L'ENFANT.
Do do.

###### LE VARLET.
C'est tres bien a propoz ;

---

[1]. Voyez nos *Mystères*, tome II, p. 620.

> Car qui ne congnoist aujourd'huy
> Que luy, vit en paix et repoz.

##### L'INQUISITEUR.
> Mais qui est-ce Dieu la ?

##### L'ENFANT.
> Bon, bon.

##### LE VARLET.
> Possible n'est de myeulx parler.
> Car si grant est de Dieu le don,
> Qu'il ne se peult myeulx appeller
> Que de le nommer le seul bon.

##### L'INQUISITEUR.
> Des bonnes œuvres, des merittes,
> Qu'est-ce ?

##### L'ENFANT.
> Lza, lza, lza.

##### LE VARLET.
> O Dieu qu'il dict bien !
> Car noz œuvres sont si petittes
> Devant Dieu que c'est moings que rien !

## 43. — LAZARE, MARTHE, JACOB, MARIE MADELEINE.

##### MANUSCRIT.

Moral a six personnages, c'est assavoir le Lazare, Marte, seur du Lazare, Jacob, serviteur du Lazare, Marye Madaleine et ses deulx seurs. Ms. La Vallière, 231 a-239 a (42ᵉ pièce). 526 vers.

##### ÉDITION.

*Recueil Le Roux de Lincy,* t. III (1ʳᵉ pièce).

Cette pièce est unique en son genre ; c'est probablement un fragment de mystère, mais détaché de sa conclusion, ce qui lui donne un caractère tout profane. Marthe, malade au début de la pièce, envoie chercher sa sœur Madeleine qu'on trouve en train de jouer du luth. Elle vient, elle reçoit aigrement les observations que son frère et sa sœur lui font sur sa conduite légère; et la pièce finit par cette déclaration de Lazare : « Qu'on ne saurait venir à bout d'une telle femme ». Ainsi, cette moralité se réduit à une petite scène de mœurs entre une fille coquette et des parents austères, qui la sermonnent, sans l'amener à bien faire. C'est la seule fois, à notre connaissance, que le théâtre ait présenté le tableau des désordres d'un saint pénitent, sans corriger cette peinture par celle de sa conversion et de son repentir.

## 44. — LYON MARCHANT, par Barthélemy Aneau (1541).

### ÉDITIONS.

1º Lyon marchant, satyre françoise, sur la comparaison de Paris, Rohan, Lyon, Orleans, et sur les choses memorables depuis l'an mil cinq cens vingt quatre, soubz allegories et enigmes, par personnages mysticques, jouee au college de la Trinité à Lyon, 1541. M.DXLII. On les vend a Lyon en rue Merciere, par Pierre de Tours. Petit in-8º goth., 20 ff. Environ 800 vers.

2º Le même (copie figurée), Paris, Silvestre (imprimerie Pinard), 1831, petit in-8º.

Voy. Beauchamps, *Recherches sur les théâtres*, t. I, p. 336. — Parfait, t. III, p. 45. — Voyez nos *Mystères*, t. I, p. 337, et t. II, p. 613, sur Barthélemy Aneau, professeur, puis principal en ce collège de la Trinité où fut jouée la pièce qui nous occupe.

En tête de *Lyon marchant*, se lit la dédicace suivante à Monseigneur de Langey (Guillaume du Bellay, vice-roi de Piémont :

« Ceste satyre a vous, Monseigneur, non pas dediee (car ce n'est chose saincte ne divine) mais offerte en petit present, ne vous demande rien, sinon pour recreation de vos necessaires labeurs estre leue de vous comme de l'un des tres bons François (je tais les aultres louanges et vertus) que je cognoisse aujourd'hui. Adieu, Monseigneur. »

Dix personnages, dans le « cry des monstres de la satyre » probablement débité quand on *monstra* ou annonça solennellement la représentation ; les mêmes dans la satyre elle-même.

Lyon, marchant a pied, Arion, Vulcan, Paris, monté sur un cheval, Roan, Aurelian, Androdus, Europe, Ganymedes, Verité, toute nue ou vestue de blanc.

Ces personnages incohérents dissertent entre eux sur toutes sortes de sujets, en particulier sur les événements publics des quinze années qui avaient précédé la représentation (1525-1540). Les allusions seraient souvent obscures, si elles n'étaient expliquées une à une dans les manchettes du texte. Le style est celui des énigmes et des logogriphes : il est hérissé de jeux de mots, à double et triple sens, d'allitérations puériles et pénibles. La plupart des vers sont *équivoqués, batelés, couronnés,* etc., selon la mode absurde qui avait fleuri avant Marot ; toute la pièce est merveilleusement ennuyeuse. Le même personnage est tantôt Paris « la grand'ville », tantôt le berger Pâris. Un autre est à la fois *Orléans* et l'Empereur Aurélien qui donna son nom à la ville. *Lyon marchant* est un *lion qui marche,* et la ville de Lyon qui s'enrichit par le commerce. L'auteur de si belles choses semble avoir dû être un maniaque inoffensif. On s'étonne qu'il ait péri d'une façon tragique, massacré par le peuple qui l'accusait d'avoir insulté au Saint-Sacrement pendant une procession le jour de la Fête-Dieu.

## 45. — MALADIE (La) DE CHRÉTIENTÉ, par Matthieu Malingre.

### ÉDITION.

Moralité de la maladie de chrestienté a treize personnages en laquelle sont montrez plusieurs abuz advenuz au monde par la poison du peché et l'hypocrisie des hereticques (Personnages) : Foy, Esperance, Charité, Chrestienté, Bon œuvre, Hypocrisie,

Peché, le Medecin celeste, Inspiration, l'Aveugle, son Varlet, l'Apoticaire, le Docteur.

> Cette moralité reprend
> Les abuz de Chrestienté.
> Celui qui est en Christ enté
> Jamais a la mort ne mesprend

Y me ujnt mal a gre (c.-à-d. il m'oint mal à gré). Anagramme de l'auteur : Matieu Malyngre. Un couplet final présente le même nom en acrostiche.

Nouvellement imprimé à Paris par Pierre de Vignolle demourant en la rue de la Sorbonne, 1533, petit in-8º goth. de 48 ff. Environ 1600 vers. (On a supposé que ce nom de Pierre de Vignolle pouvait bien être l'anagramme de Pierre de Wingle, célèbre imprimeur protestant qui avait ses presses à Neufchâtel.

Du même auteur : L'epistre de M. Malingre envoyee a Clement Marot en laquelle est demandee la cause de son departement de France, avec la responce dudit Marot... Nouvellement imprimé à Basle, par Jaq. Estauge, ce 20 d'octobre 1546, petit in-8º de 12 ff.

A la suite du titre on lit cette indication relative à la mise en scène : « Les noms et accoustremens des personnaiges de ceste presente moralité :

Foy, vestue d'une belle robbe blanche ;

Esperance, vestue d'une robbe de violet ;

Charité, vestue d'escarlate ;

Bon œuvre, vestu en marchant honneste ;

Chrestienté, en honneste dame ;

L'aveugle, en son paouvre estat ;

Et le varlet pareillement ;

Hypocrisie, vestue en nonnain ;

Peché, par devant vestu de robbe mondaine, et derriere en habit de diable ;

Le medecin, en habit propre (c'est-à-dire propre à son état) ;

Inspiration, en habit angelique ;

Le docteur en son estat ;

L'apoticaire en son estat. »

Cette pièce est une refonte des *Théologastres* (voir ci-dessous), mais bien plus hardie encore. Hypocrisie a séduit et empoisonné Chrétienté, qui devient méchante et vicieuse. Un médecin la rétablit heureusement en lui faisant avaler de force un délicieux julep fait de « grâce justifiante »; et la malade est subitement guérie. Le médecin analyse ses urines, et y trouve la trace de tous les poisons qu'elle a pris. Ce diagnostic est une satire amère de toute la société du temps.

On trouvera au *Catalogue des Représentations*, l'analyse d'une représentation de la Maladie de Chrétienté, donnée à La Rochelle en 1558, en présence et sous les auspices du Roi et de la Reine de Navarre, Antoine de Bourbon et Jeanne d'Albret. La pièce telle qu'elle fut représentée (d'après l'analyse que nous a transmise un des spectateurs), différait sur quelques points du texte imprimé.

A consulter : Ph. Vincent, *Recherches sur les commencements et les premiers progrès de la Réformation en la ville de la Rochelle*, 1693, Ascher, Rotterdam. Le ms., du XVII$^e$ siècle, est aux Archives du Conseil Presbytéral de l'Eglise Réformée de La Rochelle ; une copie, faite au XVIII$^e$ siècle, par le P. Jaillot, de l'Oratoire, est à la Bibliothèque de la Rochelle. — Arceré, *Histoire de la Rochelle*, 1756, I, p. 333-4. — Massiou, *Histoire politique, civile et religieuse de la Saintonge et de l'Aunis*, 1836, p. 43-44. — De Richemond, *Origine et progrès de la Réformation à la Rochelle*, Paris-Genève, mai 1859. 2$^o$ édition, Paris, 1872, p. 51, 52, 53.

## 46. — MARS ET JUSTICE.

### MANUSCRIT.

Moralité. Mars, le Ministre et le Marchant, Justice, Rouge affiné, Declique tout[1], Bec affillé, Bon droit.

Bibliothèque nationale, fonds fr., 24340, in-4$^o$, 18 ff. non chiffrés. 806 vers.

Un feuillet préliminaire renferme l'argument suivant, écrit au XVIII$^e$ siècle, à la main, en caractères d'imprimerie : « Cette mo-

---

1. Nom forgé sur *cliquer*, faire du bruit.

ralité a pour objet les querelles de Religion du xvi⁰ siècle. Mars est sollicité par les Protestants d'entreprendre la Guerre pour leur procurer la liberté de conscience ; il y réussit en prenant de toutes mains. Justice y est dépouillée. Bon droit la défend inutilement. Les deux partis, Catholiques et Religionnaires, sont également mécontents. Mars s'en est enrichi. La pièce est terminée par une satyre tres gaye des bons tours des Procureurs, des Bourgeois, des Clercs, des Prêtres et des Moynes de Paris. Ce qui me feroit croire qu'elle a été composée vers l'an 1566, temps de l'*Apologie pour Hérodote* d'Henri Etienne. Cette pièce n'est qu'une copie, mais cette copie est à peu près du temps. »

L'auteur de l'argument aurait pu ajouter que cette pièce fut jouée par des écoliers de Paris, mêlés probablement aux Basochiens. Elle est remplie des allusions les plus hardies et les plus libres à tous les faits petits et grands de l'époque, à tout ce qui pouvait intéresser les acteurs et les spectateurs. Nulle part les commérages de quartier, qui amusaient la malignité publique, ne sont étalés avec plus d'audace : toute la chronique scandaleuse du jour est mise en récit sans vergogne. A bien dire, la pièce est double ; la première moitié seule est une moralité (vers 1-480) ; le reste est une Sottie. *Rouge-affiné* interroge ainsi *Decliquetout* :

> Et le prince des sotz,
> Le pauvre boullangier ? — Ores est en repos.
> Sa femme toutesfois la premiere a la danse
> Fut a la Saint Benoist — N'avoit donc souvenance
> Du Prince son mary ? — Encor s'en souvenoit,
> Mais en dansant, son dueil passer elle vouloit.

Pour n'être pas nommées, d'autres victimes des écoliers ne sont pas désignées moins clairement :

> Ung beau advocat Lyonnois,
> Laissant ses livres et ses loix,
> Avec une belle espiciere,
> Gentille, mignonne et gorriere,
> Aux faulxbourg Saint-Marcel alla.

Cela ne regardait pas les écoliers. Mais aux jours de fêtes on pouvait tout dire. L'occasion ne revient pas si souvent :

> Il y a ja deux ans
> Que l'on n'a point monté sur l'escharfaut ceans.

## 47. — MAUVAIS (Le) RICHE ET LE LADRE.

### ÉDITIONS.

1° Moralité nouvelle du maulvais Riche et du Ladre, a douze personnages. S. l. n. d. Petit in-4° goth. 8 ff. à 2 col. Cette édition paraît la plus ancienne.

2° La même, in-16 goth. 16 ff. s. l. n. d. (selon Brunet, vers 1530).

3° La Vie et l'Histoire du maulvais Riche, a traize personnaiges, c'est assavoir : Le maulvais Riche, la Femme du Maulvais Riche, le Ladre, le Prescheur, Trotemenu, Tripet cuisinier, Dieu le Pere, Raphael, Abraham, Sathan, Rahouart, Agrappart... Imprimée nouvellement a Lyon en la maison de feu Barnabé Chaussard. *Recueil du British Museum*, s. d. 12 ff. 946 vers.

4° L'Histoire et Tragedie du Mauvais Riche extraite de la Sainte Ecriture et representee par 18 personnages. Simon Calvarin, Paris, s. d. petit in-8°.

5° La même, s. d. Rouen, Jean Oursel, petit in-8°.

6° Réimpression du n° 2, Aix, Pontier, 1823, 32 p. in-12.

7° La même, Paris, Silvestre, imprimerie Pinard, 1833, petit in-8°, 16 ff.

8° Réimpression du n° 3, *Recueil Viollet-Leduc*, t. III, p. 267-299.

9° Le même texte, *Recueil Edouard Fournier*, p. 74-85.

Voy. De Beauchamps, *Recherches sur les théâtres de France*, t. I, p. 230. — Parfait, t. III, p. 94. — *Bibliothèque du théâtre français*, t. I, p. 18. — Sainte-Beuve, *Tableau de la poésie au XVI<sup>e</sup> siècle*.

Cette moralité est réellement un court mystère. Elle

s'ouvre par un *sermon,* avec *Ave Maria.* Puis le festin du mauvais Riche est mis en scène avec une vérité de détails assez piquante. Le pauvre lépreux vient demander l'aumône à la porte; il est repoussé; il meurt sur le chemin; un Ange emporte son âme. Le Riche, malade à son tour, se met au lit et bientôt expire. Les diables emportent son âme et la jettent dans une chaudière sous laquelle ils attisent le feu.

Voyez, ci-dessous, *Représentations,* année 1352. La pièce fut jouée (peut-être dans un texte provençal) à Forcalquier, en 1572. (Voy. *Représentations,* 1572, Forcalquier).

## 48. — MINISTRE (Le) DE L'ÉGLISE, NOBLESSE, LABEUR ET LE COMMUN.

### MANUSCRIT.

Moralité a quatre personnages, c'est assavoir le Ministre de l'Eglise, Noblesse, le Laboureur (Labeur dans le texte) et Commun.

Ms. La Vallière, ff. 113 *b*-117 *a*, 24ᵉ pièce, 193 vers.

### ÉDITION.

*Recueil Le Roux de Lincy,* t. II, 1ʳᵉ pièce (Les éditeurs ont publié cette moralité sous ce titre : *Le jeu du capifol.*)

L'une des plus hardies satires où les griefs et les rancunes du peuple contre la Noblesse et le Clergé se soient librement donné cours. On peut rapprocher cette moralité de *Eglise, Noblesse et Pauvreté qui font la lessive* (ci-dessus, p. 55). Eglise et Noblesse veulent jouer au *capifol,* qui est la main chaude : elles trichent toutes deux pour que le Commun soit toujours pris et frappé. Noblesse lui brise la paume; Eglise frappe plus doucement, mais

Son coup le cœur poinct et mort.

Commun voudrait bien se fâcher ; Labeur l'en dissuade. A quoi bon ?

> Jusqu'a mettre la hart au col
> De nous joueront a capifol.

## 49. — MUNDUS, CARO, DÆMONIA.

### ÉDITIONS.

1° Moralité nouvelle de Mundus, Caro, Demonia, en laquelle verrez les durs assauts et tentations qu'ils font au Chevalier Chrestien et comme, par conseil de son bon esprit, avec la grace de Dieu, les vaincra, et a la fin aura le royaume de Paradis ; et est a cinq personnages. Petit in-fol. goth. format d'agenda, s. l. n. d. (A la suite, farce des deux Savetiers.) Edition attribuée à Pierre Sergent, entre 1530 et 1540.

2° Réimpression, Paris, Didot, 1827, in-8° allongé, format d'agenda, 15 feuillets (publiée par M. Durand de Lançon).

3° Id., par le même, réimpression *fac-simile*. Paris, Silvestre, 1838[1].

4° *Recueil Edouard Fournier*, p. 199-209.

A consulter : Parfait, t. III, p. 106. — *Bibliothèque du théâtre français*, p. 80.

Tous deux, sans preuves, datent cette pièce, l'un 1505, l'autre 1506.

Personnages : Le Chevalier Chrestien, l'Esprit, la Chair, le Monde et le Dyable. (636 vers.)

Lutte entre le chevalier chrétien aidé de l'Esprit, contre la Chair, le Monde et le Diable. La pièce fut représentée, croit-on, vers 1520, à Nancy. L'*Histoire littéraire* (tome XXIII, p. 253) cite une pièce française du XIII° siècle, en couplets de six vers, qui commence ainsi par trois vers latins :

---

1. Jules Janin possédait l'édition Didot ; l'exemplaire, vendu à sa mort, portait cette mention de sa main : « Quelques amateurs préfèrent l'édition Silvestre à l'édition Firmin Didot ; pour moi, je donnerais le choix à. . un vaudeville de Bayard. » (*Catalogue Janin*, chez Labitte.)

> *Mundus, Caro, Dæmonia*
> *Diversa movent prælia*
> *Turbantque cordis sabatum.*
> Cist troi nous chaceront de cort,
> Si le Filz Dieu ne nous secort,
> Ou se bien ne nous combaton.

## 50. — NATURE, LOI DE RIGUEUR, DIVIN POUVOIR, AMOUR, LOI DE GRACE, LA VIERGE (attribué à PIERRE DUVAL).

#### MANUSCRIT.

Moralité a six personnages, c'est assavoir : Nature, Loy de rigueur, Divin Pouvoir, Amour, Loy de Grace, la Vierge.

Ms. La Vallière, ff. 256 *a*-263 *q*, 46ᵉ pièce, 471 vers. — A la fin on lit ces trois mots, *Riens sans l'esprit,* devise de l'auteur.

#### ÉDITIONS.

1º *Recueil Le Roux de Lincy,* t. III, 5ᵉ pièce.

2º *Théâtre mystique de Pierre Du Val et des Libertins spirituels de Rouen,* publié par E. Picot, Paris, Damascène Morgand, 1882, in-16 (pages 137 à 161).

Pièce fort peu dramatique; c'est un dialogue mystique en l'honneur de la Vierge, mêlé de ballades, rondeaux, *chants royaux,* et destiné, sans doute, à concourir dans quelque *Puy,* peut-être au Puy de Rouen, puisqu'on sait d'ailleurs, que la plupart des pièces du manuscrit La Vallière sont rouennaises. M. Picot a cru pouvoir attribuer cette pièce à Pierre Du Val, auteur du *Contemnement de la mort* (voy., ci-dessus, cette moralité) et il a fait ressortir la tendance protestante de *Nature, Loi de rigueur,* etc.

Nature gémit de son abjection. Loi de rigueur, loin de la consoler, la pousse au désespoir; Amour intercède pour elle; Divin Pouvoir en prend pitié. La Vierge est conçue dans le sein de Nature, elle naît, et Nature se réjouit voyant en elle la promesse du salut. Au milieu de ce fatras, on trouve quelques beaux vers, comme ceux-ci, que Dieu prononce :

> Tout meurt sans moi, mais tout en moi prend vie...
> Je suis seul Dieu, pere de tous humains...
> Je suis en moi, de ma propre puissance;
> La mer, les vents me font obeïssance;
> De mon seul doigt, je pese les abismes...

51. — NOUVEAU (Le) MONDE, attribué à ANDRIEU DE LA VIGNE (1508).

ÉDITION.

> Le nouveau monde avec l'estrif
> Du pourveu et de l'ellectif,
> De l'ordinaire et du nommé :
> C'est un livre bien renommé
> Ensuivant la forme auctentique
> Ordonnée par la pragmatique.

S. l. n. d. (Paris, Guillaume Eustace) : petit in-8° goth. de 30 ff. Figures sur bois. Environ 1400 vers.

A consulter : Beauchamps, *Recherches*, t. I, 229. — Parfait, *Histoire du théâtre français*, t. III, p. 205-216. — *Bibliothèque du théâtre français*, t. I, p. 22.

Satire universitaire contre l'abolition de la Pragmatique Sanction de Charles VII. Jamais la fureur de l'abstraction ne fut poussée aussi loin. Voici la liste des personnages : Benefice grant, Benefice petit, Pragmatique, Election, Nomination, l'Ambitieux, Legat, Quelcun, Vouloir extraordinaire, Pere saint, Provision Apostolique, Collation ordinaire, Université, le Heraut. Un dizain final nous apprend que cette pièce fut jouée, par des écoliers, le 11 juin 1508. (Voy. *Représentations*).

> Prouvince par voix magniffique,
> Estant au trosne honoriffique,

> Ma dame la tres excellente,
> Redigé en acte publicque,
> L'unziesme de juing en attique,
> Mil cinq cens et huyt, soubz la tante
> De l'université plaisante,
> En la place tres bien duysante
> Qu'est de Sainct Estienne nommee ;
> A chascun la renommee.

On a attribué la pièce à Jean Bouchet, à Pierre Gringore, mais sans preuve. M. d'Héricault (*Œuvres de Gringore*, t. I, p. LXXVII) la juge, avec raison, peu digne de son poète. « L'attribution d'une telle pièce à Gringore est dénuée de sens commun. » M. E. Picot l'attribue à Andrieu de la Vigne sur ce léger indice : Dans un couplet que dit Université, on lit ces vers assez mal amenés :

> C'est *la vigne,* c'est l'olivet
> De Dieu, dont sort fruict blanc et net.

Ce serait la signature du poète (Voyez ci-dessus, page 38, note 1).

Louis XI, au début de son règne (1461), avait aboli la Pragmatique Sanction rendue à Bourges par Charles VII (le 7 juillet 1438). Les Parlements, l'Université protestèrent. Louis XII parla de céder à leurs vœux. La question était grave pour l'Université, cette pépinière du clergé ; le maintien ou l'abolition de la Pragmatique intéressait directement la collation des bénéfices.

Les deux *Bénéfices,* grand et petit, désolés d'être vacants, vont trouver *Pragmatique.* L'Ambitieux qui les convoite, s'adresse à Légat qui l'envoie à *Quelqu'un* (ce nom cache le Roi lui-même). *Quelqu'un* dit à l'Ambitieux de prendre tout ce qu'il voudra. Mais Pragmatique chasse l'Ambitieux. Légat l'adresse au Père saint (le pape) qui l'accueille avec un baragouin mi français, mi italien. L'Ambitieux revient avec Provision Apostolique et on livre une bataille en règle à Pragmatique. Elle est renversée, battue, à demi tuée.

L'Université la relève et cite à son tribunal Père saint, Légat, Quelqu'un lui-même. Elle dit son fait à chacun ; et renvoyant à Rome Père saint, Légat et Provision Apostolique, elle marie les deux Bénéfices à Election et à Nomination ; c'est-à-dire qu'elle en remet la collation au Roi et au clergé lui-même.

Toute médiocre qu'elle est, cette pièce est du petit nombre de celles dont le xvii<sup>e</sup> siècle daigna se souvenir. Claude-Barthélemy Morisot, dans son roman allégorique intitulé : *Péruviana,* en a tiré un conte assez piquant qui reproduit d'une façon très exacte toute la donnée de notre Sottie.

## 52. — PAIX (La) DE PÉRONNE, par Georges Chastellain.

#### MANUSCRIT.

La paix de Peronne, mystere. Ci-apres s'ensieut un mistere fait a cause de la dite paix a bonne intention et pensant icelle estre observee par les parties.

Bibliothèque Laurentienne à Florence, 120, folio 592. 779 vers.

#### ÉDITION.

*Œuvres de Georges Chastellain,* publiées par M. le baron Kervyn de Lettenhove, t. VII, p. 239-280 (Bruxelles, in-8°, 1865).

Personnages : Cœur, Bouche, le Roy, le Duc, Avis, Sens.

Pièce de circonstance composée par le chroniqueur Chastellain, en l'honneur de la paix de Péronne signée (le 14 octobre 1468), entre Louis XI et Charles le Téméraire. Cette moralité, presque tout entière en stances lyriques, n'est pas une œuvre théâtrale; elle fut toutefois débitée au château d'Aire, en présence du Duc et du Roy, aux fêtes célébrées à l'occasion du traité de paix.

## 53. — PAIX ET GUERRE, par Henry Du Tour (1554).

#### ÉDITION.

Moralité de paix et de guerre, mise et redigée en forme de comedie, par Henry Du Tour Gantois, matiere fort convenable, utile et bien a propos pour le temps quy court. Regarde la fin Du Tour (ces mots sont écrits au-dessous d'une horloge) Gand, Henry Van de Keere, 1558, petit in-8°, 63 pages, y compris 8 ff. préliminaires.

Le privilège est daté du 9 août et 14 octobre 1557. (Environ 1500 vers.)

Au verso du titre sont les armes de Jean-François Roffier, conseiller secrétaire du Duc de Savoie. Suit une dédicace à ce personnage où l'imprimeur dit que la pièce est achevée dès la deuxième année de la présente guerre (1554). Il l'eût *fait prononcer,* sans les grands frais que cela eût coûtés. La protection de Jean Roffier le décide à faire paraître « ce petit poëtic et moral œuvre mien ». Van de Keere et Henry Du Tour ne sont donc qu'une seule et même personne.

« L'argument » donnera une suffisante idée du contenu de la pièce :

« Soulas, tout plein de volupté, plaisir et joye, remply, uny et servy a plein souhait de son Desir, d'avantage estant bien aymé, chery et favorisé de sa gratieuse Dame et Maistresse, la Paix, chez laquelle il se tient et loge et luy ha donné fruition de son Desir avec Plaisir et Richesse, nonobstant, sans avoir esgard ou consideration de touts ces dons et bienfaicts, se laisse desbaucher et seduyre par Ennuyeuse Detraction, prestant plus l'oreille aux faulces adulations, decevables et doubteus blandissements d'icelle, qu'il ne faict aus tres vrayes et bien experimentees graces et promesses de la Paix, tranquile, benigne et bienheureuse ; de laquele il prend congé et s'en depart, avec son Desir ; et suyt l'Ennuyeuse Detraction quy le maine au regne de Guerre et Pillage. Auquel parvenu, et d'iceulx apperçu et saisi, l'Ennuyeuse Detraction l'abandonne et a coup perd son Desir, et la tout seulet, est assailly, prins, pillé, batu et despouillé, sans se pouvoir donner quelconque ayde ou secours, sinon en tel estat (tout desolé qu'il est) il pleure, et gemit, et lamente son faict, et se dœult d'avoir laissé si follement la Paix en dechifrant partie des mauls et miseres que la Guerre nous produit et fait. Puis Bon Conseil ayant entendu la totale ruyne et destruction de Soulas, vient par pitié qu'il ha de le veoir, en tele douleur et destresse, et tache a le reconforter, et lui doner courage par espoir qu'il ha de le remettre et raddresser au royaume de Paix, auquel son Desir est allé devant, et finablement, luy aussi y est mené, receu et raccueilly par le pourchas et diligent debvoir de son Desir et Bon Conseil. Puis la Paix, pour le reparer de sa perte, et afin d'estre mis et restauré en son premier estat, luy donne l'habit de Toute Abondance, le chapeau de Bonne Assurance, et de son Desir la totale et entiere jouissance. »

Les personnages de cette comédie ou plutôt de ce galimatias, sont : « Un clerc et un soldat, au Prologue quy font l'entrée et source de la Comedie — Soulas, un jeune gentilhomme. — Desir, le page de Soulas. — Paix, une Dame triomphante et magnifique. — Ennuyeuse Detraction, une vieille hideuse. — Guerre, un homme armé de pied en cap. — Pillage, un gendarme. — Bon Conseil, un homme grave et rassis ». Le Clerc et le Soldat discutent les avantages de la Paix et de la Guerre dans un Prologue et une Conclusion où naturellement le Soldat, se rendant aux bonnes raisons du Clerc, finit par chanter à son tour les biens de la paix.

Les actes sont divisés par scènes. La satire est tout à fait générale et vide d'allusions précises qui puissent donner quelque intérêt à cette pièce ennuyeuse. Il y a une certaine vigueur dans la peinture que fait *Soulas,* en un long monologue, des atrocités de la guerre.

Une pièce intitulée de la même façon, mais beaucoup plus ancienne, fut jouée à Paris en 1449. (Voy. cette date au Catalogue des Représentations). Un *Débat de Paix et Guerre* fut également joué, en 1524, à Saint-Omer.

## 54. — PAPE (Le) MALADE, attribué à Th. de Bèze.

#### ÉDITIONS.

1º Comedie du Pape malade et tirant a la fin, ou ses regrets et complaintes sont au vif exprimees et les entreprises et machinations qu'il fait avec Satan et ses supposts pour maintenir son siege apostatique, et empescher le cours de l'Evangile, sont cathegoriquement discouvertes ; traduite de vulgaire arabic en bon Rommán et intelligible ; par Thrasibule Phenice. S. l. 1561, in-12, 72 pages, environ 1500 vers.

2º Réimpression, Genève, 1859, par les soins de Gustave Revilliod, chez I.-G. Fick.

Personnages : Prestrise, le Pape, Moinerie, Satan, l'Outrecuidé, Philaute son valet, l'Ambitieux, l'Affamé, l'Hypocrite, le Zelateur, Verité, l'Eglise.

Pamphlet dialogué d'une violence enragée contre le Pape et les Catholiques. La pièce était-elle destinée à la représentation ? L'auteur, dans son avis *au lecteur,* en s'excusant de ne l'avoir pas divisée en actes et scènes, déclare lui-même qu'il ne l'a intitulée *comédie* que parce que « le definement de la Papauté, qui est prochain, apporte après meints troubles et persecutions, repos et consolation a l'Eglise de Dieu. » — Or, « c'est le naturel des comedies d'avoir commencement fascheux et issue joyeuse. » Mais dans le Prologue en vers il croit, ou feint de croire, néanmoins, que la pièce pourra être jouée.

...Soyez tous bien venus si vous n'estes Papistes.
...Ce jeu-ci est pour ceulx qui le Pape detestent.
...Sus, sus donc, Huguenaux, que l'on vous voye en place.
...Chacun de vous se taise,
Et pour bien escouter qu'on se mette a son aise.
Ce faisant, vous aurez, je croy, tel passetemps,
Que d'icy sortirez tous joyeux et contens.

On a souvent attribué cette pièce à Théodore de Bèze, mais sans preuve et, selon nous, à tort. En effet, dans le *Pape malade, le Passavant parisien répondant au Pasquil romain* (Lyon, in-12), pamphlet anti-calviniste d'une extrême violence, est attribué à tort à Artus Desiré. L'auteur est Anthoine Cathalan, très bien connu de Théodore de Bèze ; ce qui donne à penser que ce dernier n'est pas l'auteur du *Pape malade*.

D'ailleurs, la pièce est curieuse, quoique inspirée d'une fureur sectaire. Au début, on voit le Pape mourant, soigné par ses filles, Prêtrise et Moinerie, consolé par Satan. L'action se transporte brusquement au Brésil, où Villegagnon, l'ancien chevalier de Malte, devenu calviniste en 1555, et redevenu catholique en 1560, gémit sur le désastre de la colonie qu'il avait voulu établir près de Rio de Janeiro. C'est lui que l'auteur appelle l'*Outrecuidé*. Il repasse en France avec un unique valet, Philaute ; et y négocie de nouvelles intrigues avec l'Ambitieux et Satan, l'Affamé, l'Hypocrite, le Zélateur ; ce sont autant de docteurs en Sorbonne, que le Diable comble d'éloges. A la fin de la pièce, Vérité apparaît pour annoncer leur ruine prochaine aux persécuteurs de la Réforme.

## 55. — PASSION (La) DE N.-S. J.-C., par Jean d'Abondance.

**MANUSCRIT.**

Moralité et figure sur la Passion de Nostre Seigneur Jesus

Christ par personnaiges, bien devoste. In-fol. velin, de la premiere moitié du XVI° siecle. 19 ff.

Bibliothèque nationale, fr. 25466.

### ÉDITION.

Moralité, mystere et figure de la passion de Nostre Seigneur Jesu Christ, nommee *Secundum legem debet mori*, et est a unze personnages : Devotion, Nature humaine, le Roy Souverain, la Dame debonnaire, l'Innocent, Noël (Noé), Moyse, Saint Jean-Baptiste, Symeon, Envie, le Gentil. A Lyon, par Benoist Rigaud, s. d., in-8° de 88 pages chiffrées. Environ 2200 vers.

Voy. Du Verdier, *Bibliothèque française*, tome II, p. 324. — Parfait, t. II, p. 269, et III, p. 49. — *Bibliothèque du théâtre français*, t. I, p. 117. — L'exemplaire de la Bibliothèque nationale (réserve Y, 4352 A), a été dépecé et encadré page par page dans un encadrement du XVIII° siècle qui représente les instruments de la Passion.

Dévotion explique le spectacle et joue le rôle réservé souvent à l'*Acteur*. Nature humaine très malade, invoque le Roy souverain dont la sentence est qu'un Innocent doit périr pour la sauver. Nature humaine demande à Dame debonnaire de lui sacrifier son fils. La Dame debonnaire en appelle en vain à Noé, à Moyse, à saint Jean, à Siméon et au Roy souverain. Tous la condamnent et Envie (les Juifs) aidé du Gentil (les Païens) font périr l'Innocent dans les tourments. Ainsi le fond de cette pièce est celui des mystères, mais le cadre et la forme sont ceux des moralités. Jamais les mystères n'ont présenté la Passion comme elle est mise en scène ici, sous figure d'allégorie.

Le *Fou* a son rôle dans cette pièce comme dans plusieurs *Passions;* ce rôle n'était pas écrit dans le texte. On l'improvisait, on le variait selon les circonstances : « Icy faut une *passée* de sot cependant qu'ilz vont devant Moïse. » Cette mention reparaît cinq fois, entre autres au moment où l'Innocent vient d'expirer sur la croix !

Jean d'Abondance, auteur de la pièce, s'intitule dans ses

ouvrages : « Bazochien et notaire royal de la ville du Pont-Saint-Esprit. » Son nom paraît un pseudonyme; ce n'est pas le seul qu'il ait pris, car il s'est aussi qualifié : « Maistre Tyburce, demeurant en la ville de Papetourte ». Mais sa personne est réellement inconnue. Ses ouvrages dramatiques, dont Du Verdier donne la liste, sont :

1° Le Mystère joyeux des Trois Rois (Bibliothèque nationale, mss. fr. Nouvelles acquisitions. *Réserve*);

2° Quatre moralités : celle qui est indiquée ci-dessus sur la Passion ; et trois autres qui sont perdues : le Gouvert d'Humanité ; Plusieurs qui n'a pas de conscience ; le Monde qui tourne le dos a Chacun.

3° L'excellente farce de la Cornette et celle du Testament de Carmentrant (Voir ci-dessous : Catalogue des Farces).

4° Les grands et merveilleux faits de Nemo, monologue dramatique (voir ci-dessous Catalogue des Monologues).

## 56. — PAUVRE (La) FILLE VILLAGEOISE.

#### ÉDITIONS.

Nouvelle Moralité d'une pauvre fille villageoise laquelle ayma mieux avoir la teste couppee par son pere que d'estre violee par son seigneur, faicte a la louenge et honneur des chastes et honnestes filles, a quatre personnages (le Pere, la Fille, le Seigneur, le Valet). A Paris, Simon Calvarin, s. d. petit in-8°, goth., 16 feuillets (588 vers).

— Réimpression dans la collection P. S. Caron (6ᵉ volume de la Collection) avec la farce du *Galant qui a fait le coup*.
— Réimpression *fac-simile* lithographique (1832), à 40 ex.
— *Recueil Charles Brunet*, t. I.

A consulter : Parfait, t. III, p. 145. — *Bibliothèque du théâtre français*, t. I, p. 32.

Le seigneur croit qu'il n'a qu'à parler et promettre quelques cadeaux pour séduire Eglantine, l'honnête et belle fille du vieux paysan Grosmoulu. Mais le père et la fille ont repoussé avec horreur le valet de leur maître. Celui-ci vient en personne, bat le père, menace la fille. Eglantine le supplie de lui permettre au moins de dire quelques mots en particulier au vieillard. Elle conjure son père de lui couper la tête ; s'il refuse, elle se tuera elle-même et sera damnée. Mais le seigneur a tout entendu ; touché de cet héroïsme, il prie la jeune fille de lui pardonner ; il l'affranchit avec son père, qu'il fait gouverneur de ses domaines. Tout est bien qui finit bien.

## 57. — PAUVRE PEUPLE, BON RENOM, PLUSIEURS, ENVIE, FLATTERIE, RAISON ET HONNEUR.

#### MANUSCRIT.

Moralité a sept personnages, bien bonne, dont le premier est Pouvre Peuple, Bon Renon, Pluseurs, Envie, Flaterie, Raison et Honeur. ... Finist par moy, Jehan Ysnard, le samedy veille de feste Saint Jehan Baptiste, mil quatre cent quatre vingt et douze.

Ce manuscrit que nous n'avons point vu, renferme, avec la Moralité du Pauvre peuple, etc., un Mystère de saint Adrien écrit d'une autre main, et à une autre date. Il forme dans son ensemble un petit in-folio de 214 ff., sur papier, écrit à longues lignes et à deux colonnes. Il figure au catalogue de la bibliothèque Soleinne, tome I, n° 565, p. 104. Nous n'en connaissons pas le possesseur actuel. La moralité de *Pauvre peuple*, *Bon Renom*, etc., renferme 2557 vers ; elle commence ainsi : c'est Pauvre Peuple qui parle :

> Au temps jadis que le roy Salomon
> Tenoit son siege haultain et manifique
> Et que des saiges florissoit le hault nom,
> Chascun mestoit son sans et sa pratique
> A me garder, et mon droit soubstenir.

## 58. — PETIT (Le), LE GRAND, JUSTICE, CONSEIL, PARIS.

#### MANUSCRIT.

Moralité a cincq personnaiges (le Petit, le Grant, Justice, Conseil, Paris).

Bibliothèque nationale, ms. fr., 25467. 204 feuillets. La moralité occupe les feuillets 1 *a*-47 *a* et renferme 1640 vers.

A la suite on trouve la farce de Pathelin ; la moralité *Aucun, Connaissance*, etc., et la farce, dite de *la Pipée*.

Moralité vide d'action. Le *Petit* et le *Grand* sont deux bergers qui figurent la nation opprimée : ils regrettent le temps passé ; ils se plaignent du temps présent. *Justice* et *Conseil* les amènent à *Paris,* dont on fait un magnifique éloge et qui promet de faire droit à leurs griefs.

## 59. — PEUPLE FRANÇAIS, PEUPLE ITALIQUE, L'HOMME OBSTINÉ, PUNITION DIVINE, SIMONIE ET HYPOCRISIE ; par Pierre Gringore (1512).

#### ÉDITIONS.

Cette moralité n'a jamais été publiée autrement qu'à la suite de la célèbre sottie du *Prince des Sots*. Voyez ci-dessous à ce nom (*Catalogue des Farces et des Sotties*). Elle renferme 543 vers. Dans l'édition originale, elle est annoncée ainsi, sans autre titre : « S'ensuyt la moralité ». Selon l'usage que nous avons adopté, nous la désignons par les noms des six personnages rangés dans l'ordre même où ils se produisent en scène ; mais dans les réimpressions modernes, cette pièce a été d'ordinaire intitulée : *L'Homme obstiné*.

A consulter : Parfait, t. III, p. 132. — *Bibliothèque du théâtre français*, t. I, p. 86.

Voir ci-dessous (Catalogue des Farces, *Prince des sots*),

l'histoire de cette pièce ; nous n'avons pas séparé l'analyse de la *moralité* de celle de la *sottie ;* elles forment ensemble les deux actes d'une représentation unique, animée du même esprit, dirigée contre le même adversaire.

## 60. — PORTEUR (Le) DE PATIENCE.

### MANUSCRIT.

Moralité du Porteur de Pacience a cinq personnages, c'est assavoir : le Maistre, la Femme, le Badin, le premier Hermite, le deuxiesme Hermite.

Ms. La Vallière, 25º pièce (321 vers), ff. 117 *a*-123 *b*.

### ÉDITION.

*Recueil Le Roux de Lincy*, t. II, 2ᵉ pièce.

Pièce protestante, au moins de tendance, car elle est directement hostile au dogme de la communion des Saints. Un homme qui se plaint de succomber sous le poids des pénitences que ses péchés lui ont values, veut en infliger une partie à sa femme, à son valet, à deux ermites, qui tour à tour déclinent l'honneur qu'on leur fait. Conclusion : « Chacun pour soi ».

> Tout pecheur doit porter la somme
> De tous les pechés qu'il a faits.

## 61. — PRISE (La) DE CALAIS (1558).

### MANUSCRIT.

Moralité nouvelle a deulx personnages de la prinse de Calais; c'est assavoir d'un Françoys et d'un Angloys.

Ms. La Vallière, ff. 38 *a*-41 *a*, 8º pièce, 176 vers.

### ÉDITIONS.

1º La pièce fut publiée pour la première fois dans l'*Indicateur de Calais*, 2º année, nº 68, 9 janvier 1831.

2º *Recueil Le Roux de Lincy*, t. I, 6ᵉ pièce.

3º *Recueil Edouard Fournier*, p. 446-448.

Voy. O. Le Roy, *Etudes sur les mystères*, p. 375. — Dans les *Anciennes poésies françaises* (*Bibliothèque Elzévirienne*, t. IV, p. 284), on lit une *Description de la prinse de Calais et de Guines*, et p. 311, une *Chanson sur la prinse de Calais*. — Une note (p. 285) indique d'autres poésies dont cet événement fut le sujet.

Dans cette moralité, plus lyrique que dramatique, l'Anglais et le Français échangent leurs sentiments et leurs réflexions au sujet de la victoire du Duc de Guise. L'Anglais se lamente sur un désastre si peu attendu :

>    Nous avyons si fortes murailles !
>    — Les hommes font bien les batailles
>    Et le Dieu de justice et gloire
>    Donne a qui y plaist, la victoire.
>    — Helas ! nous la gardions si bien !
>    — Compaignon, cela n'y faict rien ;
>    Car si Dieu la cité ne garde,
>    En vain posee y est la garde.

Parce que les Anglais sont tombés dans l'oubli de Dieu, Dieu leur a pris Calais :

>    De ceste victoire
>    Or doncques la gloire
>    Fault a Dieu douner,
>    Qui Calais nous doune.
>    C'est l'antique bourne
>    Pour France bourner.

## 62. — TOUT LE MONDE.

#### MANUSCRIT.

Moral de Tout le Monde a quatre personnages, c'est a sçavoir : le premyer Compaignon, le deuxiesme et troisyesme Compaignon ; (Tout le Monde, omis).

Ms. La Vallière, ff. 273 *a*-279 *b* (274 *b* et 275 *a* sont blancs), 49ᵉ pièce, 317 vers.

###### ÉDITION.

*Recueil Le Roux de Lincy*, t. III, 8ᵉ pièce.
Voy. O. Le Roy, *Etudes sur les mystères*, p. 375.

Satire dialoguée sans nulle intrigue. *Tout le monde* est vêtu d'un habit bigarré, qui tient à la fois du noble, de l'homme d'église, du marchand. Les trois compagnons, trois de ces beaux parleurs qui s'appellent ailleurs des *galants,* le raillent, et l'obligent à choisir un des trois états. *Tout le monde* choisit l'Eglise; puis change d'avis et reparaît en gentilhomme; puis se transforme en marchand, en avocat. Mais il refuse net de se faire laboureur. *Tout le monde* ne sait ce qu'il veut ; *Tout le monde* est fou, c'est la conclusion de la pièce.

## 63. — VENTRE (Le), LES JAMBES, LE CŒUR, LE CHEF.

###### MANUSCRIT.

Moral joyeulx a quatre personnages, c'est assavoir le Ventre les Jambes, le Cœur et le Chef.
Ms. La Vallière, 32ᵉ pièce, ff. 172 *b*-178 *a*, 373 vers.

###### ÉDITION.

*Recueil Le Roux de Lincy*, t. II, 9ᵉ pièce.

Depuis Menenius Agrippa, cette allégorie est populaire; mais le poète du xvıᵉ siècle l'a un peu modifiée. Le Ventre, insatiable glouton, fatigue tous les membres pour fournir à sa subsistance. Tout lui est prétexte à ripaille ; une fête, une noce, un enterrement, une naissance, un procès, l'achat d'un office. Ce glouton ne manque pas de verve :

> A boyre, de par tous les deables,
> Je ne vaulx rien se ne suys plein.
> Est-il pas Mardi Gras demain?
> ...Boute la table amy la rue.

> Avoir vouldroys un col de grue,
> Bien long, pour mieulx le vin gouster.
> Souvent le feroys degoutter
> Pour sentir sa fresche liqueur.

Chef, Cœur et Jambes finissent par l'abandonner durant son sommeil, en demandant à Dieu pardon des fautes qu'ils ont commises sous cette tyrannie. Le Ventre se réveille à demi-mort de faim ; le danger l'amène à résipiscence ; il rappelle à lui les membres fugitifs en promettant d'être plus sobre à l'avenir. Le Ventre conclut :

> Les membres divisés
> D'avec le corps sont rendus inutiles...
> ...Membre du corps divisé périra.

mais le Chef conclut aussi que :

> Sobrement Dieu entent qu'on vive.

O. Le Roy (*Etudes sur les mystères*, p. 373) pense que l'auteur anonyme de cette moralité « a pour but de faire sentir aux communions séparées de Rome que privées du chef universel dont l'autorité les guidait, elles doivent *flotter à tous vents de doctrine,* comme dit Bossuet, et périr dans leur foi ». L'intention de la pièce n'est peut-être pas aussi catholique. Le *Ventre* paraît figurer l'Eglise romaine que les membres séparés invitent à mieux vivre : mais il n'est même pas certain que la pièce ait des visées aussi élevées.

## 64. — VÉRITÉ (La) CACHÉE.

### ÉDITIONS.

1° La verité cachée, devant cent ans faicte et composée, a six personnages, nouvellement corrigée et augmentée avec les autoritez de la Saincte Escripture. S. l. n. d. (vers 1550), petit in-8° goth., 39 ff.

2° La verité cachée, composée en rime françoise a six personnages, avec les autoritez de la saincte escriture, reveue et augmentée tout de nouveau. De l'imprimerie d'Antoine Cercia, s. l. (Genève), 1559, petit in-8°, 102 p.

Voy. *Catalogue Soleinne*, t. III, n° 3720.

Six personnages : Vérité, Ministre, Peuple, Aucun, Avarice, Simonie.

Moralité protestante. Vérité descend sur la terre pour prêcher l'Evangile. *Aucun* (c'est-à-dire *Quelqu'un*; c'est le vrai sens du mot lorsqu'il n'est pas accompagné d'une négation), accueille Vérité avec transport. Mais le Prêtre, Avarice et Simonie s'entendent pour jeter Vérité dans un puits et Simonie monte en chaire à sa place. Aucun découvre l'imposture et délivre Vérité.

## 65. — VOULOIR DIVIN, IGNORANCE, LE TEMPS, VÉRITÉ, par Guillaume des Autels (1550).

### ÉDITION.

Dialogue moral... Les personnages sont : Vouloir Divin, Ignorance, le Temps, Vérité.

Pièce insérée dans le recueil de vers intitulé : *Repos de plus grand travail* (par Guillaume des Autels), à Lyon, par Jean de Tournes et Guil. Gazeau, petit in-16, 1550. — Pages 62-96 (698 vers).

En tête du dialogue on lit cet argument : « Qui ha fait en l'Asie cesser la Religion chrestienne ? Qui ha fait naistre tant d'heretiques ? Les pechez des hommes. Qui la fera retourner ? Qui illuminera les infideles ? Dieu. Comment ? Par sa verité. Ou est-elle ? En l'Eglise. »

Voy. *Bibliothèque du théâtre français*, t. I, p. 124.

On pourrait douter qu'une pièce aussi grave ait été destinée au théâtre; cependant un dialogue du même genre, écrit par le même auteur, a certainement été représenté à Valence, en 1549. (Voy., ci-dessus, p. 70, *l'Homme, le Ciel, l'Esprit, la Terre, la Chair*).

Après quelques couplets dits par Vouloir Divin, Ignorance accoste le Temps qui vient de la Cour :

> Que dit-on la de nouveau ? — Sus mon ame,
> Je n'en sçay rien, fors qu'on dit que le Temps,
> Qui n'y est plus, rend plusieurs mal contens.
> Venus y est d'Amour la souvereine,
> Et le petit Cupido s'y pourmeine
> Avec ses traitz, desquelz chacun il frappe.
> Si grand n'y ha qu'a la fin il n'attrappe.
> Envie y est qui tient bien sa partie.
> Ambition n'en est encor partie.
> Maints n'y sont plus, de deuil presque enragez,
> Pour ce que j'ay les grans estats changez.

Vers écrits sans doute un peu après l'avènement de Henri II (1547).

L'Ignorance et le Temps font alliance contre Vérité laquelle est en grand péril, mais Vouloir Divin ayant changé le cœur de Temps, celui-ci chasse Ignorance et se soumet à Vérité, qui lui dicte les lois de l'Eglise.

# C. — CATALOGUE DES FARCES ET DES SOTTIES

Nous réunissons ici, dans une même série alphabétique, les catalogues de deux genres comiques dont la distinction, fondée en principe, n'est pas toujours aisée à faire dans la pratique. Ce sont les *farces* et les *sotties*.

Qu'est-ce qu'une *farce* [1] ? En cuisine, on appelait ainsi un mélange de viandes hachées; en liturgie, une glose extracanonique insérée dans le texte consacré de l'office. Au théâtre, on appela *farce* une petite pièce comique mêlée de divers langages et de différents dialectes. (*Pathelin* est une vraie farce, avec ce jargon polyglotte que le principal personnage affecte dans son délire). Peu à peu ce sens particulier s'effaça ; le nom de farce n'éveilla plus d'autre idée que celle d'une comédie très réjouissante, où étaient retracés, d'une façon plaisante, les ridicules et les travers de la vie privée ou de la vie sociale. Mais cette définition convient aussi bien à la *sottie*. Qu'est-ce donc que la *sottie ?* Nous la définirons d'un mot : c'est toute pièce jouée par des *sots*. Or qu'était-ce que les sots, dans le langage du théâtre et des facéties au moyen âge ? Une idée chère à la malice du « bon vieux temps » c'était que le monde est composé de fous; et que la folie de ces fous est faite surtout de sottise

---

[1]. Bas-latin *farsa*, du latin *farcire*, farcir, bourrer.

et de vanité. L'acteur qui, pour mieux figurer la folie humaine, revêtait le costume traditionnel, la robe mi-partie de jaune et de vert, et le chaperon aux longues oreilles, prenait, en même temps, le nom de *fol* ou *sot* ; et quel masque commode que celui de la folie pour dire à tous et surtout aux grands, leurs vérités !

En résumé, quand la farce est jouée par des *sots,* elle est *sottie.* Nous croyons que M. Emile Picot, dans une remarquable étude sur *la sottie en France*[1], a beaucoup trop rétréci les limites du genre. Il le rattache à la *fatrasie,* ce coq-à-l'âne du Moyen Age. Mais il y a bien d'autres choses dans la sottie que des coq-à-l'âne. Pour M. Picot, « la sottie était une sorte de parade récitée avant la représentation pour attirer les spectateurs ; on ne saurait mieux la comparer qu'aux boniments de nos saltimbanques et de nos bateleurs modernes ». Cette définition peut convenir à plusieurs petites sotties; mais elle exclut toutes les œuvres importantes, tous les monuments les plus authentiques et les plus intéressants du genre ; comme le célèbre *Prince des sots*, de Gringore, qui certes est bien autre chose qu'une parade.

Les *Fêtes des Fous,* les *Fêtes de l'Ane,* ces saturnales indécentes qui, jusqu'au milieu du XVe siècle, malgré les anathèmes des papes, des conciles, des évêques, déshonorèrent les églises, n'ont qu'un rapport très indirect avec les origines de notre théâtre comique. C'étaient des mascarades, mais non des comédies. Toutefois s'il est un genre de comédie dont l'origine peut être cherchée dans ces burlesques solennités, c'est la sottie. Les *sots* sont les anciens célébrants de la Fête des Fous jetés hors de l'église par les conciles indignés ; puis rassemblés sur la place publique ou dans le prochain carrefour, pour y continuer la fête. La

---

[1]. *La Sottie en France, fragment d'un répertoire historique et bibliographique de l'ancien théâtre français,* par Em. Picot, in-8°, 1878, 96 p. (Extrait de *Romania,* t. VII.)

confrérie des sots, c'est la Fête des Fous sécularisée. A la parodie de la hiérarchie et de la liturgie ecclésiastiques, ils font succéder la parodie de la société tout entière. Dans toutes les villes de France (et non pas seulement à Paris, comme on l'a cru longtemps), il se fonde, au xiv° siècle et au suivant, une foule de sociétés joyeuses, sous le nom de *sots* ou sous d'autres noms. Elles prennent à tâche de s'amuser elles-mêmes et d'amuser autrui en attaquant avec vivacité les ridicules contemporains. Les *Enfants sans-souci*, à Paris, avec leurs dignitaires le *Prince des sots,* la la *Mère sotte ;* en province, la *Mère folle,* à Dijon, les *Connards* ou *Cornards,* à Rouen et à Evreux, sont les plus célèbres de ces sociétés, mais il en existait cinq cents autres, et peut-être davantage, dans toutes les provinces de France [1].

## 66. — ABBESSE (L') ET LES SŒURS.

#### MANUSCRIT.

Farce nouvelle a cinq personnages, c'est a sçavoir l'Abeesse, seur de Bon Cœur, seur Esplourée, seur Safrete et seur Fesue. Ms. La Vallière, ff. 204 *b*-211 *b* ; 352 vers (38° pièce).

#### ÉDITION.

*Recueil Le Roux de Lincy,* tome II, 14° pièce.

Farce assez comique, mais très libre, qui met en scène une anecdote de couvent traditionnelle chez les conteurs ; c'est le *Psautier* de La Fontaine (quatrième partie des *Contes,* VII). Voir aussi *Morlini Novellæ,* nov. XL (*Biblioth. elzév.,* p. 82).

La pièce est analysée par Génin dans l'*Introduction* de son *Patelin.* On remarquera que la Farce, si ardente à dénigrer les mœurs du clergé séculier, a presque toujours

---

[1]. Voy. notre ouvrage sur *les Comédiens au Moyen Age.*

ménagé les moines et ne paraît s'être attaquée, nulle part, hormis dans cette pièce, aux couvents de femmes. Les auteurs de *Contes,* jusqu'à La Fontaine, et sans l'excepter, n'ont pas montré la même réserve. Ainsi chaque genre paraît avoir eu ses traditions et ses tendances particulières, que les auteurs suivaient comme à leur insu.

## 67. — AMOUREUX (Un).

#### ÉDITIONS.

1º Farce nouvelle tres bonne et fort joyeuse d'un amoureux; a quatre personnages; c'est assavoir l'Homme, la Femme, l'Amoureux et le Medecin.
*Recueil du British Museum,* s. l. n. d., 4 ff. 241 vers.

2º *Recueil Viollet-Leduc,* t. I, p. 212-223.

Farce de bateleurs, très plate et très grossière : une femme trompe son mari, auquel un médecin révèle sa mésaventure.

## 68. — AMOUREUX (Deux) RÉCRÉATIFS ET JOYEUX, par Clément Marot (1541).

#### MANUSCRIT.

Farce de deulx amoureux recreatis et joyeux.
Ms. La Vallière, ff. 183 *b*-190 *a*. 330 vers (35ᵉ pièce).

#### ÉDITIONS.

1º (La plus ancienne est antérieure au ms. La Vallière, dont elle diffère par quelques vers seulement) : Les Cantiques de la Paix, par Clement Marot, ensemble ung Dialogue et les estrenes faictes par icelluy. Paris, Andry Berthelin, s. d (1541). in-16, 28 ff.

C'est l'édition originale de ce dialogue. Nous croyons inutile de mentionner tous les autres recueils complets ou partiels, anciens ou modernes, des œuvres de Marot où la pièce a été reproduite.

2º *Recueil de Copenhague*, p. 40-60, sous le titre : Dialogue de deux amoureux.

3º La même pièce figure à la suite des Œuvres de Guillaume Coquillart, Paris, 1597, in-8º. (Date apocryphe ; l'édition est du XVIIIᵉ siècle. Voy. Brunet, *Manuel*, t. II, col. 267.)

4º *Recueil Le Roux de Lincy*, t. II, 34ᵉ pièce.

5º *Recueil Edouard Fournier*, p. 307-313.

6º *Recueil Emile Picot*, p. 71-96.

M. Emile Picot (voy. *Recueil Picot*, p. xxxv) attribue avec raison ce dialogue aux dernières années de la vie de Marot ; peut-être est-il seulement de l'année 1541, date où il fut publié pour la première fois, dans la seconde édition des *Cantiques de la paix,* dont la première édition, donnée en 1540, ne contient pas le dialogue. La forme en est achevée et décèle un poète à l'apogée de son talent[1]. Est-ce dans sa première et intempérante jeunesse que l'auteur se serait plu à exalter, comme il fait ici, l'amour chaste, l'amour en vue du mariage aux dépens de l'amour sensuel et désordonné ? Quelques traits dirigés contre la foi catholique, montrent aussi que Clément Marot était déjà passé à la Réforme quand il écrivit ce *Dialogue*. Ainsi, rien n'appuie la conjecture de M. Edouard Fournier qui pensait (*Recueil Edouard Fournier*, p. 307), que le *Dialogue* est une œuvre de l'extrême jeunesse de Marot ; qu'il l'avait écrit d'abord comme farce, pour les Enfants sans Souci ou pour la Basoche, dans le temps où il en faisait partie ; qu'ensuite, voyant le théâtre peu en faveur auprès de François Iᵉʳ, il l'avait publié sous ce nom de *Dialogue*. En tout cas, au milieu de tant d'œuvres médiocres ou vulgaires, celle-ci, digne d'un grand poète, brille d'un vif éclat.

1. Comparer avec les : Deux Colloques d'Erasme traduictz de latin en françoys par Clement Marot, Lyon, Jehan le Converd, 1549, petit in-8º, et Bibl. nat., mss. fr., 12795. Voy. ci-dessous : *La fille abhorrant mariage*, à l'Appendice.

Rarement la Farce a si gracieusement parlé d'amour. Deux amoureux, jeunes tous deux (l'un peut-être un peu moins que l'autre), se font confidence de leurs amours. L'un aime une belle jeune fille, qu'il a vue à l'église, au jour de Pâques et si bien « attournée » ! il fait de la belle et de sa toilette une description charmante. Mais elle est cruelle autant que jolie ; et il n'a pu encore obtenir d'elle un regard. L'autre amoureux a choisi autrement; il épousera, l'an qui vient, sa petite voisine ; elle aura quinze ans tout juste ; et, en attendant, il fait sa cour à bon marché ; un ruban, une ceinture rendent l'enfant tout heureuse. Le compagnon, livré aux amours ambitieuses, trouve son ami très sage ; mais je ne sais s'il envie cette sagesse :

> Je puisse mourir ! compaignon,
> Je croy que tu es plus heureux
> Cent foys, que tu n'es amoureux.

## 69. — ANTECHRIST (L') ET TROIS FEMMES.

### ÉDITIONS.

1° *Farce nouvelle de l'Antechrist et de trois femmes, une bourgeoise et deux poissonnieres ; a quatre personnages ; c'est a sçavoir Hamelot, premiere Poissonniere, Colechon, deuxieme Poissonniere, la Bourgeoise, l'Antechrist.*
*Recueil Nicolas Rousset*, p. 77-95 (5ᵉ pièce), 320 vers.

2° *Collection Caron* (reproduction du *Recueil Nicolas Rousset*).

3° *Recueil Charles Brunet*, t. I, p. 77-95.

Voy. *Bibliothèque du théâtre français* (par le duc de La Vallière), t. I, p. 9.

Scène de poissonnerie. Une bourgeoise qui marchande tout et n'achète rien, est assez plaisamment mise en scène. L'*Antéchrist* est le sobriquet d'un sergent des halles.

## 70. — ARBALÈTE (L').

#### MANUSCRIT.

Farce nouvelle a deulx personnages, c'est assavoir l'Homme et la Femme, et est la farce de l'Arbalestre.

Ms. La Vallière, ff. 28 *b*-38 *a*, 500 vers (7° pièce).

#### ÉDITIONS.

1° *Recueil Le Roux de Lincy*, t. I (5° pièce).

2° *Recueil Emile Mabille*, t. I, p. 1.

Sottie des plus plates, ou qui tirait tout son agrément du jeu des acteurs. L'Homme est un Sot de métier, un sot à capuchon vert; il fait cent sottises et force sa femme, qui maugrée en vain, à les refaire elle-même après lui. On dit au *sot* que pour devenir savant, il faut : mûrir sa pensée, dévorer des livres, et parler *à trait* (c'est-à-dire à propos). Là-dessus, il enveloppe sa tête comme un melon de couche; il mâche des feuillets arrachés d'un livre et fait une harangue à une flèche d'arbalète.

## 71. — AVENTUREUX (L'), GUERMOUSET, GUILLOT ET RIGNOT.

#### MANUSCRIT.

Farce nouvelle a quatre personnages, c'est a scavoir l'Avantureulx et Guermouset, Guillot et Rignot.

Ms. La Vallière, ff. 318 *a*-325 *b*. 493 vers (56° pièce).

#### ÉDITIONS.

1° *Recueil Le Roux de Lincy*, t. III (15° pièce).

2° *Recueil Emile Mabille*, t. I, p. 155-192.

Farce assez spirituelle dirigée contre les faux braves, les *matamores*, comme on devait dire un siècle plus tard. Le vers 411 fait allusion à la prise de Hesdin (1521), comme à un fait assez récent. Ailleurs, un personnage demande à l'autre s'il lui souvient de la *journée des éperons* (bataille de Guinegate, perdue par les Français, le 16 août 1513).

L'Aventureux a besoin, pour son fils Guermouset, du bénéfice de Rignot, fils de Guillot, le maire. Guillot, comme l'Aventureux, est un fanfaron; et les deux braves se connaissent bien pour avoir fui jadis ensemble. L'Aventureux va provoquer Guillot : Voici les deux héros en présence et la lance en arrêt. Mais aucun n'ose avancer ; ils prennent du champ, ils crient : « A mort ! » mais ne bougent. A la fin, le souvenir de leurs communs exploits réveille leur ancienne amitié ; ils jettent leurs armes et les voilà dans les bras l'un de l'autre.

## 72. — AVEUGLE (Un), SON VALET ET UNE TRIPIÈRE.

### MANUSCRIT.

Farce joyeuse a trois personnages, c'est assavoir un Aveugle et son Varlet, et une Tripiere.

Ms. La Vallière, ff. 58 *a*-60 *b*. 124 vers (13ᵉ pièce).

### ÉDITIONS.

1° *Recueil Le Roux de Lincy*, t. I (12ᵉ pièce).

2° *Recueil Emile Mabille*, t. I, p. 80.

Simple parade ; pur prétexte à échanger des horions. L'Aveugle et son « varlet » vont demander l'aumône à une tripière qui reçoit fort mal « les pauvres membres de Dieu ». Ils veulent lui voler un boudin. Elle les met en déroute par un vigoureux soufflet. Voilà toute la pièce.

## 73. — BADIN (Le), LA FEMME, LA CHAMBRIÈRE.

###### ÉDITIONS.

1º *Farce nouvelle a troys personnages, c'est assavoir le Badin, la Femme et la Chambrière.*
*Recueil du British Museum*, s. l. n. d., 4 ff. 341 vers.

2º *Recueil Viollet-Leduc*, t. I, p. 271-288.

Le texte est fort mutilé. Le badin se travestit en diverses façons pour tromper la femme ; il n'y peut réussir et conclut : « qu'il n'est finesse que de femme ». La farce s'achève par une parodie de la confession d'un mourant ; invention médiocrement plaisante qu'on retrouvera encore ailleurs. (Voir le *Meunier*.)

## 74. — BASOCHE (La), LES DEUX SUPPOTS, MONSIEUR RIEN (1548).

###### MANUSCRIT.

*Pour le Cry de la Bazoche es jours gras mil cinq cens quarante huict.* Bibl. municipale de Soissons, ms. nº 187, in-folio, pap., 95 ff., fol. 14*b*-25*b*. Le manuscrit provenant de l'abbaye de Prémontré renferme 95 feuillets [1].

###### ÉDITION.

*Les clercs du Palais, la farce du Cry de la Basoche, les légistes poètes, les complaintes et épitaphes du Roy de la Basoche*, par Ad. Fabre, Vienne, 1882, in-8º. Cette pièce occupe les pages 11-36.

Personnages : La Bazoche ; le premier suppost, Mireloret ; le

---

[1]. On a hasardé que, comme l'Hôpital de la Trinité où jouaient les confrères de la Passion, appartenait à l'abbaye, il n'est pas impossible que le manuscrit provienne originairement des confrères. Mais ceux-ci avaient quitté la Trinité dès 1543.

deuxiesme suppost, Rapporte nouvelle ; le troisiesme suppost ; monsieur Rien.

Représentation de Carnaval donnée par les Basochiens de Paris en 1548.

Voy. Montaiglon, *Bulletin de la Société des Antiquaires de France*, 1858, p. 53. — E. Picot, *La Sottie en France*, p. 78-80[1].

Deux parties dans cette courte pièce : la première est remplie d'allusions aux événements politiques et à l'aurore du nouveau règne (celui de Henri II); la seconde renferme la chronique médisante de l'époque et du quartier. Entre les deux parties, le personnage représentant la Basoche *vacabat per curiam,* c'est-à-dire parcourait l'assistance. Etait-ce pour faire une quête ? A la fin un *cry* ou proclamation annonçait l'élection prochaine d'un nouveau roi de la Basoche et la *montre* ou revue solennelle qui devait être célébrée à cette occasion.

Au début d'un nouveau règne, les uns annoncent monts et merveilles, les autres regrettent le vieux temps. Notre sottie met vivement en scène ces contradictions de l'opinion publique. Mais la Basoche intervient en personne pour imposer silence à ses suppôts, et leur enjoindre d'être prudents.

> Mes suppostz, gardez de parler
> Trop avant. Mot. La bouche close.
> ...Ne parlez sinon que pour rire.

## 75. — BATARDS (Les) DE CAUX.

#### MANUSCRIT.

Farce nouvelle et fort joyeuse a cinq personnages, c'est a scavoir les Batards de Caulx, la Mere, l'Ainé qui est Henry, le petit Colin, l'Escollier et la Fille.

Ms. La Vallière, ff. 269 *a*-273 *a*. 280 vers (48° pièce).

---

1. M. Picot intitule ainsi la pièce : *Pour le Roy de la Baʒoche*, etc.

#### ÉDITION.

*Recueil Le Roux de Lincy*, t. III (7ᵉ pièce).

*Bâtard de Caux* est une locution proverbiale dans l'ancienne France : on appelait ainsi les cadets sans fortune (voy. Littré, au mot *Bâtard*). Cette farce, assez fine, et d'une certaine portée, est dirigée contre le droit d'aînesse et l'inégale répartition des héritages, entre frères et sœurs. Quatre orphelins sont en présence. Le père est mort en laissant tout à l'aîné, à charge de pourvoir ses frères et sa sœur. Les cadets ne sont pas contents : « C'est la coutume », dit la mère. La fille répond :

> Il aveyt bien le diable au corps
> Qui ceste ley institua.

Le frère aîné décide que le petit Colin sera faiseur d'allumettes. « C'est un noble mestier de choyx ». La fille veut qu'on la marie : son frère lui donne en dot trois cents noix, des pois, des ognons, une couvée, quatre ou cinq ustensiles de ménage, une ceinture et deux chemises. Pour l'autre frère, il n'obtient que des injures ; les trois déshérités déclarent qu'ils plaideront. Voilà comment le droit d'aînesse, selon les poètes comiques, met la paix dans les familles.

## 76. — BATELEUR (LE), SON VALET, BINETTE ET DEUX FEMMES.

#### MANUSCRIT.

Farce joyeuse a cinq personnages, c'est a scavoir le Bateleur, son Varlet, Binete et deulx Femes.

Ms. La Vallière, ff. 385 *a*-389 *a*. 280 vers (70ᵉ pièce).

#### ÉDITIONS.

1º *Recueil Le Roux de Lincy*, t. IV (10ᵉ pièce).
2º *Recueil Edouard Fournier*, p. 322-328.

Simple parade où le Bateleur, sa femme, son valet exhibent à deux spectatrices les portraits des plus célèbres *farceurs* du temps passé ou du temps présent : c'est un prétexte à introduire les noms ou les sobriquets des acteurs de la troupe normande qui représentait à Rouen et aux alentours, les farces du *Manuscrit La Vallière*, vers la seconde moitié du XVIᵉ siècle. Les morts s'appellent : maistre Gille des Vaulx, Rousignol, Brière, Peuget, Cardinot, Robin Mercier, Cousin Chalot, Pierre Regnault. Les *badins* vivants sont désignés par des sobriquets : le badin de Foury, de Saint-Gervais, de Soteville, de Martainville, le badin aux Lunettes, le Boursier, Vincet, Saint-Fesin. Un vers du Bateleur semble désigner Lepardonneur, directeur d'une troupe dont les mésaventures seront rappelées ci-dessous (farce du *Pèlerinage de mariage*). Martainville est nommé comme un *badin* rempli de verve et *facétieux* dans Noel du Fail.

## 77. — BIEN MONDAIN, HONNEUR SPIRITUEL, POUVOIR TEMPOREL ET LA FEMME.

### ÉDITIONS.

1º Farce nouvelle fort joyeuse et morale a quatre personnaiges, c'est assavoir Bien mondain, Honneur spirituel, Pouvoir temporel et la Femme... Cy finit la farce de Bien mondain. Imprimé nouvellement à Lyon, en la mayson de feu Barnabé Chaussard près Nostre-Dame de Confort.
*Recueil du British Museum*, s. d., 4 ff. 236 vers.

2º *Recueil Viollet-Leduc*, t. III, p. 187-198.

Satire du haut clergé (Honneur spirituel) et des grandes charges (Pouvoir temporel). La Femme, qui est la Vertu, les décrie en termes fort vifs :

(Ils) tiennent tout entre leurs mains.
L'ont-ils eu par droict naturel ?
Non, non, mais par faictz inhumains.

La pièce est mêlée de stances en vers lyriques de différentes mesures.

## 78. — BOUTEILLE (La).

### MANUSCRIT.

Farce nouvelle de la Boutaille a trois, ou quatre ou cinq personnages, c'est a scavoir la Mere du Badin, le Vouesin et son Filz, et la Bergere.

Ms. La Vallière, ff. 263 a-269 a. 320 vers (47ᵉ pièce).

### ÉDITION.

Recueil Le Roux de Lincy, t. III (6ᵉ pièce).

Un « badin » mêle à cent choses folles quelques traits de bon sens malicieux contre les gros bénéficiers qui touchent les revenus de la cure et ne paraissent jamais à l'église. Il n'est point question, dans le texte, de la bergère annoncée au titre.

## 79. — BRIGAND (Le), LE VILAIN, LE SERGENT, LA FEMME DU VILAIN, LA FEMME DU SERGENT, LA TAVERNIÈRE.

### MANUSCRIT.

Cy commance la vie monseigneur saint Fiacre. Bibl. Sainte-Geneviève, Y, f. 10, in-fol. (f° 55 b-69 b). La farce est intercalée dans le mystère sans autre titre que celui-ci : Cy est interposé une Farsse. Elle renferme 278 vers. Elle est à six personnages, énumérés ci-dessus au titre.

### ÉDITIONS.

1º *Mystères inédits du* xvᵉ *siècle*, publiés par A. Jubinal, t. I, p. 333.

2º *Recueil Edouard Fournier*, p. 28.

Les *Brigands* (gendarmes à pied), créés sous Jean Iᵉʳ, furent supprimés sous Charles VII. Cette farce est un échange de coups de poing et de horions. Le sergent s'est cassé le bras; sa femme se réjouit, pensant qu'elle ne sera plus battue. Vain espoir, son mari tape de son bon bras.

On jouait cette farce entre la première et la seconde partie du mystère de saint Fiacre avec lequel elle n'a aucun rapport; elle s'y trouvait liée cependant d'une façon indissoluble, car le premier vers de la farce rime avec le dernier vers de la première partie du mystère, et le dernier vers de la farce rime avec le premier vers de la seconde partie du Mystère. Je ne connais pas d'autre exemple d'une farce intercalée ainsi dans un mystère, indissolublement, quant à la forme, sans s'y rattacher d'ailleurs, par le sens, en aucune façon.

Dans cette pièce, comme dans le Mystère de saint Fiacre et dans les miracles de Notre-Dame (tome II de nos *Mystères*, p. 226 et p. 511), le dernier vers de chaque couplet, dit par un personnage, est de quatre syllabes, et rime avec le premier vers du couplet suivant.

## 80. — BRUS (Trois) ET DEUX ERMITES.

###### MANUSCRIT.

Farce nouvelle a cinq personnages, c'est a scavoir troys Brus et deux Hermites.

Ms. La Vallière, ff. 199 a-204 b. 305 vers (37° pièce).

###### ÉDITION.

*Recueil Le Roux de Lincy*, t. II (13ᵉ pièce).

Quoique le sens étymologique de *bru* soit *fiancée,* ou *nouvelle mariée,* il a souvent, comme ici, le sens plus général de *fille,* en bonne ou en mauvaise part. La *vieille bru,* grand'mère de la *Macette* de Régnier, endoctrine au mal deux jeunes filles; les deux ermites ne cherchent pas à les amender. Toute la pièce est une satire amère dirigée contre les moines. Elle se jouait à Rouen, comme la plupart des pièces du manuscrit La Vallière.

## 81. — CHAMBRIÈRES (Les).

### ÉDITIONS.

1º Farce nouvelle des Chamberieres qui vont a la messe de cinq heures pour avoir de l'eaue beniste, a quatre personnages, c'est assavoir Domine Johannes, Troussetaqueue, la Nourrice et Saupiquet.
*Recueil du British Museum*, s. l. n. d., 4 ff. 248 vers.

2º *Recueil Viollet-Leduc*, t. II, p. 435-447.

Parade très grossière telle que les bateleurs les offraient à la plus vile populace. La scène est au cœur de Paris, dont plusieurs églises sont désignées : Saint-Paul, Saint-Etienne, Saint-Benoît, Saint-Séverin. Quarante-quatre vers de suite sont communs à cette farce et au *Caquet des chamberières*, pièce non dramatique (voy. *Anciennes poésies françaises, Bibliothèque elzévirienne*, tome V, pp. 79-80).

## 82. — CHAUDRONNIER (Un).

### ÉDITIONS.

1º Farce nouvelle tres bonne et fort joyeuse d'un chauldronnier, c'est assavoir l'Homme, la Femme et le Chauldronnier.
*Recueil du British Museum*, s. l. n. d., 4 ff. 195 vers.

2º *Recueil Viollet-Leduc*, p. 105-114.

3º *Recueil Edouard Fournier*, p. 340-343.

Parade assez plaisante. Un mari et sa femme se défient à qui des deux se tiendra coi et muet le plus longtemps; les voilà immobiles comme deux statues. Passe un chaudronnier qui coiffe le mari d'un chaudron et le barbouille de noir ; l'autre ne bouge. Le chaudronnier se tourne vers la femme et va pour l'embrasser : « Le Diable t'emporte, crie le mari. — Vous avez perdu, dit la femme, avec sang-froid. Là-dessus, tous trois vont boire. Le texte est fort mutilé. (Voy. un récit un peu analogue dans les *Facétieuses Nuits de Straparole*, viii° nuit, fable I.)

## 83. — CHAUDRONNIER (Le), LE SAVETIER ET LE TAVERNIER.

### ÉDITIONS.

1° Farce nouvelle tres bonne et fort joyeuse a trois personnages, c'est assavoir le Chaulderonnier, le Savetier et le Tavernier.
*Recueil du British Museum*, s. l. n. d., 4 ff. 199 vers.

2° *Recueil Viollet-Leduc*, t. II, p. 115-127.
Voy. Magnin, *Journal des Savants*, avril 1858, p. 207.

Parade imitée grossièrement de *Pathelin* : Un chaudronnier, un savetier ont bu larges rasades au cabaret, de petits vins rouges et blancs, de Vanves et de Bagneux. Ils doivent six sous quatre deniers que le tavernier réclame. Le savetier lui répond en feignant d'être enragé; dans son délire, il débite, comme Pathelin, un torrent d'absurdités. Le pauvre tavernier s'enfuit en se signant; car il a cru voir le Diable.

## 84. — CHRONIQUEURS (Les), (1515).

### MANUSCRIT.

Sotye nouvelle des Croniqueurs. Bibl. nat., ms. fr. 17527, in-f°, pap. F°s 54 *b*-61 *b*.

### ÉDITION.

Dans la *Chronique du Roy Françoys, I<sup>er</sup> de ce nom*, publiée par Georges Guiffrey, Paris, Raynouard, 1860, in-8°, pages 429 à 444.
Six personnages : Mère Sotte et cinq Sots. 347 vers.

> Nous sommes les folz croniqueurs.

Ainsi commence *Mère folle;* et cette pièce est, en effet, toute remplie d'allusions politiques, d'ailleurs favorables au pouvoir nouveau. On y lit que les prêtres ministres portent malheur au pays :

> Prebstre ne fera
> Ne ne feist jamais bien en France.

Mais le cardinal d'Amboise était mort depuis cinq ans et François Ier régnait. On flatte le jeune Roi en l'excitant à passer les monts :

> Affin que nous y recouvrons
> Nostre honneur perdu puis nagueres
> — On dit que c'est le cymetiere
> Des Françoys — ce sont parabolles
> Et toutes opinions folles;
> S'on y va par bonne conduicte,
> N'ayez doubte qu'on y prouffite.
> De brief verrez François vainqueur.

Mère-Folle fut prophète, la victoire de Marignan suivit de près ces vers.

M. Picot (la *Sottie en France,* p. 46) attribue cette pièce à Gringore, mais sans preuves. Le nom de Mère-Sotte appartient bien en propre à Gringore, mais seulement chez les *Sots* de Paris. La sottie des Chroniqueurs a pu être composée et jouée en province.

## 85. — CINQ (Les) SENS DE L'HOMME.

### ÉDITIONS.

1º Farce nouvelle des cinq sens de l'homme, moralisée et fort joyeuse pour rire, et recreative; et est a sept personnages, c'est assavoir l'Homme, la Bouche, les Mains, les Yeux, les Pieds, l'Ouye et le Cul... Imprimé nouvellement à Lyon a la maison de feu Barnabé Chaussard pres Nostre-Dame de Confort l'an mil cinq cens quarante cinq, le ixe jour de septembre.

*Recueil du British Museum,* 8 ff. 461 vers.

2° *Recueil Viollet-Leduc*, t. III, p. 300-324.

Les *Cinq sens* (pourquoi les pieds au lieu du nez ?) méprisent le sixième personnage dont le nom, aujourd'hui banni de la bonne compagnie, figure encore chez nos grands écrivains du xvii° siècle (voy. Littré, *Dictionnaire*). Le compagnon se venge en refusant tout service. Il faut en venir à composition avec lui. Comparer la « moralité joyeuse du ventre, des jambes, du cœur et du chef » (voy. ci-dessous). Giorgio Alione, d'Asti, auteur comique de la fin du xv° siècle, entre autres farces françaises, imitées ou traduites par lui, a reproduit *Les Cinq sens* sous le titre suivant : *Comedia de l'Omo e de soi cinque sentimenti*. La pièce est plus longue ; les personnages sont les mêmes, sauf l'Ouïe remplacée par le Nez [1].

## 86. — COLIN, FILS DE THENOT LE MAIRE.

### ÉDITIONS.

1° Farce nouvelle de Colin, fils de Thenot le maire, qui vient de Naples et amene ung Turc prisonnier, a quatre personnaiges, c'est assavoir Thenot le maire, Colin son filz, la Femme, le Pelerin... Icy fine la farce de Thenot et Colin son filz. Imprimé nouvellement a Lyon en la maison de feu Barnabé Chaussard, près Nostre Dame de Confort, mille cinq cens quarante deux, le xx° de juing.

*Recueil du British Museum*, 6 ff. 370 vers.

2° Farce de Colin, fils de Thenot le maire, qui revient de la guerre de Naples et ameine un pelerin prisonnier pensant que ce feust un Turc, a quatre personnages, assavoir Thenot, la Femme, Colin, le Pelerin.

*Recueil Nicolas Rousset*, p. 23-45.

3° *Collection Caron* (reproduction du n° 2).

---

1. Voy. *Commedia e Farse*... da Gio. Giorgio Alione, Milano, Daelli, 1865, in-16. — *Notice sur les farces d'Alione*, par E. Picot ; *Catal. Morgand et Fatout*, p. 303-304.

4° *Recueil Viollet-Leduc* (reproduction du n° 1 avec variantes tirées du n° 2).

5° *Recueil Charles Brunet,* t. I, p. 23-45 (reproduction du n° 2).

6° *Recueil Emile Mabille,* t. II, p. 5-33.
Voy. *Bibliothèque du théâtre français,* t. I, p. 7.

Satire assez agréable des juges de village qui font les importants et des faux braves qui font les fanfarons. Au début de la farce, Monsieur le maire Thenot chante la vaillance de Colin, son fils, qui est parti, depuis six mois, guerroyer au royaume de Naples. Justement Colin paraît là-dessus. Hélas ! Il a tout perdu, même l'honneur. Il n'a plus ni sa jument, ni son bonnet, ni son *jacques* (cotte de mailles). En revanche, il a fait un prisonnier. « Amène-le, dit son père. — C'est que j'en ai peur ». A eux deux ils l'amènent.

> — L'as-tu bien conquesté si grant ?
> Colin, tu estois vaillant homme.
> — Et je le prins au premier somme,
> Cependant comme il se dormoit,
> Et j'escoutai comme il ronfloit.
> Alors le courage me creut.

On interroge le prisonnier ; on découvre qu'il n'est ni Turc, ni More. C'est un pèlerin allemand. Voilà la belle conquête qu'a rapportée le vaillant Colin.

A la fin de la farce, Colin annonce qu'il se veut marier :

A la fille Gaultier Garguille.

Le célèbre farceur qui s'illustra, sous ce nom, au XVII<sup>e</sup> siècle, naquit en 1574, et notre farce fut imprimée dès 1542, elle est même sans doute antérieure, au moins de vingt ans, peut-être de quarante ; car elle doit être contemporaine des guerres de Naples. Le nom de Gaultier Garguille appartenait donc déjà à quelque farceur de la première moitié du XVI<sup>e</sup> siècle ; et probablement celui dont Colin dit qu'il veut épouser la fille, faisait partie de la troupe qui représenta cette farce. Ce nom de Gaultier Garguille se trouve, à la même époque, dans la première nouvelle de Bonaventure Des Périers. « Riez seulement et ne vous chaille si ce fut Gaultier ou si ce fut Garguille. »

## 87. — COLIN QUI LOUE ET DÉPITE (MAUDIT) DIEU.

### ÉDITIONS.

1º Colin qui loue et despite Dieu en ung moment a cause de sa femme, a troys personnaiges, c'est assavoir Colin, la Femme et l'Amant.
*Recueil du British Museum*, s. l. n. d., 8 ff. 542 vers.

2º *Recueil Viollet-Leduc*, t. I, p. 224-249.

La même donnée morale qui a suggéré la farce de Colin se retrouve en forme de récit, dans les *Drois nouveaux sur les femmes* (*Anciennes poésies françaises*, Bibl. elzév., t. I, p. 134).
Voyez Magnin, *Journal des Savants*, mai 1858, p. 272).

Colin est pauvre et besogneux ; et sa femme lui crie sans cesse : « Colin, de l'argent ». Colin s'impatiente, à la fin, d'entendre le même refrain, il disparaît et laisse là sa femme. Un amant passe, à propos, par là, qui s'offre à la consoler. Il est repoussé, d'abord ; puis, la misère est pressante, il est accepté parce qu'il promet force présents.

Quelque temps se passe et Colin reparaît aussi pauvre qu'avant. Il ne reconnaît pas sa maison, tout y est si fort embelli. — Ma femme, d'où vient tout ce beau ménage ? — Colin, de la grâce de Dieu. — Ce ciel-de-lit, ces chaudrons, ces courtines ? — Colin, de la grâce de Dieu. — Et ce petit enfant qu'il ne se connaissait pas ? — Colin, de la grâce de Dieu ». Cette fois Colin va se fâcher ; la grâce de Dieu le comble. — Puisqu'à présent vous avez du bien, il vous fallait un héritier, dit la femme. Colin maugrée un peu, mais que faire ? il faut tout prendre ou tout laisser.

Cette farce, malheureusement remplie de vers bizarres et de mots obscurs, est d'ailleurs fine, ingénieuse et morale même, à sa manière. Chaque époque traite une même donnée par un procédé différent. De nos jours, on ferait un drame sur un pareil sujet : le drame de la femme pauvre jetée par l'abandon, dans le désordre. Le Moyen Age traduit l'idée en farce ; il aime à regarder en riant les pires misères de la vie. Cela ne l'empêche point de moraliser. La farce de Colin se termine par une double morale à l'adresse des maris et des femmes.

LA FEMME.

Car j'eusse plus cher qu'on m'eust arse
Que de mener meschante vie ;
Pour ce, Messeigneurs, je vous prie,
Que vos femmes n'abandonnez.

COLIN.

Bonnes dames, entretenez
Vos maris par bonne maniere,
Et trop fort ne les ransonnez
Pour faire trop de la gorriere.

## 88. — COMMÈRES (Trois) ET UN VENDEUR DE LIVRES.

MANUSCRIT.

Farce nouvelle a quatre personnages, c'est a scavoir troys Commeres et un Vendeur de livres.
Ms. La Vallière, 226 *b*-231 *a*. 214 vers.

ÉDITION.

*Recueil Emile Mabille*, t. II.

La table du *Recueil Le Roux de Lincy* (t. I, p. 11) annonce cette pièce, que le Recueil ne contient pas ; en revanche, il contient la farce du *Vendeur de livres* (voyez ce nom) que la table n'indique pas, et qui diffère fort peu de celle-ci. Le *Recueil Emile Mabille* renferme les deux rédactions.

## 80. — CONSEIL (Le) AU NOUVEAU MARIÉ.

### ÉDITIONS.

1º Le Conseil au nouveau marié a deux personnages, c'est assavoir le Mary et le Docteur... Imprimé nouvellement en la maison de feu Barnabé Chaussard (Lyon) 1547.
*Recueil du Bristish Museum*, 4 ff. 262 vers.

2º *Recueil Viollet-Leduc*, t. I, p. 1-10.

Un nouveau marié consulte un savant docteur : A quel sort dois-je m'attendre, demande le néophyte ? L'oracle répond en lui souhaitant « bonne patience ».

Si ta femme est jalouse, feins de l'être aussi. Si elle aime le vin, garde les clefs du cellier. Si elle est querelleuse, supporte-la. Si elle te trompe, dis que tu n'en crois rien. D'ailleurs, tu peux savoir d'avance que :

>    Tu seras homme plus martyr
>    Que sainct Laurens qu'on fit rostir.

Le nouveau marié s'éloigne en disant :

>    Puisque je suis en mariage
>    Dieu me doint estre fort et sage
>    Pour supporter tous les tourmens.

## 90. — CORNETTE (La), par Jean d'Abondance.

### MANUSCRIT.

Farce nouvelle tres bonne et tres joyeuse de la Cornette a cinq personnages, le Mary, la Femme, Finet, valet; les deux Nepveux ; par Jehan d'Abundance, bazochien et notaire royal de la ville du Pont Sainct Esprit. MDXLV. A la fin, on lit : *Fin sans fin* (devise de Jean d'Abondance). 385 vers. Nous ne savons où a passé ce manuscrit, indiqué sous le nº 3388 au Catalogue des livres du Duc de La Vallière (tome II, p. 426).

Le duc de La Vallière tenait probablement ce manuscrit du marquis de Calvière, chez qui le virent les frères Parfait. Voyez leur *Histoire du théâtre français*, t. III, p. 193, et *Bibliothèque du théâtre français*, I, 119).

ÉDITIONS.

1° *Collection Montaran*, n° 7.

2° *Recueil Édouard Fournier*, p. 438-445.

E. Fournier (p. 438) mentionne quatre copies autographiées de cette farce, exécutées aux frais de M. Peyre de la Grave. Une copie sur vélin figure en outre au catalogue Soleinne, t. I, n° 684[1].

Sur l'auteur Jean d'Abondance, voy. ci-dessus, p. 94.

La farce de la Cornette est son chef-d'œuvre. Les excellents vers y abondent ; les caractères sont bien tracés. Un trop vieux mari est épris de sa jeune femme, et celle-ci, comme la Béline du *Malade imaginaire*, laisse croire au crédule bonhomme que s'il meurt, elle ne voudra pas lui survivre. En attendant, elle le trompe sans vergogne ; deux neveux du vieillard, fort inquiets sur leur héritage, se mettent en devoir de l'en prévenir. Mais la tante les a fait épier par un valet ; elle s'arrange pour prévenir le coup : « Vos neveux sont fort insolents ; ils trouvent à redire à tout ce que vous faites ; ils blâment surtout votre cornette[2] et prétendent qu'elle va tout de travers. » Le vieillard est furieux : « De quoi se mêlent mes neveux. » Quand ceux-ci se présentent, à peine ont-ils ouvert la bouche que leur oncle les interrompt : « Je sais ce que vous m'allez dire. Elle me plaît comme elle est. Elle peut aller de travers si je le trouve bon. » Le quiproquo se prolonge, l'oncle parlant de sa cornette, les neveux comprenant de la tante. A la fin, ils sont mis à la porte et le vieillard, fier de son énergie, redouble de tendresse et de confiance envers sa fidèle épouse.

1. La farce de la Cornette, rajeunie par M. Jacques Normand, a été jouée avec succès le dimanche 11 mars 1877, dans une *matinée gauloise* donnée à la Porte-Saint-Martin.

2. Sorte de chaperon.

## 91. — COUTURIER (Le), ESOPET, LE GENTIL-HOMME ET LA CHAMBRIÈRE.

##### ÉDITIONS.

1° *Farce nouvelle a quatre personnaiges, c'est assavoir le Cousturier, Esopet, le Gentilhomme et la Chamberiere.*
*Recueil du British Museum*, s. l. n. d., 4 ff. 385 vers.

2° *Recueil Viollet-Leduc*, t. II, p. 158-175.

Esopet, apprenti chez un *couturier* (tailleur), prévient en secret les pratiques que son patron est anthropophage; d'ailleurs excellent couturier. Quand son accès le prend, il frappe sur la table. Peu après, le tailleur frappe en effet pour faire sonner ses ciseaux égarés. On se jette sur lui, on le lie, on le roue de coups. Un public d'écoliers rirait peut-être encore à cette pluie de horions; or, c'est ici l'œuvre d'un écolier. A la fin on lit :

> Prenez en gré de la petite farce.
> C'est Esopet, le somuliste de Navarre.

On appelait *Somuliste* (en latin *summulista*), l'écolier de philosophie appliqué à l'étude des *summulæ,* ou abrégés et manuels philosophiques. (Voy. Du Cange, *Glossaire*, au mot *Summulista.*) L'auteur était donc écolier au collège de Navarre. (Voy. Magnin, *Journal des Savants*, 1858, p. 407.)

## 92. — COUTURIER (Le), SON VALET, DEUX JEUNES FILLES ET UNE VIEILLE.

##### MANUSCRIT.

*Farce nouvelle a cinq personnages, c'est a scavoir le Cousturier et son Varlet, deulx jeunes Filles et une Vieille.*
Ms. La Vallière, ff. 95 *b*-101 *a*. 260 vers (20ᵉ pièce).

###### ÉDITIONS.

1° *Recueil Le Roux de Lincy*, t. I (20° pièce).

2° *Recueil Emile Mabille*, t. II.

Le couturier est « tailleur pour dames », et toute la farce consiste dans les équivoques d'un goût très grossier, que lui et le Badin, son valet, adressent à trois femmes qui viennent commander des robes.

## 93. — CRIS (Les) DE PARIS.

###### ÉDITIONS.

1° Farce nouvelle tres bonne et fort recreative des Cris de Paris, a troys personnaiges, c'est assavoir le Premier gallant, le Second gallant et le Sot... Cy fine la farce des Cris de Paris. Imprimée nouvellement a Lyon en la maison de feu Barnabé Chaussard, près Nostre Dame de Confort, MDXLVIII.
*Recueil du British Museum*, 8 ff. 438 vers.

2° *Recueil Viollet-Leduc*, t. II, p. 303-325.
Voy. Magnin, *Journal des Savants*, juillet 1858, p. 417.

De petits recueils des *Cris* populaires de Paris avaient au Moyen Age un grand succès[1]. (Voyez Brunet, *Manuel du libraire*, II, 425, 640 ; IV, 1452 ; V, 971). — *Rues et cris de Paris au XIIIe siècle, pièces historiques publiées par A. Franklin*, Paris, 1874, in-16).

Les deux *galants* s'appelleraient aujourd'hui deux bohêmes ; ils échangent leurs idées sur la vie en assez jolis vers :

[1]. Voici les *cris* que pousse le sot dans notre farce : Coteretz secz ! Busche ! busche ! — Moustarde ! — Vinaigre ! vinaigre ! — Vous faut-il saulce vert ? — Bourrée sèche, bourrée ! — Choulx gelez ! — A ma belle orange ! — Aportez le pot au laict ! — Harenc soret ! — Houseaulx vieux ! — Pronostication nouvelle ! — A mes beaux epinars ! — Viel fer, vieulx drapeaulx ! — Pastez tous chaulx ! — Lie, lie ! — Choulx cabuz ! — Amandes nouvelles ! — A mes beaux angelos (fromages) ! — Balays ! — Cassemuseaulx chaulx ! — Eschauldez tous chaulx ! — Poires d'angoisse ! — Responces fraisches ! — A mes belles pommes ! — Poires de jalousie !

> — Ma foy, mais que je puisse vivre
> Bien ayse en ce monde et rien faire,
> Je n'ay d'or ne d'argent que faire,
> Ne de bource. — Ne moy aussi.
> Il n'est que vivre sans soucy.
> — Mieulx vault (que) vivre sans six soubz.
> — C'est tout ung, mais que soyons soulx.

Là-dessus, ils entament la satire du mariage et des maris. « Ah! dit l'un, les maris ont un lourd faix sur le dos. » Passe le *sot*, c'est-à-dire le bouffon de la pièce, criant : *Coteretz secs, coteretz* : ce cri complète ainsi plaisamment la phrase du galant, qui continue : « Le mari revient ivre de la taverne ; que prend-il pour battre sa femme ? — *Busche, busche,* crie le sot. Le premier galant reprend :

> S'ils ont malle teste tous deux,
> L'ung frappe, l'autre n'y retarde.

Le second : « C'est verjus tout vert — *Moustarde*, crie le sot, et ainsi de suite ; la plaisanterie est renouvelée trente fois, le *cri* du sot complétant toujours la pensée des galants, qui s'impatientent, mais en vain, d'être toujours interrompus par ce crieur impertinent.

## 94. — CURIA (Le).

### ÉDITIONS.

1º *Joyeuse farce a trois personnages, d'un Curia qui trompa par finesse la femme d'un laboureur, le tout mis en rithme savoyarde, sauf le langage dudit curia, lequel, en parlant audit laboureur, escorchoit le langage françois, et c'est une chose fort recreative*, etc. Lyon, 1595, petit in-8º de 16 pages.

2º *Collection Montaran*, Paris, impr. Guiraudet, 1829, petit in-8º, 22 pages. Environ 400 vers.

Voy. Beauchamps, *Recherches sur les théâtres*, t. I, p. 493. — *Bibliothèque du théâtre français*, t. I, p. 301.

Farce en patois savoyard, mêlé de français : c'est une satire banale des mœurs du clergé. La pièce, quoique très libre se termine par la formule du signe de la croix : *In nomine Patris et filii et spiritus sancti.*

## 95. — CUVIER (LE).

### ÉDITIONS.

1º Farce nouvelle tres bonne et fort joyeuse du Cuvier, a troys personnaiges, c'est assavoir Jaquinot, sa Femme et la Mere de sa femme.
*Recueil du British Museum*, s. l. n. d., 6 ff. 331 vers.

2º Farce nouvelle et plaisante des femmes qui font obliger leurs maris a faire tout le mesnage de la maison.
*Recueil de Copenhague*, p. 1-24. 322 vers.

(Le texte de Copenhague est un rajeunissement du texte de Londres. Certains vers, devenus obscurs, ont disparu ou sont modifiés, parfois maladroitement. Au lieu de *j'en suis bien harié,* on y lit : *je suis bien chastié. Prendre repos* pour *prendre deduict. Qui a moy n'entendra* pour *qui a moy n'attendra* (fera attention). *Je vous le tiendray puis qu'ainsy je vous le promets* pour *je vous le tiendray sans nul sy.*

3º *Recueil Viollet-Leduc*, t. I, p. 32-49 (réimpression du nº 1).

4º *Recueil Edouard Fournier*, p. 192-198 (réimpr. du nº 3).

5º *Recueil Emile Picot*, p. 1-45 (réimpression du nº 2).

A consulter : Magnin, *Journal des Savants*, mai 1858, p. 275. — Picot, *Recueil*, p. ix. La farce du *Cuvier* reproduit quant au fond essentiel (c'est-à-dire un contrat qui n'a pas prévu le cas où il faudrait sauver celui qui l'a imposé) un vieux conte allemand ; et un conte indien plus vieux encore, qu'on trouve dans le *Pantcha-Tantra, ou les Cinq Ruses* (*Fables du Brahma Vishnu-Sarman. Aventures de Paramarta...*, trad. par l'abbé G.-D. Dubois, 1826). Le conte est dans les *Aventures de Paramarta.* M. Picot cite un grand nombre de récits analogues (p. xiii, *en note*). Voir entre autres les *Nouvelles de Morlini* (nov. 74) et les *Nuits de Straparole* (13º nuit, 7º fable). M. Nyrop, dans *Romania*, t. XI, p. 413, constate l'existence en Norwège du proverbe bien connu emprunté à la farce du *Cuvier* :

*Cela n'est point à mon rolet.*

Voyez un récit analogue dans le *Ménagier de Paris* (édit. de 1846, tome I, p. 126-128).

Dans l'édition du *British Museum*, le vers 1 ne rime avec aucun autre ; peut-être était-il précédé d'un prologue rimant par son dernier mot avec ce vers[1] ? Peut-être manque-t-il un vers avant celui-là ?

Cette agréable farce, que Magnin déclarait « très bonne et fort joyeuse », comme le dit le titre dans une formule banale « véridique au moins cette fois », met en scène une femme révoltée, puis punie par l'adresse et le sang-froid de son mari. Depuis Aristophane et sa *Lysistrata,* le théâtre comique a raillé volontiers les femmes émancipées. Celle-ci, aidée de sa mère, a fait jurer à son époux, le poing sous le nez, qu'il fera les trois-quarts au moins de la besogne du ménage. On a tout écrit, pour assurer son obéissance ; il doit soigner l'enfant, faire le pain, laver le linge et mettre le pot au feu. S'il résiste, on le battra ferme. Là-dessus, le *rollet* signé, la terrible femme enjoint à Jacquinot de l'aider à tordre la lessive. Par mégarde ou par malice, le mari lâche à point le bout du drap qu'il retient ; voilà sa femme dans le cuvier. « A l'aide, mon bon mari, tirez-moi de là, ou je meurs. » Jacquinot, gravement, consulte la charte de ses devoirs ; il n'y est pas question de tirer sa femme du cuvier :

> Cela n'est pas a mon rollet...

Dix fois il adresse la même réponse aux supplications de la dame ; froidement le mari relit le rolet, ligne par ligne. A la fin, l'épouse est domptée ; elle reconnaît humblement ses torts, et promet d'être soumise et obéissante. A ces conditions, elle est tirée du cuvier. Mais tiendra-t-elle parole : on n'en sait rien ; et Jacquinot conclut sans trop se flatter :

> Heureux serai se marché tient.

---

1. Voir dans nos *Mystères*, t. II, p. 233, une disposition analogue dans les *Miracles de N.-D.*

## 96. — DEBAT (Le) D'UN JEUNE MOINE ET D'UN VIEUX GENDARME.

#### ÉDITIONS.

1º Farce nouvelle contenant le debat d'un jeune moine et d'un vieil gen-d'arme par devant le dieu Cupidon pour une fille, fort plaisante et recreative, a quatre personnages ; c'est a scavoir Cupidon, la Fille, le Moine, le Gen-d'arme.

*Recueil Nicolas Rousset*, p. 121-144, 7º pièce. 390 vers.

2º *Collection Caron* (reproduction du nº 1).

3º *Recueil Charles Brunet*, t. I, p. 121-144.

Voy. *Bibliothèque du théâtre français*, t. I, p. 10.

Le sujet de cette pièce paraissait moins scabreux au moyen âge qu'il ne semble au nôtre ; car le même débat fait le fond du conte bien connu de Florence et Blanchefleur ; qui, l'une, aimée d'un clerc, l'autre, d'un chevalier, vantent chacune à l'autre son amant [1]. Les formes du langage judiciaire et les mots latins abondent dans cette farce qui appartenait, sans doute, au répertoire de la Basoche, comme l'hostilité profonde qu'on y sent contre les moines tend, d'ailleurs, à le faire croire.

## 97. — FEMME (La), LE BADIN ET DEUX VOISINS.

#### MANUSCRIT.

Farce nouvelle a quatre personnages, c'est a scavoir la Femme ; le Badin, son mary ; le Premier vouesin et le Deuxiesme vouesin.

Ms. La Vallière, ff. 285 a-293 a (51º pièce). 444 vers.

---

1. L'*Histoire littéraire* (t. XXII, p. 138) fait mention d'un dialogue entre un moine et un gendarme, imité d'une vieille facétie latine. — Voy. Lenient, *Satire en France au Moyen Age*, p. 91. — Voy. aussi *Zu dem Liebesconcil*, dans *Zeitschrift für Deutsches Alterthum*, 1877, p. 65. Notre farce ne fait qu'accommoder aux goûts de la populace ce débat peu édifiant.

###### ÉDITION.

*Recueil Le Roux de Lincy*, t. III (10° pièce).

Simple parade, qui met en scène la niaiserie du *badin* Colinet, qui s'appellera plus tard *Calino,* après s'être appelé *Jocrisse.*

## 98. — FEMMES (Les) ET LE CHAUDRONNIER.

###### ÉDITIONS.

1° Farce nouvelle et fort joyeuse des femmes qui font escurer leurs chaulderons, a troys personnages, c'est assavoir la Premiere femme, la Seconde et le Maignen (chaudronnier).
*Recueil du British Museum,* 4 ff., s. l. n. d. 282 vers.

2° *Recueil Viollet-Leduc,* t. II, p. 90-104.

Parade grossière et dépourvue de toute espèce de sel. Une femme qui ne se conduit pas sagement, y dit, avant Macette et Tartuffe :

> Faisons le tout secretement.
> Il sera demy-pardonné.

## 99. — FEMMES (Les) QUI AIMENT MIEUX SUIVRE FOLCONDUIT, ETC.

###### ÉDITIONS.

1° Farce nouvelle des Femmes qui ayment mieux suivre et croire Folconduit et vivre a leur plaisir que d'apprendre aucune bonne science. A quatre personnages, c'est a scavoir le Maistre, Folconduit, Promptitude, Tardive-a-bien-faire.
*Recueil Nicolas Rousset,* p. 65-75 (168 vers).

2° *Collection Caron.* (Réimpression du *Recueil Nicolas Rousset.*)

3° *Recueil Edouard Fournier,* p. 284-287.

4° *Recueil Charles Brunet,* t. I, p. 65-75.

Voy. *Bibliothèque du théâtre français,* t. I, p. 8.

Cette farce est de celles qu'on nommait *moralisées ;* en effet, tous les personnages sont allégoriques comme dans les moralités. Deux femmes, *Tardive-à-bien-faire* et *Promptitude-(à-mal-faire,* sans doute) se mettent à l'école de *Faire-bien,* et s'ennuient vite de ses sermons. Elles se retournent vers *Folconduit* et se proposent de le suivre désormais.

> Ainsi se veulent gouverner
> Toutes femmes par Folconduit.
> Nulle science ne leur duit.
> Verité leur est adversaire.
> Science ne les peut attraire
> A se taire ou a peu parler ;
> D'ailleurs veulent toujours aller
> Par ville ou en pelerinage.

## 100. — FEMMES (Les) QUI DEMANDENT LES ARRÉRAGES, ETC.

### ÉDITIONS.

1° Farce nouvelle tres bonne et fort joyeuse des femmes qui demandent les arrerages de leurs maris et les font obliger par *nisi,* a cinq personnages, c'est assavoir le Mary, la Dame, la Chambriere, le Sergent et le Voysin.
*Recueil du British Museum,* s. l. n. d. 309 vers.

2° Farce joyeuse et recreative d'une femme qui demande les arrerages a son mary, a cinq personnages, etc. (Ce texte diffère beaucoup du précédent.)
*Recueil Nicolas Rousset,* p. 97-117.

3° *Collection Caron* (réimpression du n° 2).

4° *Recueil Viollet-Leduc,* t. I, p. 111-127 (réimpr. du n° 1).

5° *Recueil Charles Brunet,* t. I, p. 97-117 (réimpr. du n° 2).

Voy. *Bibliothèque du théâtre français,* I, 9. — Magnin, *Journal des Savants,* mai 1858, p. 272.

Cette farce, toute remplie de la parodie des formes judiciaires, appartenait sans doute au répertoire de la Basoche.

Une femme, mécontente de son mari qui la néglige, le fait ajourner devant le juge par un [sergent. Un voisin plus heureux que M. Robert, dans le *Médecin malgré lui,* réconcilie les deux époux.

## 101. — FEMMES (Les) QUI FONT REFONDRE LEURS MARIS.

### ÉDITIONS.

1° *Farce nouvelle a cinq personnaiges des femmes qui font refondre leurs maris, c'est assavoir Thibault, Collart, Jennette, Perrette et le Fondeur.*
*Recueil du British Museum,* s. l. n. d. 608 vers.

2° *Recueil Viollet-Leduc,* p. 63-93.

On peut comparer cette pièce avec la farce des *Hommes qui font saler leurs femmes* (voy. ci-dessous).

Quoique les farces aient fort maltraité le mariage, elles ne conseillent à personne de changer ou sa femme ou son mari. On y perdrait encore. Jeannette et Perrette, qui trouvent leurs maris trop vieux, s'avisent de les faire refondre. Un chaudronnier se charge de l'opération pour cent écus. On leur prend deux bons maris commodes et doux, qui se laissaient gouverner par elles ; on leur rend deux jeunes et beaux gaillards, qui les malmènent, qui les battent, qui les traitent en esclaves. Les pauvres femmes vont retouver le fondeur ; mais il ne peut plus rien pour elles que leur conseiller la patience.

## 102. — FILLES (Deux), DEUX MARIÉES, LA VIEILLE, LE VIEILLARD ET LES QUATRE HOMMES, par Marguerite de Navarre.

### MANUSCRIT.

Bibl. nat. fr., 12485 ; renfermant, entre autres poésies de la reine de Navarre, cette farce, avec ce seul titre : Autre farce. Folio 88 *b*-100 *a*. *Le Malade* précède. Voy. ci-dessous, p. 158.

ÉDITIONS.

« Les Marguerites de la Marguerite des princesses, tres illustre royne de Navarre, » recueil des œuvres de la sœur de François I<sup>er</sup>, publié par J. de la Haye, son secrétaire, à Lyon, chez Jean de Tournes (1547, petit in-8º), renferment six ouvrages destinés au théâtre, et qui furent représentés, ou du moins purent l'être, à savoir : 1º Quatre « comédies » sacrées, véritables mystères que nous avons analysés dans nos *Mystères* (t. II, p. 620). 2º Deux farces ; l'une intitulée simplement *Comédie* dans l'original, et que nous désignons ici selon notre usage par les noms ou plutôt par les qualités des personnages ; l'autre est la farce *Trop, prou, peu, moins*, analysée ci-dessous.

*Les Marguerites de la Marguerite des princesses* furent réimprimées plusieurs fois (Lyon, 1549; Paris, 1552 et 1554); en dernier lieu, avec introduction, notes et glossaire, par Félix Frank, Paris, librairie des Bibliophiles, 1873, 4 vol. in-16.

La pièce qui nous occupe a été en outre insérée dans le *Recueil Edouard Fournier*, p. 344-353, sous ce titre : *La Vieille*.

Voyez Parfait, III, p. 196, et les divers ouvrages traitant de la biographie de la reine de Navarre, indiqués dans nos *Mystères* (t. II, p. 625).

Cette pièce est fort agréable et fait beaucoup plus d'honneur au talent poétique de la Reine de Navarre que tels autres morceaux plus connus et souvent cités. Les deux jeunes filles sont, une belle insensible qui vante le bonheur de sa virginité dédaigneuse ; et une fille aimable et tendre qui préfère la joie d'être aimée, au bonheur d'être libre. La première femme n'aime pas son mari, qui la maltraite, mais elle lui demeure fidèle par honneur ; la seconde aime le sien qui l'abandonne, et la jalousie la torture. Arrive une vieille de cent ans à qui toutes demandent conseil. La vieille dit à la femme maltraitée, que si son mari est incorrigible, il faut se consoler en aimant ailleurs ; à la femme jalouse, qu'il faut n'aimer le sien qu'autant qu'elle en est aimée, et le traiter comme il la traite ; à la fille insensible, que son orgueil s'abaissera et qu'elle aimera passionnément le premier qu'elle trouvera digne de son amour; à la fille amoureuse, qu'elle a bâti son bonheur sur le sable; car le plus constant peut changer ou mourir. Tous ces oracles divers sont exprimés en des vers très gracieux, qui font ensemble une apologie discrète du cœur féminin et nous montrent les femmes toujours malheureuses, quoi qu'elles fassent, et dans leur malheur, plus dignes de pitié que de blâme. Rarement la farce a ainsi favorisé les femmes. Mais ici c'est une femme qui tenait la plume.

## 103. — FOLIE (La) DES GORRIERS.

#### MANUSCRIT.

Farce nouvelle nommée la Folie des Gorriers, a quatre personnages; les (deux) Gorriers, Folie et le Fol. Petit in-fol. goth., papier xv<sup>e</sup> siècle, 7 ff. (A la suite se trouve *La Fileuse*, bergerie à deux personnages.)

Cette farce est mentionnée au *Catalogue de la Bibliothèque de M. de Soleinne*, t. I, n° 679. Nous ne savons où elle a passé après la vente de la collection.

La gorre est la mode et les *gorriers* sont les gens à la mode, tous ceux qui mènent la vie chère, élégante et désordonnée. M. Paul Lacroix, rédacteur du Catalogue, cite ces vers que dit la Folie aux *Gorriers* :

> Quant est de vostre habillement
> Les robes porterez mal faictes,
> Tant que semblerez proprement
> Estre personnes contrefaictes;
> Faictes vous bossus, se ne l'estes[1],
> Grans manches, plus que cordeliers,
> Chapeaux de travers, et cornetes,
> Bonnets sur l'œil, larges solliers.

1. Est-ce la mode de 1485 qui est ici décrite, ou celle de 1885 ?

> Soyez en vos faiz singulliers,
> Et formez les princes vestus [1] ;
> Et feussiez filz de charpentiers,
> Fiers, orgueilleux, folz et testuz.

## 104. — FOLLE BOMBANCE.

### ÉDITIONS.

1° Farce nouvelle tres bonne de Folle Bobance a quatre personnaiges, c'est assavoir Folle Bobance, le Premier fol gentilhomme, le Second fol marchant et le Tiers fol laboureux... Cy fine Folle Bobance.

*Recueil du British Museum*, s. l. n. d., 8 ff. 557 vers.

2° *Recueil Viollet-Leduc*, t. II, p. 264-291.

Voy. Magnin, *Journal des Savants*, juillet 1858, p. 417.

Cette farce est une véritable moralité ; tous les personnages sont allégoriques ; c'est en même temps une sottie, car Folle-Bombance y joue le rôle de Mère-Sotte, et, selon la tradition, commence par appeler à elle tous les sots ou fous, avec lesquels elle veut tenir ses Etats. La pièce est une des plus vivement conduites et des mieux rimées de notre ancien répertoire. Les trois fous donnent à Folle-Bombance, en échange de beaux habits, l'un, son château, l'autre, ses marchandises, le laboureur, ses bœufs. Bombance achève de les pervertir en leur disant : « Ne travaillez plus. Ne payez pas vos dettes. Jouez, jurez, faites les grands seigneurs. » Cette vie paraît charmante aux trois fous ; ils en célèbrent les délices dans de jolis couplets. Mais, cependant, ils se sont ruinés, et brusquement Bombance les emmène finir leurs tristes jours au château de *Pauvreté*.

---

1. C'est-à-dire : feignez d'être des princes en grand costume. Comparez : Régnier, V, 235,

> Et, de coquin, faisant le prince revestu,...

et Béranger :

> Aux sots revêtus
> Le tout est de plaire.

## 105. — FOU (Dialogue du) ET DU SAGE.

### ÉDITIONS.

1° Dialogue du fol et du sage.

> Livre joyeux et delectable,
> Auquel par un parler notable
> Un sage, et un fol plaisant
> Concluent en bref langage
> (Ce que l'on voit le plus souvent)
> Tel est fol qui pense estre sage.

Paris, Simon Calvarin, s. d. petit in-8° goth. 16 ff.

2° Le même, Lyon, Barnabé Chaussart. (Édition indiquée par Du Verdier dans la *Bibliothèque française*.)

3°
> Dyalogue beau et affable
> Et a toutes gens delectable
> D'ung saige et d'un follinet,
> Qui concluent en bref langage
> (*Quod ut saepius eminet*)
> Tel est fol qui cuyde estre saige.

...Paris, s. d. en la rue neufve Nostre-Dame, a l'enseigne Sainct Nicolas; in-16 goth., 16 ff.

4° Le même, avec le nom de l'éditeur, Jehan Bonfons (658 v.).

5° Réimpression du n° 3 par les soins de Monmerqué pour la Société des Bibliophiles.

6° Réimpression du n° 4 dans le tome XIV des *Joyeusetez, facecies et folastres imaginations de Caresme Prenant*, etc. Paris, Techener, 1829 à 1834.

7° Réimpression du n° 1, *copie figurée*, Pinard, 1833, à 40 ex.

Quoique débité probablement par des *Sots*, ce morceau est fort grave; il est tout émaillé de citations latines, tirées de l'Ecriture sainte. Le prétendu Sage fait l'éloge des biens terrestres, le Fou en montre la vanité, et conclut que la fausse sagesse est la vraie folie :

> Tel est fol qui cuyde estre sage.

A la fin, le Sage convaincu se range du parti d'un fou si raisonnable, et qu'il a trouvé si vif à la riposte :

— Tu n'as ne prez ne bledz ne terre
— Aussi n'ay-je procès ne guerre.
— Tu n'as ne or, n'argent aussi.
— Aussi n'ai-je point de soucy.

## 106. — FRÈRE GUILLEBERT.

### ÉDITIONS.

1º Farce nouvelle de Frere Guillebert, tres bonne et fort joyeuse a quatre personnages, c'est assavoir frere Guillebert, l'homme vieil, sa femme jeune, la commere.
*Recueil du British Museum*, s. l. n. d. 4 ff., 521 vers.

2º *Recueil Viollet-Leduc*, tome I, p. 305-327.

Cette farce, très licencieuse, se trouve dans un conte du Pogge, qui reparaît sous diverses formes dans presque tous les recueils facétieux. C'est le fabliau des *Braies au Cordelier* (Méon, III, p. 169-180, et Legrand d'Aussy, II, p. 66). « Ce conte, dit J.-V. Leclerc (*Histoire littéraire*, tome XXIII, p. 188), a réussi partout : Le Pogge, Massuccio, Sacchetti, Sabadino, Casti, plusieurs conteurs français en vers et en prose parmi lesquels il ne faut pas oublier Henri Estienne (*Apologie pour Hérodote*) ont cultivé à l'envi ce riche fonds qui n'est peut-être pas encore épuisé. » Cette dernière observation paraît exagérée.

La pièce est signée ainsi : *Du jeune clergié de Meulleurs M. P. V.* Il n'est pas admissible que l'auteur de cette farce fût ecclésiastique, ou du moins qu'il déclarât l'être. Le sens de cette épigraphe nous échappe ; peut-être désigne-t-elle quelque abbaye burlesque, dans le genre de celle des Connards de Rouen ; une société joyeuse comme il en existait mille en France, qui, entre autres amusements, se plaisaient à composer et à jouer des farces.

## 107. — FRÈRE PHILIBERT.

#### MANUSCRIT.

Farce nouvelle de Frere Phillebert a quatre personnages, c'est a scavoir frere Phillebert, la Voyesine, la Maistresse, Perrette Venez-Tost.

Ms. La Vallière, ff. 355 *b*-357 *a* (63<sup>e</sup> pièce), 157 vers.

#### ÉDITION.

*Recueil Le Roux de Lincy*, tome IV (3<sup>e</sup> pièce).

Perrette Venez-Tost, chambrière, est ou se dit malade ; mais son mal est le mal d'amour, et Frère Philibert, appelé comme savant médecin, ordonne à la fillette de prendre un bon mari. Cette donnée, entre les mains de Molière, s'est transformée en une comédie charmante et presque chaste ; ici, elle est encore à l'état rudimentaire et grossier.

## 108. — GALANTS (Trois) ET PHLIPOT.

#### MANUSCRIT.

Farce joyeuse a quatre personnages, c'est a scavoir trois Gallans et Phlipot.

Ms. La Vallière, ff. 393 *b*-401 *a* (72<sup>e</sup> pièce), 535 vers.

#### ÉDITION.

*Recueil Le Roux de Lincy*, t. IV (12<sup>e</sup> pièce).

Encore une assez jolie satire des faux braves, *gens d'armes* pour rire, qui n'ont jamais battu d'autre ennemi que le paysan. Cet inépuisable sujet exerça dix fois, et presque toujours heureusement la verve des auteurs de farces. Phlipot est lâche ; on lui a persuadé de se faire soldat pour se rassurer ; à peine habillé en soldat, Phlipot, tout poltron qu'il est, pille le paysan tout comme un autre. Mais la scène change ; on annonce à Phlipot que l'ennemi approche. Le voilà bien malade ! Il crie : « Vive Angleterre ! Vive Espagne ! Vive France ! » et à la fin : « Vivent les plus forts ». Mais il n'échappe pas aux coups qui pleuvent sur lui de tous côtés.

## 109. — GALANTS (Deux) ET SANTÉ.

#### MANUSCRIT.

Farce a troys personnages, c'est assavoir deulx Gallans et une femme qui se nomme Sancté.

Ms. La Vallière, ff. 53 *b*-58 *a* (12º pièce), 211 vers.

#### ÉDITION.

*Recueil Le Roux de Lincy*, tome I (11º pièce).

Satire à demi-politique, inspirée par la fameuse ordonnance de 1480, contre les *gendarmes*, et toute pleine de récriminations contre les pilleries des gens de guerre. Les deux *galants* sont deux *sots*; et M. Picot (*La sottie en France*, p. 28) pense qu'ils mêlaient quelques culbutes à leurs rôles. Plusieurs vers semblent du moins l'indiquer. La pièce commence et se termine par des chansons qui devaient en faire le principal agrément : il y en a une dizaine.

## 110. — GALANTS (Trois) ET UN BADIN.

#### MANUSCRIT.

Farce nouvelle a quatre personnages, c'est a scavoir troys Gallans et un Badin.

Ms. La Vallière, ff. 219 *a*-226 *a* (40º pièce), 345 vers.

#### ÉDITIONS.

1º *Recueil Le Roux de Lincy*, t. II (16º pièce).

2º *Recueil Edouard Fournier*, p. 449-455.

Farce sans action, mais non sans esprit; c'est un de ces badinages où la verve comique s'épanche librement et comme au hasard; les traits piquants tombent où ils peuvent. Ici le badin n'est pas si sot que Phlipot dans la farce indiquée plus haut (voy. p. 141). « Serais-tu pape volontiers, Naudin ? lui dit-on. » Il dit : *oui*, d'abord, et *non* à la réflexion ; car les papes vont à la bataille (allusion à Jules II ?) et ils peuvent y attraper quelque mauvais coup. — Mais te plairait-il être Dieu ? — Cette idée sourit au Badin. S'il était Dieu, il mettrait en enfer tous les sergents, d'abord, puis les marchands de bois, les maquignons, les gens de guerre, les boulangers, les meuniers. Au ciel iraient les bons buveurs et les bonnes femmes, après toutefois qu'on les aurait rendues muettes.

Le rêve du Badin, qui se figure qu'il est Dieu, paraît tiré d'un vieux fabliau (*C'est li fabliaus de Cocaigne*). M. E. Fournier (*Recueil Ed. Fournier*, p. 449) compare heureusement cette farce avec les descriptions et les cartes de ce pays imaginaire publiées en Italie au XVI° siècle.

## 111. — GALANTS (Trois), LE MONDE ET ORDRE.

#### MANUSCRIT.

Farce joyeuse a cinq personnages, c'est assavoir troys Galans, le Monde qu'on faict paistre et Ordre.

Ms. La Vallière, 26° pièce (447 vers), ff. 123 *b*-132 *b*.

#### ÉDITION.

*Recueil Le Roux de Lincy,* tome II, 3° pièce.

Trois galants fort besogneux et sans scrupules, se proposent de vivre aux dépens du Monde. Ils l'assaillent l'un par derrière et les autres de flanc ; aucun ne l'attaque en face. Le premier veut abêtir le Monde; le second veut l'aveugler ; le troisième veut lui faire brouter l'herbe, pour le guérir de tous ses maux. Le Monde tient bon contre ses agresseurs, et repousse même leurs flatteries; Ordre arrive à son secours et le délivre de ces importuns. Le texte est assez obscur; la morale est claire :

> Qui veult des biens du monde avoir...
> Vienne le grand chemin ouvert
> Sans tenir le sentier couvert.

## 112. — GAUDISSEUR (Le) ET LE SOT.

### ÉDITIONS.

1° Farce joyeuse tres bonne a deux personnaiges de Gaudisseur qui se vante de ses faictz et ung Sot qui lui respond au contraire; c'est assavoir le Gaudisseur et le Sot.
*Recueil du British Museum*, s. l. n. d., 4 ff. 224 vers.

2° *Recueil Viollet-Leduc*, tome II, p. 292-302. (Autre édition que nous n'avons pas vue : Berne, l'Orso. S. d.)

Voy. Magnin, *Journal des Savants*, juillet 1858, p. 417, et comparez avec le Gentilhomme et son Page, ci-dessous, p. 146.

Satire des fanfarons, dans cette forme antithétique chère au Moyen Age, qui avait si fort goûté les Dialogues de *Salomon et de Marcou*, de *Salomon et de Saturne*, où se présentait le même contraste de l'emphase orgueilleuse aux prises avec le bon sens populaire et gouailleur. Le *gaudisseur* est le fanfaron hâbleur, ancêtre des *matamores*. Le sot qui l'écoute riposte à ces hâbleries par de cruelles vérités. Si le Gaudisseur dit :

> Quant je me treuve en la guerre
> Je tue, je jette par terre,
> Comme fait le boucher un veau

Le sot répond :

> Voire, a jouster contre ung veirre
> Puis se laisser cheoir par terre,
> Et s'endormir comme un pourceau.

Le Gaudisseur est lyonnais, comme beaucoup de personnages du recueil de Londres :

> Quant a Lyon fus retourné,
> C'estoit le lieu où je fus né,
> Chascun me presentoit des biens.

Le *sot* riposte au plus vite :

> Oncques ne luy fut mot sonné
> Fors que : au dyable soit-il donné,
> Et mengé des pourceaulx et chiens.

## 113. — GENS (Les) NOUVEAUX.

### ÉDITIONS.

1° Farce nouvelle moralisée des Gens nouveaulx qui mengent le monde et le logent de mal en pire a quatre personnaiges, c'est assavoir le Premier nouveau, le Second nouveau, le Tiers nouveau et le monde... *Finis.* Farce nouvelle moralisée des Gens nouveaulx qui mangent le Monde et le logent de mal en pire.
*Recueil du British Museum*, s. l. n. d., 6 ff., 252 vers.

2° *Recueil Viollet-Leduc*, tome III, p. 232-248.

3° *Recueil Edouard Fournier*, p. 68-73.

Charmante satire des belles promesses qu'apportaient déjà, sans compter, les gouvernements nouveaux. La pièce fut écrite certainement au début d'un règne ; soit à l'avènement de Louis XI (1461), soit peut-être à celui de son fils Charles VIII (1483). Les seigneurs, affranchis par la mort du vieux roi, promettaient alors monts et merveilles; la petite bourgeoisie, qui n'avait point haï Louis XI, son *compère,* demeurait défiante. De là serait née notre farce.

Les « Gens nouveaux » s'élancent sur la scène en vantant leur savoir-faire :

> Du temps passé n'avons que faire
> Ni du faict des gens anciens...
> Nous allons par aultres moyens ;
> Somme, nous sommes gens nouveaulx.

Place aux jeunes ! Mais quoi faire de vraiment nouveau ? Faisons les avocats honnêtes; les seigneurs, loyaux; les abbés, retirés ; les médecins, savants. Sur ce thème ingénieux on brode cent jolis vers. Le Monde arrive alors et nos étourdis se mettent en tête de le gouverner. On en parle au Monde qui hoche la tête.

> Dieu ! tant de gens m'ont gouverné
> Depuis l'heure que je fus né.

Cependant les derniers s'en sont si mal tirés. Essayons de ces gens nouveaux. Mais voilà que d'abord ils lui demandent de l'argent. — De l'argent ! dit le Monde, mais c'est tout comme les autres. Les gens nouveaux prennent sa bourse et se la partagent. Puis ils mènent le pauvre homme au logis qu'ils lui destinent. C'est un vieux hangar ouvert à tous les vents. Le Monde récrimine. On le menace ; on lui prend quelques sous qui lui restaient encore. Mais qu'il se taise ; on ne veut pas l'entendre.

> Se plus vous allez complaignant,
> Encore aurez pis que devant.

## 114. — GENTILHOMME (Un) ET SON PAGE.

#### MANUSCRIT.

Farce joyeuse a deulx personnages, c'est assavoir ung Gentilhomme et son Page, lequel devient laquès.
Ms. La Vallière, ff. 44 $b$-50 $a$ (10ᵉ pièce), 262 vers.

#### ÉDITIONS.

1° *Recueil Le Roux de Lincy*, t. I, 8ᵉ pièce.
2° *Recueil Emile Mabille*, t. I.

Satire assez amusante de ces nobles de sac et de corde qui jouaient au gentilhomme avec une épée faussée et un manteau troué. Ici, le page, qui n'est point payé, dit crûment son fait à son maître ; bonhomme au reste, et qui laisse dire : « Page, tu sais mes nobles amis ? — Oui, messieurs du Croc et Happe Gibet, qui, à force de trouver des choses qui n'étaient pas perdues, ont fini à la potence. — Page! que d'ennemis j'ai tués! — Vous parlez des poux qui vous faisaient la guerre. — Mais j'ai porté l'oiseau (le faucon) comme un gentilhomme. — Quelque poule volée. — Les dames me font mille avances. — J'ai souvenir d'une manchotte; elle se moqua de vous. — Mais je suis beau joueur! — Certes, quand vous avez trois sous, c'est que vous en devez six. (Comparez cette farce avec celle du *Gaudisseur*, ci-dessus, p. 144).

## 115. — GENTILHOMME (Un), LISON, NAUDET, LA DAMOYSELLE.

### ÉDITIONS.

1° Farce nouvelle tres bonne et fort joyeuse a quatre personnaiges, c'est assavoir le Gentilhomme, Lison, Naudet, la Damoyselle. Imprimé à Rouen, par Jehan le Prest, demourant au dict lieu. S. d.
*Recueil du British Museum*, 4 ff. 415 vers.

2° *Recueil Viollet-Leduc*, tome I, p. 250-270.

L'une des farces (elles sont rares) où les maris malheureux prennent leur revanche. Le gentilhomme fait la cour à la belle Lison, et pour se débarrasser du mari, Naudet, espèce de niais de village, il l'envoie en commission au château près de « la Damoyselle » c'est-à-dire chez sa femme. Naudet (qui l'eût cru) paraît aimable à la châtelaine; et le gentilhomme, puni par où il avait péché, se promet de veiller sur son bien au lieu de convoiter le bien d'autrui.

## 116. — GEORGES LE VEAU.

### ÉDITIONS.

1° Farce nouvelle tres bonne et fort joyeuse de George le Veau, a quatre personnaiges, c'est assavoir George le Veau, sa femme, le Curé et son clerc... Imprimé nouvellement a Lyon en la maison de feu Barnabé Chaussard. S. d.

*Recueil du British Museum*, 8 ff., 409 vers.

2° *Recueil Viollet-Leduc,* t. I, p. 380-401.

Cette farce est une des plus amères satires que le mariage ait inspirées à notre théâtre comique. Georges le Veau, c'est Georges Dandin. On le berne, on le conspue en cent façons, parce qu'il est faible et sans défense; on le revêt de la peau d'un veau; on menace de l'écorcher comme un veau véritable. Le curé feint d'exorciser cet homme changé en bête; et cependant sa femme lui crie mille injures :

> Mais croire on ne peut le tourment
> Qu'a une fille de maison
> A qui on donne sans raison
> Ung badault sans nulle science.
> Chargée en sens ma conscience
> D'avoir dit ouy seulement.

C'est l'Angélique de Molière, mais une Angélique féroce, impitoyable, comme est toujours la comédie du Moyen Age envers tout ce qui est laid, faible et ridicule.

## 117. — GUILLERME QUI MANGEA LES FIGUES DU CURÉ.

### ÉDITIONS.

1° Farce nouvelle tres bonne et fort joyeuse de Guillerme qui mangea les figues du curé, a quatre personnaiges, c'est assavoir le Curé, Guillerme, le Voysin et sa Femme. Imprimé nouvellement en la maison de feu Barnabé Chaussard. Lyon. S. d.

*Recueil du British Museum*, 8 ff. (428 vers).

2° *Recueil Viollet-Leduc,* t. I, p. 328-350.

Parade foraine, peut-être scolaire. Guillerme, sorte de clerc-valet idiot, comprend à rebours tout ce qu'on lui dit. Son maître, le curé, lui a confié deux belles figues; le galant en mange une : « Comment as-tu fait cela, dit le curé tout indigné ? — Tout ainsi », et il mange l'autre figue. Cette farce est d'une extrême platitude, et mêlée de latin de cuisine.

## 118. — HOMMES (Les) QUI FONT SALER LEURS FEMMES.

### ÉDITIONS.

1° *Discours facetieux des hommes qui font saler leurs femmes a cause qu'elles sont trop douces, lequel se joue a cinq personnages...* A Rouen, chez Abraham Cousturier, 1558. 12 ff., 304 vers.

2° Le même, s. l. n. d. (vers 1600), 8 ff., in-8°.

3° *Collection Montaran*, petit in-8°, 10 ff.

Voy. Parfait, t. III, p. 305, et *Bibliothèque du théâtre français*, t. I, p. 143.

Personnages : Marceau, Gillette sa femme, Jullien, Françoise sa femme, Maistre Macé, philosophe de Bretaige.

On a vu ci-dessus la farce des *Femmes qui font refondre leurs maris*. Voici deux imbéciles qui trouvent leurs femmes trop douces : un charlatan s'offre à saler Gillette et Françoise au prix de dix francs l'une. Laissé seul avec ces dames, il leur fait la leçon ; quand leurs maris reviennent, elles les battent. Ils voudraient bien maintenant dessaler leurs femmes, mais le Docteur a usé sa science ; il faudra désormais les garder comme elles sont.

## 119. — HUBERT, LA FEMME, LE JUGE ET LE PROCUREUR.

### ÉDITIONS.

1° *Farce nouvelle et fort joyeuse du pect a quatre personnages, c'est assavoir Hubert, la Femme, le Juge et le Procureur. Recueil du British Museum*, s. l. n. d., 4 ff., 301 vers.

2º *Recueil Viollet-Leduc*, t. I, p. 94-110.

Parade insignifiante et tout à fait plate; c'est un échange d'injures et de coups entre un mari et sa femme.

## 120. — JEAN DE LAGNY, MESSIRE JEAN, TRETAULDE, OLIVE, PERRETTE] VENEZ-TOT, LE JUGE.

#### MANUSCRIT.

Farce joyeuse a six personnages, c'est a scavoir Jehan de Lagny, badin, Messire Jehan, Tretaulde, Olive, Perette Venez-Tost et le Juge.
Ms. La Vallière, ff. 162 *b*-172 *b* (31ᵉ pièce), 417 vers.

#### ÉDITION.

*Recueil Le Roux de Lincy*, t. II, 8ᵉ pièce.

Farce de Basochiens, sans doute, car elle est toute remplie de termes de chicane et de détails processifs. Une assignation commence par ces vers :

> Fransoys, par la grace de Dieu
> Roy de France, *et cætera*...

ce qui date la pièce du règne de François Iᵉʳ. Le *badin*, Jean de Lagny, est un drôle plein de malice, qui a promis le mariage à trois filles de village, par lesquelles il est traîné devant le juge ; il se tire d'affaire en faisant retomber tout le mal sur messire Jean Virelinquin, prêtre, et procureur des plaignantes.

## 121. — JENIN, FILS DE RIEN.

#### ÉDITIONS.

1º Farce nouvelle très bonne et fort joyeuse de Jenin filz de Rien, a quatre personnages, c'est assavoir la Mere, et Jenin, son filz ; le Prestre et ung Devin... Imprimee nouvellement en la maison de feu Barnabé Chaussard (Lyon, s. d.).

*Recueil du British Museum*, 8 ff., 474 vers.

2° *Recueil Viollet-Leduc*, t. I, p. 351-371.

Jenin, dans cette farce comme Jeninot dans celle qui suit, sont deux *badins* stupides ou feignant de l'être ; et tout le sel de ces deux pièces consiste dans les énormes niaiseries qu'ils font ou qu'ils débitent.

## 122. — JÉNINOT QUI FIT UN ROI DE SON CHAT.

### ÉDITIONS.

1° Farce nouvelle tres bonne et fort joyeuse de Jeninot qui fist un roy de son chat par faulte d'autre compagnon en criant : Le roy boit ! et monsta sur sa maistresse pour la mener à la messe, à trois personnaiges, c'est assavoir : le Mary, la Femme et Jeninot.

*Recueil du British Museum*, s. l. n. d., 4 ff. 337 vers.

2° *Recueil Viollet-Leduc*, t. I, p. 289-304.

Parade foraine et des plus niaises, mais que les jeux de scène rendaient peut-être amusante. De telles pièces sont au fond des pantomimes, et devaient être jouées par des *clowns*. Jeninot est un valet stupide ; il sait que, quand on lui dit : « Mène la jument boire », il saute sur le dos de la bête et elle trotte vers l'abreuvoir. Son maître a l'imprudence de lui dire : « Mène ta maîtresse à la grand'messe ». Jeninot saute sur les épaules de la Dame, et puis : « Hue ! à l'église ». Ces niaiseries sont de tous les temps ; une seule chose était particulière au Moyen Age, c'était la manie d'en écrire le texte en vers. On ne se figure pas aujourd'hui les *clowns* de l'Hippodrome dialoguant en mesure et rimes.

## 123. — JEUNES (Deux) FEMMES ET MAITRE ANTITUS.

#### ÉDITIONS.

1º Farce nouvelle de deux jeunes femmes qui coiferent leurs maris par le conseil de maistre Antitus, a cinq personnages, c'est a scavoir le Cousturier, le Chaussetier, la Premiere femme, la Seconde femme; maistre Antitus.

*Recueil de Copenhague*, p. 61-77 (304 vers).

2º *Recueil Emile Picot*, p. 97-113.

Voy. Du Verdier, *Bibliothèque française*, t. I, p. 90. — Brunet, *Manuel du libraire*, t. I, 68. — Picot, *Nouveau Recueil de farces*, p. LII.

Maître Antitus est le nom traditionnel d'un personnage de gastronome fameux au XVIe siècle, et nommé en cette qualité dans la *Condamnacion des Bancquets* de Nicolas de la Chesnaye, et dans Rabelais (*Gargantua*, ch. XI, *Quart livre*, ch. XXXX; *Cinquième livre*, ch. II et VII). Sous le pseudonyme de « Antitus, chapelain de la Sainte-Chapelle aux ducs de Bourgogne », un écrivain inconnu a traduit (Lyon, s. d., in-4º), l'*Histoire de deux vrais amants*, d'Æneas Sylvius Piccolomini. Oudin, dans ses *Curiosités*, définit le personnage « un badin qui se mêle impertinemment de tout ». Nous avons relevé ce nom d'*Antitus* dans nos *Mystères* (II, p. 451) parmi les médecins qui figurent dans la *Vengeance de N. S. J.-C.* M. Picot croit qu'*Antitus, chapelain de Dijon,* est le véritable nom d'un personnage réel et cite une épitaphe de Philippe le Beau (1506), où ce nom figure.

## 124. — JOLYET, LA FEMME ET LE PÈRE.

#### ÉDITIONS.

1º Farce nouvelle tres bonne et fort joyeuse a trois personnages, c'est assavoir Jolyet, la femme et le pere.

*Recueil du British Museum*, s. l. n. d., 4 ff. 283 vers.

2° *Recueil Viollet-Leduc*, t. I, p. 50-62.

Voir un récit en partie analogue dans la 29ᵉ des *Cent Nouvelles Nouvelles*. La pièce est remplie de termes judiciaires. Magnin croyait y voir une œuvre des basochiens. (*Journal des Savants*, mai 1858, p. 272.)

Encore un badin idiot, comme Jenin et Jeninot. Jolyet, marié depuis quinze jours, est fort heureux de son nouvel état ; quand sa femme lui vient annoncer qu'à la fin du mois il aura un enfant. Jolyet d'abord s'en réjouit ; mais une réflexion gâte son allégresse. A ce train, dans six ans, il aura soixante-douze enfants. Comment les nourrira-t-il ? La dot n'était pas si belle « six vingt sous en une bource » et quelques ustensiles de ménage. Jolyet, tout effrayé, veut rendre sa femme à son beau-père. Celui-ci l'apaise en s'engageant par écrit à nourrir à ses frais tous les petits-fils qui pourraient lui naître à moins de dix mois d'intervalle. Jolyet s'applaudit de son adresse :

Ha! que vous estes un fin maistre,

lui dit sa femme.

## 125. — LANGUES (Les) ÉMOULUES.

### MANUSCRIT.

Farce joyeuse des langues esmoulues pour avoir parlé du drap d'or de Sainct Vivien a six personnages, c'est a scavoir l'Esmouleur, son Varlet, la Premiere femme, la Deusiesme femme, la Troysiesme femme et la Quatriesme femme.

Ms. La Vallière, ff. 364 *a*-371 *b* (65ᵉ pièce), 483 vers.

### ÉDITION.

*Recueil Le Roux de Lincy*, t. IV (5ᵉ pièce).

Saint-Vivien était une chapelle célèbre à Rouen ; elle est nommée aussi dans la farce des *Sobres sots*. Plus tard, elle devint une paroisse.

Quatre femmes se plaignent des mauvaises langues. Passe un émouleur ; on lui donne à émoudre toutes les langues médisantes. A chaque langue, on dit son fait et ses vérités pendant l'opération. C'est un commérage rimé, dont la chronique locale faisait tous les frais ; fort piquant peut-être pour les contemporains ; mais incompréhensible pour nous. Il est beaucoup parlé de Saint-Vivien, des splendeurs de la paroisse, d'un procès qu'elle a au bailliage ; de son peintre doreur, qu'elle n'a point payé ; de l'organiste qu'elle n'a payé qu'en faisant fondre le plomb de la toiture ; d'une procession solennelle, etc.

## 126. — LUCAS, LE BON PAYEUR, FINE MINE ET LE VERT GALANT.

#### MANUSCRIT.

Farce nouvelle a quatre personnaiges, c'est a scavoir Lucas, sergent boueteux et borgne, le Bon Payeur et Fyne Myne, femme du sergent et le Vert Galant.

Ms. La Vallière, ff. 299 a-304 a (53ᵉ pièce), 340 vers.

#### ÉDITIONS.

1º *Recueil Le Roux de Lincy*, t. III (12ᵉ pièce).

2º *Recueil Edouard Fournier*, p. 375-381.

3º *Recueil Emile Mabille*, t. I.

Cette farce met en scène une invention plaisante souvent traitée par les anciens conteurs. Une femme, dont le mari est borgne, veut lui faire croire que son mauvais œil est guéri, et pour s'en assurer, elle met la main sur le bon ; elle rend ainsi le borgne aveugle, et donne à un amoureux le temps de s'échapper. On ne saurait indiquer toutes les sources où l'auteur de notre farce a pu puiser l'idée de ce stratagème. On le trouve chez tous les conteurs et moralistes. (*Discipline de Clergie*, de Pierre Alphonse. — *Gesta romanorum*

— *Violier des Histoires romaines* — Fabliau de *la Maulvaise femme* (dans Legrand d'Aussy). — *Décaméron*, de Boccace, VII° journée, 1ʳᵒ nouvelle. — *Hitopadesa* (Bibl. elzévirienne, p. 217). — *Les Cent Nouvelles nouvelles,* nouvelle 16. — *Heptaméron* de la reine de Navarre, Iʳᵉ journée, 6° nouvelle. — La Motte Roullant, *Facetieux devis des cent et six nouvelles,* nouvelle 24. — *Contes* d'Ouville. — *Apologie pour Hérodote,* d'Henry Estienne. — Conteurs italiens (Giovanni Fiorentino, Malespini, Bandello, etc.). — *Facétieuses nuits,* de Straparole (V° nuit, conte 4), etc., etc.

## 127. — MAHUET BADIN, NATIF DE BAGNOLET.

### ÉDITIONS.

1° Farce nouvelle de Mahuet Badin, natif de Baignolet qui va a Paris pour vendre ses œufs et sa cresme et ne les veult donner sinon au pris du marché et est a quatre personnages, c'est assavoir Mahuet, sa mere, Gaultier et la femme.
*Recueil du British Museum,* s. l. n. d., 4 ff. 196 vers.

2° *Recueil Viollet-Leduc,* t. II, p. 80-89.

Le texte est fort mutilé; la plupart des vers n'ont ni rime ni mesure. Encore une farce dont tout le sel est dans la bêtise colossale du badin qu'elle met en scène. Sa mère l'envoie à Paris pour vendre sa crème et ses œufs; mais il ne les donnera qu'*au prix du marché.* On veut les lui acheter : « Je ne les donne qu'*au prix du marché,* dit Mahuet. — Mais, dit un mauvais plaisant, c'est moi, le prix du marché. — Alors, prenez, je vous les donne. » On devine si Mahuet est bien reçu par sa mère, lorsqu'il rentre au logis sans œufs, sans crème et sans argent.

## 128. — MAITRE (Le) D'ÉCOLE, LA MÈRE ET LES TROIS ÉCOLIERS.

#### MANUSCRIT.

Farce joyeuse a cinq personnages, c'est a scavoir le Maistre d'Escolle, la Mere et les trois Escolliers.

Ms. La Vallière, ff. 382 *a*-385 *a* (69ᵉ pièce), 198 vers.

#### ÉDITIONS.

1° *Recueil Le Roux de Lincy*, t. IV, 9° pièce.

2° *Recueil Edouard Fournier*, p. 412-416.

Les farces et les pamphlets anti-catholiques sont bien plus nombreux que les écrits du même genre dirigés contre les protestants. Voici cependant une farce animée d'une haine violente à l'endroit des Réformés. Une femme vient voir ses trois fils chez leur maître d'école. Celui-ci, pour vanter sa doctrine et montrer comme il les instruit, les interroge sur la Réforme. Les trois enfants maudissent Luther et ses sectateurs, et concluent qu'il faut les brûler tous, et autrement qu'en effigie. Le maître, pour récompenser ses élèves, leur accorde un jour de congé.

## 129. — MAITRE MIMIN ÉTUDIANT.

#### ÉDITIONS.

1° Farce joyeuse de Maistre Mimin a six personnages, c'est assavoir le Maistre d'Escolle ; maistre Mimin, estudiant ; Raulet, son père ; Lubine, sa mere ; Raoul Machue et la Bru Maistre Mimin.

*Recueil du British Museum*, s. l. n. d., 6 ff. (413 vers).

2° *Recueil Viollet-Leduc*, t. II, p. 338-459.

3° *Recueil Edouard Fournier*, p. 314-321.

Voy. Magnin, *Journal des Savants*, juillet 1858, p. 410-414.

Satire des pédants, qui, parlant latin en français, faisaient l'étonnement des sots ; mais déjà les gens d'esprit s'en moquaient. On connaît l'*Ecolier limousin,* de Rabelais, et son grotesque jargon. Maître Mimin est cet écolier mis au théâtre. Heureusement l'amour guérira le mal que les pédants ont fait. La fiancée de Mimin ne parle pas latin ; c'est elle qui lui rapprendra le français :

— Or dictes : M'amye, ma mignonne,
Mon cœur et m'amour je vous donne.
— Mon cœur et m'amour je vous donne,

répète docilement Mimin, et voilà le charme rompu.

## 130. — MAITRE MIMIN GOUTTEUX, SON VALET SOURD ET LE CHAUSSETIER.

### ÉDITIONS.

1° Farce nouvelle tres bonne et fort joyeuse a troys personnaiges, c'est assavoir Maistre Mimin le Gouteux ; son varlet, Richard le Pelé, sourd, et le chaussetier.
*Recueil du British Museum,* s. l. n. d., 4 ff. 278 vers.

2° *Recueil Viollet-Leduc,* t. II, p. 176-188.

3° *Recueil Edouard Fournier,* p. 370-374.

Voy. Ch. Louandre, *Revue des Deux-Mondes,* août 1854. — Ch. Magnin, *Journal des Savants,* juillet 1858.

Voilà maître Mimin goutteux après maître Mimin étudiant. Probablement maître Mimin était le nom ou le sobriquet de quelque acteur populaire, qui le conservait dans ses divers rôles, comme fit Jodelet, au XVII° siècle. On trouve le nom de *Mymin* avec le sens de *bouffon* dans la farce des Trois Pèlerins. Ce nom peut d'ailleurs se rattacher au mot *mime,* peu usité, mais non oublié au Moyen Age.

Cette farce n'est qu'une parade, mais elle pouvait être assez plaisante. Maître Mimin jette les hauts cris pour sa goutte qui le torture. Il demande un médecin. Son valet ne se hâte pas et s'amuse à lui lire les *Chroniques gargantuines* (ce livre fameux qui donna peut-être à Rabelais l'idée de son roman, parut vers 1526). Mais ce valet est sourd ; on lui réclame un apothicaire, il va chercher le vicaire. Il rencontre, en sortant, un chaussetier qui n'est pas moins sourd que lui. Il lui demande où loge le prêtre ; et le chaussetier comprend qu'on a besoin de ses services. Il suit le valet jusqu'auprès de maître Mimin, auquel il prend mesure d'une paire de chausses malgré les cris du patient. Le malentendu est complet et assez grotesque.

## 131. — MALADE (Le), par Marguerite de Navarre.

#### MANUSCRIT.

Bibliothèque nationale Mss. fr. 12485, in-fol., contenant les poésies de la Reine de Navarre, *Le Malade* occupe les feuillets 80 *a*-88 *b* (154 vers, de 8 syllabes à rimes croisées).

A la suite (avec ce seul titre : *Autre farce*) vient la moralité de l'*Inquisiteur*.

#### ÉDITION.

*L'Heptaméron* de la Reine de Navarre, édition Le Roux de Lincy. Paris, Société des Bibliophiles, 3 vol. in-8°, 1853. Le t. I, p. cxcvii-ccxiii renferme *le Malade*.

Personnages : le Mallade, la Femme, la Chambrière, le Médecin.

L'éditeur, Le Roux de Lincy, résume ainsi la pièce : « Un pauvre patient, tourmenté de la fièvre, se trouve entre les remèdes inutiles que sa femme lui propose, et ceux que lui ordonne le médecin ; mais qui n'auront, croit-il, aucune efficacité. Sa chambrière lui conseille de laisser là toutes ces drogues et de se fier à Dieu, qui a consigné ses préceptes dans l'Evangile. Le malade y consent et ne tarde pas à guérir. »

Il n'est guère douteux que le malade symbolise le chrétien, mal dirigé par les anciens docteurs; et que la chambrière, mieux inspirée, soit le porte-voix de la Réforme; toutefois l'intention anti-catholique n'est pas aussi nettement indiquée que dans l'*Inquisiteur*. Comme œuvre dramatique, cette farce est très faible.

Il y a cependant quelques jolis vers dans les rebuffades que le médecin fait essuyer à la femme du malade, laquelle lui rompt la tête en offrant cent remèdes de commères :

> — Monsieur, sans seigner, j'en ay veu
> Qui sont gariz parfaictement,
> Pour avoir ung bruvaige beu
> De jus de pavot, seullement.
> — Vous me troublez l'entendement ;
> Taisez-vous, folle que vous estes.
> D'icy au jour du jugement
> N'y auroict fin en voz receptes.
> Je ne veiz jamais malladye ;
> Tant difficile en soit la cure,
> Que quelque femme a l'estourdye,
> Mille remeddes n'y procure ;
> Et, s'il advient par adventure
> Que quelcun en puisse guarir,
> Cent mil (ignorans leur nature)
> De ceste herbe feront mourir.

## 132. — MALBEC, MALEGORGE, MALE-GUÊPE (1477).

### MANUSCRIT.

Cette farce est transcrite dans les papiers de Dulaure (Bibliothèque de Clermont-Ferrand). Dulaure n'indique pas d'où il l'a tirée. Mais le cadre où se meut la petite pièce, dit la nature de grande, à laquelle elle se rattachait : elle était insérée dans un mystère de la Passion. Simon de Bethanie veut avoir Jésus à dîner. Il appelle Malegorge et Malbec ses valets et les envoie chasser pour avoir « viande necte ». La farce commence là ; elle est datée 1477, dans le manuscrit, ou plutôt dans la copie faite par Dulaure.

###### ÉDITIONS.

1° *L'Ancienne Auvergne et le Velay,* par Adolphe Michel, Moulins, 1847, in-8°, tome III, p. 52.

2° *Les Patois de la Basse Auvergne, leur grammaire et leur littérature,* par H. Doniol, Paris, Maisonneuve, 1877, in-8° (p. 73-78).

Malbec et Malegorge ont tendu leurs rets ; une grosse bête appelée Malegeype (en français Maleguêpe) vient s'y prendre d'elle-même ; cette bête figure le peuple d'Auvergne, sa lâcheté, sa plate soumission aux maîtres qui l'oppriment. La pièce est animée d'un esprit très démocratique ; les grands y sont fort maltraités ; mais on reproche vivement au peuple de les souffrir. Les deux valets s'expriment en français ; la bête parle en patois d'Auvergne. (Voy. nos *Mystères,* tome II, page 41.)

## 133. — MALCONTENTES (Les).

###### MANUSCRIT.

Farce joyeuse a quatre personnages, c'est assavoir la jeune Fille, la Mariée, la Femme vefve et la Religieuse ; et sont les Malcontentes.

Ms. La Vallière, ff. 342 *b*-350 *b* (61° pièce), 561 vers.

###### ÉDITION.

*Recueil Le Roux de Lincy,* t. IV, 1<sup>re</sup> pièce.

Tableau assez piquant du mécontentement général qu'apportent toutes les conditions : cette pièce rappelle une agréable comédie de la reine de Navarre (voyez ci-dessus, p. 135). Nous ne savons si les *Malcontentes* furent composées avant *les deux Filles, les deux Femmes et la Veuve* : l'une et l'autre pièce paraissent être à peu près du même temps.

« Las ! quand serai-je mariée ? » chante en pleurant la

jeune fille. La femme mariée se trouve bien plus à plaindre ; elle a un mari jaloux. Celui de la veuve était parfait ; mais il est mort. La Religieuse arrive à son tour, et se dit hautement la plus malheureuse des quatre. Ainsi tout le monde ici-bas est mécontent.

> Cette maladie tient a tous...
> C'est pis que le mal de la toux ;
> Y nous fault tous passer par la.

Ces vers feraient-ils allusion à une épidémie de coqueluche qui sévit l'an 1557. « Nous vîmes en l'an 1557, dit Pasquier (dans ses *Recherches,* livre IV) en plain esté, s'élever par quatre jours entiers un reume qui fut presque commun à tous... laquelle maladie fut depuis par un nouveau terme appelée par nous *coqueluche.* » Le terme n'était pas nouveau. Monstrelet désigne par le même nom une épidémie du même genre, qui sévit au xv<sup>e</sup> siècle, sous Charles VI.

## 134. — MARCHAND (Le) DE POMMES, L'APPOINTEUR, LE SERGENT ET DEUX FEMMES.

### MANUSCRIT.

Farce nouvelle a cinq personnages, c'est assavoir le Marchant de pommes et d'eulx, l'Apoincteur, le Sergent et deulx femmes. Ms. La Vallière, ff. 389 *b*-393 *b* (71° pièce), 247 vers.

### ÉDITION.

*Recueil Le Roux de Lincy*, t. IV, 11° pièce.

Scène de marché. Le marchand de pommes et d'œufs est sourd ; il entend pommes pour œufs et œufs pour pommes. De là naissent querelles, injures, batteries ; le sergent et l'appointeur accourent pour arrêter tout le monde.

## 135. — MARCHANDISE, MÉTIER, PEU-D'AC-QUÊT, LE TEMPS QUI COURT ET GROSSE DÉPENSE (vers 1450).

#### ÉDITIONS.

1º Farce nouvelle a cinq personnaiges, c'est assavoir Marchandise, et Mestier, Pou d'acquest, le Temps qui court et Grosse Despense.
*Recueil du British Museum,* s. l. n. d. 4 ff. 283 vers.

2º *Recueil Viollet-Leduc,* t. III, p. 249-266.

3º *Recueil Édouard Fournier,* p. 61-67.

Voy. Magnin, *Journal des Savants,* juillet 1885, p. 417.

Satire toute politique ; écho des plaintes que les réformes utiles, mais coûteuses de Charles VII, l'institution de la taille perpétuelle, et la création des francs archers, soulevèrent d'abord parmi le petit peuple du royaume. Marchandise et Métier arrivent pleurant leur ruine. *Pou d'acquest* (*Peu de profit*) les suit en se moquant d'eux. Ne vient-on pas d'instituer « un tas de francs archers pour achever de piller les villages ». Les Lettres-royaux de Montils-lez-Tours, qui avaient créé cette milice, assez lourde au pays, sont du 28 avril 1448. Maintenant, voici Dame Grosse-Dépense, de corpulente allure, qui veut se faire entretenir par ces pauvres diables. Elle les dépouille de tout ce qui leur reste, leur met une besace au dos et les envoie mendier. Qui est cette Dame coûteuse ? Serait-ce Agnès Sorel, qui durant le temps de sa faveur (1444-1450), accumula, comme on sait, d'immenses richesses et irrita la nation par son luxe et ses prodigalités ? Est-ce seulement une personnification du budget royal, institution nouvelle dont la France trouvait déjà le poids fort lourd.

## 136. — MARCHEBEAU, GALOP, AMOUR ET CONVOITISE.

### MANUSCRIT.

Farce moralle a quatre personnages, c'est assavoir Marchebeau, Galop, Amour et Convoitise.

Ms. La Vallière, ff. 376 b-382 a (68ᵉ pièce), 309 vers.

### ÉDITIONS.

1° *Recueil Le Roux de Lincy*, t. IV (8ᵉ pièce).

2° *Recueil Édouard Fournier*, p. 36-43.

Messieurs de Galop et de Marchebeau sont deux galants irrésistibles, comme ils se l'avouent l'un à l'autre ; seule, la fortune les traite mal. Arrivent deux belles dames ; Convoitise et Amour (ce nom est féminin jusqu'au xvııᵉ siècle). Nos braves leur content fleurette ; mais ils sont reconnus et moqués. Amour dit :

> On n'a plus d'amour, qui ne fonce (*paie*).

Et Convoitise :

> Amour si est quand argent dure...
> Amour ne faict rien sans argent.

Là-dessus, les fanfarons s'éloignent.

> Plas comme gens d'armes casés (*cassés*).

Ce vers fait allusion, sans doute, à quelque ordonnance comme celle du 26 mai 1446, laquelle déclara dissoutes toutes les compagnies irrégulières dont la France était couverte, et leur substitua quinze compagnies *d'ordonnance*. Les soldats licenciés faisaient longue mine et ne savaient comment vivre.

## 137. — MARI (Un) JALOUX QUI VEUT ÉPROUVER SA FEMME.

#### ÉDITIONS.

1º Farce nouvelle d'ung mary jaloux qui veult esprouver sa femme a quatre personnages, c'est assavoir Colinet, la Tante, le Mary et sa Femme.
*Recueil du British Museum*, s. l. n. d., 4 ff. 383 vers.

2º *Recueil Viollet-Leduc*, t. I, p. 128-144.

Un mari soupçonneux fait surveiller sa porte par le badin Colinet; mais il s'avise de se présenter lui-même sous l'habit du galant qui l'inquiète; il est roué de coups par Colinet, qui feint de ne pas le reconnaître. Cette farce est une de celles où le clergé se laissait bafouer avec une singulière tolérance; car l'amant soupçonné est un chapelain, et c'est sous l'habit religieux que le mari était bâtonné sur la scène.

## 138. — MARI (Le), LA FEMME, LE BADIN, L'AMOUREUX.

#### ÉDITIONS.

1º Farce nouvelle tres bonne et fort joyeuse a quatre personnages, c'est assavoir le Mary, la Femme, le Badin qui se loue, et l'Amoureux.
*Recueil du British Museum*, s. l. n. d. 4 ff. 339 vers.

2º *Recueil Viollet-Leduc*, t. I, p. 179-194.

Guillemette veut un valet; le Badin passe; on le loue six francs par an. Arrive l'Amoureux qui, pour éloigner le Badin, lui donne une commission; l'espiègle feint de comprendre mal, et revient dix fois sur ses pas; tant que le Mari rentre, l'Amoureux se sauve, et les coups pleuvent sur la femme.

## 139. — MARIS (Deux) ET LEURS DEUX FEMMES.

### ÉDITIONS.

1° Farce moralisée a quatre personnaiges, c'est assavoir deux hommes et leurs deux femmes dont l'une a malle teste, etc. Cy fine la farce des deux Marys et de leurs deux femmes. Imprimé à Lyon, a la maison de feu Barnabé Chaussard.
*Recueil du British Museum*, s. d. 10 ff., 635 vers.

2° Moralité et farce nouvelle tres belle et fort joyeuse à quatre personnages. C'est assavoir Deux hommes, etc. (comme ci-dessus).
*Recueil de Copenhague*, p. 78-121.

3° *Recueil Viollet-Leduc*, t. I, p. 145-178 (réimpression du n° 1).

4° *Recueil Émile Picot*, p. 115-161 (réimpression du n° 2).

Alix est vertueuse, mais acariâtre; et même elle bat son mari, Colin. Jeanne est coquette, mais charmante, même pour son cher Mathieu. Chez Colin, l'on se querelle, on s'arrache les cheveux l'un à l'autre; chez Mathieu, on chante et l'on s'embrasse. Cette « farce moralisée » n'est pas du tout morale, car, après diverses scènes de ménage assez piquantes, Mathieu conclut en se félicitant de son bonheur; et Colin en souhaitant que sa femme soit moins honnête, et plus aimable. La pièce est mêlée (jusque dans l'indication des jeux de scène) de termes latins qui nous font penser qu'elle a dû appartenir au répertoire des Basochiens.

## 140. — MARTIN BATON QUI RABAT LE CAQUET DES FEMMES.

### ÉDITIONS.

1° La farce joyeuse de Martin Baton qui rabbat le caquet des Femmes, et est a cinq personnages, scavoir: La premiere commere, la deuxieme commere, Martin Baton, Caquet, Silence (personnage féminin, le mot étant alors généralement féminin). A Rouen, chez Jean Oursel, 4 ff. in-8°, s. d. 183 vers.

2° La malice des Femmes avec la Farce de Martin Baton, dédié à la plus mauvaise de toutes. Rouen, J.-F. Behourt, s. d. (vers 1600), in-8°, 24 p.

3° La même, Troyes, Nicolas Oudot, 1655, in-12. Ou Rouen, J.-B. Besongne, 1711. D'après M. Ch. Nisard (*Histoire du Colportage,* t. I, p. 501), cet ouvrage est tombé dans le domaine du Colportage sous ce titre : La malice des femmes contenant leurs ruses et finesses, Epinal, Pellerin, s. d., 22 p., in-18.

4° Réimpression du n° 1, Chartres, impr. Garnier, in-8°, 8 p.

La versification de cette petite pièce est fort mutilée. Rien de plus simple que l'action ; deux commères font fête à Caquet, et chassent loin d'elles Silence, qui va se plaindre à Martin Bâton, autrement dit le sieur de la Houssaye. Celui-ci se vante bien de faire

> Les bons disciples, aux regens,
> Et l'enfant obeir au pere ;

mais il a beau frapper sur les dames ; elles ne s'en taisent pas davantage et caquettent jusque sous les coups.

Sur le bâton appliqué aux femmes par leurs maris, comme instrument de gouvernement domestique, voy. la *Vengeance des femmes* (*Anciennes poésies,* tome VI, *Biblioth. elzév.*). Mais pourquoi le bâton s'appelle-t-il *Martin-bâton,* dans cette farce et dans celle du *Badin* (Recueil Viollet-Leduc, I, 278), dans Rabelais (Tiers-Livre, ch. xII); dans Noël du Fail (*Propos Rustiques,* ch. v et xi), dans Bonaventure des Périers (Nouv. 115°), sans parler de La Fontaine (*l'Ane et le petit chien*) ?

Dans le roman de *Renart,* le prêtre Martin, ayant pris le loup dans un piège, lui parle ainsi avant de le battre (vers 1457) :

> Apprendré vos a cest baston
> Comment prestre Martin a nom

(Voy. *Romania,* 1880, p. 127). Est-ce là l'origine du proverbe ?

## 141. — MÉDECIN (Le), LE BADIN, LA FEMME, LA CHAMBRIÈRE.

### MANUSCRIT.

Farce joyeuse a quatre personnages, c'est assavoir le Medecin, le Badin, la Femme, la Chamberiere.

Ms. La Vallière, ff. 211 *b*-219 *a* (39ᵉ pièce), 382 vers.

### ÉDITIONS.

1° La même farce, sauf quelques variantes, sous ce titre : Farce joyeuse et recreative du Galant qui a faict le coup. A quatre personnages. Paris, 1610, in-8°, 27 p.

2° Réimpression du n° 1, *Collection Caron* (avec la moralité d'Une pauvre fille villageoise).

3° *Recueil Le Roux de Lincy*, t. II, 15ᵉ pièce (texte du ms.).

4° *Recueil Charles Brunet*, t. I (texte du n° 1).

5° *Recueil Émile Mabille*, t. I (texte du n° 1).

Pièce très grossière. Un médecin, par une ruse grotesque, tire d'embarras le Badin, Oudin, qui n'a pas été fidèle à Crépinette, sa femme, pendant qu'elle était en pèlerinage. Cette farce, souvent cynique, finit par ces vers édifiants, que le Badin prononce :

> Je suply Jesus de sa grace
> Que nous decepvions l'anemy
> Qui est si remply de falace.

## 142. — MÉDECIN (Le) QUI GUÉRIT TOUTES SORTES DE MALADIES.

### ÉDITIONS.

1° Farce nouvelle et recreative du Medecin qui guarist de toutes sortes de maladies et de plusieurs autres ; aussi fait le nés a l'enfant d'une femme grosse et apprend a deviner. A quatre personnages, c'est a scavoir le Medecin, le Boiteux, le Mary, la Femme.

*Recueil Nicolas Rousset,* 1re pièce, 322 vers.

2° *Collection Caron* (reproduction du Recueil Rousset).

3° *Recueil Charles Brunet*, t. I (idem).

Voy. *Bibliothèque du théâtre français*, t. I, p. 6. Comparer cette farce avec un conte de Boccace (*Décaméron*, jour. VIII, nouv. 8), un autre de Bonaventure Des Périers (nouvelle IX), imité par La Fontaine dans le *Faiseur d'oreilles* (*Contes*, IIe partie). La même facétie est racontée dans le Pogge (*Talio*) et dans Straparole (nuit VIe, nouv. 1).

Le plus plaisant de cette farce grossière est le début; le médecin s'avise de guérir un boiteux, qui profite aussitôt de ses jambes pour s'enfuir sans le payer. Le début du *boniment* du médecin est piquant :

> Or faictes paix, je vous en prie,
> Affin que m'oyez publier
> La science, aussi l'industrie
> Que j'ay appris a Montpellier.
> J'en arrivay encore hyer
> Avec la charge d'un chameau
> De drogues...

On trouve dans les *Anciennes poésies françaises* (*Biblioth. elzévirienne*), t. I, p. 154 : *La vraye medecine qui guarit de tous maux et plusieurs autres.*

## 143. — MENUS (Les) PROPOS.

### ÉDITIONS.

Les menus propos. Imprimés nouvellement a Paris, par Jehan Treperel, s. d. (vers 1500), in-4°, goth., 12 ff.

— Les mêmes, s. l. n. d. (Caen, vers 1500), petit in-4°, goth. de 12 ff.

— Les mêmes, s. l. n. d. (Paris, vers 1500), petit in-4°, goth., de 6 ff. à 2 col.

— Les mêmes, Paris, Guillaume Gyon, s. d. (vers 1520), petit in-8° goth., 12 ff.

— Les mêmes, Paris, Alain Lotrian, s. d. (vers 1525), petit in-8°, goth. 16 ff.

— Les mêmes, Paris, s. d. (vers 1525), petit in-8°, goth. 16 ff.

Ces éditions diffèrent surtout par l'ordre des vers, comme il était naturel dans une pièce où les pensées n'offrent aucune suite.

– Recueil Montaiglon-Rothschild, t. XI, p. 343-394 (571 vers).

Les *menus propos* étaient une façon de sottie à trois personnages désignés ainsi, le *premier,* le *second,* le *tiers*[1]. Il ne saurait être question d'analyser la pièce, puisqu'elle n'offre aucun sens. Il suffit de citer quelques vers qui donnent une idée du reste : les *Fatrasies* des Trouvères du Moyen Age, et les *Coq-à-l'âne* du xvi<sup>e</sup> siècle, mis à la mode par Marot, appartiennent au même genre. Les vers sont bien frappés. Probablement des allusions, des malices, peut-être fines, se cachent sous cette forme obscure ; elles sont, pour la plupart, perdues aujourd'hui pour nous. Il faudrait un volume pour relever et commenter tous les proverbes, les dictons, les plaisanteries traditionnelles et populaires dont foisonne ce morceau. La plupart des allusions se réfèrent à des noms, des lieux et des usages de la Normandie, et très probablement la pièce est née à Rouen.

Voici quelques vers pris, au hasard, dans ce curieux fatras :

> — La toison d'une brebis noire
> Vault mieulx que celle d'une blanche
> — Judas se creva par la panche
> Tout aussi tost qu'il fut pendu

1. Ces personnages sont de ceux que l'on appelait des *galants,* c'est-à-dire à peu près la même chose que *badins* ou *farceurs*. A la fin l'on dit :

> Jamais je n'ouys mieulx mentir,
> Sus, gallans ! vaulgue la galée !
> Quelque ung nous donra la disnée,
> De quoy je suis moult resjouy.

— Fuyons nous en ; j'ay entendu
Que l'antechrist si est ja né
— Le Dyable l'a bien amené,
Car il vient devant qu'on le mande
— Bon pain, bon vin, bonne viande
Si trouvent tousjours bien leur place
— Chez le cordouennier tout est vache
Et chez le bouchier tout est bœuf.
...Tousjours de deux chapons de rente
L'un est bon, et l'autre est maulvais
— On fait des godetz a Beauvais
Et les poales a Villedieu
— De quoy sert (donc) a Saint Mathieu
Celle javeline qu'il porte ?
— Je cuide qu'il soit garde-porte
De Paradis avec sainct Pierre.
— Se j'eusse ung pot et ung verre
Plain de vin, je beusse un tatin...
— Tout Auge[1] est perdu, si ne pleut,
Et est ja resolue en pouldre.
— Il fait meilleur par temps de fouldre
A la taverne qu'au moustier, etc.

On remarquera que le second vers du distique débité par chaque galant rime régulièrement avec le premier vers du distique suivant ; disposition ingénieuse observée dans un grand nombre d'œuvres dramatiques, à la fin et au commencement de chaque couplet. Elle était ici très propre à soulager la mémoire des acteurs et même on ne voit pas comment ils auraient pu, sans cette précaution, retenir par cœur une si longue suite de *coq-à-l'âne*.

Il ne faut pas confondre ces *menus propos* anonymes avec les *Menus Propos de Mère-Sotte*, œuvre de Gringore, non dramatique et probablement postérieure, car elle fut imprimée en 1521, et nos *menus propos* paraissent dater de la fin du XVe siècle ; probablement des années qui suivirent 1460 ; il est fait allusion, dans la pièce, à la mort du duc d'York, tué, cette année-là, à la bataille de Wakefield. Au reste, la plus ancienne édition n'est pas antérieure à 1500.

1. La vallée d'Auge en Basse-Normandie, pays de pâturages. Il y pleut beaucoup, et l'on continue à y croire qu'il ne pleut jamais assez.

Quoique cette pièce singulière ne renferme aucune action, elle était certainement destinée au théâtre. Les derniers vers, deux fois répétés dans le triolet final, confirment l'intention dramatique :

> Vous tous qui nous avez ouy,
> Pour Dieu, ne nous encusés pas.

M. Picot (*Sottie en France,* p. 22) croit retrouver les noms des trois acteurs primitifs de la pièce dans ceux de trois *badins* nommés dans le texte : *Cardinot, Roget, Guygart*. Mais cette assimilation est bien hypothétique.

## 144. — MÈRE (La) DE VILLE, LE VARLET, LES GARDES.

#### MANUSCRIT.

Farce nouvelle a cinq personnages, c'est assavoir la Mere de ville, le varlet, le gardepot, le gardenape et le gardecul.
Ms. La Vallière, ff. 144 *b*-149 *a*. 28<sup>e</sup> pièce, 345 vers.

#### ÉDITION.

*Recueil Le Roux de Lincy*, t. II, 5<sup>o</sup> pièce.
(Voy. E. Picot, *La Sottie en France*, p. 64).

Cette pièce est des plus obscures. La Mère-Sotte déclare qu'elle s'appellera, en dépit de ses ennemis, la Mère de Ville ; sans doute parce que tous les gens de la ville sont assez fous pour être ses enfants. La scène est à Rouen. Le varlet de Mère-Sotte, Sousyclet, dans son patois normand, fait allusion à quelque déboire que la « cour souveraine » a infligé récemment aux Sots. Sans doute le Parlement avait réprimé les écarts des Basochiens, acteurs probables de cette sottie. Devant la Mère de Ville, on voit défiler trois *gardes,* personnages grotesques, qui figurent les défenseurs des abus du Clergé. L'amertume des brocards lancés contre l'Église indique un auteur protestant, au moins de tendance. Mais le sens de beaucoup d'allusions nous échappe. Le célèbre navigateur Parmentier[1], lauréat des Puys de Dieppe et de Rouen, est nommé au début de la pièce :

> « Il n'a rien, qui ne s'aventure »,
> Dict le Parmentier, bon pilote.

Parmentier, né à Dieppe en 1494, mourut à Sumatra, en 1530. *Gargantua* est nommé dans cette sottie, par conséquent postérieure à 1532, si, comme il semble, c'est au Gargantua de Rabelais qu'il est fait allusion.

## 145. — MÈRE (LA), LA FILLE, LE TÉMOIN, L'AMOUREUX, L'OFFICIAL.

### MANUSCRIT.

Farce nouvelle a cinq personnages, c'est a scavoir la Mere, la Fille, le Tesmoing, l'Amoureulx et l'Oficial.

Ms. La Vallière, ff. 103 *b*-109 *b*. 22ᵉ pièce, 362 vers.

### ÉDITIONS.

1° *Recueil Le Roux de Lincy*, t. I (22ᵉ pièce), 362 vers.

2° *Recueil Émile Mabille*, t. II.

Tableau assez piquant des mœurs populaires : Le beau Colin, convaincu par un témoin bavard, mais véridique, d'avoir promis le mariage à la belle Marion, se voit contraint de l'épouser, et paiera même cent sous d'amende. Cette farce faisait peut-être allusion à quelque aventure de quartier, connue des spectateurs ; car le témoin conclut ainsi :

> Nous ne pensons avoir dict chose
> Ou auxcuns puissent faire glose.
> Sy on s'en sent piqué au poinct,
> Messieurs, on ne l'entendra poinct.

1. Voy. Moralité de l'*Assomption*.

## 146. — MÈRE (La), LE COMPÈRE, JOUART, L'ÉCOLIER.

#### ÉDITIONS.

1° Farce nouvelle qui est tres bonne et tres joyeuse a quatre personnages, c'est a scavoir, la Mere, Jouart, le Compere et l'Escolier. A Troyes, chez Nicolas Oudot, 1624, petit in-12, 388 vers. (On ne connaît pas d'édition plus ancienne; mais certainement la farce est antérieure au xvii<sup>e</sup> siècle).

2° *Collection Montaran*. (Texte du n° 1.)

Simple « badinerie ». Tout le sel est dans la niaiserie de Jouart, qui fait le sot « par joye et par ris » tandis que son frère « estudie aux escoles à Paris ». Le compère, parrain de Jouart, lui donne une bonne semonce pour l'envoyer aussi aux écoles. Il ne réussit qu'à faire mieux ressortir la bêtise affectée du badin. La versification de cette farce est très maltraitée, comme de toutes celles qu'on a imprimées tard, après qu'elles s'étaient altérées dans la tradition orale des bateleurs.

## 147. — MÈRE (La), LE FILS, LEQUEL VEUT ÊTRE PRÊTRE, ET L'EXAMINATEUR.

#### MANUSCRIT.

Farce nouvelle a troys personnages, c'est a scavoir la Mere, le Filz, lequel veult estre prebstre, et l'Examynateur.
Ms. La Vallière, ff. 331 *a*-336 *a* (58<sup>e</sup> pièce), 287 vers.

#### ÉDITIONS.

1° *Recueil du British Museum*, s. l. n. d. (sous ce titre : Farce noùvelle tres bonne et fort joyeuse a troys personnages, c'est assavoir la mere, le filz et l'examinateur, d'Un qui se fait examiner pour estre prebstre).

2° *Recueil Le Roux de Lincy*, t. III, 17<sup>e</sup> pièce (texte du ms.).

3° *Recueil Viollet-Leduc*, t. II, p. 373-387 (texte du n° 1).

Le Fils est *fou* ou *badin ;* il veut se faire prêtre ; le vicaire l'examinera donc ; il répond par une série d'incongruités ; il est renvoyé honteusement. Une autre farce (*Pernet qui va à l'école*) traite la même donnée et reproduit plusieurs vers qui sont déjà ici. Le texte de l'une et l'autre pièce est fort maltraité.

Les facéties de l'Anglais Scogin, contemporain du roi Henri VII, offrent aussi un personnage de jeune paysan idiot, qui passe devant l'Ordinaire, un examen pour être prêtre, et débite cent stupidités. (Wright, *Histoire du grotesque*, p. 217.)

## 148. — MESSIEURS DE MALLEPAYE ET DE BAILLEVENT.

### ÉDITIONS.

Cette pièce, avec le simple titre de *Dialogue*, a été publiée pour la première fois dans l'édition de Villon, donnée par Galiot du Pré, en 1532. Marot ne l'inséra pas dans l'édition des œuvres de Villon, donnée par lui en 1533. Depuis elle a figuré dans toutes les éditions de Villon, mais simplement comme attribuée à ce poète, avec les *Repeues franches* et le *Monologue du Franc Archier de Bagnolet*.

Le Dialogue a été en outre inséré dans le Recueil Édouard Fournier, p. 113-124.

Voy. Ant. Campeaux, *Villon, sa vie, ses œuvres*, Paris, Durand, 1859, in-8°. — Aug. Longnon, *Étude sur Villon*, Paris, Menu, 1877, in-8°.

Ce *Dialogue* a-t-il été composé pour la scène, a-t-il été représenté ? Le grand nombre et l'obscurité des allusions, l'excessive rapidité du dialogue, l'absence de tout jeu de scène et de toute action, donnent à penser qu'une pièce aussi difficilement intelligible n'a jamais pu être jouée.

On remarquera dans cette pièce l'art brillant de la versification, un entrelacement de rimes très compliqué, mais très heureux, fréquent dans les poésies du temps, mais rare à la scène. La même rime sert six fois ; au troisième et au sixième vers d'une strophe, au premier, au second, au quatrième et au cinquième de la suivante. Chaque strophe est de six vers. Une forme aussi savante n'appartient guère, il faut l'avouer, aux habitudes du théâtre.

D'autre part, les derniers vers semblent s'adresser à des spectateurs, surtout celui qui clôt la pièce par une formule traditionnelle :

Prenez en gré, grands et petits.

Le Dialogue de MM. de Mallepaye et de Baillevent est une satire dirigée contre les aventuriers du xve siècle, contre les chevaliers d'industrie qui ont la mine haute et la bourse plate. Ils ont des châteaux et des terres ; mais hélas ! leurs domaines sont stériles.

— Avez vous toujours l'eritaige
De Baillevent ? — Ouy — J'enraige
Qu'en Mallepaye n'a vins, blez, grains.
— Quant a moi je me determine
D'entrer chez voisin et voisine,
Et d'aller veoir se le pot bout.

## 149. — MESSIRE JEAN, LE BADIN, SA MÈRE ET LE CURÉ.

#### MANUSCRIT.

Farce nouvelle a quatre personnages, c'est assavoir Mesire Jean, la mere de Jaquet qui est badin, le curé.
Ms. La Vallière, ff. 149 *a*-157 *a*. 29e pièce (464 vers).

#### ÉDITION.

*Recueil Le Roux de Lincy*, t. II, 6° pièce.

Messire Jean fait la cour à la mère du badin Jacquet. Pour se débarrasser de Jacquet, on l'envoie emprunter une chandelle au curé, en lui recommandant de se taire sur la visite de messire Jean. Jacquet n'a rien de plus pressé que de la raconter.

A la fin, le badin réclame l'impunité en faveur des *fous*; c'était la manière, en ce temps-là, de protester contre la censure et d'invoquer la liberté du théâtre :

> Ne prenez point garde a folye ;
> Aussy sages gens n'en font compte.
> Car la parole est abolye
> D'un fol, fust-il roy, duc ou comte.

## 150. — MÉTIER, MARCHANDISE, LE BERGER, LE TEMPS, LES GENS.

#### MANUSCRIT.

Farce moralle a cinq personnages, c'est assavoir Mestier, Marchandise, le Bergier, le Temps et les Gens.

Ms. La Vallière, 401 *a*-408 *a* (73ᵉ pièce), 468 vers.

#### ÉDITIONS.

1º *Recueil Le Roux de Lincy*, t. IV, 13ᵉ pièce.

2º *Recueil Édouard Fournier*, p. 44-53.

Pièce toute politique et des plus curieuses ; les sentiments démocratiques, habituels à notre ancien répertoire comique, s'y font jour avec une vivacité singulière. Il est malaisé d'en fixer la date. Édouard Fournier croyait voir dans cette pièce une allusion prolongée à l'entreprise de la *Praguerie* (1440); mais les mêmes passages s'appliqueraient aussi bien à toute autre insurrection aristocratique, et mal vue du peuple ; comme à la Ligue du Bien Public (1465), ou au soulèvement du Duc d'Orléans contre Charles VIII (1488). On pourrait même ne voir dans cette pièce que l'écho des plaintes générales qui sont de tout temps dans la bouche des ouvriers et des petits marchands. *Marchandise* et *Métier*, qui les personnifient, sont aux abois. Le *Berger* n'est guère plus heureux, mais il est plus gai ; grâce à l'insouciance habituelle aux campagnards, du moins à ceux du xv<sup>e</sup> siècle. Tous trois se plaignent du *temps qui court*. Là-dessus le Temps arrive en courant et, faisant la grosse voix : « Qui se plaint de moi, par ici ? — Pourquoi, lui dit-on, cet habit tout bigarré ? » Attendez, dit le Temps, et il disparaît un moment pour revenir habillé tout de rouge. Signe de guerre. Il disparaît encore et revient armé de pied en cap. « Mais qui vous fait ainsi changer de costume ? » Le Temps répond : « Ce sont les Gens. » Comme nous dirions : C'est la faute des hommes. Et alors il pousse sur la scène un personnage qui est peut-être la plus étrange personnification que le Moyen Age ait inventée dans sa fureur d'abstraction et d'allégorie : *les Gens,* un personnage couvert d'un masque et marchant à reculons. Marchandise et Métier poussent des cris d'effroi ; mais ils vont être rassurés par une dernière métamorphose. Le Temps et les Gens s'éclipsent pour reparaître vêtus en joyeux *galants,* tout changés d'humeur comme d'habits, tout pleins de bienveillance envers les petits et les pauvres. Ils accusent leur conversion par une mise en scène grossière et naïve ; ils prennent sur leurs épaules et élèvent tour à tour en l'air Marchandise, Métier, le Berger. Le jour du peuple est venu et ils le lui disent par trois fois :

> Le temps vous sert presentement
> Et se vous avez longuement
> Esté petis, il vous fault croistre.

## 151. — MEUNIER (Le) DE QUI LE DIABLE EMPORTE L'AME, attribuée à Andrieu de la Vigne (1496).

**MANUSCRIT.**

Bibliothèque nationale, fr. 24332 (La Vallière, 51). A la suite du *Mystère de saint Martin*, et de la *Moralité de l'Aveugle et du Boiteux*. Voir ci-dessus, p. 37 ; et dans nos *Mystères*, t. II,

p. 539-540. La farce occupe les ff. 241 a-254 b, et renferme 493 vers. (Personnages : le Munyer, la Munyere, le Curé, Sathan, Leviathan, Berith, diables.)

ÉDITIONS.

1° La farce du meunier de qui le diable emporte l'ame en enfer, composée par N. (sic) de la Vigne, et jouée publiquement en la ville de Seurre en Bourgogne, l'an 1496. Paris, Silvestre, impr. Crapelet, gr. in-8°, 37 p. (Édition donnée par F. Michel dans la première collection Silvestre, n° 13.)

2° *Recueil P.-L. Jacob*, p. 231.

3° *Recueil Édouard Fournier*, p. 162-171.

4° *Recueil Émile Mabille*, t. II.

Voir O. Le Roy, *Études sur les mystères*, p. 400. Il croit reconnaître dans cette farce une intention sacrilège. Les conditions dans lesquelles la représentation eut lieu ne permettent pas qu'on adhère à cette opinion. — Raynouard, *Journal des Savants*, juillet 1833. — Cette farce est tirée en partie d'un fabliau de Rutebeuf (Barbazan, éd. Méon, III, 67 ; et Legrand d'Aussy, éd. d'Onfroy, in-8°, II, 112.) Sur Andrieu de la Vigne voyez ci-dessus, p. 38. Rien n'atteste d'ailleurs qu'il soit l'auteur du Meunier, on sait seulement que cette farce fut jouée avant son mystère de *saint Martin* et sa *moralité de l'Aveugle et du Boiteux* à Seurre en 1496.

Sur les représentations de Seurre, voyez ci-dessous (*Représentations*, 1496) et nos *Mystères*, t. II, p. 68 et 539.

Les libertés dont usait la farce à l'égard du clergé sont quelque chose d'incompréhensible. Celle-ci exhibe sur la scène un curé qui tour à tour confesse un mourant et courtise sa femme au chevet du lit d'agonie. Contraste abominable et médiocrement plaisant! Cependant cette farce jouée en guise de prologue joyeux avant la représentation d'un mystère édifiant, fut représentée à Seurre, le 9 octobre 1496, en présence des magistrats de la ville et très probablement de plusieurs membres du clergé. Les *diables* qui devaient jouer le lendemain dans le mystère prirent part à la farce et tous, après le jeu fini, s'en allèrent processionnellement chanter à l'église « un beau salut moult dévotement » pour obtenir du Ciel que le beau temps favorisât la représentation du lendemain.

## 152. — MEUNIER (Le) ET LE GENTILHOMME.

### ÉDITIONS.

1º Farce nouvelle du Musnier et du Gentilhomme a quatre personnages, c'est a sçavoir l'abbé, le musnier, le gentilhomme et son page. Troyes, Nicolas Oudot, 1628, petit in-12; 6 ff., 362 vers.

C'est la plus ancienne édition connue, mais la farce est bien antérieure. A la suite est imprimée une pièce satirique, non dramatique ; et une énigme en prose. Le titre de cette pièce — *La vraye medecine qui guarit de tous maux et de plusieurs autres* — rappelle celui de la farce du *Medecin qui guarist de toutes sortes de maladies et de plusieurs autres*. Voy. ci-dessus, p. 167.

2º *Collection Montaran.*

Mise en scène assez plaisante d'un vieux conte traditionnel qui est dans l'*Orlandino* de Théophile Folengo. Pour répondre aux questions d'un juge, le cuisinier du couvent prend la place du prieur : « Qu'ai-je dans la pensée, dit le juge ? — Que je suis le prieur. Hé bien ! Je suis le cuisinier. J'ai deviné votre pensée. » (*Histoire littéraire*, xxiv, p. 363). Ici, c'est au meunier qu'est attribuée cette grosse malice. Le meunier au Moyen Age est réputé plus malin qu'honnête.

La farce finit par un proverbe, ce qui est assez rare :

A trompeur trompeur et demy.

## 153. — MIEUX-QUE-DEVANT.

### ÉDITIONS.

1º Bergerie nouvelle fort joyeuse et morale de Mieulx-que-devant a quatre personnaiges, c'est assavoir Mieulx-que-devant, Plat-Pays, Peuple-Pensif et la Bergiere... Cy fine la farce joyeuse de Mieulx-que-devant, a quatre personnaiges.

*Recueil du British Museum*, s. l. n. d., 6 ff. 235 vers.

2° *Recueil Viollet-Leduc*, t. III, p. 213-231.

3° *Recueil Edouard Fournier*, p. 54-60.

Voy. Magnin, *Journal des Savants*, juillet 1858, p. 417.

Il ne faut pas croire que ce titre de *bergerie* réponde à un genre particulier; on remarquera que la pièce se termine par ces mots : *cy fine la farce joyeuse*, etc. La farce n'est qualifiée ici de *bergerie* que parce qu'elle met en scène des habitants de la campagne ; elle n'a d'ailleurs rien de pastoral. Elle doit dater du milieu du xv$^e$ siècle. Il y est question des *gendarmes quassés* opposés aux compagnies d'*ordonnance*. Les quinze compagnies d'ordonnance furent créées, et les anciens corps armés furent cassés par l'ordonnance de Charles VII, rendue aux États d'Orléans, le 2 novembre 1439. Cependant la pièce est peut-être moins ancienne : Peuple-pensif, pillé par les soldats, dit dans la farce :

> Ilz m'ont desrobé ma ceinture,
> Qui estoit, sur ma foy, de layne.

Plat-Pays répond :

> Par la Magdelaine,
> Et moutons et laine
> Ilz ont, bref et court.

Ces vers rappellent beaucoup ceux-ci de Pathelin :

> La toyson
> Dont il souloit estre foyson,
> Me cousta a la Magdeleine,
> Huict blancs, par mon serment, de laine.

Nous verrons que *Pathelin* n'est probablement guère antérieur à 1469. Peut-on croire que l'auteur de *Pathelin* imitait celui de *Mieux-que-devant*. C'est faire à ce dernier grand honneur. Au reste, ces plaisanteries traditionnelles appartenaient à tout le monde, au Moyen Age, et Rabelais n'a pas dédaigné de recueillir ce coq-à-l'âne et bien d'autres.

Dans *Mieux-que-devant* il est beaucoup question de Roger Bontemps : c'est à tort, comme on voit, que Roger de Collerye passe pour avoir créé ce personnage au XVI° siècle, ou du moins pour avoir attaché son prénom de Roger au type déjà créé de Bontemps; les deux assertions sont fausses. Nous avons déjà vu figurer dans la moralité l'*Homme-pécheur* un personnage ainsi qualifié : « Franc arbitre, habillé en Roger Bon-Temps ».

*Mieux-que-devant* est un touchant écho des plaintes du peuple au XV° siècle. Les pilleries des gens de guerre le mettent au désespoir. Au milieu des lamentations de Plat-Pays et Peuple-Pensif, arrive une gentille bergère, qui s'appelle Bonne-Espérance; Mieux-que-devant la suit

<blockquote>Faisant chapeaulx de fleurs nouvelles,</blockquote>

et tous deux précèdent Bon-Temps dont le retour va ramener la joie en France. Il abaissera les tailles; il réprimera les gens d'armes. On accueille avec des applaudissements ces brillantes promesses, et la pièce finit par des chansons.

## 154. — MONDE (Le), ABUS, LES SOTS.

### ÉDITION.

Sotise a huit personnaiges, c'est asavoir le Monde, Abuz, Sot-Dissolu, Sot-Glorieux, Sot-Corrompu, Sot-Trompeur, Sot-Ignorant et Sotte-Folle. (Avec la marque et le nom de Guillaume Eustace. Paris. S. d., in-8° goth. de 38 ff., 1583 vers.

A consulter : Parfait, II, 208-232, et III, 204-205. — *Bibliothèque du théâtre français*, I, 23. — O. Le Roy, *Histoire comparée du théâtre et des mœurs*, p. 371. — E. Picot, *la Sottie en France*, p. 39-43.

M. Picot croit devoir attribuer cette sottie anonyme à Andrieu de la Vigne. Le même éditeur, Guillaume Eustace, avait publié « dans le même format, avec les mêmes caractères, la même marque, et à ce qu'il semble, le même privilège, une pièce plus ancienne intitulée : *Le nouveau monde avec l'estrif du Pourveu et de l'Ellectif*, etc. » (voyez, ci-dessus, p. 87). Dans cette moralité on lit ces deux vers où M. Picot croit voir comme la signature de l'auteur :

> C'est *la vigne*, c'est l'olivet
> De Dieu, dont sort fruict blanc et net.

Il est certain qu'Andrieu de la Vigne aimait à jouer sur son nom d'une façon flatteuse pour sa vanité, sinon claire pour ses lecteurs. On trouve ce *rondeau* parmi les poésies du même auteur imprimées à la suite de son *Vergier d'honneur*.

> De la vigne ne sçay trop de biens dire,
> De la vigne nully ne doit medire,
> De la vigne sont repeuz maintes gens,
> De la vigne pouvres et indigens
> Sont remis sus ; point n'y fault contredire.
> Qui mal lui veult, Dieu le puisse mauldire.
> Qui mal en dit, il est bien remply d'ire,
> Veu que plusieurs reçoivent les fruitz gents
> De la vigne.
> Comme j'ay dit je vous veulx bien redire :
> Par la vigne ne voit riens a redire,
> Car aymee est de roys et de regens,
> Dont qui l'impugne, ne soiez negligens
> De dire ainsi : Dieu le veuille escondire.

Andrieu de la Vigne s'est nommé ainsi par jeu de mots, dans les *Complainctes et Epitaphes du Roy de la Bazoche* et dans plusieurs petites pièces insérées au *Vergier d'honneur*. Il est donc probable que le *Nouveau monde* est aussi son œuvre ; mais l'attribution de la sottie *Le Monde, Abuz, les Sots* au même poète demeure très incertaine. Deux ouvrages de poètes différents ont pu être publiés dans des conditions identiques et même avec un seul privilège.

Notre sottie a été attribuée aussi à Jean Bouchet, à Pierre Gringore. Sur ce point, M. Ch. d'Héricault, éditeur de Gringore, s'exprime ainsi : « Je crois pouvoir affirmer que (cette pièce) n'est pas de notre poète. Il y a là une imitation, un pastiche bien réussi, mais le style général et surtout le style dramatique de Gringore est moins entortillé ; sa charpente, ses intentions scéniques sont plus simples, plus intelligentes et plus franches ; sa gaîté est plus naïve, et cherche des effets moins compliqués. Le mélange de grossièreté et de ce pédantisme *propre aux universitaires* (?), l'usage du latin, l'habitude des tournures classiques, puis cette recherche exagérée de vieux langage, de patois et d'argot, cette obscurité pénible de la satire et des allusions, rien de tout cela ne m'a rappelé Gringore. L'examen minutieux des détails n'a fait que me confirmer dans mon opinion. Notre poète ne se fût pas servi du mot *homme d'église* (*pourquoi ?*) ; il n'avait pas assez l'habitude du latin scholastique pour indiquer ses jeux de scènes par ces formules : *Irrisorie, cantando, Abuz ad populum, admirando illum et irridendo* (*ces formules n'ont rien de scholastique ; c'est seulement du latin*) ; il n'était pas assez savant en procédure pour employer les images tirées de la pratique comme ici, par exemple :

> Procureurs et advocatz,
> Veu le procès et veu le cas ;
> Tout produict en derniere instance ;
> *Probo, nego,* Cry, parle *quas...*
> *Appello grates, refuto* après.

« En somme, je pense que cette sottie est l'œuvre d'un bazochien et je suis sûr que Gringore n'y a nulle part. L'on voit que c'est surtout à cause des défauts que j'y trouve que je conclus ainsi. C'est assez dire que je ne suis pas de l'avis de ceux qui la mettent au-dessus. de la sottie du Prince des Sots. »

1. Œuvres de Gringore, p. LXXVIII (tome I).

Il est assez piquant de lire dans les frères Parfait : « L'auteur de cet ouvrage (la sottie du *Monde*) est inconnu ; car de l'attribuer à Gringore, c'est ne scavoir pas distinguer l'or d'avec le plomb. Autant ce dernier (Gringore) avait l'imagination pesante et grossière, autant l'auteur dont nous parlons l'avait légère et fine. » C'est ainsi que les critiques peuvent arriver aux mêmes conclusions par les voies les plus opposées.

Sans trouver que toutes les raisons alléguées par M. d'Héricault soient également convaincantes, nous partageons son avis sur la valeur de cette sottie célèbre ; elle est bien inférieure au *Prince des Sots*. Elle a le tort d'être ennuyeuse : le fond, réduit à un seul jeu de scène indéfiniment prolongé, est monotone ; la forme est très obscure. La versification, toute hérissée de vers *équivoqués*, est pénible. Gringore n'est presque jamais tombé dans ces misérables jeux d'esprit. Quant à Jean Bouchet, à qui on l'a aussi quelquefois attribuée, il a pris soin de déclarer lui-même dans ses *Epîtres du Traverseur* (II, n° 42) qu'il n'avait jamais rien composé pour le théâtre :

> Car en tels faictz ne mis onc mon estude
> Et ne scaurois ung bon jeu exposer,
> Tel qu'il le fault sur chauffaux exposer.

Il n'y a pas de raison pour ne le point croire sur parole. En somme, l'auteur de notre sottie reste inconnu.

Il est plus facile d'en fixer la date. On y trouve deux allusions qui paraissent se rapporter, l'une au jubilé que célébra l'Église après l'élection de Léon X (mars 1513), l'autre au remplacement du chancelier Jean de Gannay, mort en 1512, par l'évêque de Paris, Étienne de Poncher. La pièce aurait été composée dans le courant de 1513, pour être jouée peut-être au Carnaval de 1514.

Elle est née de cette idée qui est au fond de toutes les sotties : que la folie est universelle, commune à tous les hommes. Le Monde vieilli, fatigué, se plaint de sa décadence. Abus se présente à lui, le console et l'endort. Pendant le sommeil du Monde, Abus appelle ses suppôts : Sot-Dissolu, habillé en homme d'église ; Sot-Glorieux, habillé en homme d'armes ; Sot-Corrompu, habillé en juge ; Sot-Trompeur, habillé en marchand ; Sot-Ignorant, qui personnifie la bêtise populaire ; et Sotte-Folle qui représente les femmes. Ces sots, pour se distraire, s'amusent à tondre le monde ; puis, quand ils l'ont tondu, le trouvent si laid, qu'ils le chassent avec mépris et veulent en construire un nouveau. Chacun apporte les vices qui conviennent à sa profession ; et sur ces beaux piliers on bâtit le monde nouveau. En apportant l'*Avarice,* Sot-Glorieux lance ce trait hardi contre l'économie chère à Louis XII :

> Liberalité interdicte
> Est aux nobles pour avarice :
> Le chief mesmes y est propice,
> Et les subjects sont si marchans
> Qu'ils se font laiz, sales, marchans.
> Nobles suyvent la torcherie.

Le même sot apporte *Lâcheté*. Sot-Ignorant fait l'histoire de ce pilier :

> Naguyeres qu'on l'a achapté
> A Suisses[1] ou cousta bon pris.

Sot-Glorieux continue :

> Par devant avoit esté pris
> A Naples en divers passaiges.

Ces vers semblent faire allusion aux derniers faits de guerre peu glorieux pour les armes françaises : la bataille des Eperons, livrée à Guinegate (16 août 1513), la levée du siège de Dijon achetée aux Suisses par La Tremoille (13 septembre 1513).

Le Nouveau Monde est édifié ; les Sots commencent à faire la cour à Sotte-Folle pour se distraire. Afin de

---

1. Le texte porte *A Sausses* que je ne comprends pas.

l'éblouir, ils font à l'envi des sauts périlleux et des tours de force. Voilà qu'ils ont heurté l'un des piliers fragiles ; tout s'écroule sur leurs têtes ; ils s'enfuient, ils disparaissent ; le Vieux Monde rentre en scène et moralise sur la folie de ces constructions éphémères.

## 155. — NOURRICE (La) ET LA CHAMBRIÈRE.

### ÉDITIONS.

1º Le débat de la nourrisse et de la chamberiere a troys personnaiges, c'est assavoir la nourrisse, la chamberiere, Johannes. *Recueil du British Museum*, s. l. n. d., 4 ff., 357 vers.

2º *Recueil Viollet-Leduc*, t. II, p. 417-434.

Parade foraine et très grossière ; la nourrice a médit de la chambrière ; les deux femmes s'injurient, se battent ; puis se mettent d'accord pour battre Johannes qui est venu mettre le holà. Dès ce temps, les nourrices faisaient la loi chez leurs maîtres ; celle-ci en buvant leur vin, non le pire, se demande à elle-même

> Se nostre maistre, et la maistresse
> Ont si bon temps que nous avons.

## 156. — NOUVEAU (Le) MARIÉ.

### ÉDITIONS.

1º Farce nouvelle tres bonne et fort joyeuse du Nouveau Marié qui ne peult fournir a l'appoinctement de sa femme, a quatre personnaiges ; c'est assavoir le nouveau marié, la femme, la mere, et le pere.
*Recueil du British Museum*, s. l. n. d., 3 ff. 211 vers.

2º *Recueil Viollet-Leduc*, t. I, p. 11-20.

La fille nouvellement mariée vient faire visite à ses parents et se plaint fort à eux du mari qu'ils lui ont donné. L'a-t-il battue ? Non, point. Est-il ivrogne ou joueur ou libertin ? Nenni. Mais il ne lui témoigne pas du tout l'amour qu'il prétend ressentir. La mère s'indigne contre son gendre. Le père veut la calmer, et défend timidement le coupable qui paraît sur ces entrefaites. Sa belle-mère l'accueille par un torrent d'injures ; c'était bien la peine de faire tant le galant, lorsqu'il n'était que fiancé. Le père, toujours d'humeur bienveillante, intervient et réconcilie tant bien que mal l'irascible belle-mère, et le gendre tout penaud. Sur les promesses que fait ce dernier, la paix est rétablie dans les deux ménages.

## 157. — NOUVEAU (Le) PATHELIN.

### ÉDITIONS.

1º Maistre Pierre Pathelin, sans date, petit in-8º goth. Avec Le Nouveau Pathelin, a troys personnages. C'est assavoir Pathelin, le Pelletier et le Prebstre, et le Testament Pathelin, etc. On les vend a Paris en la rue Neufve-Nostre-Dame a l'enseigne sainct Nicolas.

2º Maistre Pierre Pathelin, avec le Nouveau Pathelin, et le Testament Pathelin. Sans date, petit in-8º goth. Paris, Jehan Bonfons.

3º Le nouveau Patelain (*sic*), 1748, in-12. Sans lieu. Edition donnée par Simon Gueulette, d'après une copie faite sur l'édition indiquée ci-dessus sous le nº 1.

4º Maître Pierre Pathelin suivi du Nouveau Pathèlin et du Testament Pathelin, éd. P.-L. Jacob. Paris, Ad. Delahays, 1859, in-16 et in-18. Ces trois pièces se trouvent également dans le *Recueil de farces, sotties et moralités du* xv$^e$ *siècle*,... par P.-L. Jacob, Paris, Ad. Delahays, 1859, in-12 (Bibliothèque Gauloise). Le *Nouveau Pathelin* occupe les pages 119-173 de ce recueil (826 vers).

Cette pièce est née, semble-t-il, d'une double imitation ; d'abord d'une imitation générale de *Maître Pierre Pathelin,* puis d'une imitation particulière de l'une des *Repues*

*Franches* qui est intitulée : *De la manière d'avoir du poisson*.

L'idée première n'est pas même originale dans les *Repues Franches*. Elle est déjà dans le Fabliau des *Trois aveugles de Compiègne* attribué au ménestrel Courtebarbe. (Voy. *Bibliothèque française* de Du Verdier, édit. Rigoley, tome I, p. 419.)

Maître Pathelin avise un pelletier sur le champ de foire ; il l'amadoue par de belles paroles, et marchande une fourrure. (L'imitation du *Pathelin* est ici un peu trop servile.) Prix convenu, ils s'en vont ensemble à l'église, où ils trouvent un prêtre qui confesse : Pathelin dit au confesseur : « Je vous amène ce jeune homme pour que vous le confessiez; je vous préviens qu'il est un peu fou, et quelquefois paraît divaguer ; mais il n'est pas méchant ». Puis, se tournant vers le pelletier, il lui dit tout bas, en montrant le prêtre qui fait un signe d'adhésion : « La fourrure est pour ce bon prêtre et c'est lui qui vous la paiera ». Là-dessus, Pathelin s'éloigne avec son butin. L'imbroglio entre le confesseur et le pelletier se prolonge ensuite un peu trop, mais il est amusant[1].

## 158. — OBSTINATION (L') DES FEMMES.

### ÉDITIONS.

1° Farce nouvelle très bonne et fort joyeuse de l'Obstination des Femmes a deux personnaiges, c'est assavoir le Mary et la Femme. A la fin : Imprimé nouvellement en la maison de feu Barnabé Chaussard (Lyon), s. d. 4 ff., 195 vers.

2° *Recueil Viollet-Leduc*, t. I, p. 21-31.

---

1. D'un vers que dit Pathelin en quittant le Pelletier : *Je m'en voys faire piler les pois*, M. P.-L. Jacob prétendait tirer l'origine de l'expression de *pois pilés*, par laquelle on désignait au xvi$^e$ siècle et au xvii$^e$ les représentations de l'Hôtel de Bourgogne. C'est une pure rêverie.

3º *Recueil Edouard Fournier*, p. 126-129.

Voy. Magnin, *Journal des Savants*, août 1858, p. 267.

Rifflart [1], mari très pacifique, attend sa femme en chantant doucement :

> Gens mariez ont assez peine...

Elle rentre. « Que fait Rifflart ? dit-elle. — Une cage pour mettre une pie. — Non pas, j'y veux mettre un coucou. » Là-dessus querelles, injures et coups de poing. Mais le mari cède à la fin, désespérant de l'emporter ; et même il sort avec sa femme pour aller acheter le coucou.

## 159. — PARDONNEUR (Le), LE TRIACLEUR ET LA TAVERNIÈRE.

### ÉDITIONS.

1º Farce nouvelle tres bonne et fort joyeuse a troys personnages d'un pardonneur, d'un triacleur, et d'une taverniere. *Recueil du British Museum*, s. l. n. d. 4 ff., 321 vers.

2º *Recueil Viollet-Leduc*, t. II, p. 50-63.

Le *pardonneur* est un vagabond qui promène de ville en ville de fausses reliques en trafiquant d'indulgences. Le *triacleur*, autre façon de charlatan, vend la *triacle*, ou thériaque, la célèbre panacée. Ces deux drôles se rencontrent, s'injurient, se battent ; puis se réconcilient pour aller boire chez la tavernière à laquelle ils laissent, pour payer leur écot, une relique sans prix, le béguin d'un des Innocents.

---

1. Nom fréquent dans les mystères, où il est porté par des personnages populaires et ridicules. *Rifler* est une autre forme de *rafler*. Ce nom a reparu dans Picard (*la Petite Ville*) qui de nouveau l'a popularisé.

## 160. — PATÉ (Le) ET LA TARTE.

### ÉDITIONS.

1º Farce nouvelle du Pasté et de la Tarte a quatre personnaiges, c'est assavoir deux coquins, le paticier et la femme. *Recueil du British Museum*, s. l. n. d. 4 ff., 294 vers.

2º *Recueil Viollet-Leduc*, t. II, p. 64-79.

3º *Recueil Edouard Fournier*, p. 12-17.

4º Le Pâté et la Tarte, farce du xvº siècle mise en langage moderne par Léopold Pannier, à Saint-Prix, chez tous les libraires. 1875, in-16.

Dans cette farce, il est question de *niquets*, petite monnaie dont le cours ne dura que de 1421 à 1424. Magnin (*Journal des Savants*, avril 1858, p. 206) en tire cette conclusion que la farce fut écrite entre ces deux dates. Mais que les niquets eussent cours officiel ou non, ils figurent dans beaucoup de textes moins anciens; tels que la farce de *Marchandise, Métier, Peu d'Acquest*, qui est postérieure à 1445; dans le *Mystère de saint Christophe*, qui est de 1527 (voir le dernier feuillet) dans le *Journal du sire de Gouberville*, écrit entre les années 1553-1562. (Voy. *Revue des Deux-Mondes*, 1ᵉʳ mai 1878, p. 172.) Les liards n'ont plus cours, et l'on dit encore, on dira longtemps : « Je n'ai plus un liard ».

Cette farce est une peinture assez amusante de la vie des pauvres *coquins*, des truands affamés. Ils ont ouï un pâtissier qui, s'en allant dîner en ville, dit à sa femme : « Tu remettras le pâté d'anguille au messager qui, pour signe de reconnaissance, te prendra le doigt de cette façon. » Quelques moments après, l'un des coquins se présente, prend le doigt de la pâtissière et reçoit le pâté, qu'il mange gaiement avec son camarade. Le pâté est fini ; le *coquin* regrette une belle tarte qu'il a laissée dans la boutique : « J'y vais, moi, dit l'autre vagabond ». Il y va, mais dans l'intervalle, le pâtissier est rentré ; furieux de sa mésaventure, il tombe à grands coups de poing sur le nouveau voleur. On ne lui pardonne qu'à condition qu'il amènera son complice. Il retourne vers le camarade et lui dit : « La femme ne veut donner la tarte qu'à toi, qu'elle a déjà vu ». L'autre, crédule, se laisse emmener ; il est roué de coups, à son tour, par le pâtissier et sa femme. Il se plaint à son compagnon : « Ha ! dit celui-ci, nous avions promis de tout partager. »

## 161. — PATHELIN.

### ÉDITIONS.

— Pathelin le grant et le petit [1].

Au verso du dernier feuillet :

Explicit Maistre Pierre Pathelin. Imprimé a Paris, au Saumon, devant le Palais, par Germain Beneaut, imprimeur, le xx$^{me}$ jour de decembre, l'an mille iiii c iiii xx et dix (1490), petit in-4º goth., fig. sur bois. 41 feuillets, de 29 lignes à la page.

C'est la plus ancienne édition datée.

— Maistre Pierre Pathelin, s. l. n. d. petit in-4º goth. 41 feuillets (Paris, Pierre Levet, environ la même date que le précédent).

— Maistre Pierre Pathelin, s. l. n. d. pet. in-4º goth. 44 feuillets (probablement Lyon, Guillaume Le Roy, environ la même date que les précédents).

— Maistre Pierre Pathelin, Paris, Jehan Trepperel, petit in-4º goth. de 42 feuillets (avant 1500).

---

1. Nous croyons que ce titre bizarre qu'on lit en tête du recto du premier feuillet de l'édition Germain Beneaut doit s'entendre ainsi : le même imprimeur a publié dans le même format, avec les mêmes caractères et en partie avec les mêmes figures sur bois « le grand testament villon et le petit ». Le premier folio de Pathelin est un titre commun à Pathelin et au Testament, titre resté inachevé par je ne sais quel accident. Pathelin et le Testament sont réunis sous la même reliure dans l'exemplaire de la Bibliothèque nationale Y, 4405, réserve. De cette publication commune de Pathelin et du Testament conclure que Pathelin était attribué à Villon par Germain Beneaut, serait peut-être téméraire ; toutefois il y a là une rencontre qu'on doit relever. Observons en outre une singulière coïncidence : la farce *Le Petit et le Grand* précède *Pathelin* dans le ms. 25467, fr. de la Bibliothèque nationale.

— Maistre Pierre Pathelin, s. d. Paris, Pierre le Caron, in-4° goth. (Fin du xv° siècle).

— Maistre Pierre Pathelin hystorié. Paris, Marion de Malaunoy, vefve de feu Pierre le Caron, s. d. (vers 1500).

— Maistre Pierre Pathelin et son jargon, Paris, Jehan Heruf, in-4° goth. 34 ff. (Commencement du xvi° siècle.)

— Maistre Pierre Pathelin et son jargon, Paris, Jehan Trepperel, pet. in-4° goth. 34 ff.

— Maistre Pierre Pathelin, Paris, Jehan Trepperel, pet. in-8° goth. 44 ff.

— Maistre Pierre Pathelin. — Le testament Pathelin a quatre personnages, c'est assavoir Pathelin, l'Apothicaire, Guillemette, Messir Jehan Curé, s. l. n. d. pet. in-8° goth. 36 ff. (Pathelin) et 16 ff. (le Testament). (Guillaume Nyverd, commencement du xvi° siècle.)

— Maistre Pierre Pathelin, in-8° goth. de 36 ff. S. l. n. d.

— Maistre Pierre Pathelin restitué a son naturel. Paris, Galiot du Pré, 1532, in-16, 124 ff. (avec le *Grand blason de faulses amours* et le *Loyer de folles amours*).

— Maistre Pierre Pathelin restitué a son naturel (avec le *Grand blason de faulses amours* et le *Loyer de folles amours*. Paris, Bonnemère, 1533, in-16, de 124 ff. (dont 60 pour *Pathelin*).

— Maistre Pierre Pathelin reduict en son naturel. Paris, Denys Janot, s. d. 62 ff. — Le Testament Maistre Pierre Pathelin remys en son naturel, 22 ff.

— Maistre Pierre Pathelin restitué a son naturel, Lyon, Ollivier Arnoullet, 1538, in-16, 83 ff. (avec le *Grand blason* et le *Loyer*).

— Maistre Pierre Pathelin, Paris, s. d. pet. in-8° goth. de 36 ff. avec : le Nouveau Pathelin a troys personnages, c'est assavoir Pathelin, le Pelletier et le Prebstre, 24 ff. — et le Testament Pathelin a quatre personnaiges, c'est assavoir Pathelin, Guillemette, l'Apoticaire, et messire Jehan le curé, 16 ff.

— Maistre Pierre Pathelin, Paris, Jeanne de Marnef, in-12, 1546 (avec le *Blason et loyer des faulses et foles amours*).

— Le même (avec le Nouveau Pathelin, et le Testament), Paris, s. d. Jehan Bonfons, pet. in-8°.

— Le même, de nouveau mis en son naturel, Paris, s. d. veuve Jehan Bonfons, pet. in-8° (avec le *Blason et le loyer des faulses et folles amours*).

— Le même, Rouen, R. et J. du Gord, 1553, in-16.

— Le même, Paris, Estienne Groulleau (s. d.), in-16 (Daté quelquefois 1561).

— Le même, Paris, Estienne Groulleau, 1564, pet. in-12.

— Le même, Rouen, Bonaventure Belis, 1573, in-16.

— Le même, Rouen, Nic. Lescuyer, 1581, in-16.

— Le même, Rouen, veuve Rob. Mallard, sans date, in-16 (avec le *Blason et loyer des fausses et folles amours*).

— La vie de maistre Pierre Pathelin, ensemble son testament, le tout par personnages. A Rouen, pet. in-8° carré, 44 ff. 27 lignes à la page (sans date ni nom de libraire). Probablement Nic. Lescuyer, ou Th. Mallard, vers 1570 ou 1580.

— Maistre Pierre Pathelin, Paris, P. Menier, 1614, in-16 (avec le *Blason et loyer des fauces et folles amours*).

— La comédie des tromperies, finesses et subtilitez de Maistre Pierre Pathelin... Imprimé sur la copie de l'an 1560. Rouen, Jacques Cailloué, 1656, in-12 de 120 pages.

— Maistre Pierre Pathelin, farce à cinq personnages. A la suite des : Œuvres de Guillaume Coquillart, reveues et corrigees de nouveau à Paris. Sans nom d'imprimeur, 1597, in-8°, de 285 feuillets. On lit à la fin : Fin de Pathelin, corrigé et imprimé l'an 1599. Le texte original a subi en effet d'assez grands changements dans cette édition, dont la date est apocryphe, et qui paraît avoir été fabriquée au XVIII$^e$ siècle. Elle renferme, outre Pathelin : le Monologue du Franc Archer de Bagnolet, les Repues franches, et divers Monologues et Sermons joyeux (Voy. ci-dessous *Catalogue des Monologues*).

— La farce de Maistre Pierre Pathelin, avec son testament. Paris, Coustelier, 1723, pet. in-8°.

— La farce de Maistre Pierre Pathelin, avec son testament à quatre personnages. Paris, Durand, 1762, pet. in-8°.

— La farce de Maistre Pierre Pathelin, précédée d'un Recueil de monuments de l'ancienne langue française avec une introduction par M. Geoffroy-Chateau, Paris, Amyot, 1853. Petit in-8°.

— Maistre Pierre Patelin, texte revu sur les manuscrits et les plus anciennes éditions avec une introduction et des notes, par F. Génin, Paris, Chamerot, 1854, grand in-8°.

— Pathelin, comédie du xv<sup>e</sup> siècle ramenée à la langue du xix<sup>r</sup>, par Ch. des Guerrois. Paris, 1855, in-12.

— Maistre Pierre Pathelin, suivi du Nouveau Pathelin et du Testament Pathelin. Nouvelle édition avec des notices et des notes, par P.-L. Jacob. Paris, Ad. Delahays, 1859, in-12 (se trouvent aussi dans le *Recueil de farces,* imprimé à la même librairie par les soins du même éditeur).

— Maistre Pathelin, achevé de réimprimer le 1<sup>er</sup> juillet 1870, par Horemans. A Lille, in-12, goth. avec figures.

— Farce de Pathelin (dans la *Bibliothèque Gothique,* publiée chez Baillieu), car. goth. Réimpression fac simile de l'édition de Pierre Levet, Paris, vers 1490. 1 vol. in-18 jésus, 108 p. 7 fig. sur bois.

— La Farce de Maître Pathelin, mise en trois actes, avec traduction en vers modernes, vis-à-vis du texte du xv<sup>o</sup> siècle, et précédée d'un prologue. Représentée pour la première fois à la Comédie française, le 26 novembre 1872. Par Édouard Fournier. Paris, Jouaust, 1872, in-12.

— Le théâtre français avant la Renaissance (1450-1550). Paris, Laplace, 1872, 1 vol. gr. in-8° (par Éd. Fournier). La farce de *Pathelin* occupe les pages 86 à 112.

— La farce de Maître Pathelin, publiée avec notice, notes et variantes, par P.-L. Jacob. Paris, Jouaust, 1876, 1 vol. in-16.

— La vraie farce de Maître Pathelin, mise en trois actes et en vers modernes, par Édouard Fournier. Nouvelle édition. Paris, Dentu, 1881.

### MANUSCRITS.

Nous les indiquons à la suite des éditions imprimées, parce que rien ne prouve qu'ils soient plus anciens que les plus anciennes éditions.

1° Cy commance la farce de maistre Pierre Patelin a cinq personnaiges, Maistre Pierres, sa femme, le drapier, le juge.

Bibl. nat. fr. 25467 (olim 3343 ; La Vallière, 156). Feuillets 48 *a*-91 *a*. Le manuscrit renferme (en 204 feuillets, in-8°), les pièces suivantes :

— Le Petit et le Grand, Justice, Conseil, Paris, moralité. Ff. 1-47. — Pathelin, ff. 48-91. — Aucun, Connaissance,

Malice, etc., moralité, ff. 92-157. — Une farce anonyme (publiée sous ce titre la *Pipée*), mais désignée ci-dessous par les noms des personnages [1], ff. 159-204.

2° Fragments de la farce de Pathelin, ms. in-4°, papier, xvi° siècle. Bibl. nat. fr. 15080 (olim 5075).

3° Fragments de la farce de Pathelin, ms. sur vélin, ayant appartenu à M. de Soleinne, puis au baron Taylor. (Voy. *Catalogue Soleinne*, tome I, n° 661.)

A consulter : Pasquier, *Recherches de la France*, livre VIII, chap. LIX. — Du Verdier, édit. Rigoley, t. III, p. 378. — De Beauchamps, *Recherches sur les théâtres de France*. — Cailleau, *Dissertation sur l'ancienne farce de Pathelin*, en tête d'une édition du *Pathelin* de Brueys. Paris, 1792, in-8°. — Parfait, *Histoire du théâtre français*, t. III, p. 167. — *Histoire des théâtres*, t. II, p. 304. — Génin, *Récréations philologiques*, t. II, p. 200. — Villemain, *Littérature du Moyen Age*, t. II, p. 279. — Littré, *Revue des Deux-Mondes*, 15 juillet 1855, article sur *Pathelin* reproduit dans *Histoire de la langue française*, t. II, p. 1. — Magnin (Charles), *Journal des Savants*, décembre 1855, p. 721; janvier 1856, p. 34; février 1856, p. 65. (Trois articles sur l'édition de *Patelin* donnée par Génin.) — Renan, *Essais de morale et de critique*, 1859, in-8°, p. 302-306.

Nous étudierons successivement les points suivants : 1° Date probable de *Pathelin* ; 2° quel est l'auteur de *Pathelin* ; 3° analyse de la pièce.

1° Date de *Pathelin*. Cette farce célèbre doit être fort peu antérieure à l'année 1470.

On a prétendu que l'œuvre est beaucoup plus ancienne. On s'est appuyé, pour le démontrer, sur le calcul de monnaies que fait Pathelin dans la boutique du drapier. Ce procédé nous paraît, *a priori*, très peu sûr. Dans la conversation, l'on continue à se servir des noms des monnaies qui n'ont plus cours légal, ou même n'ont plus d'existence

---

1. Voy. ci-dessous : *Verdier, Rouge-Gorge, Jaune-bec*, etc.

réelle. C'est une habitude universelle dont on pourrait citer d'innombrables exemples : beaucoup de personnes âgées comptent encore aujourd'hui par écus, quoique depuis un siècle il n'y ait plus d'écus.

Ce n'est donc pas raisonner très bien que de vouloir tirer la date de *Pathelin* de ces trois vers :

> A vingt et quatre solz chascune,
>     Les six, neuf frans...
>     Ce sont six escus...

Au reste, ce procédé de raisonnement ne mène à rien. On dit : six fois vingt-quatre sous, dans *Pathelin* valent neuf francs, ou six écus. Donc, la date de la pièce est une année où six écus valaient neuf francs, ou bien cent quarante-quatre sous ; où l'écu valait un franc et demi, ou bien vingt-quatre sous ; où le franc valait seize sous (parisis). Mais dans une époque de perpétuelle instabilité monétaire, cette coïncidence se produisit plusieurs fois ; et Magnin, après plusieurs éliminations successives de dates inacceptables, hésitait encore entre trois époques : 1356, 1392 et 1421. Selon nous, *Pathelin* est beaucoup postérieur même à cette dernière date. Mais nous raisonnerons autrement, et nous laisserons de côté l'inextricable calcul des sous, des écus et des livres.

Nous observons d'abord qu'à partir de 1470, l'histoire de Pathelin, pour ainsi dire, commence et se continue sans lacune. A partir de cette date, les allusions à Pathelin, les citations plus ou moins directes, l'emploi des mots qui sont nés de cette joyeuse comédie, enfin les éditions mêmes de la pièce deviennent presque innombrables. Avant 1470, il n'est fait, au contraire, aucune mention de Pathelin. La plus ancienne allusion certaine à notre pièce se trouve dans des lettres de rémission, datées de 1470 (1469 avant Pâques). Dans ces lettres, accordées par Louis XI à Jean de Costes, clerc de la chancellerie royale, coupable d'homicide, on remarque la phrase suivante :

« Ledit suppliant alla dire ces parolles : Par Dieu ! Je suis malade ! » et adressa ces parolles a la femme dudit maistre Glaude Sillon et dist : « Je vueil coucher ceans, sans aller meshuy a mon logeys ». A quoy ledit Le Danceur alla dire audit suppliant ces mots : « Jehan de Costes, je vous cognoys bien ; vous cuidez *pateliner et faire du malade,* pour cuider coucher ceans, etc.[1] ».

A partir de cette date (1470), on suit sans interruption la trace de Pathelin dans notre histoire littéraire ; les *Testaments* de Villon, écrits avant 1461, n'en parlaient pas ; mais les *Repues Franches,* le *Dialogue de Mallepaye et de Baillevent,* faussement attribués à Villon, et composés vers 1480, Coquillart, Roger de Collerye, Andrieu de la Vigne, Bourdigné, Gringore, Marot, Rabelais[2], Beroalde de Verville, Noël du Fail nomment Pathelin sans cesse, et fourmillent d'allusions à l'avocat rusé, au drapier imbécile, au berger malin, au drap, à l'oie, aux moutons[3].

---

1. *Bibliothèque de l'École des Chartes,* 2ᵉ série, tome IV, p. 259. (Extraits du *Trésor des Chartes.*)

2. Un passage de *Pantagruel,* livre II, ch. xii, semble dire que dans la pensée de Rabelais, Pathelin fut contemporain des funérailles du Roy Charles. S'agit-il de Charles VII (1461). Mais tout le passage n'est qu'un tissu de coq-à-l'âne.

3.
— Les hoirs de defunt Pathelin,
Qui scavez jargon jobelin
         (*Repues Franches.*)

— Pathelin èn main — Dire raige...
... Et aux ouvriers — Le *pathelin*
         (*Dialogue de Mallepaye et Baillevent.*)

— Chascun joue du Patelin,
Chascun sçait bien son jobelin
         (André de la Vigne, *Vergier d'Honneur.*)

— Les uns pour leur fin jobelin,
Les autres pour leur pathelin
         (*Coquillart, Perruques.*)

— Danser, joncher, patheliner
         (Le même, *Droits nouveaux.*)

— Le bruyt avez d'estre fourbisseresses,
Par cueur scavez les ruses Pathelin
         (Roger de Collerye.)

— Ung bon pasté de venaison

En même temps, les éditions de *Pathelin* se multiplient; les imitations de *Pathelin*, on pourrait dire, en plus d'un cas, les plagiats se succèdent sans interruption sur la scène comique. Un jurisconsulte, français ou allemand, Alexandre Connibert, le traduit en latin[1] pour le rendre universel (1512). Quand arriva le grand naufrage de notre ancienne littérature, et que toute la poésie du Moyen Age fut abandonnée à l'oubli ou au dédain, *Pathelin* fit partie du tout petit nombre d'œuvres qui surnagèrent. Charles Estienne (préface de la comédie du *Sacrifice*), Henri Estienne (*Dialogues du langage françois italianisé*), Etienne Pasquier (dans les *Recherches de la France*), ont parlé de *Pathelin* avec admiration; et ce concert d'éloges s'est prolongé jusqu'à notre temps. Brueys, en 1706, tira de cette antique farce une comédie accommodée au goût nouveau : l'*Avocat Patelin*[2], qui eut du succès, quoique bien inférieur à l'original. Ed. Fournier, mieux inspiré, s'est contenté de rajeunir le vieux texte, et sous cette forme, *Pathelin*

> Vauldroit mieulx sans comparaison
> Que les finesses Pathelin.
> (Le même.)
>
> — Tel dit : venez manger de l'oye
> Qui cheuz luy n'a rien d'appresté.
> ... Tel a l'argent par faux blason
> Qui n'entend pas son pathelin.
> (Gringore, *Feintises du monde.*)
>
> — De Pathelin n'oyez plus les cantiques.
> (Bourdigné, *Pierre Faifeu.*)

1. Comoedia nova quæ veterator (*le vieux routier*) inscribitur, alias Pathelinus, ex peculiari lingua in romanum traducta eloquium, per Alexandrum Connibertum, Parisiis, Guill. Eusche (Eustache), 1512, in-16, goth. de 47 ff. Plusieurs réimpressions au xvi° siècle. En 1497, le jurisconsulte allemand, Reuchlin, fit jouer par des écoliers à Heidelberg une comédie en latin qui fut publiée sous ce titre (*Henno, scenica progymnasmata*). On l'a souvent présentée comme une imitation de notre Pathelin ; en réalité, il y a fort peu de ressemblance entre les deux pièces. Voy. sur ce point, un article de M. Parmentier dans le *Bulletin* de la Faculté des Lettres de Poitiers, avril et mai 1884.

2. La première représentation eut lieu le 4 juin 1706.

a obtenu, sur la scène du Théâtre-Français, en 1872 et 1873, un regain de véritable popularité[1].

2º Quel est l'auteur de *Pathelin* ?

Il est resté inconnu et très probablement le restera toujours. Les éditeurs de la pièce, dès la fin du xv° siècle, semblent en ignorer l'auteur. Au xvi° siècle, Pasquier avoue ne le point connaître, et croit seulement savoir que la pièce est du temps de François Ier. Pasquier la rajeunissait d'un demi-siècle. Les suppositions qu'on a faites au xix° siècle pour découvrir ce nom qui se dérobe, sont ou purement gratuites ou évidemment fausses.

On a proposé Villon, sans aucun motif, parce que Villon est célèbre et que l'œuvre est célèbre aussi. Mais, pour ce motif même, si l'auteur de *Pathelin* était François Villon, nous le saurions bien; nous aurions trouvé *Pathelin* dans quelqu'une des vingt-neuf éditions de Villon, qui parurent de 1489 à 1542.

On a nommé Pierre Blanchet; Beauchamps, au xviii° siècle, avança ce nom au hasard; tous les dictionnaires, tous les ouvrages de troisième main se hâtèrent d'affirmer que Blanchet a fait *Pathelin*. Mais *Pathelin*, en 1470, existait; et Blanchet n'existait guère; il n'avait que onze ans[2]. C'est trop jeune pour faire une pièce de cette force.

Génin, sans plus de raison, rompait des lances pour Antoine de la Salle, auteur du *Petit Jehan de Saintré*. Mais Antoine de la Salle est un prosateur dont la manière et le style ne ressemblent en aucune façon à l'œuvre qui nous occupe.

On a été jusqu'à supposer que l'auteur de *Pathelin* pour-

1. La première représentation eut lieu le 26 novembre 1872.
2. Comment le bibliophile Jacob laissa-t-il subsister dans son *Recueil de farces* plusieurs fois réimprimé, les trois assertions suivantes : 1º Pathelin fut composé entre 1467 et 1470; 2º Pierre Blanchet paraît être l'auteur de Pathelin; 3º Pierre Blanchet naquit en 1459.

rait bien être... Pathelin lui-même qui se serait joué en personne. Mais qui serait ce Pathelin d'ailleurs ?

On n'en sait rien du tout. Cette opinion singulière[1] se fonde sur ces deux vers obscurs de la *Louenge et excellence des bons facteurs,* de P. Grognet, qui dit au milieu de sa liste de poètes :

> Quand au regard de Pathelin
> Trop practiqua son pathelin.

Nous aimons mieux avouer que nous ne comprenons pas ces vers, que d'en conclure l'existence d'un personnage dont il n'est dit mot nulle part ailleurs[2].

Résignons-nous à ignorer cet auteur ; et croyons qu'il fut probablement obscur, même de son vivant ; que son nom découvert ne nous apprendrait rien de plus qu'un nom ; que probablement il n'était pas écrivain de profession ; que *Pathelin* est peut-être son œuvre unique, née dans un jour de bonne humeur, d'une inspiration de génie.

Pourquoi l'auteur de *Pathelin* ne serait-il pas quelque joyeux clerc de la Basoche, homme d'esprit formé dans la pratique journalière des affaires et de la chicane, à connaître et à étudier l'humanité dans ses plus vilains aspects ; assurément né poète, mais qui devint procureur et qu'on oublia dans son greffe : un grand génie comique, étouffé par les circonstances.

---

[1]. Richelet semble l'accepter dans son *Dictionnaire* (1680) au mot Farce : « *Pathelin* et la Reine Marguerite ont fait des farces françaises. »

[2]. Édouard Fournier cite un manuscrit (*Les vertus qui font triompher la Royalle maison de France*, Bibliot. nat., n° 7032, actuel 442), où *Patellin* semble aussi nommé comme un auteur. Mais, n'est-ce pas faute de connaître le nom du poète que l'auteur de ce manuscrit et Grognet lui-même, emploient ainsi le titre de la pièce comme un nom d'homme. (Le ms. 442 renferme seulement un calendrier, des prières latines, et le *Rosier des guerres*. Nous n'y avons pas trouvé le nom de Pathelin.)

Mais cette hypothèse est-elle plausible ? Si l'on naît poète, est-ce qu'on naît écrivain ? Or, cet inconnu sait écrire, écrire en vers (talent rare et difficile !); il sait composer. Tandis que la plupart des œuvres du Moyen Age sont gâtées par un défaut choquant, l'inégalité ; par les redites, les longueurs, la diffusion, l'obscurité, les disparates de ton et de goût, *Pathelin*, d'un bout à l'autre est composé avec proportion ; il se développe avec une verve, un entrain, une gaîté soutenues ; il offre un dialogue ferme, brillant et pur, que peu d'œuvres comiques possèdent au même degré. Une pièce aussi achevée peut-elle être l'unique ouvrage et le coup d'essai d'un inconnu ?

3° Analyse de *Pathelin*.

Nous l'emprunterons à l'auteur des *Recherches de la France*, Estienne Pasquier (livre VIII, chap. LIX); son vieux style a gardé je ne sais quoi « de court, de naïf, de hardi, de vif », comme dit Fénelon, en parlant du langage du XVI° siècle ; et quelque chose de l'agrément de l'original semble avoir passé dans sa prose.

« L'auteur, dit-il, introduit Patelin, avocat, maistre passé en tromperie, une Guillemette, sa femme, qui le seconde en ce mestier; un Guillaume, drapier, vray badaut (je dirois volontiers de Paris, mais je ferois tort a moy mesme), un Aignelet, berger, lequel discourant son fait en lourdois, et prenant langue de Patelin, se fait aussi grand maistre que luy.

» Patelin, se voulant habiller de neuf aux despens du drapier, complotte avec sa femme ce qu'il avoit a faire. De ce pas, il va a la foire en feignant de reconnoistre bonnement la boutique du bon Guillaume; après s'en estre asseuré, il s'abouche avecques luy, raconte l'amitié qu'il avoit portée a feu son pere, les advis qui estoient en luy, ayant, des son vivant, predit tous les malheurs depuis advenus par la France et tout d'une suitte lui represente sa posture, ses mœurs, sa maniere de vivre, enfin, que Guillaume lui ressembloit en tout, de face et de façons. Et ainsi, l'endormant sur le narré de cette belle histoire, il jette l'œil sur ses draps, les considere, les manie ; nouvelle envie lui prend d'en acheter, encores que venant a la foire, il n'y eust aucunement pourpensé ; commence de les marchander. Guillaume lui loue hautement sa marchandise ; les laines estants grandement encheries depuis peu de temps, demande vingt-quatre sols de l'aulne. Patelin luy en offre vingt : Guillaume est marchand en un mot, et ne veut rien rabatre du prix. A quoy Patelin condescend, et en leve six aulnes, tant pour luy que sa femme, revenans a neuf francs, qui disoient six escus. Il est question de payer ; mais il n'a argent sur soy, dont il est bien aise ; car il veut renoüer avec luy l'ancienne amitié qu'il portoit a son pere ; le semond de venir manger d'une oye qui estoit a la broche, et qu'il le payeroit. Combien qu'il poisast au marchand de n'estre payé sur le champ, comme estant d'une nature defiante, si est-ce que, vaincu des importunitez de Patelin, il est contraint de s'y accorder.

» Patelin emporte son drap, lequel a l'issue de la, parlant a part soy, dit que Guillaume luy avoit vendu ce drap a son mot, mais qu'il le payeroit au sien ; et en cela, il ne fut menteur : car, estant de retour en sa maison, sa femme bien estonnée, luy demande en quelle monnoye il entendoit le payer, veu qu'il n'y avoit croix, ny pille chez eux. Il luy respond que ce seroit en une maladie, et que, des lors, il s'alloit aliter, afin que le marchand venant, Guillemette le payast de pleurs et de larmes : ce qui fut fait. Le bon Guillaume ne demeura pas longtemps sans s'acheminer chez Patelin, se promettant de faire un bon repas avant que d'estre payé :

> Ils ne verront soleil ny lune
> Les escus qu'il me baillera

disoit ce pauvre idiot ; en quoy aussi il dit verité. En cette opinion il arrive gay et gaillard en la maison de Patelin, ou, pensant estre accueilly d'une mesme chere, il y trouve une pauvre femme infiniment esplorée de la longue maladie de son mary. Plus il hausse sa voix, plus elle le prie de vouloir parler bas, pour ne rompre la teste au malade, et le supplie a jointes mains de le laisser en recoy. « Qui me payast, replique l'autre, je m'en allasse ». Ce temps pendant, Patelin vient aux entremets, qui dit mille mots de resverie. Je vous prie d'imaginer combien plaisant est ce contraste ; car, pour dire la verité, il m'est du tout impossible de le vous representer au naïf. Tant y a qu'après une longue contestation, le marchand est contraint de s'en retourner en sa boutique, bien empesché lequel des deux avoit resvé, ou luy ou bien Patelin. Retourné qu'il est, il trouve que ce n'estoit resverie de son costé, et qu'il y avoit six aulnes de tare en sa piece de drap. Au moyen de quoy il reprend sa premiere voye chez Patelin, lequel, se doutant du retour, n'avoit encore desemparé son lit. La, c'est a beau jeu, beau retour ; chacun joue son personnage a qui mieux mieux ; mesme Patelin pousse de sa reste : car, en ses resveries, il parle cinq ou six sortes de langages, limosin, picard, normand, breton, lorrain ; et sur chaque langage Guillemette fait des commentaires si a propos pour monstrer que son mary estoit sur le poinct de rendre l'ame a Dieu, que non seulement le drapier s'en depart, mais a son partement supplie Guillemette de l'excuser, se faisant accroire que ç'avoit esté quelque diable transformé en homme qui avoit enlevé son drap. Et, des lors, tourna toute sa colere contre son berger Aignelet, qu'il avoit fait adjourner, afin de luy rendre la valeur de quelques bestes a laine par luy tuées, faignant qu'elles estoient mortes de la clavellée ; ne se promettant rien moins que de luy faire servir d'exemple en Justice.

» Le jour de l'assignation, Aignelet se presente a son maistre, et, avec une harangue digne d'un berger, luy raconte comme il avoit esté a sa requeste le priant de le vouloir licentier et renvoyer en sa maison. A quoy son maistre ne voulant entendre, il se resoult de prendre Patelin pour son conseil : lequel, apres avoir entendu tout le fait, ou il n'y avoit que tenir pour luy, est d'avis que, comme s'il fust insensé, quand il seroit devant le juge, il ne respondist qu'un *Bée* a tout ce qui luy seroit demandé, qui estoit le vray langage de ses moutons ; et que, joüant ainsi son personnage, Patelin lui serviroit de truchement pour suppleer le deffaut de sa parole. Le berger meschant, comme est ordinairement telle engeance de gens, trouve cet expedient tres bon, et qu'il n'y faudra d'un seul point. Sur cela Patelin stipule une et deux fois d'estre bien payé de luy au retour des plaids, quand il auroit gagné sa cause ; et le berger aussi lui respond une fois et deux qu'il le payeroit a son mot, comme il fit. La cause est audiancée ; la se trouvent les deux parties, et mesmement Patelin, qui tenoit sa teste appuyée sur ses deux coudes, pour n'estre si tost apperçeu du drapier ; lequel auparavant que de l'avoir envisagé propose articulement sa demande ; mais soudain qu'il eut jetté l'œil sur lui, il perdit esprit et contenance tout ensemble, meslant par ses discours son drap avec ses moutons. Et Dieu sçait comme Patelin en sçeut faire son profit, pour monstrer qu'il avoit le cerveau troublé. D'un autre costé, le berger n'ayant autre mot dans la bouche qu'un *Bée*, Monsieur le juge se trouve bien empesché : mesmement qu'il n'estoit question que de moutons en la cause, neantmoins le drapier y entremesloit son drap ; et luy enjoint de *revenir a ses moutons*. Enfin voyant qu'il n'y avoit rime ny raison d'une part et d'autre, il renvoye le deffendeur absous des fins et conclusions contre luy prises par le demandeur.

» Il est maintenant question de contenter Patelin qui commence de gouverner le berger ; luy applaudit et congratule du bon succez de sa cause, qu'il ne restoit plus que de le payer, le somme et interpelle de luy tenir parole ; mais a toutes ses sommations, le berger le paye seulement d'un *Bée.* Et a vray dire, il luy tint en cecy sa promesse, car il avoit promis de payer Patelin a son mot, qui estoit celuy de *Bée.* Ce grand personnage, se voyant ainsi escorné par son client, vient des prieres aux menaces ; mais pour cela il n'advance de rien son fait, n'estant payé en autre monnoye que d'un *Bée* :

> Que *Bée !* (*dit Patelin*) l'on me puisse pendre
> Si je ne feray venir
> Un sergent : mesavenir
> Luy puisse, s'il ne t'emprisonne [1].

» A quoy le berger lui respond :

> S'il me trouve, je luy pardonne.

» Et en ce vers est la closture de la farce ; dont on peut dire pour fin de compte, qu'a trompeur, trompeur et demy. »

On remarquera que Pasquier écrit constamment *Patelin* sans *h* ; cette orthographe, qui n'est pas celle des éditions originales, a prévalu au xviie siècle et les composés de ce nom qui sont entrés dans la langue, *pateliner*, *patelinage*, s'écrivent ainsi. L'étymologie du nom est incertaine. La Monnoye (*notes* sur la *Bibliothèque Française* de Du Verdier) le rattache à l'italien *patto* (pacte, accord) comme *Mathelin* vient de *matto* (fou). Du Cange le tire de *paterinus*, nom d'une secte hérétique du xie siècle (bien oubliée au xve). Nous pensons que *Patelin* est un nom fait à plaisir, avec une intention de sourde onomatopée qui se sent mieux qu'elle ne s'explique ; c'est quelque chose de bas, de fourré, de perfide et de fin qui tient du chat et du renard.

1. Vers cités de mémoire et très inexactement par Pasquier.

## 162. — PATTES-OUAINTES (1492).

#### MANUSCRIT.

Cette farce occupe les f⁰ˢ 332-336 d'un ms. in-4°, renfermant des titres de l'Université de Caen, et qui appartenait (en 1843) à M. Mancel, libraire à Caen. Le manuscrit est signé : *Pierre de l'Esnauderie, scriba conservatoris*.

#### ÉDITION.

La farce de Pates-Ouaintes, pièce satyrique représentée par les écoliers de l'Université de Caen, au carnaval de 1492, publiée d'après un manuscrit contemporain, par T. Bonnin. Évreux. Jules Ancelle, 1843, in-8°, 30 pages (560 vers).

Personnages : La Mere, nommee l'Université ou l'Église; Lache-Enmanché, Va-t-en-quitte, Qui-ne-le-peult-souffrir, Escouste-s'-il-pleust, enfans de l'Université; Ribon-ribaine, Pates-Ouaintes.

En tête de la farce on lit cette note : « Ensuit de l'autre costé une farce nommée Pates-Ouaintes, qui fut jouée a Karesme-pernant, touchant la decime, et durant la noese d'icellui. Ou il y avoit douze torches et deux faloz ardans en cordes goctronnées, sans les autres faloz a chandelle. Et y avoit plus de cent escoliers armés et a bastons, a la conduire; et fut jouee devant Buriau, qui estoit nommé en icelle Pates-Ouaintes. Et la jouerent le general Biaunes, maistre Jehan Decaux, les deux nepveus du Hericy, conservateur en chef; et maistre Pierre Delesnauderie[1], qui jouoit Pates-Ouaintes, et estoit abilley comme Buriau, et sy le contrefesoit de parolle, et mesmes en sa presence. Et fut jouee pour aucuns de l'université qui estoient traitres (c'est-à-dire qui avaient trahi les intérêts de l'université en consentant à la laisser imposer par Charles VIII).

1. Ce Pierre de l'Esnauderie, qui s'intitule *Scriba conservatoris* est le signataire du ms. qui nous a conservé cette farce ; et l'éditeur, M. Bonnin croit devoir lui attribuer la farce de Pates-Ouaintes ; mais rien ne prouve qu'il en soit l'auteur.

Cet administrateur commode qui se laissait ainsi draper, lui présent, était Hugues Bureau, sieur de Giberville, lieutenant général du bailli de Caen ; c'est lui qui avait notifié l'ordonnance concernant les décimes. Il était lui-même ancien écolier de l'Université ; c'est pourquoi la farce l'accuse de « manger sa mère ».

Au début, cette mère désolée se plaint de son abandon : *Lâche-emmanché*, *Va-t-en-quitte*, *Qui-ne-le-peut-souffrir*, et *Ecoute-s'il-pleut* viennent bien à son secours ; mais ce sont faibles défenseurs, comme leurs noms seuls l'indiquent assez ; aussi l'Université leur dit franchement qu'elle ne compte guère sur eux. Quand *Ribon-Ribaine*, assisté de *Pattes-Ointes*, fonde sur elle et commence à la lier, les tristes assistants se contentent de protester. Pattes-Ointes est ici le type du fonctionnaire qui se plie à tous les métiers, pourvu qu'on lui « graisse la patte ». Mais sinon nul n'en obtiendra rien :

> Pour nient on me flate,
> S'on ne m'ouaint la pate,
> D'or et d'argent plaine,
> On y pert sa payne.

La pauvre Université se voit lier les mains : elle devra se résigner à payer sa part des décimes ; elle se défend seule, à sa manière, en excommuniant Pattes-Ointes et tous ceux qui l'ont fait agir.

Je pense que cette pièce avait la forme d'une sottie ; les enfants de l'Université étaient en habits de fous, comme leur mère le dit :

> Vous avés maniere de foulx,
> C'est la cause pourquoy je tremble.

Sous ces habits, on pouvait tout dire, surtout en temps de carnaval ; on pouvait même insinuer que Charles VIII, en imposant l'Eglise et l'Université, dépassait en tyrannie les Pharaons d'Egypte :

> O Pharaon, de qui la tirannise
> Est tant dampnée, detestée et mauldite
> Jamès denier n'exigeas de l'Eglise,
> Mès l'as tousjours tenue inmue et quitte :
> Et, qui plus est, en ton pays d'Egypte
> Gageoys les clercs ; l'escripture le dit.

Mais les privilèges de l'Université de Caen, fondée en 1431 par Henri VII, roi d'Angleterre, paraissaient naturellement peu respectables au Roi de France. Les écoliers protestèrent par une petite émeute contre l'ordonnance qui frappait l'*alma mater*. Après quoi, quand on eut chansonné les officiers du Roi, on paya.

## 163. — PAUVRES (Les) DIABLES.

#### MANUSCRIT.

Farce nouvelle a sept personnages, c'est assavoir la reformeresse, le sergent, le prebstre, le praticien, la fille desbauchee, l'amant... et le moynne... et se nomme la farce des povres deables.

Ms. La Vallière, ff. 68 *b*-74 *b*, 16ᵉ pièce, 350 vers.

#### ÉDITION.

*Recueil Le Roux de Lincy*, t. I, 15ᵉ pièce.

La « Reformeresse » est probablement quelque dignitaire burlesque de la confrérie des Connards[1] travesti pour la circonstance en rigoureux justicier. Elle annonce qu'elle va lever tribut sur tous ceux qui vivent mal. Son sergent lance les citations et tour à tour on voit défiler un prêtre qui dit deux fois la messe en cachette pour être payé doublement ; un avocat fainéant et malhonnête ; une « fille égarée » ; un

---

[1]. Les derniers vers de la pièce semblent autoriser cette supposition :
> Je prye a tout plaisant Conard,
> Qu'il ayt memoire mesouen (cette année)
> Et aucune foys le regard
> Aux povres deables de Rouen.

débauché qui s'avance en chancelant, appuyé sur un bâton ; un moine qui a jeté le froc, et dit pis que pendre de ses supérieurs. Mais tous ces « pauvres diables », mal enrichis par le désordre, n'ont pas un sou pour payer tribut. La Réformeresse les renvoie en annonçant que le mois suivant elle sera moins accommodante. On peut rapprocher cette farce de celle qui est intitulée la *Reformeresse* (voyez ci-dessous).

## 164. — PÈLERIN (Le), LA PÈLERINE ET DEUX PETITS ENFANTS, par Claude Mermet.

### ÉDITIONS.

1º Farce joyeuse et recreative a deux personnaiges, c'est a scavoir le pelerin, la pelerine, accompagnée de deux petis enfans. *Recueil de Copenhague*, p. 122-139 (350 vers).

2º *Recueil Emile Picot*, p. 163-180.

Cette farce est un remaniement du *Pèlerinage de mariage* (voir ci-dessous). Un acrostiche en tête de la farce en désigne l'auteur : Claude Mermet, qui écrivit : *La pratique de l'orthographe française* (Lyon, 1583) ; *Le temps passé de Claude Mermet* (Lyon, 1583) plusieurs fois réimprimé ; et traduisit la *Sophonisbe* du Trissin (Lyon, 1584). Il était notaire du duc de Savoie à Saint-Rambert. On peut s'étonner que cet écrivain, qui n'était pas sans réputation, n'ait point jugé au-dessous de lui de refondre une farce déjà connue ; car le *Pèlerinage de mariage* était interdit à Rouen dès 1556. On est tenté de douter de l'authenticité de l'acrostiche.

Un pèlerin vient de parcourir une route bien longue, la route du mariage ; et s'afflige d'être entré jadis en cette voie douloureuse :

> Ce chemin du quel on ne sort
> Que le plus foible ne soit mort.

Il rencontre une pèlerine qui veut s'engager dans la même route. Il s'efforce de l'en détourner, mais n'y parvient pas. Deux petits enfants accompagnent la pèlerine ; ils s'en vont au pays de Mariage ; et le pèlerin raille amèrement ces unions d'enfants au berceau. La farce finit par une parodie burlesque des litanies, où l'on demande à Dieu d'être délivré des mauvaises femmes et des mauvais maris.

Voici l'acrostiche où Claude Mermet s'est nommé :

> Comme plusieurs sont curieux avoir
> Leur passe temps de farce ou comedie,
> Amy lecteur, je t'en veux faire voir
> Un coup d'essay, lequel je te dedie
> De très bon cœur ; mais si a l'estourdie
> Et mal a point, tu le trouves dressé,
> M'excuseras, car j'estois empressé
> En un subject pour chacun contenter.
> Rien toutefois je n'ay sceu inventer,
> Mais, s'il te plaist ceste presente lire
> En t'esgayant, pour ta joye augmenter
> Tu choisiras le bon, laissant le pire.

## 165. — PÉLERINAGE (Le) DE MARIAGE.

#### MANUSCRIT.

Farce a cinq personnages, c'est a scavoir le pelerinage de mariage ; le pelerin, les trois pelerines, et le jeune pelerin.

Ms. La Vallière, ff. 86 *b*-95 *b* (95 *a* est blanc), 19ᵉ pièce, (498 vers).

#### ÉDITION.

*Recueil Le Roux de Lincy*, t. I, 19ᵉ pièce.

Cette farce n'est autre probablement que le *Retour de mariage* dont le Parlement de Rouen interdit la représentation dans cette ville[1] à une troupe de comédiens que dirigeait un nommé Lepardonneur (1556).

La farce précédente a servi de modèle à celle-ci. Une

---

1. Voy. ci-dessous *Représentations*, 1556. Rouen.

vieille pèlerine et deux jeunes suivent la voie du pays de Mariage. Un vieux pèlerin qu'elles rencontrent revient tout harassé. Il veut les détourner d'aller plus loin. Un jeune homme qui les rejoint, les presse d'avancer plus vite.

La pièce finit par une procession. On chante des litanies burlesques pour demander au ciel d'être débarrassé des mauvaises femmes et de n'avoir jamais affaire qu'aux bonnes. Mais la fin est presque édifiante :

> Que les deulx nouveaulx espousés
> Se trouvent sy bien disposés
> Qu'ilz puissent en leur mariage
> Produyre bon et beau lygnage ;
> Et vivre ensemble longuement.
> Puis en la fin aient saulvement
> Avec Dieu en celeste enclos
> *Te rogamus audi nos.*

Après ces vers on débitait une fastidieuse énumération en quarante vers, de fils de toute espèce (fil d'estoupe, fil de Lyon, fil d'Estampes, fil d'Avignon, etc.). Il faut, croyons-nous, ne voir dans cette autre litanie qu'un difficile exercice de mémoire, propre à faire briller dans ce genre ennuyeux le talent de l'acteur qui la débitait.

## 166. — PÈLERINS (Les trois) ET MALICE.

### MANUSCRIT.

Farce moralle de trois Pellerins et Malice.
Ms. La Vallière, ff. 373 *a*-376 *b* (67º pièce), 251 vers.

### ÉDITIONS.

1º *Recueil Le Roux de Lincy*, t. IV, 7º pièce.
2º *Recueil Edouard Fournier*, p. 406-411.

M. Picot (*La Sottie en France*, page 46) date cette pièce 1521 : les allusions historiques sur lesquelles il se fonde ne nous paraissent pas si précises.

Trois Pèlerins prêts à se mettre en route rencontrent

Malice qui leur dit : « *Désordre* est partout ; dans les mœurs, dans l'Eglise, dans le clergé, dans le commerce, dans les armées. Encore si l'on réprimait les Luthériens ! Si les étrangers n'étaient pas plus favorisés en France que ne sont les Français ! » Les trois Pèlerins découragés renoncent à faire leur voyage.

## 167. — PERNET, LA MÈRE ET LE MAITRE.

### ÉDITIONS.

1º Farce nouvelle tres bonne et fort joyeuse a troys personnaiges de Pernet qui va a l'escolle, c'est assavoir Pernet, la Mere, le Maistre.

2º *Recueil du British Museum*, s. l. n. d., 4 ff. 221 vers.

3º *Recueil Viollet-Leduc*, t. II, p. 360-372.

Farce analogue à celle de *la Mere, le filz et l'examinateur* ou *Un qui se fait examiner pour estre prebstre*. La mère de Pernet a reconnu chez son fils une telle intelligence qu'elle veut qu'il soit prêtre, ou même évêque avec le temps. Elle le mène au maître d'école qui commencera par lui enseigner l'alphabet. Toute la farce consiste en une série de jeux de mots assez plats qui roulent sur la prononciation des lettres. Ainsi A suggère à Pernet cette réflexion :

> Je le scavoye desja bien.
> Quant je fuz batu de mon pere,
> Je crioye : A, a, ma mere,
> Je vous prie, venez moi deffendre.

Comme *oi* sonnait ainsi que *ai*, du moins dans certains mots et dans certains pays, le maître fait prononcer *B, bois; C, soif; D, doy (doigt)*. *N* se prononce comme *asne* (dans le Berry on dit *aine* pour âne). C'est probablement une farce d'écoliers ; les derniers vers semblent l'indiquer :

> Pardonnez aux gentilz enfans
> De la ville qui ces esbatz
> Ont voulu faire en passant temps.

Il est vrai qu'en plusieurs pays, des sociétés joyeuses ont porté ce nom d'*Enfants de ville*.

## 168. — PERNET QUI VA AU VIN.

### ÉDITIONS.

1° Farce nouvelle tres bonne et fort joyeuse de Pernet qui va au vin a troys personnaiges, c'est assavoir Pernet, sa femme et l'amoureux. Imprimé nouvellement. S. l. 1548.
*Recueil du British Museum*, 6 ff. 309 vers.

2° *Recueil Viollet-Leduc*, t. I, p. 195-211.

Parade assez plate, analogue à la farce *le Mari, la femme, le badin, l'amoureux*. Un amoureux de Nicolle s'est présenté dans la maison comme un cousin de Pernet, mari de Nicolle. Pour éloigner Pernet, il l'envoie acheter du vin à la taverne; mais Pernet qui se méfie, s'en revient dix fois sur ses pas, pour se faire expliquer la commission, qu'il feint toujours d'avoir mal comprise. Le texte est mutilé.

## 169. — PEU-FILE, JEANNE ET PERNETTE.

### MANUSCRIT.

Bibliothèque nationale de Turin, H. 3, 26, folio 72-75. Fin du XVᵉ siècle.

### ÉDITION.

Cette farce en langage franco-italien a été publiée par M. P. Meyer dans *Romania*, 1881, p. 533-542 (111 vers), sous ce titre : *Les trois commères*.

Débat entre trois femmes mariées qui se disputent les bonnes grâces d'un jeune homme appelé Marmet. Jana et Perneta affectent un peu plus de retenue que *Poc-file*, leur compagne, dont le nom significatif indique le défaut principal (Peu-file). En tout, c'est le contraire d'une Lucrèce. La pièce finit, sans se conclure, par cette morale que débite Marmet :

> Or regardés en quantes guises
> Le femes viront leur courages
> D'amer un home, e puis l'autre !
> C'est chose de gran pechire,
> D'avoyr bel amy, e no savoyr le garder,
> E ausi home chi a bella amia,
> De no li fayre croye compagnie.
> Prennés an gré noustre foulie,
> C'est che Diu gard la compagnie !

Ce manuscrit a été exécuté en Italie par un Italien. D'ailleurs la pièce est française. Comme on le voit par les vers cités, le texte, mêlé d'italien, est très corrompu ; beaucoup de vers sont sans rime et d'autres riment très faiblement. Nombre de vers sont faux, trop longs ou trop courts.

170. — PEUPLE FRANÇAIS, JOYEUSETÉ, LE VIGNERON, JENIN-MA-FLUTE, ET BON TEMPS, par Roger de Collerye (1530).

ÉDITIONS.

1° Satyre pour les habitans d'Auxerre. Les personnaiges : Peuple françois ; Joyeuseté ; le Vigneron ; Jenin-ma-Fluste, badin ; Bontemps (Dans les *Œuvres de maistre Roger de Collerye,...* Paris, Pierre Roffet, 1536, in-8°), 317 vers.

2° Réimprimée dans les *Œuvres de Roger de Collerye*, nouvelle édition, par Charles d'Héricault, Paris, Jannet, 1855 (Bibl. elzév.), p. 1-19.

Pièce composée pour les habitants d'Auxerre, à l'occasion des fêtes qui signalèrent par toute la France le rétablissement de la paix, signé à Cambrai le 5 août 1529, et le mariage de François I$^{er}$ avec Eléonore, sœur de Charles-Quint (7 juillet 1530). Rien n'indique d'ailleurs que la

Reine ait été attendue à Auxerre à cette occasion, comme paraît l'avoir cru le nouvel éditeur, M. d'Héricault.

Cette pièce est toute en allusions satiriques et politiques. *Jenin-Ma-Flûte*, accoutré en badin, arrive de la cour pour nous en raconter de triomphantes nouvelles. Il a vu le Roi, la Reine, toute parée d'or, et messieurs les Enfants de France. Bontemps le suit, qui crie joyeusement :

> Je suis Bon Temps qui d'Angleterre
> Suis icy venu de grant erre.

Il semble qu'il y ait là une allusion à l'entrevue de François Ier avec Henri VIII (22 janvier 1528). Leur alliance avait déterminé Charles-Quint à consentir à la paix. Bontemps, qui personnifie la paix, pouvait dire en ce sens qu'il arrive d'Angleterre. Il n'est pas besoin de supposer, comme fait M. d'Héricault, que Collerye fait ici allusion à lui-même; qu'il était peut-être Anglais d'origine; qu'à la vérité son éditeur de 1536 affirme qu'il est parisien; mais qu'après tout son nom a une physionomie assez anglaise.

Roger de Collerye, né à Paris, vécut à Auxerre la plus grande partie de sa vie; fut, dans cette ville, successivement secrétaire de monseigneur Jean Baillet, évêque d'Auxerre (de 1478 à 1513) et de François Ier de Dinteville, qui succéda à Jean Baillet et fut évêque d'Auxerre de 1514 à 1530. Collerye mourut prêtre, mais on ne sait à quel âge il fut ordonné. Il passa plusieurs années à Paris. Il ne mourut qu'après 1536, date où ses œuvres furent publiées de son vivant. Sa vie fut pauvre et désordonnée. Une partie de ses œuvres est remplie de plaintes, parfois touchantes, sur sa misère. (Voy. *Notice* sur la vie et les œuvres de Roger de Collerye, en tête de l'édition donnée par M. d'Héricault.)

Roger de Collerye était l'un des suppôts de l'*abbé des Foux de l'Eglise d'Auxerre*, société joyeuse pour laquelle il composa un *cry* qu'on lit dans ses œuvres. Il passe à tort pour l'inventeur du type de Roger Bontemps. *Bontemps*, personnification populaire d'un passé plus heureux, d'un avenir moins misérable, *Bontemps* qu'on a connu jadis, qu'on ne voit plus, qu'on espère revoir, exista toujours au Moyen Age; et on essaierait vainement d'énumérer toutes les pièces dramatiques ou autres dans lesquelles il est parlé de lui. Son prénom même, qu'il ne porte pas toujours, ne lui vient pas de Roger de Collerye. Dans la *Moralité de l'homme pécheur*, imprimée vers 1494, on a vu paraître : « Franc Arbitre habillé en Roger Bon Temps ». Dans son roman allégorique intitulé « La conqueste du cueur d'amour espris » (daté 1457), René d'Anjou, roi de Sicile, fait parler « Rogier Bon Temps »[1]. (Voy. ci-dessus p. 181.)

A consulter : Beauchamps, *Recherches sur les théâtres de France*, tome I, p. 318. — *Bibliothèque du théâtre français*, tome I, p. 98.

## 171. — PONCETTE ET L'AMOUREUX TRANSI.

#### ÉDITIONS.

1° Farce joyeuse et recreative de Poncette et de l'Amoureux transi. A Lyon, Jean Marguerite, 1595, petit in-8° (126 vers. La fin manque).

2° *Collection Montaran.*

Personnages : L'amoureux, la mere, le pere, Alizon, le fol Jehanny.

L'amoureux veut épouser Poncette, « car elle a un gratieux ris »; le père veut lui donner « Dame Rose, la fille de Jean de Nyvelles ». L'amoureux épouse Dame Rose, puis s'en repent, et regrette Poncette. La fin manque. Je note dans cette farce le solécisme *J'en parlerons,* qui après

---

1. *Anciennes poésies françaises*, recueillies par Montaiglon, t. IV, p. 122.

avoir été un moment très-élégant à la cour, où Henri Estienne s'indignait de l'entendre, était rapidement tombé dans l'usage du plus bas peuple. Il est rare dans nos farces ; on le retrouvera dans celle du *Porteur d'eau.*

Voy. Beauchamps, *Recherches sur les théâtres de France*, tome I, p. 493. — *Bibliothèque du théâtre français*, tome I, p. 301.

## 172. — PONT (Le) AUX ANES.

### ÉDITIONS.

1º Farce nouvelle fort joyeuse du Pont aux Asgnes a quatre personnages, c'est assavoir le Mary, la Femme, messire Domine de, et le Boscheron.
*Recueil du British Museum*, s. l. n. d., 4 ff. 286 vers.

2º *Recueil Viollet-Leduc*, t. II, p. 35-49.

3º *Recueil Édouard Fournier*, p. 148-154.

Avis ni prières n'y font ; « la femme » ne veut pas obéir. Le mari va consulter messire *Domine de*, nouveau venu de Calabre et qui rend ses oracles en baragouin italien. Est-ce une allusion à François de Paule, appelé par Louis XI ? Dans un flux de paroles, messire *Domine de* donne un bon conseil : *Vade, tenés le pont aux asgnes.* Le mari docile va voir les ânes sur le pont. Un bûcheron roue de coups son baudet, Nolly, pour le faire avancer ; et il avance. C'est un trait de lumière. Le mari rentre à la maison, et, un bon bâton à la main, il rend sa femme obéissante et même prévenante, en vérité.

On prétend que cette farce a donné naissance à cette expression proverbiale : Le pont aux ânes. — « Le *pont aux ânes*, dit Littré après Génin, c'est le pont où passent les ânes et qu'on les décide à passer à coups de bâton. Dans une vieille farce, on conseille à un mari de prendre exemple sur ce procédé pour morigéner sa femme ; le remède était facile et à la portée de tout le monde ; de là *le pont aux ânes ;* figurément et familièrement : une chose facile, ce que tout le monde sait, banalité. » (*Littré*, au mot *pont ;* d'après Génin, *Récréations philologiques,* tome II, p. 58.) La filiation des deux sens ne paraît pas très-bien prouvée.

## 173. — PORTEUR (Le) D'EAU.

### ÉDITIONS.

1º Farce plaisante et recreative sur un trait qu'a joué un Porteur d'eau le jour de ses nopces dans Paris. 1632, s. l. 16 p. in-8º, 294 vers.

2º *Collection Montaran.*

3º *Recueil Édouard Fournier*, p. 456-460.

L' « avant-propos » donne l'analyse de cette petite pièce : « Un porteur d'eau se voulant marier, fit l'amour à une jeune fille, et là où ils convienrent leurs amis, luy ayant emprunté un manteau de vingt francs et un habit à l'équipolent ; le galland s'en alla avec les estrines, les escots, et le manteau, et l'habit, et si peu que pouvoit avoir son espousée ; et depuis le temps, personne n'en a jamais ouy parler : qui est la cause que pour resjouir le lecteur on a mis cette farce en public, laquelle sera jouée en six personnages, sçavoir est : l'espousée, le porteur d'eau, la mère de l'espousée, l'entremetteur du mariage, les violons et tous les conviez ensemble. »

La farce est amusante et vive ; la peinture des mœurs populaires est assez naïve. La versification est très irrégulière. On remarque le solécisme populaire, très-rare dans nos farces : *je ne sçavons, j'avons payé*, etc. L'édition est de 1632 ; mais le fond de la pièce est plus ancien.

174. — POULAILLER (Le) A QUATRE PER-
SONNAGES.

#### MANUSCRIT.

La farce du Poulier a quatre personnages, c'est assavoir le Maistre, la Femme, l'Amoureulx et la Voysine.

Ms. La Vallière, ff. 249 *a*-256 *a* (45º pièce), 353 vers.

#### ÉDITIONS.

1º *Recueil Le Roux de Lincy*, t. III, 4º pièce.

2º *Recueil Emile Mabille*, tome II.

Il s'agit dans cette farce d'un amoureux qui surpris par un mari jaloux et vigilant, s'est réfugié dans un poulailler. Le mari, qui avait juré de tout tuer, ne tue personne et la farce finit, comme une autre, par des chansons. On peut dire de cette petite pièce que le fond en est vieux comme le monde. L'amoureux dans le poulailler nous vient de l'Inde. (Voyez *Hitopadesa*, p. 228, dans la *Bibliothèque elzévirienne*, avec une longue liste des imitations qui furent faites dans toutes les langues de la donnée originale). Dans *Romania* (1878, p. 20), M. G. Paris signale en outre quelque ressemblance avec un récit qui est dans *Disciplina clericalis* de Pierre Alfonse. Voir aussi Loiseleur-Deschamps, *Essai sur les fables indiennes*, p. 77. L'invention de l'amant présenté au mari comme un malheureux qu'on a dû soustraire à la fureur de ses ennemis, est dans le fabliau de la *Mauvaise femme*, dans Boccace (septième journée, nouvelle 6), dans les *Facéties* du Pogge, etc.

175. — POULAILLER (Le) A SIX PERSONNAGES.

#### MANUSCRIT.

Farce nouvelle a six personnages, c'est assavoir deux Gentilshommes, le Mounyer, la Mounyere et les deulx femmes des deulx Gentilshommes, abillez (*sic*) en damoyselles... et est la farce du Poulier.

Ms. La Vallière, ff. 132 *b*-144 *b* (27ᵉ pièce), 743 vers.

### ÉDITION.

*Recueil Le Roux de Lincy*, t. II, 4º pièce.

Même donnée que la farce précédente, avec des développements nouveaux. La pièce est très longue, l'auteur ayant trouvé piquant de redoubler méthodiquement chaque scène, chaque situation et tous les effets comiques.

Deux gentilshommes affublés de noms grotesques, monsieur de la Hannetonnière et monsieur de la Papillonnière, sont dans cette pièce bafoués et vilipendés. Tous deux s'étant risqués à faire la cour à la Meunière, sont dénichés par le Meunier au fond du poulailler où ils se sont cachés en entendant le mari venir. Mourants de peur, ils demandent la vie à genoux, et l'obtiennent, en laissant au terrible meunier tout l'argent qu'il leur a jadis emprunté. C'est ainsi que le peuple se vengeait du noble en se moquant de lui, probablement quand le noble n'était pas là.

## 176. — PRÉSENTATION (La) DES JOYAUX.

### ÉDITIONS.

1º La presentation des joyaux a deux personnages, c'est a scavoir le Sot et le Messager.

*Recueil de Copenhague*, p. 140-148 (134 vers).

2º *Recueil Emile Picot*, p. 181-189.

Farce destinée à être dite à des noces. Le messager offre à la fiancée les joyaux, présent du fiancé. L'élément comique réside dans l'impertinence du *sot*, qui interrompt sans cesse le messager par quelque baliverne souvent grossière. Ce procédé par lequel un personnage bouffon se fait l'écho d'un personnage sérieux, est fréquent dans nos farces et traditionnel au Moyen Age. Le dialogue tant de fois refait de Salomon avec Marcol repose sur cette opposition. Plusieurs farces ne renferment pas d'autre élément comique. (Voyez les *Cris de Paris*, le *Gaudisseur*, le sermon joyeux de *Bien Boire*; le *Gentilhomme et son Page*, etc.)

## 177. — PRINCE (Le jeu du) DES SOTS ET MERE SOTTE, par Pierre Gringore.

#### ÉDITIONS.

1º Le jeu du prince des Sotz, et Mere Sotte, joué aux halles de Paris, le mardy-gras l'an mil cinq cens et unze... (A la fin :) Fin du Cry, Sottie, Moralité et Farce composez par Pierre Gringore, dit Mere Sotte, et imprimé pour iceluy. s. l. n. d. Petit in-8º goth. 44 ff. 661 vers [1].

2º Les mêmes, Paris, s. d. pet. in-4º goth. 16 ff. à 2 col.

3º Collection Caron, nº 4.

4º *Œuvres complètes de Gringore réunies pour la première fois par MM. Ch. d'Héricault et A. de Montaiglon*. Paris, P. Jannet. Le tome I a paru en 1858. Le *cry* occupe les pages 201-202 ; la sottie, les pages 203-243 ; la moralité, les pages 244-269 ; et la farce, les pages 270-286.

5º *Recueil Edouard Fournier*, p. 293-306.

A consulter : Parfait, t. III, p. 216. — *Bibliothèque du théâtre français*, t. I, p. 85 — et ci-dessous, p. 226.

En 1510, le pape Jules II, d'abord notre allié en Italie, s'était tourné contre Louis XII : un concile français réuni à Tours reconnut que le Roi avait le droit de faire la guerre au Pape. Louis XII voulut aller plus loin et faire déposer Jules II. Pour gagner l'opinion publique à une politique si hasardeuse, il usa de tous les moyens ; entre autres il fit

---

[1]. Il existe à l'Arsenal une copie figurée manuscrite, très imparfaite, de cette édition.

appel à la verve satirique du poète Pierre Gringore, qui avait déjà servi les desseins du Roi dans des pamphlets rimés : *l'Entreprise des Vénitiens, la Chasse du Cerf des Cerfs, l'Espoir de Paix*. Chargé par le Roi, ou de sa part, d'ameuter l'esprit populaire contre la Papauté, Gringore écrivit et fit représenter aux Halles de Paris, le mardi-gras 24 février 1512 (1511 vieux style) le *Jeu du Prince des Sots*, et la moralité de l'*Homme obstiné*. Les acteurs étaient les *Enfants-sans-Souci* dont Gringore était le second dignitaire sous le nom de *Mère Sotte*. Le chef de la confrérie était le *Prince des Sots*.

La représentation avait été précédée d'un *cry*, c'est-à-dire d'une proclamation solennelle, destinée à l'annoncer aux Parisiens. Ce *cry* a toujours été publié avec la sottie. Il se compose de quatre couplets de neuf vers chacun, suivis d'une sorte d'*envoi* en quatre vers. Le premier couplet peut donner une idée des autres :

> Sotz lunatiques, sotz estourdis, sotz sages,
> Sotz de ville, de chasteaulx, de villages,
> Sotz rassotez, sotz nyais, sotz subtilz,
> Sotz amoureux, sotz privez, sotz sauvages,
> Sotz vieux, nouveaux, et sotz de toutes ages,
> Sotz barbares, estranges et gentilz,
> Sotz raisonnables, sotz pervers, sotz retifs,
> Vostre Prince, sans nulles intervalles,
> Le mardy gras jouera ses jeux aux Halles.

Le second couplet convoque les sottes ; le troisième revient aux sots ; le quatrième retourne aux sottes. Le dernier n'est qu'une signature burlesque.

Quoique l'éditeur de Gringore, M. d'Héricault, nous paraisse exagérer l'admiration que ce morceau mérite (*Œuvres de Gringore*, tome I, p. LXIX), il paraît certain qu'il obtint un grand succès ; car on en fit des imitations nombreuses : *le Monologue des Nouveaux sots de la Joyeuse Bande* (voir au Catalogue des *Monologues*) ; le *Monologue des Sots Joyeulx de la nouvelle bande*, pièce non dramatique ; sont imitées du *Cry* de Gringore. Une imitation moins directe du même morceau se reconnaît aussi dans les trois *cris* composés par Roger de Collerye *pour les supposts de l'abbé des Foux d'Auxerre, contre les Baȝochiens, contre les clercs du Chastellet*. (Voy. *Œuvres de Roger de Collerye*, Bibliothèque elzévirienne, p. 271-275).

Analysons brièvement cette pièce célèbre. Au début, trois *sots* s'entretiennent vivement de la situation politique, et récriminent contre les ennemis du Prince des Sots qui l'amusent et qui le trompent ; il faut qu'on en finisse avec eux. Le Prince est trop bon, trop ami de la paix, trop prompt à pardonner. L'entretien est interrompu par l'arrivée des Seigneurs et Prélats. La confusion se poursuit à dessein entre le Royaume de la Sottise et le Royaume de France. Seigneurs et Prélats portent tous des noms burlesques qu'avaient vulgarisés les farces et les facéties du temps. Mais leur nom et leur caractère offrent une allusion constante à des personnages réels et bien en vue. Enfin, paraît le Prince des Sots qui figure le Roi même, et après lui, *Sotte-Commune* qui figure le peuple. Sotte-Commune veut la paix à tout prix ; et supplie le Roi et les grands d'attendre au moins qu'on les attaque. Mais cela ne tardera guère. Voici l'entrée de *Mère-Sotte* « habillée comme l'Église », c'est-à-dire habillée en Pape, appuyée sur *Sotte-Fiance* et *Sotte-Occasion* à qui elle explique sa merveilleuse politique.

> La bonne foi, c'est le vieil jeu.

Pour séduire les Prélats, pour les détacher du Prince des Sots, Mère-Sotte leur offre des chapeaux rouges. Elle veut aussi séduire la fidèle noblesse ; mais elle y échoue. Il n'importe ; elle a trop grande hâte d'engager la bataille. Mère-Sotte crie : « Aux armes ! » et saisit une épée. (Le 11 janvier 1511, Jules II, tout armé, était entré par la brèche, dans la place de la Mirandole.) La mêlée s'engage et Commune en gémit en disant tout bas :

> En fin je paie toujours l'escot.

Mais voici que dans la bagarre on a déchiré le vêtement d'emprunt dont se couvrait Mère-Sotte ; on la voit telle qu'elle est, et Commune s'écrie toute joyeuse :

> Affin que chascun le cas notte
> Ce n'est pas Mere Saincte Eglise
> Qui nous fait guerre; sans feintise
> Ce n'est que nostre Mere Sotte.

Qu'on la détrône cette intruse ; c'est-à-dire : qu'on dépose ce faux Pape.

> Mere Sotte selon la loy
> Sera hors de sa chaire mise...
> Car elle fut posée de faict
> En sa chaire par Symonie.

La *Moralité,* jouée après la sottie, exprimait les mêmes colères avec plus d'amertume encore. (Voir, au catalogue des Moralités : *Peuple-Français*, *Peuple-Italique* et l'*Homme-Obstiné.*)

Au début de la pièce, Peuple-Français se plaint de payer les frais de la guerre ; Peuple-Italique se lamente d'en être le théâtre, horriblement foulé par les gens de guerre. Tous deux se reprochent l'un à l'autre et leurs fautes et leurs vices. L'arrivée de l'*Homme-Obstiné* interrompt leur querelle. L'Homme-Obstiné, c'est-à-dire Jules II, commence par se dépeindre lui-même dans une confession impudente :

> Mais qu'est-ce-cy ? D'ou me peult-il venir
> D'estre pervers et ne vouloir tenir
> Compte de Dieu, ne d'homme, ne de dyable ?
> Je ne me puis de mal faire abstenir.

Peuple-Italique le supplie de faire la paix. L'*Homme-Obstiné* n'y veut consentir. « Regardez là-haut », dit le Peuple. C'est *Punition-Divine* toute prête à fondre sur lui. Mais

*Simonie* et *Hypocrisie* viennent réconforter l'Homme-Obstiné et l'endurcissent dans sa méchanceté. La pièce s'achève sans se conclure ; Punition-Divine menace l'Homme ; elle attend pour le frapper que les péchés de Peuple-Français ne retiennent plus son bras vengeur.

## 178. — RAMONEUR (Le) DE CHEMINÉES.

#### ÉDITIONS.

1° Farce nouvelle d'ung ramonneur de cheminees, fort joyeuse, nouvellement imprimée, a quatre personnaiges, c'est assavoir le ramonneur, le varlet, la femme et la voysine.
Recueil du British Museum, s. l. n. d., 6 ff., 330 vers.

2° Recueil Viollet-Leduc, t. II, p. 189-206.

Farce obscure et grossière. On y trouve des stances disposées dans une forme lyrique assez compliquée, ce qui est beaucoup moins fréquent dans les farces que dans les mystères. On y relève plusieurs proverbes (comme *il n'est abay que de vieux chien*) et cette singulière comparaison :

> Il a le groing enluminé
> Comme le B de *Beatus vir*.

allusion aux rubriques des psautiers à enluminures. Signalons aussi cet adage :

> Il a perdu le plait a Romme ;
> Il peut bien appeler a Rains.

Façon de dire : la partie est perdue sans remède ; car on appelle de Reims à Rome et non de Rome à Reims.

## 179. — RAPPORTEUR (Le).

#### MANUSCRIT.

Farce du Raporteur a quatre personnages, c'est assavoir le Badin, la Femme, le Mary et la Voyesine.
Ms. La Vallière, ff. 157 a-162 a (30° pièce). 510 vers.

ÉDITION.

*Recueil Le Roux de Lincy,* tome II (7ᵉ pièce).

« Je n'ay ici que m'amuser », dit le Badin, et pour s'amuser, il va trouver successivement une femme, son mari, leur voisine, et dit à chacun, contre les autres, les plus grosses calomnies. Tous les trois sont furieux ; le mari vient battre sa femme ; la femme bat son mari ; la voisine bat la femme. A la fin, on s'explique ; chacun dit à l'autre : « Qui te l'a dit ? » et l'on trouve que le *rapporteur* est seul auteur de tout le mal. Les voilà d'accord pour rouer de coups le badin, qui se repent un peu tard.

> Le mestier ne m'est pas propice,
> Je le quicte pour tout jamais.

## 180. — RAOULLET PLOYART, DOUBLETTE, MAUSECRET, FAIRE, DIRE, LE SEIGNEUR DE BALLETREU, par Pierre Gringore (1512).

Cette farce termina la représentation célèbre donnée par Gringore, aux Halles de Paris, le Mardi-Gras de l'an 1511. (Vieux style ; c'est-à-dire 24 février 1512.) Les trois pièces qui la composèrent ont toujours été publiées ensemble. (Voyez ci-dessus : *le Prince des Sots*). La farce a en outre été publiée dans le tome premier du *Recueil Charles Brunet*, et dans le *Recueil de pièces rares et facétieuses* de Barraud, t. I, p. 1-24. Elle renferme 300 vers. Dans l'édition originale elle est intitulée simplement : *Farce.* Depuis on l'a souvent publiée, analysée ou citée sous ces titres : *Dire et Faire. Faire vaut mieux que Dire.* Selon notre usage nous la désignons par le nom des personnages. Ils sont au nombre de six : « Raoullet Ployart, mary ; Doublette, sa femme ; Mausecret, valet ; Faire ; Dire ; Le Seigneur de Balletreu ».

A consulter : Parfait, tome III, p. 187. — *Bibliothèque du théâtre français*, tome I, p. 87.

La pièce est fort libre et toute en équivoques grossières. Doublette, femme de Raoullet, cherche un amant qui la console d'avoir un vieux mari. Raoullet se plaint au seigneur de Balletreu qui donne raison à la femme. *Dire* et *Faire* sont les noms de deux servants de Doublette, fort inégalement appréciés par elle.

## 181. — RÉFORMERESSE (La), LE BADIN, TROIS GALANTS ET UN CLERC.

### MANUSCRIT.

Farce a six personnages, c'est assavoir la Reformeresse, le badin, trois gallans et un clercq.

Ms. La Vallière, ff. 81 *b*-86 *b* (18ᵉ pièce), 285 vers.

### ÉDITION.

*Recueil Le Roux de Lincy*, tome I, 17ᵒ pièce.

Cette farce ressemble fort à celle des Pauvres-Diables (voy., ci-dessus, p. 208) par la forme et par le fond. Nous y retrouvons le personnage singulier de la « Reformeresse » laquelle semble personnifier ces compagnies burlesques qui s'appliquaient à censurer tous les vices, sans prétendre à les corriger. Un Badin s'offre à la Dame pour lui servir de valet. Trois galants se présentent; ce sont des « Enfants-sans-Soucy », comédiens vagabonds, « farceurs, rimeurs et rimaleurs », qui font une peinture plus naïve qu'édifiante de leur vie de débauche. Cette farce renferme plusieurs chansons, dont l'une la date à peu près, à condition de supposer que la chanson était nouvelle.

> Dans Paris, la bonne ville,
> L'Empereur est arrivé.

Charles-Quint entra dans Paris le 1ᵉʳ janvier 1540.

La pièce appartenait peut-être au répertoire des Connards. L'un des galants s'appelle Raul-le-Mal-Pencé; or, l'un des dignitaires de l'abbaye burlesque s'appelait l'*abbé de Maupencé*[1].

---

1. Voy. Picot, *la Sottie en France*, p. 69 et *Triomphe de l'abbaye des Conards*, éd. Montifaud, p. 35.

## 182. — RÉSURRECTION (La) DE JENIN LANDORE.

###### ÉDITIONS.

1º Farce nouvelle tres bonne et fort joyeuse de la resurrection de Jenin Landore a quatre personnaiges, c'est assavoir Jenin, sa Femme, le Curé et le Clerc.
*Recueil du British Museum,* s. l. n. d., 4 ff. 242 vers.

2º *Recueil Viollet-Leduc,* t. II, p. 21-34.

Satire peu dramatique, mais souvent fine, et, çà et là, joliment rimée. Jenin ressuscité raconte ce qu'il a vu au ciel; ce sont autant d'allusions à ce qui se passe sur la terre. Les saints se battent entre eux (guerres d'Italie qui mettent aux prises Rome et Venise, la France et l'Espagne, et les saints patrons de ces États, Pierre et Marc, Denys et Jacques). Saint Benoit (les moines) fait le gentilhomme. Point de procès au ciel; on n'y voit qu'un seul avocat (saint Yves). De procureurs, on n'y en voit pas.

> Il en vint un jusqu'a la porte,
> Mais quand vint a entrer au lieu,
> Il rompit tant la teste a Dieu.
> Qu'on le chassa hors de leans.

Tout cela est dit assez spirituellement et avec une retenue rare dans les farces.

## 183. — RETRAIT (Le).

###### MANUSCRIT.

Farce nouvelle et fort joyeuse a quatre personnages, c'est assavoir le Retraict. Le Mary, la Femme, Guillot et l'Amoureulx.
Ms. La Vallière, ff. 304 a-313 a, 54ᵉ pièce, 485 vers.

###### ÉDITIONS.

1º *Recueil Le Roux de Lincy,* t. III (13º pièce).

2º *Recueil Émile Mabille,* t. II.

Farce très grossière, d'ailleurs assez plaisante et qu'on jugeait peut-être morale en un siècle peu délicat ; car elle montre assez bien que tout n'est pas plaisir dans le vice. Un amoureux surpris se réfugie où il peut ; dans le moins bel endroit du logis ; puis s'enfuit dans un tel état que le mari jaloux le prend pour le diable ; il ne doit son salut qu'à cette circonstance. Certains détails sont amusants, comme celui du valet qui mange la moitié du festin apporté par l'amant, et revend le reste à son maître affamé. Le conte de l'amant pris pour un diable est dans les *Cent Nouvelles nouvelles*, où l'a sans doute puisé l'auteur de cette farce.

## 184. — ROBINET BADIN, LA FEMME VEUVE, LA COMMÈRE ET L'ONCLE MICHAULT.

### MANUSCRIT.

Farce joyeuse a quatre personnages, c'est a scavoir Robinet Badin, la Femme Vefve, la Commere et l'Oncle Michault, oncle de Robinet.

Ms. La Vallière, ff. 313 *a*-318 *a* (55ᵉ pièce), 285 vers.

### ÉDITIONS.

1º *Recueil Le Roux de Lincy*, t. III, 14ᵉ pièce.

2º *Recueil Émile Mabille*, tome I.

Robinet n'est qu'un valet ; mais ce *badin* a bien du charme ; sa maîtresse est veuve, et riche et tendre : elle lui offre de l'épouser ; le valet accepte. C'est un assez piquant tableau de mœurs bourgeoises. La veuve qui pleure le défunt, tout en offrant sa main au valet, fait une figure vraiment comique, et ne déparerait pas une petite pièce de Molière.

— Ce n'est rien qu'une femme seulle,
Ma mye. Un chascun la deboulte
— Raison veult que je m'y reboulte

Car Dieu m'en a amonnestee,
Car des la premiere nuictee
Qu'on sonnoit pour le trespassé
Dont le dueil n'estoit pas passé,
J'ouys bien de nostre maison
Les cloches disant en leur son,
Insessamment, ce me sembloyt :
« Pren ton valet, pren ton valet ».

## 185. — ROI (Le) DES SOTS.

### ÉDITIONS.

1º Sottie nouvelle a six personnaiges, c'est assavoir le Roy des Sots, Sottinet, Triboulet, Coquibus, Mitouflet, Guippelin. ... Cy fine la Sottie du Roy des Sotz et aussi de ses suppotz.
*Recueil du British Museum,* s. l. n. d. 6 ff., 385 vers.

2º *Recueil Viollet-Leduc,* t. II, p. 223-243.

Le Roi des Sots convoque ses sujets, par Sottinet son sergent. Sottinet appelle d'abord tous les spectateurs. *Triboulet* et *Coquibus* sont traînés sur la scène ; ils se disent sages ; mais sous leurs vêtements d'hommes sensés on découvre l'habit de fou. Que porte Coquibus dans sa hotte? Des rats. C'est un *rapporteur*. La pièce finit par une chanson, qu'entonnent en chœur, et le verre en main, les Sots autour de leur Roi.

Le fou authentique, appelé Triboulet, mourut avant 1514 (*Anciennes poésies françaises,* XIII, 2). Mais son surnom resta traditionnellement aux fous. *Coquibus* ou *Quoquibus* est un nom forgé comme *Quiproquo,* et revient fréquemment dans les farces.

Dans cette sottie on dit d'un personnage qui fait le muet :

A il point le Panthagruel?

Le *Pantagruel* est une maladie, connue bien avant Rabelais, c'était une extinction de voix. L'origine sérieuse de ce mot est inconnue [1].

## 186. — RUSE (La), MÉCHANCETÉ, OBSTINATION D'AUCUNES FEMMES.

### ÉDITIONS.

1° Farce joyeuse et profitable a un chacun, contenant la ruse, meschanceté et obstination d'aucunes femmes par personnages : le mary, le serviteur, la femme, le serrurier. S. l. 1596, petit in-8°, 13 pages, 240 vers. On lit sur la dernière page : Par G.F.D.M.E.F.

2° *Collection Montaran.*

Ancienne farce en vers de 8 syllabes, maladroitement remaniée, dans sa première partie, en vers de douze syllabes.

Voy. Beauchamps, *Recherches sur les théâtres*, tome I, p. 494. — Parfait, t. III, p. 525. — *Bibliothèque du théâtre français*, t. I, p. 314. (Le duc de La Vallière, quand il fit rédiger cet ouvrage, ne possédait ni cette farce, ni celle de *Poncette*; il dit de l'une et l'autre : qu'il est certain de les avoir vues, mais qu'il n'a pu les retrouver. Elles figurent ensuite sur le Catalogue en 3 volumes de sa précieuse collection).

Une méchante femme trompe son mari, qui la bat; puis il s'apaise comme par enchantement, lorsqu'on lui donne de

---

1. Rabelais (livre II, chap. II) donne cette étymologie de Pantagruel : « *Panta* en grec vault autant à dire comme *tout*, et *gruel* en langue hagarene vault autant comme *altéré* ». Avant Rabelais, le *Verger d'honneur,* parlant d'un vieillard très décrépit, dit :

> ...Le Penthagruel le grate
> Si treffort dehors et dedans
> Que parler ne peult...

L'écolier limousin dans Rabelais (livre II, chap. VI) « disoyt souvent que Pantagruel le tenoit à la gorge ». Ailleurs (livre II, chap. VII) on lit : « Nous avons du Pantagruel et avons les gorges sallées ». Au livre III, chap. II : « Autres avons ouy, sus l'instant que Atropos leur coupoit le filet de vie, soy grievement complaignans et lamentans de ce que Pantagruel les tenoit a la gorge ». Dans le mystère de saint Louis en trois journées, le diable qui entretient la soif des buveurs s'appelle **Pantagruel**. (Voy. nos *Mystères,* II, 529.)

l'argent. Le titre aurait dû ajouter que « aucuns hommes » ne valent pas mieux que certaines femmes.

## 187. — SAVETIER (Le).

### ÉDITIONS.

1° Farce joyeuse, tres bonne et recreative pour rire, du Savetier, a troys personnages, c'est assavoir Audin, savetier ; Audette, sa femme et le Curé.
*Recueil du British Museum*, s. l. n. d., 4 ff. (202 vers).

2° *Recueil Viollet-Leduc*, tome III, p. 128-139.

Audin et Audette échangent force injures. « Que le diable t'emporte », crie enfin Audin à sa femme. Là-dessus, un homme en diable s'élance sur la scène et emporte, en effet, la femme. Audin, un peu penaud d'abord, prend son parti philosophiquement. Mais qui est ce faux diable ? C'est le curé de la paroisse, un de ces curés de théâtre forain dont le véritable curé supportait bénignement l'exhibition outrageante.

## 188. — SAVETIER (Le) CALBAIN.

### ÉDITIONS.

1° Farce nouvelle d'ung savetier nommé Calbain, fort joyeuse, lequel se maria a une savetiere, a troys personnages, c'est assavoir Calbain, la Femme et le Galland... Nouvellement imprimée a Lyon en la maison de feu Barnabé Chaussard, pres Nostre-Dame-de-Confort, 1548.
*Recueil du British Museum*, 6 ff.

2° *Recueil Viollet-Leduc*, t. II, p. 140-157.

3° *Recueil Édouard Fournier*, p. 277-283.
Voy. Magnin, *Journal des Savants,* avril 1858, p. 211.

La savetière veut une robe et bien d'autres choses encore. Le savetier, qui est gai, répond par une chanson, deux chansons; il en entonne seize à la file. Pour se venger, la femme, sur l'avis d'un galant, donne un narcotique à son mari, et, pendant son sommeil, elle lui dérobe sa bourse. Calbain se réveille et réclame l'argent; c'est au tour de la femme de chanter et de se moquer. En vain les coups pleuvent sur elle; rien ne peut réduire une femme et le savetier s'avoue vaincu.

Il y a dans cette farce plusieurs imitations sensibles de *Pathelin*[1]. On n'a que le premier vers ou le premier couplet des *vingt-sept chansons* que chantaient ou commençaient de chanter les deux personnages. Quelques-unes des chansons indiquées ici ont joui d'une véritable célébrité : comme *Bergerotte Savoysienne*, — *la Maumariée*, — *La Péronnelle*, — *Jolyet est marié*, — *Binette au château Gaillard*, — *Maudit soit le petit chien*.

## 189. — SAVETIER (Le), MARGUET, JAQUET, PROSERPINE ET L'HOTE.

#### MANUSCRIT.

Farce joyeuse a cinq personnages, c'est assavoir le Savatier, Marguet, Jaquet, Proserpine et l'Oste.

Ms. La Vallière, ff. 408 b-413 a, 74° pièce, 302 vers.

#### ÉDITION.

*Recueil Le Roux de Lincy*, t. IV, 14° pièce.

1.
   Paix, paix, je m'en vois a la foire
  Achepter du cuir, par mon ame, de vache.

Ailleurs :
  Six blancs, par mon serment, de laine.

Plus loin :
  Qui l'a prinse? Vous ne l'avez pas.
  Elle l'a, non a, elle l'a prinse.
  El ne l'a pas prinse. Sy a
  Non a, sy a; non a, sy a,

où Calbain parodie les doutes de Guillaume. L'imitation s'accuse à dessein; donc la pièce ne doit pas être beaucoup postérieure à Pathelin. On a pu rajeunir le texte au XVI° siècle.

Scènes populaires. Le savetier sait faire obéir Marguet, sa femme; et Jaquet, son compère, tremble devant Proserpine dont il est l'époux très battu. Au cabaret, le savetier, confiant en sa force, offre le troc à son camarade qui accepte avec transport. Tout aussitôt, Proserpine, rouée de coups par son nouveau mari, s'assouplit si bien que Jaquet reste émerveillé. Le savetier conclut :

> Femme qui son mari tempeste
> Qu'on ne la baille pas a Jaquet.
> Car envers luy fait trop la beste
> Qu'on me la baille, car sa teste
> Amoliray et son caquet.

Conclusion qui rappelle celle de l'*École des Maris* :

> Vous si vous connaissez des maris loups garous
> Envoyez les au moins à l'école chez nous.

Les *chansons* abondaient dans cette farce; mais le texte se borne à en indiquer le premier vers.

190. — SAVETIERS (Les deux).

###### MANUSCRIT.

Bibliothèque nationale, fr., 25473 (Olim, 3314, La Vallière, 189).

###### ÉDITIONS.

1º Farce nouvelle tres bonne et fort joyeuse des deux savetiers, l'un pauvre, l'autre riche; le riche est marry de ce qu'il voit le pauvre rire et se resjouir, et perd cent escus et sa robbe que le pauvre gaigne. A trois personnages, c'est a scavoir le Pauvre, le Riche et le Juge. S. l. n. d. (Paris, vers 1530), pet. in-fol. format dit d'*agenda*, 4 ff. (à la suite de *Mundus, Caro, Demonia*).

2º *Recueil Nicolas Rousset*, p. 47-64.

3º Parfait, *Histoire du théâtre français*, tome II, p. 145-162.

4º *Collection Caron*, t. I (avec le *Recueil Nicolas Rousset*).

5º Paris, Didot, 1827, in-fº format d'*agenda* (avec la moralité

*Mundus, Caro, Demonia*). Publication signée D. de L. (Durand de Lançon).

6° Réimpression du n° 5, Paris, Silvestre, 1838.

7° *Recueil Edouard Fournier*, p. 210-215.

8° *Recueil Charles Brunet*, t. I, p. 47-64.

9° *Recueil Emile Mabille*, t. I.

Tant de réimpressions n'empêchent pas que cette farce est assez plate. Le savetier riche, ennuyé des chansons du pauvre, voudrait le faire taire en le rendant avare : « Va demander, dit-il, cent écus au bon Dieu ». Voilà le pauvre à genoux devant l'autel ; le riche se cache et lui jette une bourse ; l'autre la ramasse et s'enfuit. Le riche, qui ne voulait que rire, réclame son argent et conduit son débiteur devant le juge ; encore faut-il qu'il lui prête une robe, pour le mettre en état décent. Le juge laisse l'argent et la robe au pauvre. Il y a loin de là à la fable de La Fontaine : *Le Savetier et le Financier*. Une autre variante du même thème se trouve dans la 19° nouvelle de Bonaventure Des Périers.

## 191. — SCIENCE ET SON CLERC, ANERIE ET SON CLERC.

### MANUSCRIT.

Farce nouvelle a quatre personnages, c'est assavoir Science, son Clerc, Asnerye et son Clercq qui est badin.

Ms. La Vallière, ff. 279 a-283 a (50° pièce), 302 vers.

### ÉDITIONS.

1° *Recueil Le Roux de Lincy*, tome III, 9° pièce (sous le titre de *Moralité* que le ms. ne donne pas).

2° *Recueil Edouard Fournier*, p. 334-343.

Voy. Génin, *Patelin (Introduction)*.

Satire violente des abus qui régnaient dans la distribution des bénéfices. Toutes les dignités vont à Anerie et à son clerc ; on jette un morceau de pain par grâce aux savants. Le clerc d'Anerie trouve cela tout naturel ; fort de ses quatre bénéfices, il est sûr d'acheter jusqu'aux respects :

> On en gressera les bonnés,
> Par force de me saluer.

Science prédit que c'est ainsi qu'on fera la partie belle aux réformés.

## 192. — SEIGNE PEYRE ET SEIGNE JOAN (1576).

#### ÉDITIONS.

1° Comedie de Seigne Peyre et Seigne Joan, a Lyon, par Benoist Rigaud, 1580, petit in-8°.

2° Réimpression, Paris, Silvestre, imprimerie de Pinard, 1832, petit in-8°.

Cette petite « comédie », en patois du Dauphiné, est un simple dialogue entre deux personnages et se compose de 360 vers. Les deux paysans, sire Pierre et sire Jean, expriment l'espoir que la paix durera grâce à la volonté qu'a le Roi de la maintenir ; et tout réjouis de cette pensée, ils arrangent un beau mariage, celui d' « Andryon », fils de Pierre, avec « Catarine », fille de Jean. On discute la dot; on vante les qualités de la fille et du garçon. Une note, à la suite du dernier vers, nous dit que cette petite pièce fut jouée à Montélimar, par deux paysans, l'an 1576.

## 193. — SOBRES (Les) SOTS ET LES SCIEURS D'AIS (1536).

#### MANUSCRIT.

Farce morale et joyeuse des Sobres-Sotz entremellés avec les

Syeurs d'ais a six personnages, c'est assavoir cinq galans et le badin.

Ms. La Vallière, ff. 357 a-364 a (64° pièce), 477 vers.

### ÉDITIONS.

1° *Recueil Le Roux de Lincy*, t. IV, 4° pièce.
2° *Recueil Edouard Fournier*, p. 429-437.

Sottie jouée au Palais de Justice de Rouen, probablement par les Basochiens.

> Messieurs, n'en vistes-vous jamais ? (*des sots*)
> On en voit tant en ce Palais !
> ...Je croys qu'il n'y a a Rouen rue
> Ou l'on n'en trouvast plus d'un cent.

Ils jouaient non comme Basochiens, mais comme membres de deux de ces confréries joyeuses qui pullulaient en France au Moyen Age ; les *Sobres-Sots,* ainsi nommés sans doute parce qu'ils se piquaient d'être fous avec mesure, et les *Scieurs-d'ais* ou de planches, dont le nom inconnu d'ailleurs, reste un mystère pour nous. Les *Sobres-Sots* semblent n'être pas autres que les *Connards*. L'illustre abbaye joyeuse s'est même dissimulée, durant les troubles de la Ligue, sous le nom singulier de *Maison de sobriété.* Cette farce ne saurait s'analyser ; c'est un de ces dialogues vifs, décousus, sémillants, malicieux, dont le répertoire de la *Mère-Folle* Dijonnaise a conservé la tradition jusqu'en plein dix-septième siècle ; et dans lesquels des personnages d'ordinaire anonymes et vagues, s'égayaient aux dépens des vices généraux de l'humanité et des travers particuliers de leurs contemporains et surtout de leur ville. Il est fait allusion dans la pièce au supplice des protestants condamnés au bûcher, ce qui permet de la dater approximativement de l'année 1535, ou environ. Une autre allusion semble désigner les expéditions navales de Charles-Quint en 1536. (Voy., sur cette pièce, Picot, *la Sottie en France,* page 60.)

## 194. — SOTS (Les) NOUVEAUX FARCÉS.

ÉDITION.

> Les sotz nouveaulx farcez couvez.
> Jamais n'en furent de plus folz.
> Si le deduict veoir vous voulez,
> Baillez argent, ilz seront voz.

S. l. n. d. (Paris, vers 1525), pet. in-8° goth. 8 ff. Au titre le bois de Mere Sotte, représentant trois Sots avec la devise : Tout par Raison, Raison par Tout, Par tout Raison (256 vers).

Nulle action. Les personnages, le premier Fol, le second Fol et le tiers Fol, racontent comment ils ont été « ponnus » (pondus) par Dame-Folie. (Voir au catalogue des Farces perdues : les *Nouveaux ponnus*.) En passant, ils font allusion à divers événements politiques et militaires des années 1512 et 1513. La pièce était peut-être plus méchante qu'elle n'en a l'air; car les auteurs la terminent en s'excusant :

> Pardonnez-nous, je vous en prie,
> *Car en soties n'a que follye.*

## 195-196. — SOTTIES (Les) DE GENÈVE.

Nous réunissons sous ce titre commun les deux célèbres sotties sans titre, jouées à Genève, en 1523 et 1524.

ÉDITIONS [1].

1° Sottie a dix personnages jouee a Geneve en la place du Molard, le dimanche des Bordes, l'an 1523 — Sottie jouée le dimanche après les Bordes, en 1524, en la Justice. S. l. n. d. petit in-8° de 20 ff. (306 vers et 302 vers).

2° Sottie a dix personnages. Jouee a Geneve en la place du Molard, le dimanche des Bordes, l'an 1523. Lyon, Pierre

---

1. Il existe un manuscrit des deux sotties, mais copié sur les éditions imprimées vers la fin du XVIe siècle. Bibl. de Grenoble, 916, in-fol., papier.

Rigaud, s. d. (vers 1750), petit in-8°. (La sottie de 1523 occupe les pages 1 à 20 ; la sottie de 1524 occupe les pages 21-41.)

3° *Collection Caron*, n° 2.

4° *Mémoires et Documents publiés par la Société d'histoire et d'archéologie de Genève*, t. I, 1841, in-8°. La première sottie occupe les pages 153-163 ; la seconde, les pages 164-180.

5° *Deux sotties jouées à Genève, l'une en 1523, sur la place du Molard, dite sottie a dix personnages, et l'autre en 1524, en la Justice, dite Sottie à neuf personnages, avec une notice historique*, par F.-N. Le Roy. Genève, Gay et fils, éditeurs, 1868, in-16.

6° *Les anciennes fêtes genevoises*, par F.-N. Le Roy. Genève, 1868, in-8°. (Le texte occupe les pages 79-99 et 106-128.)

7° *Recueil Edouard Fournier*, p. 392-398 et 399-405 (sous ce titre : *La sottie des béguins*).

A consulter : *Bibliothèque du théâtre français*, t. I, p. 90. — E. Picot, *La Sottie en France*, p. 44-54.

Les personnages de la première sottie s'appellent : Folie, Le Poste, Anthoine, Gallion, Grand-Pierre, Claude Rollet, Pettremand, Gaudefroid, Mulet (de Palude), L'Enfant. Tous ces noms sont les noms réels des acteurs chargés des rôles.

M. Fournier dit que les *bordes*, dont il est question au titre de ces deux pièces, étaient de petites boutiques qu'on élevait à Genève pour une foire ; et que le dimanche des *bordes* était celui où cette foire avait lieu. Cette explication paraît fausse. Le dimanche des bordes est le même qui s'appelait ailleurs le Dimanche des *Brandons*; c'est le premier dimanche de Carême. En 1523, il tomba le 22 février. Les *bordes* sont des bâtons qui servaient à certains jeux ou à des luttes qui se faisaient ce jour-là. (Voy. Du Cange, Glossaire, au mot *Borda*.)

La confrérie dramatique, qui représenta ces deux sotties à Genève, devait être tout à fait analogue à celles qui florissaient dans le même temps, en France, à Dijon et ailleurs, sous le gouvernement de Mère-Folle ou Mère-Folie. C'est probablement la même société qui avait joué à Genève, en 1485, le *Miroir de Justice*[1]. Un des acteurs du *Miroir* s'appelle Nicolas Rolet; et il y a un Claude Rolet, parmi nos acteurs, un Stéphane Rolet, parmi les personnages muets que Mère-Folie appelle au commencement de la pièce, comme faisant partie du nombre de ses suppôts. Elle appelle aussi Guillaume le Diamantier, qui avait été un des compagnons de Nicolas Rolet. Elle nomme un de ses suppôts trépassés, Perrotin, lequel, en 1510, avait reçu de la ville un florin, pour certaines « gaillardises » dont il était l'auteur[2].

En 1523, Genève, occupée militairement par le duc de Savoie, était inquiète et mécontente : aussi la pièce s'ouvre par les lamentations de *Mère-Folie* séparée de son époux *Bon-Temps*. Arrive un messager avec des nouvelles de l'absent, qui promet de venir si l'ordre et la sécurité sont rétablis à Genève. Joie générale parmi les *Sots*, suppôts et enfants de Mère-Folie. Puisque Bon-Temps revient, on peut bien jouer la comédie. Où sont les chaperons de folie? Perdus ou découpés. Faisons-en d'autres avec la chemise de Mère-Folie; mais on essaie les nouveaux béguins; aucun n'est complet; le béguin de folie devait avoir deux longues oreilles; ceux-ci n'en ont qu'une. Il paraît que le temps des libres jeux n'est pas revenu encore. On se console en allant boire.

La sottie qui fait suite s'annonce par cette courte introduction :

« Pour ce que le Dimanche des Bordes faisoit grand vent, fut continuée (*c'est-à-dire différée, remise au dimanche suivant*) ladite sottie, et joua la grand-mere, Maistre Pettremand (*lequel joue sous son nom dans la sottie précédente*)

---

[1]. *Mémoires et Documents publiés par la Société d'histoire et d'archéologie de Genève*, t. I, p. 142-144.
[2]. Voy. Picot, *la Sottie en France*, p. 50.

grand joueur d'espée (*c'est-à-dire bateleur*). Monsieur le duc et Madame estoyent en ceste ville, au Palais, et y devoient assister, mais pour ce qu'on ne leur avoit pas dressé leur place, et qu'on ne les alla querir, ils n'y voulurent pas venir. Aussi pour ce qu'on disoit que c'estoyent huguenots qui jouoyent. Monsieur de Maurienne (*Louis de la Palud, cardinal de Gorrevod* [1]) et plusieurs autres courtisans y furent, et tout plein de marchands, car la foire estoit alors et Jean Philippe [2] fit la plupart des despens. »

On remarquera dans ce texte de 1524 le mot *huguenot*, que l'on croit, en général, beaucoup plus récent. Il désigne ici non des hérétiques, mais les *confédérés* génevois, adversaires du duc de Savoie ; ils s'étaient alliés aux confédérés suisses (en leur langue *eidgenossen*) et avaient francisé, ou plutôt écorché ce nom, en la forme *huguenots*. Plus tard, ces confédérés génevois passèrent à la Réforme (vers 1536) et le nom, qu'ils portaient déjà comme parti politique, s'étendit aux Réformés avec lesquels ils se confondirent dès lors. Cette étymologie du vocable *Huguenot* paraît la plus probable ; cependant Littré, dans son *Dictionnaire*, en adopte une différente ; mais il n'a pas connu, ou ne cite point, le préambule de notre sottie.

La représentation eut lieu le dimanche 14 février 1524 (second dimanche du Carême).

Les personnages étaient au nombre de neuf : Le Prebstre ; le Medecin ; le Conseiller ; l'Orphevre ; le Cousturier ; le Savetier ; le Cuisinier ; Grand-Mere-Sottie ; le Monde [3].

Au début de la pièce, les Enfants de Bontemps et de Mère-Folie se présentent en grand deuil ; car, depuis l'an passé, ils ont perdu père et mère. Il ne leur reste qu'une

[1]. Partisan du Duc, et hostile aux patriotes Génevois.
[2]. Riche Génevois, l'un des chefs de l'opposition locale.
[3]. Le texte donne aussi les noms des acteurs (sauf pour le cousturier et le cuisinier). Ils se nommaient : Frere Mulet de Palude, Jehan Bonatier, Claude Rolet, Le Bonnatier, Claude Le Gros Rosset, Maistre Pettremand, Anthoine Le Dorier.

grand'mère assez grognon, Grand-Mère-Sottie qui ne veut rien faire pour ses petits enfants. « Qu'ils travaillent », dit-elle. Ils vont trouver le Monde et lui demander de l'ouvrage. Le Monde les retient tous, et fait travailler pour lui tous les corps de métier; mais il n'est content de rien. Le Monde est trop dégoûté, il doit être malade; un Médecin vient lui tâter le pouls, et le juge atteint au cerveau. Le Monde avoue qu'il a l'esprit frappé des sinistres prédictions qui courent. Le Médecin le rassure et s'emporte contre les hypocrites qui ont voulu l'alarmer. Mais le Monde, au lieu de le croire, s'abandonne à la troupe des Sots qui l'habillent en Fou et l'emmènent, un voile sur la figure; c'est un aveugle mené par des insensés.

197. — SOUPIERS (Les deux) DE MOVILLE, LA FEMME SOUPIÈRE, L'HUISSIER, L'ABBÉ.

### MANUSCRIT.

Farce nouvelle a cinq personnages, c'est assavoir des deux Soupiers de Moville, la femme Soupierre, l'Huyssier, l'Abé.
Ms. La Vallière, ff. 371 *b*-373 *a* (66ᵉ pièce), 124 vers.

### ÉDITION.

*Recueil Le Roux de Lincy*, t. IV, 6ᵉ pièce.

Pièce fort obscure; elle paraît consister dans une allusion continue à quelque aventure plaisante qui s'était passée parmi l'une de ces sociétés joyeuses, si fréquentes en Normandie et surtout à Rouen. L'*Abbé* n'est probablement qu'un abbé des Connards. Les deux *Soupiers* sont gens qui aiment la soupe et qui vont la manger, servie par la *Soupière*, quand l'Huissier entre; on lui reproche d'avoir offensé l'Abbé; l'Huissier s'avoue coupable et demande pardon à l'Abbé, devant qui tous se prosternent; l'Abbé les absout, et l'on va souper. Telle est cette farce que nous avouons n'avoir pas tout à fait comprise. Moville ne nous est pas connu.

## 198. — SOURD (Le), SON VALET ET L'IVROGNE.

#### MANUSCRIT.

Farce nouvelle a troy personnages, c'est a sçavoir le Sourd, son Varlet et l'Yvrongne.

Ms. La Vallière, ff. 101 a-103 b, 21ᵉ pièce (145 vers).

#### ÉDITION.

*Recueil Le Roux de Lincy*, t. I (21º pièce).

Parade foraine. Le maître est sourd : son valet l'injurie à son aise et impunément. Arrive un ivrogne qui ajoute encore à la confusion. Querelle et bataille s'ensuivent. Une rixe de cabaret n'est ni plus ni moins plaisante que cette farce stupide.

## 199. — TESTAMENT (Le) DE CARMENTRANT, par Jean d'Abondance.

#### MANUSCRIT.

Bibliothèque nationale, fr. 9299, in-fol. Ms. exécuté sur l'imprimé au xviiiᵉ siècle.

#### ÉDITIONS.

1º Le testament de Carmentrant a viii personnaiges, c'est assavoir Carmentrant, Archiepot, Tyrelardon, Lechefroye, Caresme, Haren Souret, Tested'aulx, Ognions. (Le titre omet un neuvième personnage, Talhebudin) ...*Finis*, composé par Abundance a grant haste (292 vers), s. l. n. d., petit in-8º, 8 ff.

2º Réimpression fac-similé, par MM. Giraud et Veinant, Paris, impr. Pinard, 1830, in-16 de 8 ff.

Sur Jean d'Abondance, voy. ci-dessus, page 94.

Carême et ses associés, Hareng-Saur, Tête-d'Aulx et

Ognons, font sommer Carmentrant[1], ou le Carnaval, d'avoir à quitter la place. Carmentrant veut résister, avec ses braves suppôts, Archipot, Lechefroie, Tailleboudin et Tirelardon; Carmentrant, battu, est banni pour sept semaines. Avant de s'éloigner, il fait ses adieux au peuple et à la compagnie joyeuse par qui cette farce de mardi-gras vient d'être représentée.

## 200. — TESTAMENT (Le) DE PATHELIN.

### ÉDITIONS.

Le testament Pathelin a quatre personnages, c'est assavoir Pathelin, l'Apothicaire, Guillemette, Messir Jehan, curé (à la suite de *Maistre Pierre Pathelin*). 16 ff. Sans lieu ni date, petit in-8° goth. Guillaume Nyverd, commencement du xvi° siècle).

— Le testament Maistre Pierre Pathelin remys en son naturel, comprenant le faict de sa maladie et de sa mort (à la suite de *Maistre Pierre Pathelin*). Paris, Denys Janot, in-16. 22 ff.

— Le testament Pathelin à quatre personnages, etc. (à la suite de *Maistre Pierre Pathelin*), sans date, petit in-8° goth. 24 ff.

— Le même (à la suite de *Maistre Pierre Pathelin*). Paris, Jehan Bonfons, petit in-8°.

— La vie de Maistre Pierre Pathelin, ensemble son testament, le tout par personnages. A Rouen, petit in-8° carré. 44 ff. Sans date, et sans nom de libraire. (Probablement Nicolas Lescuyer, ou Th. Mallard, 1570 ou 1580.)

— La farce de maistre Pierre Pathelin, avec son testament. Paris, Coustelier, 1723, petit in-8°.

— La farce de maistre Pierre Pathelin avec son testament à quatre personnages. Paris, Durand, 1762, petit in-8°.

— Maistre Pierre Pathelin, suivi du Nouveau Pathelin et du Testament Pathelin; nouvelle édition avec des notices et des notes par P.-L. Jacob, Paris, Ad. Delahays, 1859, in-12.

— Recueil P.-L. Jacob, p. 173-208.

Le Testament renferme 559 vers.

1. *Carmentrant*, ou *Carême-entrant*, ou *Carême-prenant* désigne le Mardi Gras dernier jour de Carnaval.

Le *Testament Pathelin* est une pièce ennuyeuse, une faible continuation d'un excellent original. Pathelin, prêt à se rendre à l'audience, est pris de faiblesse ; il fait appeler en hâte l'apothicaire et le curé ; les remèdes du premier n'agissent point. Il se confesse, au second, de tous ses méfaits ; puis dicte un testament burlesque et parfois cynique et expire enfin sur la scène. Ce spectacle d'une agonie paraîtrait aujourd'hui tout à fait vide de gaieté. Cette farce lugubre est remplie d'allusions au premier *Pathelin* et au *Nouveau Pathelin ;* l'auteur a beaucoup emprunté à ces deux pièces, beaucoup aussi à Villon ; ce qui ne prouve pas, comme l'ont pensé quelques critiques, que cet auteur soit Villon lui-même ; il me semble que ces ressemblances prouveraient plutôt le contraire. Des hommes comme Villon n'ont pas besoin de se copier et de se répéter eux-mêmes ; ils laissent cette besogne aux plagiaires.

## 201. — THÉOLOGASTRES (Les).

### ÉDITIONS.

1° La farce des Theologastres, a six personnages. S. l. n. d. Petit in-fol. goth. 8 ff. 656 vers.

2° La même, Lyon, Rossary, 1830, in-8°, 36 p.

3° La même, Strasbourg, impr. Dannbach (vers 1830). S. d. in-8°, 38 p.

4° La même, à la suite de l'*Etude sur le théologien protestant, Lambert d'Avignon,* par Guillaume Baum, 1840.

5° *Recueil Edouard Fournier,* p. 417-428.

Le titre signifie les *Théologiens ventrus,* ou peut-être : *les mangeurs de Théologie.* Le mot est mal forgé en tout cas : il eût fallu dire : *Théologogastres.*

A consulter : Le Roy, *Etudes sur les mystères,* p. 408.

Les six personnages sont : « Theologastres, Fratres, Raison, Foy, le Texte de Saincte Escripture, et le Mercure d'Allemaigne ».

Voici assurément le plus important parmi les nombreux pamphlets dramatiques écrits, au XVIᵉ siècle, par les protestants contre l'Eglise catholique. *Théologastre* se plaint à *Fratres* du grec, qu'il ne sait pas, mais où il flaire une source d'hérésies. *Fratres* s'en soucie peu ; il lui suffit de ramasser exactement la dîme. On entend des cris douloureux, c'est *Foi* qui se sent malade et appelle à son secours *Raison* ; mais Raison est en Allemagne avec Luther. A défaut de Raison, Foi demande *Texte de la Sainte-Ecriture*. Ho ! dit Théologastre

> Il est rude
> Et n'y a point de certitude,
> Neanmoins jamais ne le vis.

Là-dessus Texte se présente, mais en triste état, boiteux, enroué, égratigné. Raison est avec lui, et tous deux se plaignent à l'envi, du mépris où ils sont tombés. Raison gémit sur l'emprisonnement de Berquin. Or, on sait que Berquin fut emprisonné comme suspect d'hérésie, sur la dénonciation de Béda, syndic de la Sorbonne, une première fois, en 1523 ; une seconde fois, en 1526, et finalement, fut brûlé le 22 avril 1529. La pièce fut composée, au plus tôt, en 1523, au plus tard, en 1529. L'allusion paraît se rapporter plutôt au premier emprisonnement. Cependant, on a beau offrir à Foi toutes sortes de gloses et de commentaires : elle persiste à ne vouloir que Texte tout seul pour la guérir. Théologastre et Fratres laissent approcher Texte sans pouvoir le reconnaître, ne l'ayant jamais vu. L'arrivée d'un nouveau personnage, qui déclare s'appeler *Mercure d'Allemagne* fait naître une vive querelle entre les acteurs. « Tu es Luthérien, dit Théologastre à Mercure. — Non pas, mais chrétien, et non sorboniste. Mercure se charge de guérir Foi, mais il faut d'abord laver Texte des gloses de la Sorbonne qui l'ont rendu méconnaissable. L'opération faite, en un moment *Texte* guérit *Foi* et la farce est finie ; les derniers vers en précisent la portée :

> Messeigneurs, nous n'entendons point
> Toucher l'estat theologique,
> Mais bien le theologastrique
> ...Pour tant prenés tout en bon sens.

On est en 1523; et on refuse encore de se séparer ouvertement de l'Eglise catholique. Plus tard, le théâtre protestant se montrera plus hardi. (Voy. p. 79 la *Maladie de Chrétienté* au catalogue des *Moralités*.)

## 202. — TOUT-MÉNAGE, BESOGNE-FAITE, LA CHAMBRIÈRE ET LE FOU.

#### ÉDITIONS.

1° Farce nouvelle a troys personnaiges, c'est assavoir Tout-Mesnaige; Besongne-faicte; la Chamberiere qui est malade de plusieurs maladies, comme vous verrez cy-dedans, et le Fol qui faict du medecin pour la guarir... Imprimé à Lyon.
*Recueil du British Museum*, s. d., 4 ff. 255 vers.

2° *Recueil Viollet-Leduc*, t. II, p. 406-416.

*Tout-Ménage* cherche une chambrière « faicte a la peine... » *Besogne faite* cherche une maîtresse; elles font accord ensemble. Mais la chambrière est amoureuse du fou; et, pendant que Madame est à la messe, elle laisse là quenouille et fuseau, pour s'aller promener avec lui. Ce fou est garçon d'esprit, bien qu'un peu décousu; il fait beaucoup d'allusions aux guerres d'Italie :

> Je viens tout droit de Lombardie
> Ou j'ay veu donner de beaulx coups :
> A peu que ne feus bien escous
> De ces Suisses et Milannoys.

Ailleurs, il semble s'annoncer comme un Connard de Rouen :

> Maistre en conardie,
> Medecin et cirurgien,
> Autant a Londres qu'a Rouen.

## 203. — TOUT, RIEN, CHACUN.

**MANUSCRIT.**

Farce joyeuse et recreative a trois personnages, a scavoir Tout, Chascun et Rien.

Ms. appartenant (en 1829) à M. Guillaume, de Besançon. (Voy. ci-dessous, n° 2.)

**ÉDITIONS.**

1° Farce nouvelle, tres bonne, moralle et fort joyeuse, a troys personnages, c'est assavoir Tout, Rien et Chascun.
*Recueil du British Museum*, s. l. n. d. 6 ff., 302 vers.

2° (Edition conforme au ms.) Paris, Firmin-Didot, 1828, gr. in-8° de VIII-24 pages, avec *notice sur quelques ouvrages singuliers composés sur des sujets analogues à la farce précédente*. La pièce est publiée par M. de Monmerqué dans le VI° volume des *Mélanges de la Société des Bibliophiles François*.

3° *Recueil Viollet-Leduc*, t. III, p. 199-212. (Réimpression du n° 1.)

4° *Recueil Edouard Fournier*, p. 329-333. (Réimpression du n° 3.)

Cette farce, en dépit du titre, n'est ni joyeuse, ni récréative. Tout et Rien se disputent Chacun ; Chacun s'attache à Tout ; mais il suffit d'un coup de fortune pour que Tout et Chacun reviennent à Rien. La pièce repose sur un jeu de mots prolongé, très peu plaisant.

## 204. — TROMPEURS (Les).

**ÉDITIONS.**

1° Sottie nouvelle a cinq personnages des Trompeurs ; c'est assavoir Sottie, Testeverte, Fine-Mine, Chascun et le Temps.
A trompeur, trompeur et demy.
*Recueil du British Museum*, s. l. n. d. 6 ff. 303 vers.

2° *Recueil Viollet-Leduc*, t. II, p. 244-263.

Voy. E. Picot, *Sottie en France*, p. 56-58. — Sur le rôle de Chacun, voy. *Les Ditz de Chascun, Anciennes poésies françaises*, dans la *Bibliothèque Elzévirienne*, tome XII, p. 329.

Sottie assez plate, dont les jeux de scène relevaient peut-être l'agrément. Sottie convoque tous les sots, ses enfants. *Chacun* les suit, qui fait le sage; mais en dessous *Chacun* est fou; on saisit le jeu de mots. Le Temps distribue des trompes à ceux qui veulent marcher avec lui; car, *en trompant, on suit le Temps*. Ainsi *Chacun* devient *trompeur;* mais sa trompe est muette, et en *trompant*, il est *trompé;* ce jeu de mots facile remplit le tiers de la pièce.

## 205. — TROP, PROU, PEU, MOINS, par Marguerite de Navarre.

#### MANUSCRIT.

Bibliothèque nationale fr. 12485, fol. 130 *a*-146 *b*. Le même ms. contient l'*Inquisiteur*, les deux *Filles*, le *Malade*, voy. ci-dessus, pp. 75, 135 et 158.

#### ÉDITIONS.

Cette farce a été publiée avec les autres ouvrages dramatiques de la Reine de Navarre. Voy. ci-dessus : *Filles (deux), deux Femmes*, etc., pour l'indication des éditions et des sources à consulter. La farce renferme 927 vers.

A consulter : Parfait, tome III, p. 199.

Un peu d'obscurité dans les allusions dont cette pièce abonde, en gâte l'agrément, mais les jolis vers n'y sont point rares. Trop figure le Pape; Prou figure l'empereur Charles-Quint.

> Ces deux moitiés de Dieu, le Pape et l'Empereur

se font force salutations, et y joignent quelques confidences. Chacun avoue à l'autre qu'il est avide, ambitieux, insatiable, ami de la vengeance et n'ayant peur que de la mort. S'étant trouvés semblables, les voilà bons amis. Jusque-là la pièce est assez claire. Mais tout à coup Trop dit à Prou : « Que portez-vous-là ? — Ce sont oreilles. Quelles oreilles ! Longues comme oreilles d'ânes. — Mais, dit Prou, vous en avez de toutes pareilles. » Les voilà tout confus ; comment cacher cet appendice ridicule ? Arrivent, riant aux éclats, Peu et Moins qui symbolisent les petites gens, les pauvres diables ; ils sont fort gais, et ne craignent rien malgré leur misérable fortune. Et pourquoi ? c'est qu'ils ont des cornes pour se défendre. Mais que signifient ces cornes dont Peu et Moins menacent fièrement Trop et Prou et tout le monde. Je pense que les quatre rôles étaient tenus par quatre *sots,* affublés du classique chaperon de folie ; mais le Pape et l'Empereur portaient deux oreilles d'âne à leur chaperon ; et Peu et Moins deux cornes courtes et menaçantes, qui figuraient la folie railleuse des petits défiant la folie insolente des grands ; et peut-être aussi la Réforme prête à s'insurger contre le Pape et contre César. Durant toute la dernière partie de la farce, les cornes se moquent des longues oreilles, que leur infirmité désespère. Trop répète sans cesse, avec mélancolie : « Midas ! Midas ! Midas ! Midas ! » Les quatre personnages se séparent en échangeant des réflexions sur la mort. Trop et Prou tremblent à penser qu'il faudra quitter tant de biens. Peu et Moins, qui n'ont rien à perdre, tiennent beaucoup moins à la vie, et en jouissent plus tranquillement, tant qu'elle leur est laissée.

## 206. — TROQUEUR (Le) DE MARIS.

#### MANUSCRIT.

Farce nouvelle a quatre personnages, c'est assavoir le Trocheur de Maris, la premiere Femme, la deuxiesme Femme, et la troisiesme Femme.

Ms. La Vallière, ff. 339 *a*-342 *b* (60ᵉ pièce), 227 vers.

#### ÉDITION.

*Recueil Le Roux de Lincy*, tome III, 19ᵉ pièce.

Trois commères voudraient changer leurs maris ; la première trouve le sien jaloux ; l'autre mari est méchant, le dernier, stupide. Le *troqueur de maris* leur présente à choisir des exemplaires nouveaux ; elles trouvent à tout ce qu'elles voient des défauts de toutes sortes et finissent par garder ce qu'elles ont, en disant :

Il n'amende point de changer.

Le début fait allusion à plusieurs farces qui semblent perdues.

## 207. — VA-PARTOUT, NE-TE-BOUGE, TOUT-LE-MONDE, ET BON-TEMPS, par Jehan Destrées (1472).

#### MANUSCRIT.

Jeu extraordinaire faict par Jehan Destrees et joué la nuict des Roys mil IIII<sup>c</sup> LXXII. (Ce manuscrit a passé des mains de M. de Soleinne dans celles de M. de Beauvillé.)

#### ÉDITIONS.

1° *Recueil de documents inédits concernant la Picardie*, publiés par Victor de Beauvillé (possesseur du manuscrit). Paris, Imprimerie impériale, 1860, in-4°.

2° *Bulletin de la Société Académique de Laon*, 1861, t. XII, p. 154.

3° *Histoire du théâtre en Picardie*, par G. Lecocq, Paris, Menu, 1880, in-8°, p. 207-219.

4° *Origines et développement de l'art théâtral dans la province de Reims*, par Edouard Fleury, Laon, 1881, in-8°, p. 249.

Sur la confrérie de N.-D. du Puy d'Amiens où fut jouée la pièce, voy. Breuil, *Mémoires de la Société de Picardie*, 2° série, t. III, 1854, et ci-dessous, *Représentations*, année 1472.

Jehan Destrées devait être un membre du *Puy de Notre-Dame*, qui avait son siège à Amiens. Les derniers vers de la pièce nous disent qu'elle fut faite pour cette société :

> C'est de par le maistre du Puy.
> Lequel pour le Bon Tampz trouver
> A ce faict faire, puis diner.

Les personnages de la pièce s'appellent Va-Partout, Ne-te-Bouge, Tout-le-Monde, le Vacquier-de-Chauny (personnage comique traditionnel en Picardie); deux Daimes; le Bon-Tampz; un gendarme.

La pièce est mêlée de patois picard. Le sujet est l'éternelle recherche du fugitif *Bontemps*. *Va-Partout* suit sa piste; *Ne-te-Bouge* doute s'il existe. On le demande au Vacher-de-Chauny, qu'on accuse de le cacher. Là-dessus, Bon-Temps paraît; et tous de s'arracher un tel hôte: bagarre générale; à la fin, le gendarme, déjà dévoué fonctionnaire, promet que Bon-Temps ne s'échappera plus tant que règnera Louis XI.

> Se Dieu plaist, tu y auras part
> A ce Bon Temps, car au regart
> Du roy, et de ses cappitaines,
> Crés qu'ilz ont volentés humaines
> De vous ramener le Bon Tampz.

## 208. — VEAUX (Les) (vers 1550).

#### MANUSCRIT.

La farce des Veaux jouee devant le Roy en son entree a Rouen. Ms. La Vallière, ff. 179 a-183 b, 34º pièce, 253 vers.

#### ÉDITION.

*Recueil Le Roux de Lincy*, t. II, 10º pièce.

Personnages: Le Recepveur, l'Oficial, le Promoteur, le Badin, le Malotin.

Les *Veaux de dîme* étaient les plus gras; de là ce nom donné aux imbéciles. « Celui, dit Pasquier (*Recherches*, VIII, p. 701) qui, pour estre estimé un gros lourdaud, est par nous appelé *Veau de dîme*... » Mais on disait aussi *veau* tout court; et cette injure est traditionnelle dans l'ancien théâtre ; au point que certaines pièces satiriques s'appelaient « les Veaux ». La *Trésorière* et *les Esbahis,* comédies de Jacques Grevin, furent représentés à Paris, « après la satyre qu'on appelle communément *les Veaulx,* » le 5 février 1558 et le 16 février 1560.

La farce qui nous occupe ici appartient au répertoire des Connards de Rouen, car, à la fin, le badin dit à ses confrères :

> Conars, ayés a subvenir
> A l'abé et ses conardeaux.

Mais elle était probablement jouée par des Basochiens comme l'indiquent plusieurs allusions et le latin dont elle est farcie. On sait d'ailleurs que beaucoup de Connards étaient des Basochiens.

L'abbaye des Connards est à sec ; on ne paye plus la dîme. Le *receveur,* l'*official* et le *promoteur* s'en inquiètent ; heureusement les *veaux de dîme,* c'est-à-dire les imbéciles, ne manquent pas à Rouen pour rapprovisionner les confrères. Là-dessus, ils défilent, innombrables, personnifiant tous les ridicules de la ville, avec force allusions, souvent obscures pour nous, mais très claires sans doute pour des contemporains.

Charles VIII avait visité Rouen en 1485. Louis XII y fit une entrée solennelle, le jeudi 28 septembre 1508. La reine Anne de Bretagne l'y rejoignit, le 3 octobre suivant. François Ier vint plus tard à Rouen en 1517 ; mais ce n'est pas devant ce roi qu'on dut jouer la farce des *Veaux ;* il était trop peu favorable aux libertés du théâtre[1] : nous pensons qu'elle fut plutôt représentée devant Henri II, qui fit son entrée solennelle à Rouen, avec Catherine de Médicis, en 1550. Il désira voir les jeux des Connards « et eux mectant tout a debvoir et obeissance se perforcerent par diverses

---

1. Voy. *Recueil Montaiglon-Rothschild,* t. XII, p. 37. — Farin, *Histoire de la ville de Rouen,* 1731, I, p. 118-120.

sumptuosités d'accoustrements et montures, par traynee de chars de triomphe, par une infinité de flambeaux, par nouvelles inventions, subtilz dictums et plaisantes moralitez, donner entiere recreation au roi et a toute la suite de sa court[1] ». C'est probablement dans cette occasion que fut jouée la farce des *Veaux*.

## 209. — VENDEUR (LE) DE LIVRES.

#### MANUSCRIT.

Farce joyeuse a troys personnages, c'est assavoir un vendeur de livres et deux femmes.

Ms. La Vallière, ff. 64 *a*-68 *b*, 15º pièce, 223 vers.

#### ÉDITIONS.

1º *Recueil Le Roux de Lincy*, t. II, 17º pièce.

2º *Recueil Emile Mabille*, t. II, p. 203-221.

Pièce peu différente de la farce de *Trois Commères et un Vendeur de Livres*, qui est la 41º du ms. La Vallière (voir ci-dessus p. 124).

Un vendeur de livres est accosté par deux femmes, qui lui demandent des livres édifiants, le Vieux Testament, la Vie de sainte Agnès. Il leur en offre de tout différents. Les femmes se mettent en colère et le battent ; il n'en crie que plus fort des titres malsonnants qui les font s'enfuir.

Parmi les quarante titres de livres, vrais ou imaginaires, que crie le marchand, nous remarquons les noms de plusieurs farces qui semblent perdues : La farce Jenin aux Ciseaux, — Le Testament Maistre Mymin, — La grand farce des femmes qui ont la langue arse, — La farce Jehan Loyson, — La farce des Nouveaux Ponus.

Voici le catalogue du colporteur de livres : La farce Jenin aux Ciseaux, — Le testament Maistre Mymin, — Maistre

---

1. Voy. A. Pottier, *Revue de Rouen*, 1835, p. 29. Entrée de Henri II et de Catherine de Médicis à Rouen. — Gosselin, *Histoire du théâtre à Rouen*, p. 49.

Pierre Pathelin, — Les cent Nouvelles nouvelles, — L'estat de ceulx qui ne font rien, — Le gouvernement des Nouriches, — Le trespassement sainct Bidault, — La vie saincte Perenelle, — La chanson de la Peronnelle, — La vie Monsieur sainct Françoys, — Le *Confiteor* des Anglois, — Le trespassement de la Royne, — La Gesine de Saine, — L'Obstinacion des Souyches, — La proprieté des Rubis avec la nature des pierres, — Le devis des Mers et des Terres, — Le dict des Pays, — La grand farce des femmes qui ont la langue arse quand ils blasonnent leurs marys, — Les dis rimés de Mariage, — Le devys des grands habis, chaynes, carqueus, rubis et grans manches, etc., — Le voyage des fumelles, — La farce Jehan Loyson, — Le testament Pierre Maistre [1], — La farce de ceux qui, etc., — La chanson du petit chien, — Le Romant des Femmes, — L'Acte de Jehannès, — Le Doctrinal des chamberieres et Mequines, — Le livre sans reproche, etc., — Le contredit de la Chamberiere et du Prestre, — L'estat de cest enfant, etc., — Le bel asault de Luc et Noé, — Le despucelage de Tournoy, — Les Dames et le Dimage, — Les fieulx et rentes des filles nouvelles rendues, — La farce des nouveaux ponus, — Le despuceleur des nouriches, — Le trespassement des nonnains, — Le blason du marché, etc.

Un grand nombre de ces pièces sont connues, ce qui donne à penser que celles qui ne le sont pas, ont dû exister et que rien, dans cette liste, n'est imaginaire.

210. — VERDIER, ROUGE-GORGE, JAUNE-BEC, BRUIT-D'AMOURS, CUIDER, PLAISANTE-FOLIE (farce dite *de la Pipée*).

**MANUSCRIT.**

Bibliothèque nationale, fr. 25467, in-8º (olim 3343, La Val-

---

[1]. Probablement le Testament de maître Pierre Pathelin; le *Vendeur* écorche les titres des pièces qu'il met en vente.

lière, 156), ff. 159 *a*-204 *a*, 925 vers. La farce ne porte aucun titre dans le ms. Elle est précédée de trois autres pièces. (*Le Petit et le Grant. — Patelin. — Aulcun, cognoissance*, etc.)

###### ÉDITIONS.

1° La farce de la Pipée (ce titre est de l'invention de l'éditeur, M. F. Michel), Paris, Crapelet, 1832, 54 pages. Dans la première collection Silvestre, n° 15.

2° *Recueil Edouard Fournier*, p. 130 à 147.

Voy. Raynouard, *Journal des Savants*, juin 1833, p. 335.

Farce malheureusement très obscure, et dont le texte ne nous est parvenu que mutilé par un scribe inepte; mais elle est remplie de charmants détails. C'est une piquante satire des niais qui se laissent prendre à la glu des fausses amours et qui, présomptueux autant que crédules, se moquent de ceux qui sont déjà pris, tandis qu'ils vont l'être eux-mêmes.

Les personnages sont des oiseaux, ou des hommes travestis en oiseaux. *Verdier, Jaune-Bec* et *Rouge-Gorge* symbolisent les amoureux ; *Cuider* représente la vanité des niais qui se croient aimés, et *Plaisante-Folie* est la femme à la mode dont ils se disputent les faveurs. *Bruit-d'Amours* se charge de tendre la pipée où tous ces jolis oiseaux viennent se prendre l'un après l'autre ; tous seront attrapés, tous seront plumés et jetés dehors quand ils n'auront plus rien à donner.

## 211. — VIEIL (Le) AMOUREUX ET LE JEUNE AMOUREUX.

###### MANUSCRIT.

Farce a deulx personnages du viel Amoureulx et du jeune Amoureulx.

Ms. La Vallière, ff. 41 *a*-44 *b*, 9ᵉ pièce, 161 vers.

ÉDITIONS.

1° *Recueil Le Roux de Lincy*, t. I, 7ᵉ pièce.
2° *Recueil Edouard Fournier*, p. 382-385.
3° *Recueil Emile Mabille*, t. II.

Cette pièce se rapproche beaucoup de ces *débats* ou *dialogues*, si fort à la mode au Moyen-Age et au XVIᵉ siècle, mais non destinés d'ordinaire à la représentation. (*Débat du jeune et du vieulx amoureux,* dans les *Anciennes poésies françoises,* t. VII, p. 211. — *Débat du Vieil et du Jeune,* même recueil, t. IX, p. 216). Ces pièces sont en huitains et en douzains réguliers. Notre farce est un dialogue animé, vif et vraiment scénique quoique l'action soit nulle. Le Vieillard revenu de l'amour, après en avoir abusé, dit trop de mal des femmes et les peint comme des diables ; le Jeune en dit peut-être trop de bien, car toutes, pour lui, sont des anges. Le poète est, semble-t-il, du parti du jeune homme, car, à la fin, c'est le vieillard qui cède et s'avoue vaincu, ou du moins réduit au silence.

## 212. — VILAIN (LE) ET SON FILS.

MANUSCRIT.

Bibliothèque nationale fr. 904, ff. 271 a-272 b (à la suite du Mystère de la Création et de la Passion), 86 vers. Le commencement fait défaut, ainsi que les derniers vers. Personnages : Le Vilain ; Jacob, son fils. La copie du mystère est datée 1488 ; celle de la farce paraît être du même temps. (Voy. nos *Mystères*, t. II, p. 413.)

A consulter : P. Paris, *Manuscrits françois de la Bibliothèque du Roi,* t. VII. Il désigne cette farce sous le nom de *Moralité de l'enfant mis aux lettres*.

Il s'agit d'un vilain qui exhorte son fils à étudier pour devenir clerc. Le fils résiste ; on lui promet en vain qu'il sera cardinal, il répond :

>     Il ne m'en chault pas de deux aulx
>     Par Dieu ! je veulx garder les pors.

A la fin, vertement tancé, même un peu battu, l'enfant finit par se rendre, et promet d'aller à l'école.

## 213. — VOYAGE (Le) DE FRÈRE FECISTI.

#### MANUSCRIT.

Bibliothèque nationale, Nouvelles Acquisitions, 4084. Copie moderne *fac-simile* de l'édition indiquée ci-dessous.

#### ÉDITIONS.

1° Comedie facecieuse et tres plaisante du voyage de Frere Fecisti en Provence vers Nostradamus pour sçavoir certaines nouvelles des Clefs de Paradis et d'Enfer que le Pape avoit perdues. Imprimé à Nismes, 1599, petit in-8°, 522 vers.

2° Réimpression dans la *Collection Montaran*, 34 p., petit in-8°, titre compris.

Personnages : Brusquet, Frere Fecisti, Nostradamus.

Violente satire écrite par un protestant. Malgré la date, et le titre de *Comédie,* cette pièce appartient encore par l'esprit au théâtre des farces et des sotties et nous avons cru devoir l'insérer dans nos catalogues. *Frère-Fecisti,* moine, est ainsi surnommé depuis que, pour le punir de quelque gros péché, les moines de son couvent l'ont fouetté ferme en répétant : *Frater, quid fecisti ?* Brusquet, violent huguenot, quoiqu'il ne veuille pas s'avouer tel, accable le frère d'injures ; les vers sont assez vivement tournés, mais la violence outrageuse du langage tient trop souvent lieu d'esprit à l'auteur. De pareils excès durent révolter les honnêtes gens de tous les partis, et ne contribuèrent pas peu à dégoûter la France des comédies polémiques.

## D. — CATALOGUE DES MONOLOGUES ET DES SERMONS JOYEUX

Le monologue, à l'heure présente assez à la mode et florissant d'un regain de jeunesse, se croit et se dit né d'hier ; mais c'est à tort[1]. Il brillait sous le même nom, dans la même forme au temps du roi Louis XI, et s'amusait déjà d'étaler les mêmes ridicules à peu près de la même façon. Le plus souvent c'est un récit burlesque, dans lequel un personnage plaisant étale naïvement ses travers ou ses vices. Tous les monologues n'ont pas été écrits pour la scène et avec une intention dramatique : quelques-uns n'ont été destinés qu'à être lus. Il en est de même de plusieurs *sermons joyeux,* quoique ce genre particulier de monologue soit à l'origine essentiellement théâtral, j'entends par là composé pour un public rassemblé. Le *sermon joyeux* est né de la Fête des Fous ; le premier qui s'avisa, dans l'ivresse bruyante de la fête, de monter dans la chaire chrétienne et d'y parodier le prédicateur dans une improvisation bachique, débita le premier *sermon joyeux*. Plus tard, le prêcheur bouffon, enfin chassé de l'église, trouva un refuge sur le théâtre et put y continuer

---

[1]. « J'aurais d'autant plus de peine si le monologue venait à disparaître, à lui dire le dernier adieu, que je le considère un peu comme mon fils. » (Coquelin Aîné, *La défense du Monologue*, *Figaro* du 17 novembre 1883.)

la parodie du discours chrétien ; le genre s'étendit, se régularisa ; il adopta les vers, il conserva le texte, tiré de l'Ecriture sainte avec un sens détourné ; les divisions scolastiques imitées exactement des usages de la chaire. Mais il n'est pas toujours aisé de distinguer les sermons joyeux qui furent vraiment dits sur la scène de ceux qui n'étaient destinés qu'à être lus.

## 214. — ANDOUILLE (L').

### ÉDITIONS.

1º Sermon (joyeux) de l'Endouille. *Recueil de Poésies récréatives*, à la suite d'une édition des Œuvres de Coquillart, datée 1597, mais réellement publiée au XVIIIe siècle. (Voyez Brunet, t. II, col. 267.)

Le même recueil renferme plusieurs autres pièces dramatiques (*Pathelin, le Franc Archer de Bagnolet, Le Valet à louer qui sçait tout faire, La Chambrière à louer, Les Friponniers,* le sermon pour une *Noce,* la *Patience des femmes,* le *Résolu,* de Roger de Collerye, et plusieurs autres facéties pour la plupart d'un genre fort grossier. Il existe une copie de ce recueil, de la main de Monmerqué, avec des notes et remarques. (Voy. *Archives du Bibliophile*, nº 1600, librairie Claudin.)

2º *Recueil Montaiglon-Rothschild*, t. IV, p. 87.

3º *Recueil Charles Brunet*, t. III.

Il existe aussi une copie manuscrite de la même pièce dans un volume de *Sermons joyeux* qu'avait recueillis M. Gratet-Duplessis.

## 215. — BIEN BOIRE.

### ÉDITIONS.

1º Sermon joyeux de Bien boyre, a deux personnaiges, c'est assavoir le prescheur et le cuysinier.
*Recueil du British Museum*, s. l. n. d. 6 ff. 358 vers.

2º *Recueil Viollet-Leduc*, t. II, p. 1-20.

Parodie, à l'éloge des ivrognes, de plusieurs textes connus de l'Ecriture Sainte, et même d'une parole de Jésus-Christ en croix : *Sitio!* La foi du Moyen-Age admettait d'étranges licences !

On remarquera que, par une exception unique, ce sermon joyeux est à deux personnages. A la vérité, le cuisinier qui se moque de l'ivrogne est un comparse et son rôle est insignifiant. Il est possible même qu'un seul acteur remplît les deux rôles, comme dans la pièce suivante.

L'éloge du vin inspire à l'auteur des vers assez plaisants :

>Le tres puissant roy divin
>Dit qu'on boive du meilleur vin,
>Et nous deffend de boyre l'eau ;
>Car autant en faict un chevau,
>Quant on le meine a la riviere ;
>Et le prophete nous declere :
>*Nolite fieri sicut equus et mulus.*
>Dieu a commandé de sa main,
>Qu'on se doit au matin lever
>Pour bien arrouser le gosier.
>Car qui bien boit, longuement vit,
>Ainsi que le note David :
>*Media nocte surgebam.*

## 216. — BIEN (Le) ET LE MAL DES DAMES.

### ÉDITIONS.

1° Monologue fort joyeulx, auquel sont introduycts deux advocatz et ung juge, devant lequel est plaidoyé le bien et le mal des dames. Imprimé nouvellement a Paris, s. d. (vers 1530), pet. in-8° goth. de 8 ff. 312 vers.

2° *Recueil Montaiglon-Rothschild*, t. XI, p. 176-191.

Cette pièce offre une particularité curieuse : elle était jouée par un seul acteur qui remplissait trois rôles différents. Cet acteur déclare se nommer *Verconus;* il vante la souplesse de son talent et, pour en fournir la preuve, il s'offre à plaider tout seul pour et contre l'honneur des Dames, et même à figurer le Juge qui tranchera le différend. En attaquant les Dames, il s'appellera *Mal-Embouché*; en les défendant, *Gentil-Courage*. Mal-Embouché s'inspire du *Roman de la Rose*; il énumère longuement tous les maux que la femme a causés à l'homme, depuis Eve jusqu'aux temps modernes. Gentil-Courage, en s'aidant de Christine de Pisan, loue les femmes de bien, depuis Minerve jusqu'aux onze mille Vierges. Après le *Roman de la Rose*, l'un allègue le *grant Matheolus* et le *Blason des faulces amours*. L'autre, après Christine de Pisan, cite le *Triomphe des Dames* et le *Champion des Dames*, par Martin Franc[1]. Le Juge donne raison à Gentil-Courage et prononce en faveur des femmes : tant de galanterie est rare dans notre vieux théâtre comique.

Le dernier vers :

> Pensez au bancquet de ceans

semble indiquer que la pièce était destinée à être jouée avant quelque joyeuse assemblée : peut-être dans un *puy*, ou dans une confrérie sérieuse ou burlesque.

## 217. — CHAMBRIÈRE (La) A LOUER A TOUT FAIRE, par Christophe de Bordeaux.

### ÉDITIONS.

1° La chambriere a louer a tout faire, par Cristofle de Bordeaux, Parisien. Rouen, Abraham Cousturier, in-8° de 10 ff.

2° Le même, Rouen, Pierre Mullot, s. d., 8 ff. in-8° goth.

3° *Recueil de poésies récréatives* à la suite des œuvres de Coquillard dans l'édition du xviii° siècle datée faussement 1597 (voir ci-dessus, p. 260).

4° *Recueil Montaiglon-Rothschild*, t. I, p. 89-108.

5° *Recueil Charles Brunet*, t. II.

---

1. Il ne cite pas la *Vray-disant Advocate des Dames* (Recueil Montaiglon-Rothschild, X, p. 235), qui est réellement la source où l'auteur a surtout puisé dans cette partie de son œuvre.

Ce long exposé des talents variés de la « chambrière à louer » n'a pas moins de 528 vers, et nous doutons beaucoup qu'il ait été fréquemment débité sur le théâtre, à moins que les acteurs ne pratiquassent déjà l'art de ménager à propos les coupures. La *chambrière* est propre à toutes les besognes, et si tous valets en savaient faire autant, peu de maîtres, comme dit Beaumarchais, seraient capables d'être laquais.

## 218. — CHAMBRIÈRE (La) DÉPOURVUE.

#### ÉDITIONS.

1° Monologue nouveau fort joyeulx de la chambriere despourveue du mal d'amours. Nouvellement imprimé a Paris, s. d., pet. in-12 goth., 4 ff., 134 vers (décasyllabiques).

2° Le même. A Lion..., par Pierre Prevost, s. d., pet. in-8° goth., 4 ff.

3° *Recueil Montaiglon-Rothschild*, t. II, p. 245.

Il est douteux que cette pièce, divisée en stances régulières, fût destinée au théâtre. Sous une forme plus nettement dramatique, la même donnée est devenue le *Sermon joyeux de la fille égarée*. (Voyez ci-dessous, p. 266.)

## 219. — CHOPINERIE (La).

#### MANUSCRIT.

Le sermon de la Choppinerie.
Bibliothèque nationale, ms. 1661, fr. ff. 27 *a*-31 *b*, 324 vers.

Sermon joyeux du genre bachique, mêlé de force mots latins, ce qui donne à penser qu'il appartenait au répertoire des écoliers ou des basochiens, plutôt qu'à celui des bateleurs.

## 220. — CLERC (Le) DE TAVERNE.

#### ÉDITION.

1° Monologue d'ung clerc de taverne. S. l. n. d. Petit in-8° goth., 4 ff., 152 vers.

2° *Recueil Montaiglon-Rothschild*, t. XI, p. 34-54, 152 vers.

Une des plus piquantes parmi les pièces de ce genre qui mettent en scène un métier populaire. La pièce est probablement rouennaise ; plusieurs des enseignes citées comme celles des meilleures tavernes se trouvaient en effet à Rouen. D'autre part, le *clerc*, en parlant des taverniers, dit ces vers, qui, semble-t-il, placent la scène à Paris :

> J'en sçay de riches et de plains,
> A Paris, sans aller plus loing,
> A Rouen, et en d'aultres lieux.

mais ces mots : *sans aller plus loin*, peuvent s'appliquer à *Rouen* qui suit.

Le « clerc de taverne » ou, comme nous dirions, le garçon de café, fait un magnifique éloge du cabaret où il sert. On y boit, on y mange, on s'y chauffe, on s'y rafraîchit, on y joue, on y fait des dîners fins sans craindre les aigres reproches des femmes trop économes,

> Et quant on en part, on chancelle
> Et est on parfois si joyeulx
> Que les larmes viennent aux yeulx !

## 221. — ENTRÉE (L') DE TABLE.

#### ÉDITIONS.

1° S'ensuyt ung sermon fort joyeulx pour l'entrée de table, avec graces molt fort joyeuses. On les vend a Paris en la rue Neufve Nostre Dame a l'enseigne de l'Escu de France, pet. in-8° goth. de 4 ff.

2° Le même, s. l. n. d.

3° *Recueil Montaiglon-Rothschild*, t. II, p. 146.

(Il existe en outre une reproduction faite s. l. n. d. par la lithographie à 40 exemplaires).

*Benedicite* burlesque (en 43 vers) suivi de *Grâces* (32 vers) qui ne sont qu'une grossière anecdote, ainsi que le prêcheur a soin de l'annoncer :

> Et je retourne dire *graces*;
> Je vous les feray un peu grasses.

Il est difficile d'affirmer que des facéties aussi courtes, aussi complètement insignifiantes, aient été destinées au théâtre ; cependant les formules initiales et finales semblent bien l'attester :

> Par ma foy, je n'en diray plus,
> Se vous n'escoutez tous ensemble...
> Adieu vous dis, car je m'en voys...

## 222. — FIANCÉ (Un).

### ÉDITIONS.

1° Sermon d'un fiancé qui emprunta un pain sur la fournée a rabatre sur le temps a venir. Rouen, Nic. Lescuyer ou Pierre Mullot, s. d., petit in-8°, 4 ff., 124 vers.

2° Paris, Pinard (pour Techener), 1829, in-8°, 13 pages (caractères gothiques).

3° *Recueil Montaiglon-Rothschild*, t. III, p. 5.

4° *Recueil Charles Brunet*, t. II.

Courte facétie qui n'a peut-être été jamais destinée au théâtre. Les formules initiales et finales n'ont rien de précis dans ce sens. Mais elle était au moins débitée par des bateleurs, comme l'indiquent les vers 38 et 39 :

> Or ça, chascun tende la main
> A la bourse ; il en est temps.

A la fin du *Quartier de mouton,* on fait de même un appel à la générosité des spectateurs.

## 223. — FILLE (La) BATELIÈRE.

#### MANUSCRIT.

Monologue nouveau et fort recreatif de la fille bastelierc.
Ms. La Vallière, ff. 7 *a*-11 *a* (1ʳᵒ pièce), 216 vers.

#### ÉDITION.

*Recueil Le Roux de Lincy*, t. I, 1ʳᵉ pièce.

Cette pièce est une parade et se débitait sans doute aussi bien sur les voitures des charlatans que sur les tréteaux des farceurs. La « fille basteliere » a été « la chamberiere d'un basteleur » ; à cette école, elle a beaucoup appris, car elle guérit toutes les maladies ; beaucoup voyagé : elle a vu la Judée, la Grèce, Madère et Lisbonne, et surtout la Normandie, car elle nomme vingt localités qui sont autour de Rouen. Elle varie son monologue au moyen de quelques jeux de scène indiqués dans le manuscrit : elle monte sur un escabeau et fait sauter un chien « vestu de quelque toylle de couleur ».

## 224. — FILLE (La) ÉGARÉE.

#### MANUSCRIT.

Sermon joyeux de la Fille esgarée.
Ms. La Vallière, ff. 246 *b*-248 *b* (44ᵉ pièce), 146 vers.

#### ÉDITION.

*Recueil Le Roux de Lincy*, t. III (3ᵉ pièce).

La « fille égarée » ne l'est pas tout à fait encore, mais elle souhaite de l'être, et le dit avec une impudeur naïve qui fait que cette pièce, moins grossière dans les termes que beaucoup d'autres, était peut-être en réalité plus immorale. Le sermon joyeux de la fille égarée n'est d'ailleurs qu'une accommodation à la scène du « Monologue nouveau fort joyeulx de la Chambriere despourveue du mal d'amours » que nous avons indiqué ci-dessus (page 263), sans être bien certain que cette pièce appartienne au théâtre. Elle est la même au fond que la *Fille égarée*; quelques vers seulement sont supprimés ou changés, et la formule finale est ajoutée :

> En prenant congé de ce lieu,
> En vous disant à tous adieu.

## 225. — FOUS (Les).

###### ÉDITIONS.

1° Sermon joyeux et de grande value
A tous les foulx qui sont dessoubz la nue
Pour leur monstrer a saiges devenir,
Moyennant ce que le temps advenir,
Tous sotz tiendront mon conseil et doctrine ;
Puis congnoistront clerement, sans urine,
Que le monde pour sages les tiendra,
Quant ils auront de quoy ; notez cela.

A la fin : Fin du sermon des Foulx. Imprimé nouvellement a Lyon en la maison de feu Barnabé Chaussard, près Nostre-Dame de Confort.
*Recueil du British Museum*, s. d. 6 ff., 424 vers.

2° Autre édition, Lyon, Jehan Labanny, petit in-8° goth. de 12 ff.

3° Sermon joyeux de tous les foulx qui sont au monde, pour rire, composé nouvellement... Fin du sermon des foulx, imprimé nouvellement à Lyon, petit in-8° goth. de 12 ff.

4° *Recueil Viollet-Leduc*, t. II, p. 207-222.

Véritable sottie à un seul personnage ; « tous les hommes sont fous », dit le *prêcheur,* et il prouve son dire en vers assez piquants, avec des traits malicieux à l'adresse de tous pays et de tous métiers. Le sermon est en trois points : qualités des fous, quantité des fous, leur mode de vie. Leurs qualités : sots jaloux, sots amoureux, etc. Quantité des fous : hélas ! le monde en est plein. Le prêcheur énumère tous les pays de la terre et dit leur genre de folie. Chaque profession a ses fous, depuis le pape jusqu'aux alchimistes. Quant aux femmes, elles sont toutes folles. Suit la description des manières de vivre de ces innombrables fous, le portrait de leurs manies diverses et opiniâtres. Nul n'échappe à la loi commune ; tout homme a son grain de folie. Mais n'est-il pas un moyen, sinon d'être sage, au moins de passer pour tel ? Il n'en est qu'un : Soyez riche.

## 226. — FRANC (Le) ARCHER DE BAGNOLET (vers 1470).

### ÉDITIONS.

1º Le monologue du « Franc Archier de Baignollet » figure pour la première fois dans l'édition des œuvres de Villon donnée par Galliot du Pré, en 1532.

Le monologue du Franc Archer ne figure pas dans le Villon publié par Marot, un an après l'édition de Galliot du Pré.

Mais la même année il figure dans l'édition donnée par Alain Lotrian (il est désigné à part dans le titre) et depuis il a reparu dans toutes les éditions de Villon. Voy. Œuvres de Villon, édition Pierre Jannet (nouvelle Biblioth. Elzévirienne), 1873, in-12, p. 150. « S'ensuit le monologue du Franc Archier de Baignolet avec son épitaphe. »

Voici les éditions particulières du Franc Archer :

2º Farce nouvelle du Franc Archier de Baignolet, imprimée nouvellement à Paris.

*Recueil du British Museum.* S. d. (vers 1550), 4 ff. 382 vers.

3º Le monologue du Franc Archier de Baignollet avec son épitaphe.

*Recueil de Copenhague*, p. 25-39.

4º Le Franc Archer est publié dans une édition apocryphe des œuvres de Coquillart, Paris, in-8º, 1597 (Date fictive. L'édition est du xviiiº siècle). Voir ci-dessus page 260.

5º *Recueil Viollet-Leduc*, t. II, p. 326-337 (réimpression du nº 2).

6º *Recueil Émile Picot*, p. 47-70 (réimpression du nº 3).

Cette farce est remplie d'allusions à des événements politiques et militaires qui permettent d'en fixer la date. Elle dut être écrite vers 1470. Elle fut jouée encore en 1526, à Lille. (Voyez ci-dessous : Catalogue des Représentations, LILLE, 1526.)

Le Franc Archer de Bagnolet est une des meilleures pièces de notre ancien répertoire. On a pu l'attribuer à Villon sans faire injure à ce grand poète. Mais en réalité, on n'en connaît pas l'auteur, non plus que celui de *Pathelin,* qui est exactement de la même date.

Les *Francs Archers,* créés sous Charles VII, par lettres-royaux du 28 avril 1448, furent rapidement impopulaires, car la charge de les entretenir pesait directement sur les bourgs ; leur lâcheté fut proverbiale et leur indiscipline fort gênante ; Louis XI les supprima en 1480. Cette petite pièce a dû contribuer à achever le discrédit de cette institution avortée.

Le brave Pernet, franc archer de Bagnolet (nous ne savons pourquoi ce petit village prêtait à rire traditionnellement), sort de chez lui tout bouillant d'humeur guerrière. Il jette un défi aux vents et déclare « qu'il ne craint page

S'il n'a point plus de quatorze ans ».

Nous connaissons ce procédé comique des monologues ; le personnage vante sa bravoure et raconte à l'appui dix traits de sa lâcheté. Il n'a jamais tué que des poules, quand leur maître n'était pas là. Il avait fait un prisonnier, mais celui-ci l'ayant saisi à la gorge, il a crié grâce ; on l'a secouru ; il a pu fuir. Il dit avant Panurge :

Je ne craignois que les dangiers.

Encore se vante-t-il, car tout à coup le voici tout tremblant. Qu'a-t-il vu ? Un épouvantail à moineaux ; il le prend pour un homme d'armes ; il tombe à genoux, il meurt de peur. Ce guerrie porte la croix blanche ; le

Franc Archer crie : « Je suis Français ! » Mais le vent souffle et le mannequin se retourne ; une croix noire apparaît : « Je suis Breton, crie le Franc Archer fou de peur ; faites-moi quartier ! » L'ennemi reste muet. Faut-il donc mourir ici ! Le Franc Archer tombe à genoux et commence sa confession dernière. Tout à coup le vent souffle plus fort et fait choir l'épouvantail. « Monseigneur, ce n'est pas moi ! » crie Pernet tout d'abord. Puis il se rassure peu à peu ; il approche tout doucement. « Hé quoi ! ce n'est qu'un homme de paille ! Se moque-t-on de moi, maintenant ? » Et il bat le mannequin à coups redoublés, puis, mieux avisé, le dépouille et s'enfuit en volant la robe.

> Parbleu! si me disoit le cueur
> Que j'en viendroye a mon honneur.

## 227. — FRANC (LE) ARCHER DE CHERRÉ, attribué à MAÎTRE MITOU.

### ÉDITIONS.

1º *Le franc archier de Cherré.*

> Vous compaignons qui frequentez les armes
> Et qui de lance avez maint enferré,
> Je vous supplye, voyez les grans faictz d'armes
> Du tres vaillant franc archier de Cherré.

Imprimé nouvellement a Tours par Jehan Rousset,... 1554. Petit in-8º, 12 ff., 552 vers.

2º *Recueil Montaiglon-Rothschild*, t. XIII, p. 18-44.

Cette pièce est une imitation de la précédente. Le Franc Archer de Cherré fut représenté à Angers en 1524. (Voy. *Représentations*, 1524, Angers.)

L'auteur du Franc Archer de Cherré est, croit-on, Maître Mitou, de son vrai nom Jean Daniel, chapelain de Saint-Pierre d'Angers ; organiste de Saint-Maurice dans la même ville vers 1530 ; et auteur de noels, et de cantiques dont il faisait les paroles et la musique. C'est lui qui fut l'ordonnateur des mystères sans paroles représentés à Nantes en 1518 à l'entrée de

François I$^{er}$. C'est peut-être lui que Pierre Grognet désigne, dans la *Louenge des bons facteurs* en disant :

> Maistre Mysto et Maistre Cruche
> Estoient bons joueux sans reprouche.

Sur Maître Cruche, voy. ci-dessous *Catalogue des Représentations*. Paris, 1515.

Sur Maître Mitou, voyez : *Les Noels de Jean Daniel, dit Maistre Mitou, organiste de Saint-Maurice, et chapelain de Saint-Pierre d'Angers* (1520-1530), *précédés d'une étude sur sa vie et ses poésies*, par Henri Chardon. Le Mans, in-8°.

Les *Dits de Chacun*, du même auteur, ont assez bien l'allure d'un monologue dramatique ; toutefois ils ne nous paraissent pas avoir été écrits pour la représentation.

Nous avons dit plus haut que Louis XI supprima les Francs Archers en 1480. Quarante ans plus tard, François I$^{er}$ essaya de les rétablir, et bientôt les mêmes excès donnèrent lieu aux mêmes plaintes. Ils recommencèrent à piller les villages et à vivre *sur le bonhomme*, comme on disait, c'est-à-dire sur les paysans. Le Franc Archer de Cherré vengea les paysans de 1521, comme le Franc Archer de Bagnolet avait vengé leurs pères. Cherré est un village de l'Anjou, dans l'arrondissement de Segré. Tous les lieux nommés dans la pièce sont de la même région. Il y est fait allusion à Bayard comme à un homme vivant, or il périt le 30 avril 1524. Ce monologue dut être composé entre le rétablissement des Francs Archers (1521) et la mort de Bayard. Les fanfaronnades d'un faux brave y sont assez gaiement étalées ; les vers sont d'une bonne facture et, quoique la charge soit excessive, le style a de la finesse.

Le Franc Archer de Cherré fut probablement composé pour la scène, ainsi que le Franc Archer de Bagnolet. A la vérité, le Franc Archer de Cherré ne renferme pas les jeux de scène qui abondent dans le Franc Archer de Bagnolet ; mais les vers qui le terminent composent cependant une sorte de jeu de scène qui n'a sa valeur et son agrément qu'au théâtre : le Franc Archer se vante d'avoir quelque part les dépouilles des gens qu'il a tués :

> Qu'est-ce qui dit que ne les ay pas ?
> Si ay, par bieu; elles sont la bas,
> Cela est aussi vray qu'hystoire.
> Quoy, vous ne m'en voulez pas croyre !
> Et, par bieu, je les voys querir
> Bien tost ; je ne fais que courir.
> Attendez moy ; homme ne bouge.

Ce dernier vers ne rime avec aucun autre. La farce était-elle suivie de quelque autre pièce avec laquelle elle faisait corps dans la représentation ? Une disposition analogue se remarque dans la farce du *Brigand*. (Voy. ci-dessus, p. 117.)

## 228. — FRIPONNIERS (Les) ET FRIPONNIÈRES.

### ÉDITIONS.

Discours joyeux des Friponniers et Friponnieres, ensemble la confrairie desdits Friponniers et les pardons de ladite confrairie. A Rouen, Richard Aubert, libraire, rue de l'Orloge, devant le Lyon d'Or, 4 ff. in-8°.

— Le même, Rouen, Nicolas Lescuyer ou Pierre Mullot (176 vers).

— Le même, avec de nombreuses variantes dans le *Recueil de poesies recreatives*, à la suite des *Œuvres de Coquillart*, dans une édition du xviii° siècle, datée fictivement de 1597. Voyez ci-dessus, p. 260.

— Le même, Paris, 1831, Fac-simile, tiré à 42 exemplaires, par M. Veinant.

— *Recueil Charles Brunet*, t. III.

— *Recueil Montaiglon-Rothschild*, t. I, p. 147.

— Réimpression à petit nombre du n° 1, Paris, Barraud, 1875, petit in-8°.

Il n'est pas certain que cette facétie ait jamais été produite sur la scène : c'est cependant un véritable sermon joyeux, où sont célébrés longuement les innombrables exploits des fripons de toute espèce ; et Dieu sait qu'il en est,

> Et si le Roy avoit devotion
> Faire faire procession
> Aux Friponniers et Friponnieres,
> Jamais ne fut tant de banniéres,
> Ni de croix, comme il me semble,
> Qu'on verroit, s'ils estoient ensemble.

Des vers comme celui-ci :

> Escoutez, notable assistance.

ou bien :

> *In nomine patris,* silence,
> Seigneurs et dames, je vous prie.

indiquent, semble-t-il, une pièce dramatique. Elle appartenait sans doute au répertoire des *Connards*[1] : le prêcheur se vante d'apporter

> Pardons generaux,
> Dont nous avons bulles et seaux,
> Donnez de souverains prelats
> Autant abbés comme Conards...
> Pape n'en ouyt jamais parler.

## 229. — GRANDS (Les) ET MERVEILLEUX FAITS DE NEMO, attribués à JEAN D'ABONDANCE.

### ÉDITIONS.

1° Les grans et merveilleux faictz de Nemo avec les privileges qu'il a et la puissance qu'il peut avoir depuis le commencement du monde jusques a la fin. S. l. n. d. (On distingue plusieurs éditions : l'une, in-4° goth., 2 ff. — deux autres, petit in-8° goth., 8 ff. Celle qui est indiquée au n° 565 du Catalogue de M. de Rothschild, s. l. n. d. petit in-8° de 8 ff. — est de Lyon, chez Jacques Moderne, vers 1540.

2° Les mêmes, chez Pierre de Saincte-Lucie, Lyon, s. d. (vers 1530), in-16. (Édition citée par Du Verdier qui attribue cette

---

1. Sur cette abbaye joyeuse qui fut à certains jours une confrérie dramatique, voyez nos *Comédiens au Moyen-Age.* Paris, L. Cerf, 1885, page 246.

facétie à Jean d'Abondance. Voy. Du Verdier, Ed. Rigoley, t. II, p. 324.)

3º Les mêmes, imités en partie des vers latins de Hutten (Ulrich de Hutten) et augmentés par P. S. A. Lyon, Macé Bonhomme, s. d. (vers 1550), in-8º. (Édition citée par Du Verdier, t. III, p. 150.)

4º *Recueil Montaiglon-Rothschild*, t. XI, p. 313-342. (D'après les éditions indiquées sous le nº 1. Voyez p. 313-329 une abondante notice sur plusieurs rédactions non dramatiques de la même facétie, en France et à l'étranger). Ce monologue contient 332 vers.

Je mets au rang des moins plaisants parmi les monologues et les sermons joyeux ceux qui étaient tirés tout entiers d'un jeu de mots ridicule. Ici, par exemple, on abusait d'un vieux calembour gréco-latin pour en tirer *Les grans et merveilleux faits de Nemo*. Dès longtemps le fameux jeu de mots d'Ulysse, dans l'*Odyssée*, sur le double sens d'οὐδείς *(Nemo, Personne)*, avait inspiré au Moyen-Age un sermon latin sur les vertus de *saint Nemo*. L'auteur en est inconnu. L'on devine toutes les équivoques faciles auxquelles ce nom se prête : *Nemo Deum vidit. Nemo loquitur in spiritu sancto. Deus cujus irae resistere Nemo potest.* Tout ce que l'Ecriture dit de la faiblesse et du néant de l'homme pouvait ainsi se détourner dans un autre sens à la gloire de ce personnage imaginaire[1]. Cette plaisanterie assez plate eut un grand succès. Ulrich de Hutten la mit en vers latins (vers 1512).

> *Omnia Nemo potest, Nemo sapit omnia per se,*
> *Nemo manet semper ; crimine Nemo caret.*

Mais sous sa forme la plus développée, la pièce d'Ulrich de Hutten ne renferme que 78 distiques. Le sermon latin est beaucoup plus long. Le monologue dramatique indiqué

---

[1]. Le texte de ce sermon est dans les *Anciennes poésies* (Bibliothèque elzévirienne, t. XI, p. 314).

ci-dessus en est tiré. Bien d'autres facéties du même genre furent publiées sous diverses formes jusqu'à la fin du seizième siècle. Celle-ci est la seule qui ait revêtu la forme dramatique.

Le morceau a l'allure ordinaire des sermons joyeux. Il commence par un texte sacré, et il est d'un bout à l'autre hérissé de passages tirés de l'Ecriture sainte. Un tel abus du latin ne pouvait convenir qu'à des clercs ou à des écoliers : devant tous autres spectateurs, la pièce eût été incompréhensible. En effet, *Personne* en français n'est négatif qu'avec l'addition de *ne* ; l'auteur s'est trouvé contraint de citer en latin tous les exemples de la puissance et de la grandeur de *Nemo*. Du Verdier attribue cette pièce à Jean d'Abondance. Sur cet auteur, voyez ci-dessus, pages 93, 125 et 243.

## 230. — INVITATOIRE BACHIQUE.

#### MANUSCRIT.

Invitatoyre bachique, *Venite, potemus*.
Ms. La Vallière, ff. 178 *a-b* (33<sup>e</sup> pièce), 54 vers.

#### ÉDITION.

*Recueil Le Roux de Lincy*, t. I (9<sup>e</sup> pièce). L'éditeur a lu à tort : *Imitatoyre bachique*. D'autres ont lu : *Incitatoyre*. L'*invitatoire* est un terme liturgique ; il désigne une antienne qu'on chante à matines.

Cette pièce est une parodie des chants liturgiques, en six couplets, de neuf vers chacun : elle a dû se chanter à table plus souvent qu'au théâtre, où elle eût été, semble-t-il, médiocrement plaisante.

## 231. — MAITRE HAMBRELIN (1537).

#### ÉDITIONS.

1° M. Hambrelin, serviteur de maistre Aliborum, cousin

germain de Pacolet. S. l. 1537, in-8°, 8 ff., 301 vers. La date 1537 est aussi celle de la composition de la pièce, car il y est fait allusion à la querelle de Marot avec Sagon. (Il existe au moins trois autres éditions, s. l. n. d.)

2° *La Navigation du Compaignon a la Bouteille, avec le Discours des ars et sciences de Maistre Hambrelïn*. Paris, Claude Micard, 1576, in-16 de 48 ff. Maistre Hambrelin occupe les ff. 2 à 8.

3° *Le Serviteur qui se vante de scavoir tout faire, lequel est fort plaisant et recreatif, Maistre Ambrelin, serviteur de monsieur Pacolet*.
*Recueil de Copenhague*, p. 158-173.

4° *Seconde Collection Silvestre*, n° 23 (1858) (avec notice, par Aug. Veinand). Texte d'une des éditions, s. l. n. d., indiquées sous le n° 1.

5° Réimpression du n° 2, par Philomneste Junior (Gustave Brunet). Genève, Gay, 1867, in-16.

6° *Recueil Montaiglon-Rothschild*, t. XIII, p. 170 (1878).

7° *Recueil Émile Picot*, p. 199-215. (Texte du n° 3.)

Parade de charlatan, à un personnage. M. Picot (*Nouveau recueil*, LXXII) fait observer avec raison que les monologues ont affecté généralement de faire parler l'un de ces trois personnages : un amoureux, un soldat fanfaron ou un charlatan. Le *Dit de l'erberie* de Rutebeuf (qui n'est d'ailleurs pas dramatique) est probablement le plus ancien morceau de ce dernier genre qui nous soit parvenu (du moins en langue française ; M. Bartsch en a publié un plus ancien dans sa *Chrestomathie provençale*). Comparer : *les Ditz de Maistre Aliboron qui de tout se mesle* (2ᵉ moitié du xvᵉ siècle), pièce non dramatique (*Recueil Montaiglon-Rothschild*, I, 33-41), le *Dit des deux trouvères ribauds* (*Histoire littéraire*, t. XXIII, p. 95) ; surtout, le *Watelet de tous mestiers* (idem, XIII, p. 154-169 et ci-dessous), dont *Maistre Hambrelin* n'est qu'un remaniement, destiné à devenir, sous une dernière forme, le *Varlet à louer à tout faire* de Christophe de Bordeaux, parisien (vers 1580). Au même genre, appartiennent la *Chambrière à louer, à tout faire*, du même; le *Monologue d'un Clerc de Taverne* et la *Fille bastelière*. (Voy. ci-dessus p. 262, 264 et 266.) Dans la *Nouvelle tragicomique*, de Marc de Papillon (ou le capitaine Lasphrise) Ambrelin est le nom du valet. (*Ancien Théâtre Français*, t. VII, p. 464.)

Les pièces énumérées plus haut ne sont pas toutes dramatiques; mais Maître Hambrelin semble bien avoir été destiné à la scène; témoin le vers 264

> Je suis plus sage que vous n'estes
> Vous qui riez.....

Hambrelin est arrivé, nu-pieds, à la ville, cherchant maître à qui l'on pût se louer. Il énumère tous les métiers où il est bon : il en compte au moins deux cents; entre autres il arrache les dents sans douleur; et sait raser et saigner comme le meilleur barbier.

La fin de Hambrelin reproduit celle du Watelet (voir, ci-dessous).

> Qui a de Hambrelin affaire,
> Pour son savoir ou son argent,
> Il est logé au Plat d'Argent,
> Ou se tient son train et sa court,
> Avec le seigneur d'Argent-court.

On sait que le *Plat-d'Argent,* mélancolique enseigne, au sens ambigu, était, par tradition, l'hôtellerie de tous les gueux; et naturellement le seigneur d'*Argent-Court* ne pouvait avoir d'autre auberge.

## 232. — MAUX (Les) DU MARIAGE.

### ÉDITIONS.

1º *Sermon nouveau et fort joyeulx auquel est contenu tous les maulx que l'homme a en mariage. Nouvellement composé a Paris.* Petit in-8º goth., 8 ff. 331 vers.

2º *Première Collection Silvestre*, nº 5.

3º *Recueil Montaiglon-Rothschild*, t. II, p. 1.

Maux de l'état de fiançailles, maux du jour du mariage et du lendemain, maux de l'accouchement, du baptême et des relevailles, l'impitoyable prêcheur n'en oublie aucun dans son sermon en trois parties.

Mais, lui dira-t-on, il y a cependant des biens dans le mariage. Oui, pour la femme.

La pièce abonde en jolis vers. Quelle déconvenue, quand, la noce finie, tous les fournisseurs accourent pour se faire payer :

> Tout l'argent de son mariage
> Prendra vollée et s'en courra,
> *Mais sa femme demourera !*

## 233. — MÉMOIRE.

#### MANUSCRIT.

Monologue de Memoire tenant en sa main ung monde, sur lequel est escript Foy, Espoirance et Charité, et fault estre abillé en deesse.

Ms. La Vallière, ff. 26 *b*-28 *a* (6ᵉ pièce), 90 vers.

#### ÉDITIONS.

1° *Recueil Le Roux de Lincy*, t. I, 4ᵉ pièce.

2° *Théâtre mystique de Pierre Du Val et des Libertins spirituels de Rouen*, publié par E. Picot, Paris, Damascène Morgand, 1882, in-16 (pages 165 à 169).

Monologue fort peu dramatique, où Mémoire, « habillée en déesse », fait l'éloge des trois vertus théologales, sans lesquelles le monde cesserait d'être. On douterait que cette pièce eût jamais été destinée au théâtre, si elle ne se terminait par les vers traditionnels :

> En prenant congé de ce lieu,
> En vous disant a tous adieu.

Le reste est en vers de dix syllabes. La pièce a dû être adaptée au théâtre, sans avoir été composée primitivement pour la scène. M. Picot en a fait ressortir la tendance protestante.

## 234. — MÉNAGE (Le) ET LA CHARGE DE MARIAGE.

###### ÉDITIONS.

1º Nouveau et joyeux sermon contenant le menage et la charge de mariage, pour jouer a une nopce a un personnage.
*Recueil de Copenhague*, p. 149-157 (173 vers).

2º *Recueil Emile Picot*, p. 191-198.

Ce sermon joyeux est une énumération des ustensiles nécessaires en ménage ; énumération chère à la poésie populaire du Moyen-Age : elle est faite, ici, dans une intention hostile au mariage ; ce qui était piquant dans la circonstance où la pièce était dite, c'est-à-dire aux noces, comme le titre du manuscrit nous l'apprend. Mais ce titre est peut-être purement ironique. L'intérêt principal du morceau consistait dans un tour de force de mémoire.

M. Picot (*Nouveau Recueil*, etc., p. LXIX) cite un certain nombre de pièces qui offrent une énumération analogue : *Le dit de Ménage* (XIIIe siècle, publié par Trébutien, Silvestre, 1835, in-8º), l'*Oustillement au Villain* (XIIIe siècle, publié par Monmerqué, Paris, Silvestre, 1833, in-8º), le *Ditté des choses qui faillent en menage et en mariage* (Jubinal, *Nouveau recueil de contes, ditz et fabliaux*, Paris, 1839-42, 2 vol. in-8º, II, 161-169) ; la *Complaincte du Nouveau Marié*, imitée d'assez près par l'auteur de notre *Sermon* (Montaiglon, *Recueil de poésies françoises*, I, p. 218-228) et les *Ténèbres de Mariage* (*id.*, *id.*, p. 17-32).

## 235. — NOCE (Sermon pour une), par Roger de Collerye.

###### ÉDITIONS.

1º Sermon pour une noce. Œuvres de maistre Roger de Collerye. Paris, Pierre Roffet, 1536, in-8º (264 vers).

2º *Recueil de Poésies récréatives*, faussement daté, 1597. Voyez ci-dessus, page 260.

3º (Autre rédaction). Sermon joyeulx pour advertir la nouvelle mariée de ce qu'elle doit faire la premiere nuict. Rouen, Nicolas Lescuyer, s. d. (vers 1595), petit in-8º, 4 ff. (180 vers).

4º Le même sous le nom de Discours joyeux, etc. Rouen, Loys Costé, vers 1600, in-8º.

5º (Autre rédaction). Plaisant discours et advertissement aux nouvelles mariées, etc. Lyon, 1606, in-8º.

6º Réimpression du nº 2, Paris, Guiraudet, 1830, 12 p., in-16.

7º Réimpression du nº 4, Paris, Pinard, 1830, 15 pages in-12.

8º Réimpression du nº 4, Strasbourg, Salomon, 1851.

9º Réimpression du nº 1, dans les *Œuvres de Roger de Collerye*, publiées par Charles d'Héricault, Paris, Jannet, 1855, in-16 (Biblioth. elzévirienne), p. 111-122.

« Le prescheur, habillé en femme », parle sur ce texte, emprunté des livres saints, selon la licence accordée aux sermons joyeux : *Audi, filia, et vide*. La pièce est une peinture satirique des peines du mariage. A la fin, la prêcheuse invite les femmes à toujours vendre, argent comptant, leurs faveurs. Quelque licence qui régnât aux noces, on a peine à penser que ce « sermon » ait été souvent débité en présence des jeunes mariées, par les « farseurs » qu'on payait pour amuser l'assistance. Le titre peut bien n'être qu'une ironie, comme dans la pièce précédente.

## 236. — NOUVEAUX (Les) SOTS DE LA JOYEUSE BANDE.

### ÉDITIONS.

1º Le monologue des nouveaulx sotz de la joyeuse bende, faict et composé nouvellement. S. l. n. d. On les vend a Paris au Palays..., petit in-8º, 4 ff. goth., 128 vers.

2º Réimpression du même dans la *première Collection Silvestre*, nº 7 (avec le sermon de Saint Hareng).

3º *Recueil Montaiglon-Rothschild*, I, p. 11.

Voici les premiers vers :

> Marguet, surnomme raye en teste
> Allant par [de]faulte de beste
> A son beau pied le plus souvent,
> Noble seigneur d'Angoullevent,
> A reverent pere prieur
> Des Andouilles, et proviseur
> De toute la joyeuse bende,
> Salut et gloire, pour prebende,
> D'escus et nobles grant planté ;
> Et aussi plaisir et santé.

Marguet fait cession au Prieur de son empire sur tous les Sots de la province. Suit la traditionnelle énumération des Sots ; ici, elle remplit quarante vers. Nous y remarquons les « *Sieux d'ais* » (scieurs de planches) qui ont leur rôle dans la sottie des *Sobres-Sots*. Pour entretenir la dignité du nouveau prince, Marguet lui constitue une rente de victuailles, à défrayer plusieurs Gargantuas. Il n'est pas sûr que cette pièce fût destinée au théâtre ; mais elle a fort bien pu être débitée sur la scène.

Nous n'en dirons pas autant d'une autre pièce imitée de celle-ci, mais certainement destinée à être lue, non pas à être jouée : c'est le « Monologue des Sotz joyeulx de la nouvelle bende, la Declaration du preparatif de leur festin et banquet, mis en lumiere par le seigneur du Rouge et Noir, adressant a tous joyeulx sotz et autres », Paris, Guillaume Nyverd, in-8º goth. de 8 ff. (réimprimé dans le *Recueil Montaiglon*, tome III, p. 11). Cette pièce, précédée d'un avis en vers, de « l'Acteur au Lecteur », et suivie de la « Conclusion de l'Auteur », n'appartient pas au répertoire théâtral ; d'où elle emprunte seulement l'idée, d'ailleurs banale, d'énumérer et de convoquer tous les fous. (Voir, sur cette tradition, ci-dessus, page 221, *le Prince des Sots*.)

## 237. — PATIENCE (La) DES FEMMES.

###### ÉDITIONS.

1° Sermon joyeulx de la pacience des femmes obstinées contre leurs marys, fort joyeulx et recreatif a toutes gens. S. l. n. d. In-8° goth., 4 ff. 104 vers.

2° Le même, Rouen, Nicolas Lescuyer ou Pierre Mullot.

3° Le même, sous le titre de *Discours joyeux*, à Rouen, chez Loys Costé, in-8°, 4 ff.

4° Sermon joyeux des femmes obstinées. S. l. n. d. (vers 1530). Voy. *Catalogue Rothschild*, par Emile Picot, n° 589.

5° *Les Joyeusetez, Facecies et Folastres imaginacions de Caresme-Prenant*, etc. Paris, Techener, 1829-1834, tome III.

6° Reproduction du n° 1, dans le *Recueil Montaiglon-Rothschild*, t. III, p. 261. (Il existe aussi une reproduction du n° 1 en fac-simile autographique, tiré à 40 ex., formant une plaquette de 8 pages.)

Facétie assez plate, dirigée contre les travers et les vices des femmes. Ce n'est pas un vrai sermon joyeux : il n'y a ni textes ni divisions. Il est douteux que cette pièce ait jamais paru au théâtre.

## 238. — PELERIN (Le) PASSANT, par Pierre Taserye (1504).

###### MANUSCRIT.

Monologue seul du Pelerin passant, composé par Maistre Pierre Taserye.
Ms. La Vallière, ff. 336 a-339 a, 59° pièce, 233 vers.

###### ÉDITIONS.

1° *Recueil Le Roux de Lincy*, t. III (18° pièce).

2° *Recueil Édouard Fournier*, p. 272-276.

C'est la seule pièce signée dans le ms. La Vallière. Nous ignorons si « Maistre Pierre Taserye » a rien de commun avec Guillaume Tasserie, auteur du : *Triomphe des Normands, traictant de la Immaculée Conception Nostre-Dame.* (Voir aux *Pièces perdues*.) Le voyage allégorique du « Pelerin passant » est une sorte de promenade politique à travers les maisons illustres de France. Le Pèlerin s'arrête à l'*Écu-de-France*; c'est-à-dire à la cour, il s'y ennuie à cause de l'avarice de l'hôte (Louis XII). Il passe à l'*Écu-de-Bretagne* (chez la reine); mais on n'y soigne bien que les Bretons. Il loge *au Daulphin* (chez le jeune duc d'Angoulême, qui plus tard fut François I$^{er}$); au *Chapeau-Rouge*, chez le cardinal-ministre Georges d'Amboise; mais la foule s'y écrase; à l'*Écu-de-Bourbon,* mais l'hôte est mort (Pierre de Beaujeu, gendre de Louis XI, mort le 8 octobre 1503).

La pièce a dû être jouée à l'hospice de la Trinité, chez les confrères de la Passion, car là s'arrête le voyage; là le pèlerin veut finir ses jours :

> En un logis d'antiquité
> Qui se nomme la Trinité ;
> Auquel lieu se logé j'estoye,
> Je seroys pourveu grandement,
> Et desloger n'en penseroye
> Jusques a mon trespassement.

## 239. — PLACEBO.

#### MANUSCRIT.

Dyalogue de Placebo pour un homme seul.
Ms. La Vallière, ff 11 *a*-12 *b*, 2° pièce, 94 vers.
Cette ineptie : *Dyalogue pour un homme seul*, doit-elle être attribuée au scribe? Quelques ignorants nommaient-ils *dialogue* toute pièce de théâtre, même le *monologue,* ainsi qu'on disait souvent *prologue final* pour *épilogue ?*

#### ÉDITION.

*Recueil Le Roux de Lincy*, t. I, 13° pièce.

*Placebo* lui-même est en scène, se définit et se fait connaître. Qu'est-ce que *Placebo*? Autant qu'on peut le deviner à travers le style bizarre et tourmenté du poète, qui mêle à son français du latin d'école et de cuisine, à tort et à travers, *Placebo* (je plairai) c'est l'intrigant [1].

> A *Placebo* on donne offices,
> Dignités et grandz benefices...
> Pour le temps qui regne et qui court,
> *Placebo* est homme de court,
> Court vestu et de longue robe...
> *Placebo* est ung fort menteur,
> Un blandisseur, adulateur...
> Qui sçait de *Placebo* user,
> Il est tenu tres habille homme.

## 240. — POUR RIRE.

### MANUSCRIT.

Sermon joyeulx pour rire.
Ms. La Vallière, ff. 12 *b*-15 *a*, 3ᵉ pièce, 120 vers.

### ÉDITION.

*Recueil Le Roux de Lincy*, t. I, 18ᵉ pièce.

Monologue très grossier, tout barbouillé de latin de cuisine, insipide autant qu'indécent ; on se demande à quels auditeurs pouvait plaire une telle platitude, unie à tant de pédantisme. L'abus du mauvais latin permet d'attribuer cette pièce à quelques basochiens en liesse.

---

1. Voy. Œuvres de Roger de Collerye, Ed. Ch. d'Héricault, p. 199. *Contre les flatteurs*.

> Pour bien jouer du *placebo*,
> Pour flatter et mentir aussi,
> Pour rapporter cela, cecy,
> Tousjours en grace *manebo*.

## 241. — QUARTIER (Le) DE MOUTON.

### MANUSCRIT.

Sermon d'un cartier de mouton.
Ms. La Vallière, ff. 21 b-26 b, 5° pièce, 304 vers.

### ÉDITION.

*Recueil Le Roux de Lincy*, t. I, 3° pièce.

Le titre de ce sermon joyeux est tiré du premier vers que le prédicateur prononce :

> Au nom d'un cartier de mouton
> Pour faire branler le menton...

Cette pièce est une satire décousue de cent sortes de ridicules et de vices. Il y est fait allusion à des localités voisines de Rouen, comme dans beaucoup d'autres pièces du manuscrit La Vallière, qui est spécialement normand. On y parodie le latin des prédicateurs et celui des avocats. On y médit du temps présent où tout vaut moins et coûte plus cher qu'autrefois. On prie pour le maintien de la paix; et, d'une façon moins innocente, pour toutes sortes de gens de bien, comme les meuniers :

> Prions pour ces loyaux meuniers,
> Que tous chascuns disent larons,
> Qu'ils puissent aller tous mitrés
> En paradis a reculons.

C'est-à-dire pendus haut et court, et bien encapuchonnés.

A la fin de la pièce, l'acteur demande aux spectateurs, non leurs prières, mais leur argent :

> Je ne veux point de patenostres
> Mais vous jourés de vos menotes.

Même requête à la fin du sermon du *Fiancé*. (Voy. ci-dessus, p. 265.)

## 242. — RAMONEUR (Le).

#### ÉDITIONS.

1º Sermon joyeux d'un ramoneur de cheminées, s. l. n. d., in-8º.

2º *Recueil Montaiglon-Rothschild*, t. I, p. 235.

Pièce fort grossière analogue à la farce du même titre. Voy. ci-dessus, page 225.

## 243. — RÉSOLU (Le), par Roger de Collerye.

#### ÉDITIONS.

1º Œuvres de Roger de Collerye. Paris, Rosset, 1536, in-8º.

2º Le même *monologue* se trouve à la suite d'une édition de Coquillart, publiée au xviiiº siècle, avec une date fausse de 1597 (voy. ci-dessus p. 260).

3º *Œuvres de Roger de Collerye,* nouvelle édition, par Ch. d'Héricault. Paris, Jannet, 1855 (Bibliothèque elzévirienne), pages 59-72.

4º *Recueil Edouard Fournier*, p. 288-292.

Nous n'oserions affirmer que le monologue du Résolu, récit vif et plaisant d'une aventure galante, soit une œuvre vraiment dramatique; nous savons que tous les monologues n'étaient pas destinés au théâtre. Celui-ci, dans les œuvres de Collerye, est suivi du *Monologue d'une dame fort amoureuse d'ung sien ami,* qui probablement ne fut jamais écrit pour la scène. Dans le *Résolu* même, l'extrême vivacité du récit, l'obscurité du style, l'absence totale d'action, le caractère purement narratif du morceau paraissent peu convenir au théâtre. Cependant les formules de la fin rappellent beaucoup la conclusion d'un grand nombre de farces :

> Il est ainsi que vous l'oyez.
> Or, Messieurs, soyez avoyez
> De dire, en un mot absolu,
> Qu'on vous a icy envoyez
> Non pas comme gens desvoyez
> Pour escouter le Resolu.

## 244. — SAINT BELIN.

### ÉDITION.

S'ensuyt le sermon de Sainct Belin avec le sermon du Poul et de la Pusse. Nouvellement imprimé. S. l. n. d. (Lyon, Jacques Moderne, vers 1540.) Petit in-8°, goth., de 8 feuillets.

Histoire de la vie et de la mort du malheureux Belin, c'est-à-dire du Mouton, accommodé, après son trépas, à plusieurs sauces. A la fin, l'auteur copie la ballade de Villon, *Que dites-vous de mon appel?* Le sermon du Poul et de la Pusse, un peu plus développé, est encore plus insignifiant.

## 245. — SAINT BILLOUART.

### MANUSCRIT.

Ce sermon joyeux se trouve en tête d'un manuscrit de poésies de Molinet, appartenant à M. le baron de Rothschild. (Voy. *Catalogue Rothschild*, par E. Picot, n° 471.)

### ÉDITION.

Le sermon Saint Billouart nouvellement imprimé. Rouen, Nicolas Lescuyer, s. d. (vers 1595), petit in-8° de 4 ff.

Pièce très libre que M. Picot (*Catalogue Rothschild*, n° 590) s'étonne d'avoir rencontrée manuscrite en tête d'un recueil de poésies de Molinet. Le manuscrit est plus étendu que l'imprimé.

## 246. — SAINT HARENG.

###### ÉDITIONS.

1° Sermon joyeulx de Monsieur Sainct Haren, nouvellement imprimé, 4 ff., goth., 141 vers.

2° La vie Sainct Harenc, glorieux martir, et comment il fut pesché en la mer et porté à Dieppe, petit in-8°, goth. de 4 ff.

3° Réimpression du n° 2. Paris, Didot, 1825, à la suite du *Débat de deux Damoyselles* (126 vers).

4° Réimpression du n° 1, première Collection Silvestre, n° 7, 4 ff.

5° *Recueil Montaiglon-Rothschild*, t. II, p. 325.

Un jeu de mots fort irrévérencieux doit avoir inspiré cette pièce assez niaise. Saint Laurent, martyr, mourut, comme on sait, sur un gril. Le hareng a la même fin. L'auteur fait longuement l'éloge de ce poisson, indispensable en carême ; et précieux en tout temps, dit-il, parce qu'il fait boire.

## 247. — SAINT JAMBON ET SAINTE ANDOUILLE.

###### ÉDITIONS.

1° Le devot et sainct Sermon de Monseigneur Sainct Jambon, et de Madame Saincte Andoulle, Paris, Jean Janot, in-8°, goth., 281 vers.

2° *Joyeusetez, facecies et folastres imaginacions de Caresme-Prenant*, etc. Paris, Techener, 1829-1834, t. IX.

Inepte facétie, où le signe de croix est parodié au début, comme dans plusieurs sermons joyeux ; tout plat que soit ce morceau, il dut être destiné à la scène, car l'auteur paraît s'adresser à un public assemblé :

> Seigneurs, tant les grands que menuz,
> Entendez, car present veulx faire
> Ung sermon, dont vous devez croire
> Qu'il vous sera sain, beau et bon.

## 248. — SAINT OGNON.

### ÉDITIONS.

1° Sermon joyeulx de la vie saint Ongnon, comment Nabuzarden, le maistre cuisinier, le fit martirer, avec les miracles qu'il fait chascun jour. 4 ff. goth., in-8°, 126 vers.

2° *Recueil Montaiglon-Rothschild*, t. I, p. 205. (Il existe une reproduction fac-simile lithographique faite à Paris en 1830, à 40 exemplaires.)

Facétie probablement destinée au théâtre : car le *prêcheur*, qui la débite, s'adresse souvent aux spectateurs. Éloge de saint Ognon ; le seul trait plaisant est ce miracle dû à saint Ognon : dans les enterrements, il tire à propos des larmes, à certains parents, qui n'auraient envie que de rire.

## 249. — SAINT RAISIN.

### ÉDITIONS.

1° S'ensuit le sermon fort joyeux de Saint Raisin. S. l. n. d. (Rouen). 4 ff. goth., 152 vers.

2° *Joyeusetez, facecies et folastres imaginacions de Caresme-Prenant,* etc., Paris, Techener, 1829-1834, t. IX.

3° Réimpression fac-simile (par Jony) à 40 exemplaires (vers 1840). In-8°, goth., 8 ff.

4° *Recueil Montaiglon-Rothschild*, t. II, p. 113.

Éloge du vin ; naïf, et qui paraît sincère ; on y trouve ces quatre vers (sur le miracle de Cana).

> Se l'eaue eust esté aussi bonne,
> Boire en eust fait toute personne ;
> Mais pour ce que vin valoit mieulx,
> Fist d'eaue vin le très doulx Dieux.

## 250. — VARLET (Le) A TOUT FAIRE, par Christophe de Bordeaux.

### ÉDITIONS.

1º Le Varlet a tout faire par Christophe de Bordeaux, parisien. Paris, Pierre Mesnier, s. d., petit in-8º de 8 ff.

2º Le même, Rouen, Abraham Cousturier, s. d., petit in-8º de 10 ff.; *id.*, chez Pierre Mullot et chez Pierre Aubert.

3º *Recueil Montaiglon-Rothschild*, t. I, p. 73.

4º *Recueil Charles Brunet*, t. II.

Ce monologue fait pendant à « la chambrière à louer, à tout faire » du même auteur. (Voy. ci-dessus, p. 262.) En parlant de maître Hambrelin (voy. ci-dessus, p. 275), nous avons fait remarquer, après M. Picot, que le monologue affectionnait ces personnages de valets fanfarons, et nous avons énuméré diverses pièces, dramatiques ou non dramatiques, écrites dans ce goût. Il ne faut pas confondre le « Varlet à louer, à tout faire » de Christophe de Bordeaux (écrit vers 1580), avec « Le Valet à tout faire », farce (en vers). Lyon, Pierre Delaye, 1606, in-8º, 16 pp., pièce licencieuse et très rare dont l'Épître dédicatoire est souscrite des mots : *roc, bien, acquis,* anagramme de Jacques Corbin. (Brunet, *Manuel*, V, 1053.) Elle est réimprimée dans les *Joyeusetez facecies et folastres imaginations*, publiées chez Techener (1829-1834), tome XIV.

## 251. — VENTS (Les quatre).

### MANUSCRIT.

Sermon joyeulx des Quatre Vens.
Ms. La Vallière, ff. 15 a-21 b (4º pièce), 398 vers.

### ÉDITION.

*Recueil Le Roux de Lincy*, t. I, 4ᵉ pièce.

Comme beaucoup de sermons joyeux, celui-ci commence par une parodie du signe de la croix. Le prétendu prédicateur recommande ensuite son couvent, dans des termes qui sont une sanglante satire des moines. Suivent des prières, ou plutôt une parodie de prières, pour diverses situations ou différents corps d'état. Le dernier vers de cette bouffonnerie est :

> Que Dieu vous doint son paradis !

Singulière conclusion d'une pièce d'un bout à l'autre fort licencieuse.

## 252. — VIE (La) DE MADAME GUELINE.

#### ÉDITIONS.

1º La Vie de puissante et tres haute dame Madame Gueline, reveue et augmentée de nouveau par Monsieur Frippesaucc. A Rouen, chez la vefve Jean Petit, 1612, in-8º de 16 pages.

2º Réimpression par Tricotel, chez A. Claudin, 1875.

Madame Gueline est une poule (*gallina*), dont la vie et la mort infortunée sont racontées ici en forme de sermon joyeux.

## 253. — WATELET DE TOUS MÉTIERS.

#### ÉDITIONS.

1º Watelet de tous mestiers. S. l. n. d. (Paris ? 1510 ?) petit in-8º goth., 8 ff., 204 vers.

2º *Recueil Montaiglon-Rothschild*, t. XIII, p. 154-164.

Watelet est le diminutif de Wastel, nom propre, à forme flamande, qui correspond aux formes françaises : Vatel, Gatel ou Gateau. Watelet parle en français picard : (*Je sai faire d'un cat un quien.*)

Les premiers vers :

> Bonnes gens, Dieu vous gard de joye
> Et Nostre Dame de santé !

Et les derniers :

> Prenez en gré l'esbatement
> Du bon du cueur, si faict qu'il est.
> De ce bon frere Watelet.

semblent attester que cette pièce était bien destinée au théâtre.

Watelet est le type de l'aventurier propre à tous les métiers et prêt à toutes les besognes, même honnêtes ; mais surtout il ne refuse pas les autres.

Il semble nous en prévenir, en disant :

> Touteffoys, quoy que je vous die,
> Gardez vos bources, bonnes gens :
> Qui bien les garde, il faict grand sens.

Tant de talents ne l'ont pas enrichi :

> Je vous signifie, bonne gent,
> Que logé suis au *Plat d'Argent*.
> Je n'ai rien s'on ne me le donne.

Voyez la même conclusion dans *Maistre Hambrelin*, ci-dessus, p. 275. Watelet a servi de modèle à Maître Hambrelin (voy. ci-dessus, p. 275), daté 1537 ; et dont *le Varlet à louer* (voy. ci-dessus, p. 290), est un dernier remaniement écrit vers 1580.

---

Voyez l'indication d'un petit nombre de sermons joyeux (qui nous ont paru n'avoir pas été destinés à la représentation) dans Brunet, *Manuel du Libraire*, t. V, colonne 306, et suivantes, et ci-dessous, à l'*Appendice*.

II

# CATALOGUE
## DES PIÈCES COMIQUES
### DONT LE TEXTE EST PERDU

# CATALOGUE DES PIÈCES COMIQUES
## DONT LE TEXTE EST PERDU

Nous réunissons ici quelques indications concernant un certain nombre de pièces comiques qui ont certainement existé, dont le titre même est connu d'une façon plus ou moins exacte ; mais dont le texte est ou paraît perdu.

### 254. — AMOUREUX (L') ET LA FILLE.

Une pièce en provençal, intitulée *l'Amoros et la Filha* fut représentée à Toulon, en 1494. Voy. ci-dessous, *Représentations*, Toulon, 1494.

### 255. — ANE (L') ET L'ANON, par Jacques Sireulde (1540).

Jacques Sireulde, huissier au parlement de Rouen, dignitaire dans la confrérie des Connards [1], croyant avoir à se plaindre d'Estienne l'Huillier, conseiller au Parlement, publia contre lui une « comédie ou satyre intitulée l'Asne et l'Asnon », et fut pour ce fait « mis à l'amende et suspendu un an » ; en 1541 [2]. Il ne paraît pas probable que cette « comédie ou satyre » fût une œuvre dramatique. Voy. ci-dessous *Représentations*, 1541.

1. Voy. *Triomphes de l'Abbaye des Conards,* réimprimé par Marc de Montifaud (1874), p. 14.
2. Voy. Gosselin, *Recherches sur les origines du théâtre à Rouen*, p. 50.

## 256. — ANNONCIATION (L') DE NOTRE-DAME.

Un régent d'école fit jouer par ses élèves, en 1546, à Béthune, « une moralité faisant mention de l'Annonciation de la Vierge Marie. » Voy. ci-dessous *Représentations,* 1546, Béthune.

## 257. — AVOCAT (L') QUI SE CROIT MORT.

« En l'an 1550, raconte Louis Guyon, dans ses *Diverses leçons*[1], au mois d'août, un homme de qualité et de moyen, de sa profession avocat, tomba en telle mélancolie et aliénation d'entendement, qu'il disait et croyait être mort : à cause de quoi, il ne voulait plus parler, rire, ni manger, ni même cheminer, mais se tenait couché. Sa femme fit appeler des médecins, mais on ne lui sut persuader de rien prendre, ni même manger ni boire aucun aliment pour entretenir sa vie, disant, pour toute raison, qu'il était mort et que les morts ne mangeaient rien. Enfin, il devint si débile, qu'on attendait d'heure à autre l'heure qu'il dût expirer. »

Un neveu du malade, après avoir « tâché à persuader son oncle de manger, ne l'ayant pu faire, se délibéra d'y apporter quelque artifice pour sa convalescence.... Il se fit envelopper, en une autre chambre que celle du malade, dans un linceuil, à la façon qu'on agence ceux qui sont décédés, pour les inhumer, sauf qu'il avait le visage découvert, et se fit porter sur la table de la chambre où était son oncle malade, et se fit mettre quatre cierges allumés autour de lui, et avait commandé aux enfants de la maison, serviteurs et chambrières, de contrefaire les pleurants autour de lui. Somme, la chose fut si bien exécutée qu'il n'y eut personne qui eût vu cette farce qui se pût contenir de rire ; mêmement la femme du malade, combien qu'elle fût fort

---

1. Lyon, Ant. Chard, 1625 (l. II, ch. xxv).

affligée, ne s'en put tenir, ni l'écolier même, inventeur de cette affaire, apercevant aucuns de ceux qui étaient autour de lui faire laides grimaces, se prit à rire. Le patient, pour qui se jouait cette farce, demanda à sa femme que c'était qui était sur la table : laquelle répondit que c'était le corps de son neveu décédé...., qu'on n'attendait que les gens d'Eglise pour le porter en terre. Mais, répliqua le malade, comment serait-il mort, vu que je l'ai vu rire à gorge déployée ? La femme répond que les morts riaient, témoin celui-là, qui, sans feinte aucune, l'était. Le malade n'en voulut rien croire qu'il n'en eût fait l'expérience sur soi et pour ce, se fit donner un miroir, puis s'efforça de rire, et, connaissant qu'il riait, se persuada que les morts riaient, qui fut le commencement de sa guérison. Après cet acte comédien, monsieur l'écolier eut l'estomac affamé, pour avoir demeuré environ trois heures sur cette table étendu, demanda à manger quelque chose de bon... on alla quérir, à la rôtisserie, un chapon qu'il dévora, avec une pinte de bon vin, se tenant comme assis, ce qui fut remarqué du malade qui, apercevant ce mort vivant, demanda si les morts mangeaient. On l'assura qu'oui, et qu'il le voyait clairement ; alors il demanda de la viande, pour savoir si lui, qui était mort, mangerait comme l'autre... Il mange, avale, boit et fait, en somme, toutes actions d'homme de bon jugement et, de là en avant, continua de manger et, peu à peu, cette cogitation mélancolique lui passa... *Cette histoire fut réduite en farce imprimée, laquelle fut jouée, un soir, devant le Roi Charles neuvième, moi y étant* ». Rotrou, dans l'*Hypocondriaque*, tragicomédie ; Carmontelle, dans la *Diète*, proverbe, ont remis cette situation à la scène ; mais nous ne savons s'ils ont eux-mêmes connu la farce originale. Carmontelle (mort en 1806) l'a probablement ignorée. Mais Rotrou a dû la connaître.

## 258. — BÉGUINE (La).

Était-ce un vrai mystère, était-ce une moralité que ce « mystère de la Béguine » dont le chapitre de Noyon interdit la représentation dans l'Église, en 1539. (Voy. *Représentations*, 1539, Noyon.)

## 259. — BON (Le) ET MAUVAIS PÈLERIN, par Guillaume Le Doyen (1493).

Cette moralité fut jouée à Laval en 1493. Voy. *Représentations*, 1493, Laval.

## 260. — BOSSUS (Les trois).

A la suite des *Rencontres, fantaisies et coq à l'asne facetieux du baron de Grattelard* (Voy. *Œuvres de Tabarin*, édition d'Harmonville, p. 284), on trouve une farce en prose des *Bossus*, qui, dans le texte actuel, est postérieure au XVIe siècle. Mais avant d'être remise en prose elle a dû exister en vers ; car le fond de cette farce est celui du conte des *Trois Bossus*, qui est devenu la fable 3 de la cinquième *Nuit* de Straparole, et Lainez fait allusion à la farce tirée de ce sujet dans ses notes sur les *Facétieuses Nuits*[1].

## 261. — CHEVALIER (Le) ERRANT.

Un « jœu de chevalier errant » fut représenté à Saint-Omer dans l'abbaye de Saint-Bertin. Voy. *Représentations*, 1530, Saint-Omer.

---

[1]. Voy. Le Grand d'Aussy, t. IV, p. 257, qui dit qu'on jouait chez Nicolet une farce analogue — Barbazan, t. III, p. 255. La farce de Guillerme (voy. p. 149) a quelque rapport avec celle-ci, au moins par l'épisode des figues mangées. — Voy. Édouard Fournier, *Préface* des *Chansons* de Gaultier Garguille, p. xx.

## 262. — CŒUR (Le) ET LES CINQ SENS.

« Moralité du cœur et des cinq sens. »
Cette indication figure à l'ancien catalogue des manuscrits de de la Bibliothèque nationale (*Théâtre*), sous le n° *7218 ancien fonds*. D'après la concordance, le 7218, ancien fonds, correspond au numéro actuel fr. 837, lequel ne contient que des fabliaux, contes, saluts d'amour, avec le *Théophile* de Rutebeuf.

Cependant le n° 613 du *Catalogue Soleinne* est ainsi désigné : MS. Le miracle de Théophile, moralité par Rutebeuf. Moralité faite au collège de Navarre, le jour de Saint Antoine, 1426. — Moralité du cœur et des cinq sens, in-4°, sur papier, écriture du XVIII° siècle. Copie du Ms. de la Bibliothèque du Roi, 7218.

Selon l'abbé Mercier de Saint-Léger, la moralité *Le Cœur et les cinq sens* est attribuée à Gerson « dans le manuscrit de Saint-Victor, n° 880 ». Nous ne faisons que reproduire ici une ancienne indication dont nous n'avons pu vérifier l'exactitude. En effet, selon les tableaux de concordance de la Bibliothèque Nationale, le ms. de Saint-Victor, n° 880, serait devenu l'actuel 24945, intitulé *Vida de los Santos,* un vol. in-4° vélin, XIV° siècle ; manuscrit provençal et d'une date antérieure au fait qui nous intéresse.

La Moralité du Cœur et des Cinq Sens doit exister encore, au moins dans la copie Soleinne ; mais nous n'en avons pu retrouver la trace.

## 263. — CORRIGER LE MAGNIFICAT.

Sous ce titre singulier, une moralité fut représentée à Metz en 1488. Voy. ci-dessous, *Représentations*, Metz, 1488.

On reprochait aux présomptueux, qui se mêlent de ce qu'ils ignorent, de vouloir *corriger le Magnificat*. Ces quatre vers, qu'on lit dans les *Faintises* de Gringore, expliquent cette expression :

> Tel n'entend latin ne ne parle
> Qui corrige *Magnificat* ;
> Tel ne scet loys ne decretalle
> Qui veult devenir advocat.

Régnier, dans la Satire X⁰, se moque encore des gens qui

> ... Pour scavoir gloser sur le *Magnificat*
> Trenchent en leurs discours de l'esprit délicat.

## 264. — DEBAT (Le) DU CORPS ET DE L'AME.

Une pièce ainsi intitulée fut représentée à Amiens, en 1489. Nous possédons un *débat du corps et de l'âme*, mais qui n'est nullement dramatique. (Voy. ci-dessous, *Représentations*, Amiens, 1489 ; et *Appendice*.)

## 265. — DIEU, L'HOMME ET LE DIABLE.

Voyez ci-dessous, page 307, *Moralité faite au collège de Navarre*, le jour de saint Antoine, 1426.

## 266. — DROIT, MAUVAISE VOLONTÉ, PROFIT SINGULIER, par Henri Baude (1486).

Le poète Henri Baude, contemporain de Charles VIII, analyse ainsi lui-même la moralité qu'il avait fait jouer, à Paris, par des Basochiens, le 1ᵉʳ mai 1486, et qui ne nous est pas parvenue :

> Une briefve moralité,
> En laquelle on a recité
> Que *droict* est souvent interdit
> A maint par *malle voulenté*,
> Avecques *singulier proufit*.

Sur cette pièce et sur le procès auquel la représentation donna lieu, voy. ci-dessous : *Représentations*, Paris, 1486, et nos *Comédiens en France au Moyen-Age*, p. 102.

## 267. — ENFANTS (Les) PERDUS.

Moralité jouée à Montélimar en 1529. (Voy. *Représentations*, 1524, Montélimar.)

## 268. — ESPRITS (Les).

Henri Estienne, dans l'*Apologie* pour Hérodote, parle ainsi d'une farce qu'il avait vu représenter :

« J'ay bonne souvenance d'une trousse qu'une femme de Paris joua à son mari, par le moyen desdicts esprits, pendant que j'estois encore jeune. Duquel tour fut faicte une farce, que longtemps depuis j'ay veue jouer aux badins de Rouan.

Voy. H. Estienne, *Apologie pour Hérodote*, chap. xv (tome I, 2ᵉ partie). Le titre par lequel nous désignons cette farce est tout hypothétique.

## 269. — FATALE (La) DESTINÉE, par David ou Jacques Minfant.

Il y eut deux Minfant (ou Miffant); l'un, David, gouverneur de Dieppe, au commencement du xvıᵉ siècle ; traducteur des *Offices* de Cicéron (Paris, Michel Le Noir, 1502); l'autre, Jacques, aussi Dieppois, auteur du *Tyrannique* paraphrase de Xénophon, imprimée en 1550.

Marot, dans son *Epître* (en prose) à *Madame d'Alençon touchant l'armée du Roi en Haynault* (1521), atteste ainsi l'existence d'une « comédie » de Minfant, intitulée « La fatalle destinée ».

« Nous esperons la non assez soubdaine venue de Paix, qui, toutes foys, peult finalement revenir en despit de guerre cruelle, comme tesmoingne Minfant en sa comedie de *Fatale Destinée*, disant :

> Paix engendre Prosperité ;
> De Prosperité vient Richesse ;
> De Richesse, Orgueil, Volupté ;
> D'Orgueil, Contention sans cesse.
> Contention la Guerre adresse ;

> La Guerre engendre Povreté ;
> La Povreté, Humilité ;
> D'Humilité revient la Paix.
> Ainsi retournent humains faicts.

Mais ce que Marot appelle une *comédie*, était-il bien une œuvre dramatique ? (Sur Jacques Minfant, voy. *Biblioth. française* de La Croix du Maine, I, 425, qui lui attribue la *Fatale Destinée* ; mais cette attribution est contestée par M. Guiffrey (*Œuvres* de Marot, tome III, page 57, note 1).

270. — FEMME (LA) MUETTE, par FRANÇOIS RABELAIS et ses amis.

C'est le titre que devait porter une farce, jouée à Montpellier, vers 1530, par Rabelais et ses amis, étudiants comme lui en l'Université :

« Je ne vous avois oncques puys veu que jouastez a Monspellier avecques nos antiques amys, Ant. Saporta, Guy Bouguier, Balthasar Noyer, Tollet, Jan Quentin, François Robinet, Jan Perdrier et François Rabelais, la morale comœdie de celluy qui avoit espousé une femme mute... Le bon mary voulut qu'elle parlast. Elle parla par l'art du medicin et du chirurgien, qui luy coupperent un encyliglotte qu'elle avoit soubs la langue. La parolle recouverte, elle parla tant, et tant, que son mary retourna au medicin pour remede de la faire taire. Le medicin respondit en son art bien avoir remedes propres pour faire parler les femmes : n'en avoir pour les faire taire. Remede unicque estre surdité du mary[1], contre cestuy interminable parlement de femme. Le paillard devint sourd par ne sçay quelz charmes qu'ilz feirent. Sa femme, voyant qu'il estoit sourd devenu, qu'elle parloit en vain, de luy n'estoit en-

---

1. Molière a recueilli ce trait (*Médecin malgré lui*, III, 6).

tendue, devint enraigée. Puys, le medicin demandant son salaire, le mary respondit qu'il estoit vrayement sourd, et qu'il n'entendoit sa demande. Le medicin lui jecta on doz ne sçay quelle pouldre par vertus de laquelle il devint fol. Adoncques le fol mary et la femme enragee se raslierent ensemble et tant bastirent les medicin et chirurgien qu'ilz les laisserent a demy mors. Je ne riz oncques tant que je feis a ce patelinage. » (*Tiers Livre*, XXXIV.)

M. Albert Millaud a fait jouer à la Porte-Saint-Martin, le dimanche 11 mars 1877, une comédie agréablement rimée sur cette donnée fournie par Rabelais.

## 271. — FEMMES (Les) QUI APPRENNENT A ÉCRIRE EN GROSSES LETTRES.

Il a existé une édition de la « Farce nouvelle fort joyeuse des Femmes qui aprennent a escrire en grosse lettre a cinc personnages, c'est assavoir deux femmes, le maistre et deux escoliers », in-fol. oblong, format d'agenda. Cette farce, dont on signale un fragment dans l'*Avertissement* placé au commencement de la réimpression des *Blasphémateurs* (voy. ci-dessus p. 41) a échappé depuis lors à toutes les recherches.

## 272. — FEMMES (Les) QUI ONT LA LANGUE ARSE.

Farce indiquée par le *Vendeur de livres* dans deux farces intitulées, *Trois Commères et un vendeur de livres*. — *Le Vendeur de livres et deux femmes*. (Voir ci-dessus, p. 124 et p. 254.)

## 273. — FILS (Les) SANS PÈRE ET COLIN CHANGÉ AU MOULIN.

Pierre Borel, dans le *Tresor des recherches et antiquitez gauloises et françoises* (1655), mentionne la *Farce des Fils sans pere et de Colin changé au moulin*, parmi les ouvrages qu'il a consultés. Les frères Parfait (tome III, p. 186) mentionnent cette indication ; mais la farce en question était déjà perdue au xviii° siècle.

## 274. — FORTUNE, MALHEUR, EUR.

« Moralité a trois personnages (Fortune, Malheur, Eur). Le commencement paraît manquer ».

Cette indication figure sur l'ancien catalogue (*théâtre*) des manuscrits de la Bibliothèque Nationale, avec le n° 9745 ³ anc. fonds.

Mais le numéro actuel 5144 (fonds fr.), qui correspond au 9745 ³, ne renferme que des pièces diplomatiques du xvii° siècle ; et paraît avoir été introduit pour combler une lacune dans la série ; l'ancien *9745 ³* a échappé à nos recherches.

## 275. — FROMAGE, FARINE, PETIT TOURNOIS ET TARTELETTE.

Il a existé une édition de la « Farce nouvellement faicte a quatre personnages. C'est assavoir Formage, Farine, Petit tournois et Tartelette. » A la fin : « Cy finist la farce de Formage, Imprimée a Paris pour Guillaume Bineaulx. » In-fol. oblong, format d'agenda. Cette farce dont on signale un fragment dans l'*Avertissement* placé au commencement de la réimpression des *Blasphémateurs* (voy. ci-dessus, p. 41), a échappé depuis lors à toutes les recherches.

Voy. ci-dessus, p. 303, les *Femmes qui apprennent à écrire en grosses lettres*.

## 276. — GOUVERT (Le) D'HUMANITÉ, par Jean d'Abondance.

Le mot *Gouver* ou *Gouvert* est synonyme de *gouvernement*. (Voy. *Nicot* et *Cotgrave*.)

Cette moralité ne nous est connue que par Du Verdier qui dit qu'elle fut composée par Jean d'Abondance et imprimée à Lyon. Voy. Du Verdier, *Bibliothèque française*, p. 635 et Parfait, t. III, p. 151. (Sur Jean d'Abondance, voy. ci-dessus, pages 93, 125, 243 et nos *Mystères*, tome I, p. 337.)

## 277. — HISTOIRE (L') DU MONDE.

Moralité jouée, en français ou en provençal, à Draguignan, par des écoliers, en 1575 (voy. *Représentations*, 1575, Draguignan) et de nouveau à Forcalquier (voy. *Représentations*, 1576, Forcalquier).

## 278. — HOMME (L') AFFLIGÉ, par Gilbert Cousin.

La Croix du Maine (édit. Rigoley, tome I, p. 281) désigne parmi les nombreux ouvrages de Gilbert Cousin, dit Cognatus, natif de Nozeret (Franche-Comté) « la tragédie de l'Homme Affligé » composée « premièrement en latin et depuis traduite en français par lui-même. Il florissait en 1560. » Gilbert Cousin, né en 1505, mourut en 1567. Nous n'avons pas trouvé la tragédie de l'*Homme Affligé* parmi les ouvrages imprimés de cet auteur; et nous ignorons si elle existe quelque part en manuscrit.

## 279. — HOMME (L') HUMAIN.

Moralité jouée à Béthune, le Dimanche de la Passion de l'année 1526. (Voy. *Représentations*, 1526, Béthune.)

## 280. — HONNEUR, VERTU, LIMOGES ET TROIS HABITANTS.

Moralité de circonstance jouée en 1555, à Limoges, devant le Roi et la Reine de Navarre. Voy. ci-dessous, *Représentations*, 1555, Limoges.

## 281. — HYPOCRISIE, FEINTISE, FAUX SEMBLANT.

Une farce où figuraient ces trois personnages fut représentée pendant la Fête des Fous à Troyes, en 1445. Voy. ci-dessous *Représentations*, Troyes, 1445.

**282.** — INNOCENT (L'), par Guillaume Le Doyen.

Moralité jouée à Laval en 1507. Voy. *Représentations*, 1507, Laval.

**283-284.** — JEAN L'OYSON — JENIN AUX CISEAUX.

Farces indiquées par le « vendeur de livres » dans deux farces intitulées : *Trois Commères et un Vendeur de livres.* — *Le Vendeur de livres et deux femmes.* (Voir ci-dessus, p. 124 et p. 254.) La première avait peut-être du rapport avec une facétie intitulée : *La terrible vie, testament et fin de l'Oyson.* (Recueil Montaiglon-Rothschild, tome X, p. 159.)

**285.** — JUGEMENT (Le) DU ROI D'ARAGON.

Moralité jouée à Béthune en 1526, par les confrères de Saint-Jacques. (Voy. *Représentations*, 1526, Béthune.)

**286.** — MIROIR (Le) DE JUSTICE.

Moralité représentée à Genève, le 25 octobre 1485. Voir ci-dessous, *Représentations*, Genève, 1485.

**287.** — MONDE (Le) QUI TOURNE LE DOS A CHACUN.

Moralité composée, selon Du Verdier, par Jean d'Abondance, et imprimée à Lyon.
Sur Jean d'Abondance, voy. ci-dessus pages 93, 125, 243, 304. Voy. Du Verdier, *Bibliothèque française*, p. 635, et Parfait, t. III, p. 152. Il date la pièce de 1538.

## 288. — MORALITÉ faite au collège de Navarre, le jour de Saint Antoine en 1426.

— Ms. in-4° du xviii° siècle indiqué au Catalogue Soleinne, n° 613, comme une copie du manuscrit de la Bibliothèque du Roi, 7218, ancien fonds. Sur ce manuscrit, lequel paraît perdu, voyez ci-dessus : *Le Cœur et les Cinq Sens,* p. 299.

Cette moralité anonyme était-elle la même pièce que « le *Dialogue entre Dieu, l'homme et le diable,* joué l'an 1426 au collège de Navarre, selon le manuscrit de Saint-Victor, n° 880 (sur ce manuscrit, voy. ci-dessus p. 299).

L'abbé Lebeuf (*Remarques envoyées d'Auxerre, Mercure de France,* déc. 1729) dit que ce dialogue est peut-être l'œuvre de Jean Michel, évêque d'Angers (du 28 février 1439 au 11 septembre 1447), le même à qui l'on a quelquefois attribué, mais faussement, une rédaction de la *Passion* qui est l'œuvre de son homonyme, le médecin Jean Michel. (Voy. nos *Mystères,* t. I, p. 324, et t. II, p. 437.)

## 289. — MORALITÉ faite au collège de Navarre, le jour de Saint Antoine en 1431, à cinq personnages en vers.

Cette indication figure à l'ancien catalogue des manuscrits de la Bibliothèque nationale (*Théâtre*), sous le n° 624 fonds Saint-Germain. Mais le n° 624 du fonds Saint-Germain français (act. fr. 17345) ne renferme que des pièces juridiques du xvii° siècle (Mélanges sur diverses matières. Interrogatoire d'un Anglais, surnommé le Trembleur, enfermé à la Bastille, etc.), et paraît avoir été introduit dans la série, pour en combler une lacune. Quant au fonds Saint-Germain latin, le 624 devenu 13005 et intitulé *De spiritibus lectiones,* date aussi du xvii° siècle et ne nous apprend rien sur la question.

## 290. — NOUVEAUX (Les) PONUS.

*Ponus* c'est-à-dire pondus. Farce indiquée par le Vendeur de livres dans deux farces intitulées : *Trois Commères et un Vendeur de livres.* — *Le Vendeur de livres et deux femmes.* (Voir ci-dessus, p. 124 et p. 254.) Elle n'est autre probablement que la farce des *Sots nouveaux farcés couvés*, voy. ci-dessus, p. 238. Mais nous ne sommes pas certain qu'on puisse identifier les deux pièces.

## 291. — ORGUEIL (L') ET PRÉSOMPTION DE L'EMPEREUR JOVINIEN.

Il a existé une moralité sous ce titre : « De l'orgueil et presomption de l'Empereur Jovinien, Histoire extraicte des gestes des Romains ; lequel fut decongnu de tout son peuple par le vouloir de Dieu, et après, remis en son Empire a XIX personnages.

Imprimé à Lyon, in-8º, par Benoist Rigaud, sur une vieille copie. 1584.

Cette indication est tirée de Du Verdier, éd. Rigoley, t. II, p. 562. — Voyez aussi : Beauchamps, *Recherches*, t. I, p. 230. — Parfait, t. II, p. 562. — Brunet, t. III, col. 1885.

La Monnoye, dans ses notes sur Du Verdier, dit : « Cette fable est plaisamment imaginée. Au commencement du siècle dernier, un poète dont j'ai oublié le nom la mit en vers hexamètres. »

L'histoire de Jovinien est dans le *Violier des Histoires romaines*, traduction française de *Gesta Romanorum* (*Biblioth. Elzévirienne*, p. 135). Le sujet est très dramatique :

« Jovinian, imperateur..., disoit : Est-il autre dieu que moi ? » Allant à la chasse, il eut chaud et se voulut baigner. Comme il était dans l'eau, un homme semblable à lui vint au bord, prit ses vêtements, et alla retrouver les chevaliers de Jovinien qui le prirent pour l'Empereur. Celui-ci sort de l'eau tout nu et ne trouve plus ses habits ; il va frapper à la porte d'un de ses chevaliers pour avoir des vêtements ; il est méconnu et conspué. Un autre courtisan le fait jeter en prison, pour outrage à la majesté royale. Délivré, après quelques jours, il retourne à son palais. Le faux empereur le fait chasser ; l'impératrice, elle-même, ne le reconnaît pas. Il est moqué des valets dans sa propre maison. Enfin, son cœur s'humilie ; il confesse et dépouille tout son orgueil; il avoue qu'il n'est qu'un homme et un très pauvre homme. Aussitôt les yeux de tous se rouvrent ; Jovinien est reconnu ; le faux empereur lui-même le salue en disant : « Je suis ton ange gardien, qui t'ai sauvé par cette épreuve. » Et il disparaît [1].

## 292. — PAIX ET GUERRE (Le débat de).

Nous possédons sous le même titre une moralité qui est de 1554. Mais dès 1524, on jouait à Saint-Omer dans l'abbaye de Saint-Bertin, le Débat de la Guerre et de la Paix. Voy. *Représentations*, 1524, Saint-Omer.

L'année suivante au même lieu on joua « le Jeu de la Paix. » (Voy. *Représentations*, 1525, Saint-Omer.)

## 293. — PAUVRE (Le) VILLAGEOIS, par Quintil (1559).

« Lorsque madame Claude de France, fille de Henri II, s'était mariée avec Charles II, duc de Lorraine, les Enfants-sans-Souci avaient représenté, devant la cour, une petite comédie, le *Pauvre villageois,* composée par un poète de la Saintonge, nommé J. Quintil, et dont voici, en peu de mots, l'analyse : il n'y a dans la pièce que trois scènes et trois personnages principaux : un paysan, sa femme et un collecteur d'impôts que deux sergents accompagnent. Le pauvre ménage est en train de se désoler sur la misère du temps, aggravée encore par les lourdes taxes qu'il faut payer et pour l'acquit desquelles on a déjà saisi tous les meubles de la chaumière, y compris le grabat qui servait de lit. Le collecteur arrive et cherche, avec ses deux sergents, s'il ne reste plus rien à prendre. « Il est trop tard,

---

[1]. Le Violier des Histoires Romaines, ancienne traduction française des *Gesta Romanorum*, édit. G. Brunet, p. 135. Un mystère sur le même sujet fut représenté à Chester en 1529. (Collier, *History of the english drama,* 1831, t. I, p. 113.)

dit le paysan ; vos pareils n'ont rien laissé. » L'officier avise un grand bahut sur lequel le pauvre homme et sa femme sont assis. Ils l'ouvrent de force, soupçonnant que quelque trésor y est renfermé. Il en sort trois diables qui emportent le collecteur et ses sergents. » (Voy. Ed. Fournier, *Préface des chansons de Gaultier Garguille,* p. LXI.)

Cette farce fut reprise en 1607, peut-être après qu'on eut un peu rajeuni le texte. L'Hôtel de Bourgogne la joua devant le roi Henri IV « et la plupart des princes, seigneurs et dames de la cour ». L'assistance fut fort réjouie, mais non les conseillers des aides, sergents et commissaires qui se prétendirent diffamés et firent envoyer les joueurs en prison. Le Roi les fit délivrer le jour même, disant qu'il leur pardonnait puisqu'ils l'avaient fait rire et même jusqu'aux larmes; « chacun disait que de longtemps on n'avait vu, à Paris, farce plus plaisante, mieux jouée, ni d'une plus gentille invention, mêmement à l'Hôtel de Bourgogne, où ils sont assez bons coutumiers de ne jouer chose qui vaille ». Ainsi parle L'Estoile, dans son *Journal,* à la date du 26 janvier 1607. (Voy. p. 412 de l'édition Champollion, dans la *Collection Michaud.*)

## 294. — PEINES (Les) D'ENFER.

Ce titre désignait une pièce jouée près de Laval en 1530, et qui fut peut-être une moralité, peut-être un mystère. (Voy. ci-dessous, *Représentations*, 1530, Laval.)

## 295. — PEUPLE (Le) COMMUN.

Une moralité en provençal intitulée *Poble commun,* fut représentée à Die (Drôme), au mois de mai 1493. Voy. ci-dessous *Représentations*, Die, 1493.

296. — PLUSIEURS QUI N'A PAS DE CONSCIENCE.

Moralité composée, selon Du Verdier, par Jean d'Abondance, et imprimée à Lyon.

Sur Jean d'Abondance, voy. ci-dessus, pages 93, 125, 243, 304 et 306. Du Verdier (*Bibliothèque française*), p. 635. — Parfait, t. III, p. 152. *Plusieurs* est un personnage unique ainsi dénommé, sans doute, parce que son caractère est celui de beaucoup de gens. Ainsi s'explique cet accord anormal d'un sujet pluriel avec un verbe au singulier : *Plusieurs qui n'a pas de conscience.*

297. — POT (Le) AU LAIT.

Il a existé au moins deux farces différentes sur cette donnée connue :

On lit, au chapitre xxxiii de *Gargantua* : « J'ay grand peur que toute ceste entreprinse sera semblable a la farce du pot au laict, duquel un cordouannier se faisoit riche par resverie ; puis le pot cassé, n'eut de quoy disner. »

D'autre part, tout le monde connaît les vers de La Fontaine :

> La Dame de ces biens quittant d'un œil marri
>     Sa fortune ainsi répandue,
>     Va s'excuser à son mari,
>     En grand danger d'être battue.
>     Le récit en farce en fut fait ;
>     On l'appela *le Pot au lait.*

Cette donnée vient de l'Inde, où naquit le conte du *Brahmane qui brisa les pots.* Voyez *Hitopadésa*, p. 239, (*Bibliothèque Elzévirienne*), avec une liste étendue d'imitations. — Max Müller, *Sur la Migration des fables*, dans les *Essais sur la Mythologie*, traduits par Georges Perrot (Didier, 1873, p. 417). — *Histoire de deux fables de La Fontaine*, par A. Joly (*Mémoires de l'Académie de Caen*, 1877). — La laitière apparaît pour la première fois dans le *Dia-*

*logus creaturarum moralisatus*, attribué à Nicolas de Pergame, qui vivait, croit-on, au XIIIe siècle. Le conte bien connu de Bonaventure Des Périers (nouvelle 14) paraît avoir inspiré surtout La Fontaine.

### 298. — RESURRECTION (La) DE L'ABBÉ.

Moralité, ou plus probablement sorte de sottie, jouée en 1529 à Montpellier, par les étudiants : elle était écrite *y diomate communi*, c'est-à-dire en langue vulgaire, probablement en dialecte du Languedoc. (Voy. *Représentations*, 1529, Montpellier.)

### 299. — ROBINET ; JEHANOT, SON FILS, LE VICAIRE, LE BULLISTE ; ROGUELANT, SON CUISINIER ; JACQUETTE.

Farce jouée au collège de Guyenne, en 1560, avec autorisation du Parlement accordée sur un rapport d'Étienne de la Boétie. (Voy. *Archives historiques de la Gironde*, t. III, p. 466, citées par E. Gaullieur, *Histoire du collège de Guyenne*, p. 256.)

### 300. — ROI (Le) DE CASTILLE.

En 1506, à Béthune, on joua « ung jus de la fortune que olt le Roy de Castille et la Royne sur la mer. » (Voy. *Représentations*, 1506, Béthune.)

### 301. — ROI (Le) DE GASCOGNE.

« Un grant jeu de personnaiges traitant d'une histoire romaine, intitulée du Roi de Gascoigne » fut représenté à Béthune en 1509. Voy. *Représentations*, 1509, Béthune.

### 302. — ROLES (Les sept), par Guillaume Le Doyen.

Cette pièce (une moralité, probablement) fut jouée près de Laval en 1527. Voy. sur l'auteur, nos *Mystères*, t. I, p. 238 ; et ci-dessous, *Représentations*, 1507 et 1527.

## 303. — ROND (Le) ET LE CARRÉ, par Jean Molinet.

« Histoire du Rond et du Carré a cinq personnages assavoir le Rond, le Carré, Honneur, Vertu, Bonne renommée ; imprimée par Anthoine Blanchard, sans lieu, ni date ».

Cette pièce n'est connue que par Du Verdier qui l'attribue à Jean Molinet. Cet écrivain, poète et chroniqueur, attaché à la personne de Marguerite d'Autriche, gouvernante des Pays-Bas, mourut en 1507. (Voyez Du Verdier, *Bibliothèque française*. — Beauchamps, *Recherches*, t. I, p. 279. — Parfait, t. III, 185.)

Du Verdier dit que la pièce contenait « plusieurs choses singulieres, touchant le Sainct Sacrement de l'Autel. » Comme l'ajoute Parfait « ces choses devaient être orthodoxes, car Molinet a vécu et est mort dans la religion catholique. » Il mourut d'ailleurs avant la prédication de Luther.

Les frères Parfait rangent *le Rond et le Carré* parmi les farces ; le peu que nous en savons nous fait penser que cette pièce fut une moralité. Jean Molinet est d'ailleurs l'auteur d'une autre moralité également perdue : les *Vigiles des Morts*. (Voir ci-dessous, p. 315.)

## 304. — SOURD (Le) ET L'AVEUGLE.

Charles Fontaine dans son *Quintil Horatian* fait mention d'une farce ainsi intitulée : elle paraît perdue : « Telz propos du Coq a l'Asne peuvent bien estre adressez a autres argumens que satyricques, comme les *Absurda* de Erasme, la *Farce du Sourd et de l'Aveugle*, et l'*Ambassade des Cornardz de Rouen* [1]. »

---

[1]. Voyez la *Deffence et Illustration de la Langue francoyse*, suivie du *Quintil Horatian*, par Em. Person, Versailles, Cerf, 1878, in-8º, p. 206.

## 305. — TERRE (La) ET FORTUNE OU LE MONDE ET ESPERANCE.

Nous ne savons de cette pièce que le titre : elle dut être écrite en provençal et représentée en 1462, à Draguignan, par plusieurs bourgeois du lieu, qui passèrent à cette occasion un contrat d'association. (Voy. *Représentations*, 1462, Draguignan.)

## 306. — TESTAMENT (Le) DE MAITRE MIMIN.

Farce indiquée par le *Vendeur de livres* dans deux farces intitulées : *Trois commères et un Vendeur de livres*. — *Le vendeur de livres et deux femmes*. (Voir ci-dessus, p. 124 et 254.) Le nom de Maître Mimin paraît avoir été celui d'un farceur célèbre, ou peut-être le sobriquet traditionnel de plusieurs farceurs. (Voir au Catalogue des farces : *Maître Mimin, étudiant* et *Maître Mimin goutteux* (ci-dessus, p. 156 et 157.)

## 307. — TIMON, JUPITER, MERCURE, PLUTUS, PAUVRETÉ, LE PARASITE, LE FLATTEUR, L'ECORNIFLEUR, TRAFICTÈS, PHILOSOPHE.

Moralité jouée au collège de Guyenne, en 1560, avec autorisation du Parlement, accordée sur un rapport d'Étienne de la Boétie. (Voyez *Archives Historiques de la Gironde*, t. III, p. 466, citées par E. Gaullieur, *Histoire du collège de Guyenne*, p. 256.)

## 308. — TOUANEAU DU TREU.

Les frères Parfait « d'après une note manuscrite » qu'ils tenaient « de bonne main » affirment qu'une farce parut sous ce titre en 1514, et fut réimprimée en 1595. Nous n'en avons pas trouvé d'autre trace. Au reste les frères Parfait déclarent n'avoir vu aucun exemplaire de cette pièce. (Voy. Parfait, t. III, p. 189.)

309. — TRIOMPHE (Le) DES NORMANDS, par Guillaume Tasserie.

— Le Triomphe des Normans traictant de la Immaculée Conception Nostre Dame, escrit en rime par personnages, par Guillaume Tasserie. Imprimé à Rouen in-8°, sans date (vers 1520). (Cité par Du Verdier, *Bibliothèque française*, édition Rigoley, t. II, p, 131. — Voy. Parfait, t. II, p. 562 (Il date cette pièce : 1518). — Beauchamps, *Recherches*, t. I, p. 310. Il la date 1511. Elle est plus ancienne ; on la joua à Rouen en 1499. (Voir *Représentations*, 1499, Rouen.)

— La Croix du Maine ne cite pas l'ouvrage, et se borne à nommer Tasserie comme auteur de quelques « chants royaux », en l'honneur de la Vierge. Il s'en trouve un de lui dans un recueil de *palinods*, et *chants royaux* à l'honneur de l'Immaculée conception, présentés au Puy de Rouen. (Paris, Rouen, Caen, in-4°, s. d.) Guillaume Tasserie n'est pas le même personnage que Pierre Taserye, son contemporain, auteur du *Pèlerin Passant*. (Voir ci-dessus, p. 282.)

310. — VER (Le) DU PÉCHÉ.

Moralité jouée à Draguignan, en 1613. (Voir à la fin du *Catalogue des Représentations*, en note.)

311. — VERTUS (Les sept) ET LES SEPT PÉCHÉS MORTELS.

Un jeu ainsi intitulé (peut-être une moralité, peut-être une simple pantomime) fut représenté à Tours en 1390. (Voir ci-dessous, *Catalogue des représentations*, Tours, 1390.) L'*Histoire littéraire*, t. XXIII, p. 253, cite un poème latin inédit, intitulé de même.

312. — VIGILES (Les) DES MORTS, par Jean Molinet.

« Les Vigiles des Morts par personnages a sçavoir *Creator*

*Omnium, Vir Fortissimus, Homo natus de muliere, Paucitas Dierum*, imprimees a Paris, par Jean Janot, s. d. in-16. » Cité par Du Verdier, *Bibliothèque française*, t. II, p. 472. Il s'étonne à tort que les personnages fussent nommés en latin, la pièce étant française ; la même disposition se rencontre dans *Mundus, Caro, Dæmonia*, et dans plusieurs autres pièces. (Voy. Beauchamps, *Recherches*, t. I, p. 279. — Parfait, t. III, p. 85.)

L'auteur de cette moralité était Jean Molinet, chanoine de Valenciennes (1430-1507). Il composa aussi le *Rond et le Carré*, moralité également perdue (voy. ci-dessus, p. 313). Les *Vigiles* de Molinet ne doivent pas être confondues avec les *Vigilles des Morts, translatees de latin en françois, pour A. Verard*, Paris (vers 1497), in-4°, 128 ff., ouvrage non dramatique, dédié à Charles VIII.


## 313. — PIÈCES DIVERSES.

Le « Catalogue d'un libraire de Tours au xv° siècle » publié par M. Achille Chereau (Jouaust, 1868), renferme une liste de « Moralités » dont la plupart sont perdues. Plusieurs de ces pièces, il est vrai, pouvaient n'être pas dramatiques. Dans l'impossibilité où nous sommes de faire la distinction, nous reproduisons cette liste intégralement :

N° 220. La langue embommée ;
N° 221. Le Roi Souverain ;
N° 222. Saincte Eglise ;
N° 223. Les Enfants de Maintenant (voy. ci-dessus, p. 60) ;
N° 224. Le Grant, le Moïen et le Petit (voy. ci-dessus, p. 97).
       Mais est-ce la même pièce ?
N° 225. Compte et Relequa ;
N° 226. La Terre ;
N° 227. Tout qui va mal ;
N° 228. Chascun qui mect tout en son sac ;
N° 229. Eur et Malheur (voy. ci-dessus, p. 304) ;
N° 230. Le Pauvre peuple (voy. ci-dessus, p. 96) ;
N° 231. Le Pauvre ;
N° 232. Le Bien Public ;
N° 233. La Court ;
N° 234. La Chastellene du Vergier :

N° 235. Eur Mondain. (Cette pièce faisait partie de la Bibliothèque des ducs de Bourgogne. Voy. *Bibliothèque protypographique*, n° 798);
N° 236. Pauvre de Santé ;
N° 237. La Chair, le Monde, le Diable (voy. ci-dessus, p. 85) ;
N° 238. Et plusieurs autres moralités et farces.

Sur 34 mystères indiqués dans ce Catalogue, 12 sont connus. Sur 18 moralités, sans parler de celles qui sont désignées en bloc par le n° 238, 3 seulement sont connues. Les farces ne sont même pas indiquées par leurs titres ; tant on faisait peu de cas de ce genre de publications.

III

# CATALOGUE
## DES REPRÉSENTATIONS
### DE PIÈCES COMIQUES

# CATALOGUE DES REPRÉSENTATIONS
## DE PIÈCES COMIQUES

Voici une liste de plus de deux cents représentations de pièces comiques, données en France entre les années 1352 et 1600. Nous ne doutons pas qu'on n'ait représenté des pièces comiques en France avant 1352 ; mais ces représentations n'ont laissé aucune trace. Nous savons aussi que l'on a joué au delà de 1600, des pièces fort analogues aux farces du Moyen-Age ; mais si, pour clore cette liste, nous avions attendu de rencontrer une date précise qui marquât nettement la fin de la comédie du Moyen-Age, nous aurions pu prolonger notre catalogue jusqu'aux vaudevilles de M. Labiche, car il n'existe, dans l'histoire du théâtre comique en France, ni interruption absolue du genre, ni transformation radicale, depuis le commencement du xv$^e$ siècle jusqu'à nos jours.

En établissant, dans un précédent ouvrage, une liste de trois cents représentations de mystères, nous en avons avoué l'insuffisance et les lacunes : « La liste qui suit, disions-nous, n'est pas complète, et nous le savons trop bien. Il n'y eut peut-être pas une seule ville, au Moyen-Age, qu' n'entreprît de jouer des mystères. Beaucoup de ces représentations n'ont dû laisser aucune trace ; mais combien d'autres ont pu avoir lieu, dont la mention ou la description se trouve enfouie dans des archives publiques ou privées, encore inexplorées ; surtout dans les registres des délibérations communales et dans les minutes des notaires. Le temps les en fera sortir et tour à tour elles s'ajouteront à notre liste imparfaite. Telle qu'elle est, nous la publions, espérant qu'elle sera utile; car c'est la première de ce genre qu'on ait dressée pour le Moyen-Age [1]. »

Ce que nous disions alors des mystères, nous devons, à plus forte raison, le répéter au sujet des pièces comiques. Pendant deux siècles, en France, on a joué la comédie partout ; et certainement nous ne connaîtrons jamais la centième partie des représentations de ce genre, qui ont été données dans les villes, grandes ou petites, et jusque dans les moindres bourgs ; sur les places publiques ou dans les maisons particulières ; au sein des corporations joyeuses, dans les Puys ou dans les collèges. Il était bien plus facile de jouer une farce ou une sottie qu'un mystère ; la plupart des représentations comiques n'exigeaient ni longs frais ni grands préparatifs ; ni costumes luxueux, ni mise en scène compliquée, ni vaste théâtre. Il n'est pas étonnant qu'il n'en soit demeuré, le plus souvent, aucun vestige.

Heureusement, les représentations connues peuvent nous donner l'idée de celles qui sont à jamais oubliées : c'est par là que notre travail, tout incomplet qu'il soit, peut encore offrir quelque intérêt et paraître utile [2].

---

1. Voy. nos *Mystères*, t. II, p. 1.
2. Le *Journal* manuscrit *du Théâtre français* (Bibl. Nationale, 7 vol. in-fol. fr., n° 9229) renferme l'indication de plusieurs centaines de représentations antérieures au xvii<sup>e</sup> siècle : nulle source n'est indiquée ; l'ouvrage fourmille d'ailleurs d'erreurs évidentes et grossières. Dans l'impossibilité où nous sommes de distinguer du faux qui y abonde, le vrai qui peut s'y trouver mêlé en très petite quantité, nous nous sommes décidé à ne tenir aucun compte de cette misérable compilation. Le chevalier de Mouhy la fit exécuter par des scribes à ses ordres, et tout à fait illettrés, dont il paraît n'avoir ni revu ni classé l'indigeste et inutile travail.

1352. — *Le Mauvais Riche et le Ladre.*

On joua cette année-là *le Mauvais Riche et le Ladre,* selon l'*Histoire littéraire de la France*[1]. Malheureusement la source de ce témoignage et le lieu de la représentation ne sont pas indiqués[2].

1367. — ROUEN.

Une troupe de jongleurs donne au château de Rouen, devant Charles V, des représentations que le Roi récompensa par un présent de deux cents francs d'or[3].

1385. — ROUEN.

Le duc Louis d'Orléans fit donner, cette année-là, 8 livres tournois aux « Gallans sans Souicy » de la ville de Rouen, pour avoir « joué et chanté devant luy par plusieurs fois »[4].

1386. — LILLE.

En octobre 1386, à l'occasion du passage de Charles VI à Lille, il fut envoyé « a Douay par devers les eschevins, adfin de faire venir de ceste ville des compaingnons, pour de jeux de parture juer et esbattre, devant le roy nostre

---

1. Tome XXIV, p. 453. (*Discours de J.-V. Leclerc sur l'état des lettres au XIVe siècle.*)
2. Dès le XIIIe siècle, à Abbeville, les jongleurs avaient établi un théâtre à Notre-Dame-du-Chastel, selon Louandre. (*Histoire d'Abbeville*, p 315.) Nous souhaiterions que ce témoignage fût plus explicite et que la source en fût indiquée.
3. *Histoire littéraire de la France*, t. XXIV, p. 453. — Gosselin, *Recherches sur les origines et l'histoire du théâtre à Rouen.* (Rouen, 1868, in-8º, p. 8.)
4. *Le Théâtre à Reims,* par L. Paris, Reims, 1885, in-8º, p. 62.

sire ». Les *Jeux de parture* étaient de courts dialogues dont on se partageait les rôles et qu'on appelait plus ordinairement *jeux-partis*. Il nous en reste dix-sept d'Adam de la Halle. Ce n'étaient pas, à bien parler, des pièces de théâtre, mais de simples dialogues [1].

1390. — Tours. *Les Sept vertus et les sept péchés mortels*.

Représentation très solennelle des « Gieux des sept vertuz et des sept pechiez mortelz ».

« Payé la somme de xx solz a Michel Ruffe, Jehan Saulay, Macé des Noiers, et a plusieurs autres, montans viii personnes, lesquelz par le conseil et advis des gens d'eglise, bourgeois et habitans de ladite ville, furent ordonnez le dimanche, feste Saint-Cristophe (25 juillet) iii. C. iiii xx et dix (390), pour estre tout celhui jour, tant sur la Tour Monseigneur-Saint-Martin de Tours, pour estre eschaugues (*guetteurs*) comis a garder les portes, et estre sur les murs de ladite ville, pour eulx donner garde que aucuns gens non cogneuz ne venissent a ladite ville cellui jour, pour ce que de l'assentement des habitans d'icelle ville, les gieux des sept vertuz et des sept pechiez mortelz furent jouez cellui jour en ladite ville [2]. »

1392. — Angers. *Robin et Marion*.

Des lettres de rémission datées 1392 nous exposent que « Jehan le Begue et cinq ou six autres escoliers ses compaignons, s'en alerent juer par la ville d'Angiers, des-

---

1. *Extrait des comptes municipaux*, par M. de La Fons de Mélicocq. (Voy. *Rapport* de M. Magnin, *Bulletin du Comité de la langue, de l'histoire et des arts de la France*, t. II, n° 2, p. 119. Année 1853-1854.
2. Comptes du Receveur, Archives de l'Hôtel-de-Ville de Tours. Note de M. Lambron de Lignim dans le *Congrès Scientifique de France*, xv° session, t. I, p. 121. (Tours et Paris, 1848, in-8°.)

guisiez, a un jeu que l'en dit Robin et Marion, ainsi qu'il est accoustumé de faire, chascun an, en les foiries de Penthecouste en la ditte ville d'Angiers; par les gens du pays, tant par les escoliers et fils de bourgois, comme autres; en compaignie duquel Jehan le Begue et de ses compaignons y avoit une fillette desguisée. » Le texte d'Adam de la Halle, déjà vieux de plus d'un siècle, ne dut pas servir à cette représentation. Mais, s'agit-il même ici d'une véritable représentation dramatique ou seulement d'une sorte de ballet champêtre, peut-être mêlé de chant et de musique[1]?

1396. — *Bien Avisé, Mal Avisé.*

On joua, cette année-là, le *Mystère de Bien-Avisé et Mal-Avisé*, (qui est réellement une moralité). L'*Histoire littéraire de la France* fait mention du fait; mais la source de ce témoignage n'est pas indiquée, non plus que le lieu de la représentation[2].

1400. — CAMBRAI.

Les comptes de la ville font mention, à cette année-là, de diverses représentations :

1400. « Presenté le iie jour dudit mois (mai) au commandement de Messrs, a plusieurs compaignons juans as escus, c'est assavoir d'Amiens, de Saint-Quentin, d'Arras, et de cité, xvi pos de vin de xxxii los, le moitié de vin vermel a ii sous le lot, l'autre de vin franchois a xx. d. le lot, avec le portage LXII s. VIII d.

« Presenté le iiie jour dudit mois, as compaignons de

---

1. Lettres de rémission datées 1392, citées par Du Cange, *Glossaire*, au mot *Robinetus*.
2. Voy. t. XXIV, p. 453. *Discours* de J.-V. Leclerc, *Sur l'état des lettres au* XIVe *siècle*.

Cambray juans asdits escus, et autres plusieurs estans en leur compaignie, liquel soupperent avec eux, xii pos de xxiiii los. moitié en vin vermeil a ii. s., l'autre en vin franchois a xx. d. etc.

1401. « Ce jour (9 janvier) presenté au Prince des Folz du Palais, au soupper, sur le marchiet ou il souppait desoubs une tente, viii pos de vin de xvi los. »

Des mentions analogues sont répétées dans les comptes de la ville de Cambrai, aux années 1417, 1419, 1437, 1438, 1448 [1].

1402. — AMIENS.

Dans cette ville, comme à Angers et dans beaucoup d'autres, on faisait périodiquement des « jeux de personnages ».

« Pour ce que, la veille de Sainct Firmin les josnes gens de la ville d'Amiens ont accoutumez de soy jouer et esbattre et faire jeux de personnaiges, Jehan le Corier se feust accompaignié avec plusieurs enffanz de ladicte ville quy faisoient jeux de personnaiges, et l'ung des josnes gens tenoit, com un messaigier, ung glaviot (javelot) en sa main... [2] ».

1410. — LAON.

Laon était le lieu de réunion de plusieurs sociétés joyeuses, qui s'y rassemblaient de tous les points de la province, pour célébrer la fête des *Braies* par divers jeux, et particulièrement par des jeux de personnages. On connaît trente-quatre mentions de ces assemblées entre 1410 et

---

1. A. Durieux, *Le théâtre à Cambrai, avant et depuis 1789*. Cambrai, Renaut, 1883, in-8º.
2. G. Lecocq, *Histoire du théâtre en Picardie depuis ses origines jusqu'à la fin du xvi$^e$ siècle.* (Paris, Menu, 1880, in-8º, p. 41.)

1541. Nous relèverons les principales. Presque toutes les quittances des dépenses, faites à cette occasion, répètent que les jeux sont célébrés pour entretenir « societé et amour avec les villes voisines »[1].

## 1414. — CHAUNY.

Le duc d'Orléans gratifie de quarante-cinq sols tournois Mathieu Lescureur, bateleur demeurant à Chauny « pour ce qu'il a joué audit lieu de Chauny, devant Monsieur de Guyenne et mondit seigneur de jeux et esbatemens, luy et trois ses enfants[2] ». Sur les bateleurs de Chauny, voyez nos *Comédiens en France*, p. 238.

## 1417. — LAON.

La ville alloue « 4 livres parisis a une compaignie de gens d'eglise de Soissons nommée Rethoricque ; XL s. p. et autres XL s. p. a une autre compaignie de Bohain qui vindrent jouer des jeux de personnages », à la fête des *Braies*[3].

## 1423. — WAVRIN (Nord).

Six lots de vin sont offerts à plusieurs « jueurs de personnaiges » de Béthune qui avaient rapporté, dans cette ville, un notable prix d'argent, gagné, par eux, à Wavrin où ils ont « jué de personnaiges[4] ».

Wavrin est un village près de Lille.

---

1. Fleury, *Origines et développement de l'art théâtral dans la province ecclésiastique de Reims*, Laon, Cotillot, 1881, in-8°, p. 262-272.
2. *Le Théâtre à Reims*, par L. Paris, p. 65.
3. Fleury, *Origines et développement de l'art théâtral dans la province ecclésiastique de Reims*, p. 262-272.
4. La Fons de Mélicocq, *Artistes et ouvriers du Nord de la France.*

1425-1426. — CAMBRAI.

« Donné par l'ordonnance et comendement de Mess^rs de le Cambre a l'abbé et as compaignons de Lescache-pourfit, en avancement de leur feste et esbatement au jour du xx^e, LX s.

Les compagnons de « Lescache Pourfit » célébraient leurs « jeux et ébattements » annuels le vingtième jour après Noel ; ils furent régulièrement subventionnés par la ville jusqu'à la suppression de la compagnie (vers 1600). Les magistrats assistaient à ces jeux et s'y rafraîchissaient aux frais du public, comme on va voir :

(1435). « Despendu par Mess^rs pruost, eschevins, collecteurs, iiii hommes et leur gens en le maison de le ville avec eulx autres notables bourgeois de ceste cité, lè jour du vingtiesme, affin d'estre ensemble pour veir et oïr les jus et esbatemens qui se firent aud. jour, LXXVj s. »[1].

1426 et 1431. — PARIS. *Le Cœur et les cinq sens.*

Représentation au collège de Navarre de deux moralités, dont le texte aujourd'hui est ou paraît perdu. (Voy. *Le Cœur et les cinq sens*, et *Moralité faite au collège de Navarre,* ci-dessus, p. 299 et 307.)

1431. — ARRAS.

Concours mémorable au Puy d'Arras où Cambrai, Douai, Valenciennes députèrent des représentants. « On y

1. Voy. A. Durieux, *Le théâtre à Cambrai,* Cambrai, Renaut, 1883, in-8º. Sur l'Abbaye de Lescache-Pourfit, voy. dans nos *Comédiens en France au Moyen-Age,* à la page 236 *les Sociétés joyeuses.*

joua des pièces de théâtre et des prix furent décernés aux meilleurs acteurs comme aux meilleurs poètes [1] ».

1439. — BÉTHUNE.

Maître Anthoine Haneron, estudiant en l'Université de Louvain reçoit trois lots de vin parce qu'en l'honneur de Béthune, sa ville natale, « il avoit visité et fait visiter par pluiseurs (sic) notables clers estudiants ausdictes escolles, certains jus de personnages que les compagnons jueurs de pluiseurs bonnes villes avoient joués audit lieu de Bethune, a l'instance de gaigner le pris [2] ».

1439. — RENNES. *Bien avisé, Mal avisé.*

« Poié à Mons$^r$ Pierre de Bretaigne (fils puiné du duc Jean V, et duc lui-même de 1450 à 1456), quant il vint a Rennes veoir le Jeu de *Bien avisé*, du don que les bourgeois lui firent de LX marcs d'argent... II$^c$. livres. Et fut en aoust IIIICXXXIX [3] ».

1439. — SAINT-OMER.

« A Pierre Michiel, Nicaise de Cambray, et autres de la ville de Douay, que Monseigneur leur a de sa grace donné, pour une fois, pour eulx aidier a deffrayer de la ville de Saint-Omer, ou ils estoient venus par l'ordonnance de mondit seigneur, pour faire et jouer jeux de personnaiges aux nopces de Monseigneur le duc d'Orleans, XVI fr. ». La même année, les mêmes avaient joué

---

1. Laserna, *Les Chambres de Rhétorique*, p. 165. Mais nous n'avons pas trouvé la source d'où ce témoignage est tiré.
2. Voy. *Documents Inédits,* recueillis par Champollion-Figeac, t. IV, p. 320-340.
3. Comptes du Miseur de Rennes, *Bulletin de la Soc. des Biblioph. bretons,* 1$^{re}$ année, p. 51 (1877-8).

devant le duc de Bourgogne des jeux de personnages à Bruxelles[1].

## 1445. — Troyes. *Hypocrisie, Feintise, Faux-Semblant.*

En 1445, à Troyes, la fête des Fous, interdite depuis sept ans, par la Pragmatique sanction de Charles VII (1438) fut renouvelée bruyamment sous prétexte que la Pragmatique était ou allait être abolie. La fête dura plusieurs jours, dans l'église, avec beaucoup de scandale, et le dimanche après la Circoncision (3 janvier 1445), « ceux des chapitres de Saint-Pierre, de Saint-Etienne et de Saint-Urbain, non contents des excès qu'ils avaient fait la veille, le jour et le lendemain de la fête, firent assembler, à son de trompe, le peuple de la ville, au lieu le plus fréquenté, et, sur de hauts échafauds, firent un certain jeu de personnages, vitupérant et injuriant tacitement l'Evêque et les plus notables de la cathédrale, qui avaient en vertu de la Pragmatique demandé la suppression de la fête. Il y avait en ce jeu notamment trois personnages qui se nommaient *Hypocrisie, Feintise* et *Faux-Semblant*, que les assistants jugèrent être l'Evêque et deux des chanoines qui avaient voulu empêcher la fête ; ce dont les gens d'entendement furent mécontents et scandalisés. Et de plus, et qui pis est, ceux qui faisaient le jeu, disaient aucunes paroles erronées et qui sentaient mal en la foi[2]. »

## 1447. — Dijon.

Représentation d'une farce intercalée dans un mystère

---

[1]. Compte de la Recette générale des Finances du duc de Bourgogne, comte de Flandre, année 1439-1440. Communication de M. Dehaisne, archiviste du Nord.
[2]. Boutiot, *Recherches sur le théâtre à Troyes. Mémoires de la Société d'Agriculture, des Sciences, Arts et Belles-Lettres de l'Aube* (année 1854). Voy. nos *Comédiens en France au Moyen-Age*, p. 35.

de saint Éloi « par maniere de faire resveiller ou rire les gens ». (Sur ce mystère, voy. nos *Mystères,* tome I, p. 271, tome II, p. 19 et p. 630). Sur le procès criminel auquel donna lieu la représentation, les Archives de la Côte-d'Or contiennent de curieux renseignements, encore inédits, dont nous devons communication à la parfaite obligeance de M. J. Garnier, archiviste du département.

« Le dimanche 29° jour d'octobre M.CCCC.XXXX.VII, certains religieux de l'ordre des freres du Carmel, avec certains prestres et aultres gens laiz, jouerent, a Dijon, ou champ du Morimont, sur certaines loges ou chaffaulx, illec dressiez et levez, le mistere et representacion de la vie de Monsieur saint Eloi ; duquel mistere estoit meneur et conduiseur Messire Jehan Montbeliard, prebstre, et par dedans ledit mistere, y avoit certaine farse meslée, par maniere de faire resveiller ou rire les gens. Laquelle farse fut jouée par Jehan Savenot, tixerant de draps, Girard de Vesoul, dit Tabourin, cordouanier, Denizot Bernier, Guillaume Bouquemont, aussi cordouanier, et aultres. Lesquels, en jouant ladite farse, dirent plusieurs mots et clauses en rimes, touchans et sentans maniere de reproche, mocquerie ou raffarde contre l'honneur du Roi nostre sire, de Monseigneur le Daulphin, et de leurs gens ; et dont plusieurs notables personnes, qui estoient alez voir ledit mistere, furent moult malcontentes, et se departirent incontinent qu'ils oïrent jouer ladite farse, disant qu'ils ne seroyent plus presents et ne vouloyent point oïr telle folle et oultrageuse parole. »

Là-dessus, Jean Rabustel, clerc procureur de la ville, lequel déclare qu'il ne fut pas présent, « ains arriva illec après que lesdites folles paroles furent dittes », fit commandement « ausdits Denisot, Girard et Guillaume » qu'ils missent entre ses mains « le livre original d'icelle farse ». Inspection faite du texte, le clerc procureur soupçonna qu'on avait dû altérer deux rôles, « l'ung nommé Robin, l'aultre

Jaquin ». Il interrogea les témoins. Mais chacun se dérobait à merveille.

« Premierement, Girard de Vesoul, corduanier, demeurant a Dijon, l'ung de ceux qui a aydé a jouer ladite farse... dit qu'il est vray que le vendredy avant et prouchain du dimanche que lesdits mistere et farse furent jouez, plusieurs des compaignons dudit jeu lui apporterent son personnaige de ladite farse; lequel personnaige se appeloit Jehannot; et luy requirent moult instamment qu'il jouast ledit personnaige; a quoy moult envis[1] il se accorda, et ne vit oncques reciter ladite farse entierement jusque le jour qu'elle fut jouée. » A l'égard des rôles et passages suspects, « dit que, en son personnaige n'en est rien contenu, ainsi que apparoir peut par iceluy; mais il est vray que lesdits Robin et Jaquin les ont jouez ainsy qu'ils sont escripts, excepté que la ou il (y) a escrit *escorcheurs*, ils le nommoyent *estradeurs*; et n'y scet aucune aultre mutation de langaige. Interrogué s'il scet dont est venue ladite farse, ne qui l'a faite, dit qu'il y a oy dire a Jehan Savenot qu'il l'avoit apportée de Beaune et luy semble que ledit Savenot disoit qu'elle avoit esté jouée audit Beaune, et plus avant n'en scet. »

Guillaume Bouquemont, cordonnier, avoue qu'il a joué le personnaige du tavernier « mais il n'y pensoit en nul mal », et son personnage n'est soupçonné d'aucun mot irrévérencieux.

A la fin du premier interrogatoire, le Procureur prie Messieurs les Conseillers de la Ville d'expliquer par écrit leurs intentions : doit-il procéder plus avant ? poursuivre outre les joueurs de la farce, ceux du mystère ? ou seulement ceux des acteurs qui ont dit « paroles injurieuses » et « chargé les gens du Roy ». L'affaire se divulguait. « Plusieurs en parlent, l'un en une maniere, l'aultre en

---

1. *Invitus,* malgré lui.

une aultre ». Il importe qu'il soit procédé « à l'honneur et decharge de la ville ». Dijon serait compromis « si la renommée estoit d'avoir joué telle desrision en ladite ville ».

On rechercha Jehan Savenot, « ouvrier de draps », accusé d'avoir introduit à Dijon la farce incriminée. Il se rendit prisonnier « de son plein gré et volonté », car « a son retour qu'il a fait en son hostel de certain lieu ou il estoyt alé en ses besoings, l'on ly a dit que ledit procureur l'avoit fait adjourner a comparoir en personne a certain jour naguere passé, et que iceluy procureur avoit entencion de poursuivre de ceste matiere. Et pour ce, afin de soi escuser et rendre obeissant a justice, il s'est venu rendre es dites prisons, pour illec ester a droit; et requiert que l'on le vueille oïr en ses justifications et ygnosance. »

Le *Vicomte Maïeur* (ou maire) de Dijon interrogea lui-même ce principal inculpé. Jean Savenot avouait avoir joué le personnage de Jaquin; un nommé Jean Regnard, clerc de messire Jean Milant, avait joué Robin. Mais Jean Savenot seul avait apporté la farce à Dijon : « A la feste de saint Nicolas d'esté, a eu deux ans que il, qui parle, venoit de Geneve et retourna par Beaune, a l'entencion de aler veoir sa mere qui demeure audit lieu » — (quoi de plus innocent, ou même de plus louable?) — « et lorsque arriva audit Beaune, ung nommé Jehan Serouot, ung aultre nommé Jehan Dubois et autres, jouoient ladite farse pour laquelle veoir il se arresta, et estoient la jouans, lorsque y arriva, sur le point là ou l'on trompe le tavernier, qui est l'un des personnaiges de ladite farse; et pour ce qu'il lui sembloyt que ladite farse estoyt assez joyeuse après qu'elle fut faite et jouée, il se tira devers les compagnons qui l'avoient jouée, (et) leur prya qu'ils luy voulsissent bailler ladite farse, ou la copie, a ses depens; lesquels ly accorderent, et lors la fit copier et en paya cinq ou six blancs; et l'a gardée, jusque naguere que le mistere de la vie dudit saint Eloy (fut joué). »

« Interrogué comment, ne par quel moyen ladite farse fut jouée et meslée avec ledit mistere, dit qu'il est vray que lorsque celluy mistere fut mis sus, il fut avisié par les compaignons qui le devoient jouer, qu'il seroit bien fait d'avoir une farse pour entremesler par dedans; et lors il fut demandé a plusieurs s'ils n'en savoient point de bonnes. A quoy il qui parle, veant que aucun d'eux n'en bailloit point, leur dit qu'il en avoit une qui lui sembloit estre bonne, et qu'il avoit veu jouer a Beaune. La quelle il leur bailla, et après qu'elle eust esté veue et visitée par tous les compaignons dudit mistere, fut dit qu'il leur sembloit qu'elle estoit bonne; et fut conclud qu'elle seroit jouée et entreseslée par le dit mistere, et furent les personnaiges baillés. »

« Interrogué se, en recitant ladite farse, et avant qu'elle a este jouée publicquement, il y a eu aucun des dits compaignons joueurs tant du dit mistere comme de ladite farse qui s'ait donné garde qu'il y ait aucune parole touchant ne derogant a l'honneur d'autruy, et mesmement des gens du Roi nostre Sire, et de Monseigneur le Dauphin, dit que non; excepté toute voye, que les aucunz d'eulz se doubterent que ce ne fust mal fait de nommer les *escourcheurs,* selon que en aucun acte de ladite farse estoit contenu; et pour ce, aviserent entre eulx que seroit plus honorable de les nommer *estradeurs,* et ainsi fut conclud de faire; et a esté fait; car en tous les points ou en ladite farse avoit escrit *escourcheurs,* a esté dit *estradeurs.* »

« Interrogué se, durant le temps de la ressitacion, ne en jouant la dite farse, il s'ait point donné garde qu'il y eust parole injurieuse ne perileuse a dire, dit que non, par le serment que a fait. Car s'il l'eust congnu de soi, ou eust esté adverti par aultres que eust esté mal faict de jouer icelle farse, il s'en fust incontinent depourté et desisté de tout point... Et luy sembloit que, s'il y eust eu rien mal faict, que les compaignons de Beaune ne l'eussent point jouée. Car au regard de luy, en tant que luy touche, il n'est point clerc. »

Nous ignorons malheureusement si Jehan Savenot réussit à se tirer d'affaire ; nous ne savons pas l'issue de ce curieux procès. Ce que nous en connaissons suffit à nous montrer que, si la liberté du théâtre comique au Moyen-Age était grande, elle n'était pourtant pas sans limites. Les faits incriminés par le clerc procureur de la ville de Dijon, ne semblent pas avoir été bien graves : les circonstances seules pouvaient donner quelque importance à des allusions malicieuses, qui, en d'autres temps, auraient été jugées inoffensives. Le Duc de Bourgogne, réconcilié avec son ancien ennemi le Roi de France, voulait que tous respectassent le suzerain qu'il ménageait lui-même. En 1447, Charles VII commençait d'appliquer l'ordonnance d'Orléans : il créait l'armée permanente et régulière ; il licenciait ces bandes d'aventuriers qui, depuis trente ans, infestaient et pillaient la France à la faveur d'une guerre interminable. Ce n'était pas le moment de parler sur la scène d'*écorcheurs* ou même d'*estradeurs*, alors que le souverain s'efforçait de bonne foi de ne laisser en armes que des soldats disciplinés et respectueux du bien et des droits du peuple.

1449. — Paris. *Paix et Guerre.*

« Le jour de S. Simon et S. Jude » (28 octobre), à l'occasion d'une procession solennelle, fut fait en la grand rue S. Martin, devant la fontaine Maubrie ou près, ung moult bel eschaffault, ou on fist une tres belle histoire de Paix et de Guerre, qui longue chose seroit a raconter, que pour ce on delaissera » [1]. Voyez ci-dessus, p. 90 et 309.

1451. — TROYES.

Pour célébrer la conquête de la Guienne par Charles VII, la ville de Troyes fit représenter en 1451 une moralité par personnages, et paya des deniers communs vingt sous à Messires Felix Collet et Nicolas Brodey, prêtres, et autres, pour la dépense par eux faite à cette occasion [2].

1454. — NEVERS.

« A Georges Chastelain pour convertir et employer en certains habillements pour aucuns jeux par personnages que icelui seigneur (Philippe le Bon) a fait jouer par devant lui en la ville de Nevers, 13 livres [3]. »

1456. — BÉTHUNE.

A l'entrée du comte de Charolois les vicaires de Saint Barthelemi, et les habitants du marché et du rivage représentent durant plusieurs journées « pluiseurs jus » qu'ils étaient allés chercher à Cambrai, à Arras et ailleurs [4].

---

1. *Journal d'un bourgeois de Paris*, Ed. Michaud et Poujoulat, t. III, p. 300. Ce sont les derniers mots du *Journal*.
2. Boutiot, *Recherches sur le théâtre à Troyes au XV$^e$ siècle* (*Mémoires de la Société d'agriculture, des sciences, arts et belles-lettres de l'Aube*, t. XVIII, p. 427) (1854).
3. Comptes des dépenses du Duc, pour 1454, dans les *Ducs de Bourgogne*, par L. de Laborde, 1849, in-8°. (*Preuves*, t. I, p. 417, n° 1500.)
4. La Fons de Mélicocq, *les Artistes et les ouvriers du Nord de la France*.

1457. — Lyon.

« Des clercs de la chancellerie du Roi dressèrent des tréteaux pour bafouer les ridicules du temps. Ils dirigèrent leurs premiers traits satiriques contre les dames lyonnaises, dont les prédications du dominicain Vincent Ferrier et du carme Thomas Connecte, avaient mis en relief les travers et la frivolité. Un des conseillers de ville s'étant plaint de la licence de cette jeunesse, le Consulat soumit à une censure préventive toutes les représentations dramatiques ; la municipalité fut chargée de les autoriser[1]. »

1459. — Béthune.

Aux fêtes pour la naissance d'un fils du Dauphin (depuis Louis XI) « Jehan Willet, sot de Madame la Duchesse de Bourgogne » et « Gallois Desponcheaux, qui avoit le mieux fait le sot » reçurent chacun vi sous ; le « bailly sot » de M$^{gr}$ le gouverneur, en reçut deux[2].

1460. — Angers.

Jeanne de Laval, femme du Roi René, accorda, en 1460, aux enfants de chœur de l'église Saint-Laud d'Angers, pour avoir joué devant elle une farce, une gratification de cinquante-cinq sols[3].

1461. — Amboise.

Entrée solennelle de la Reine, Charlotte de Savoie, au mois de septembre 1461. Entre autres magnificences étalées à cette occasion, il « a esté appoincté que la moralité que

---

1. Brouchoud, *les Origines du théâtre à Lyon*, p. 15-16.
2. Champollion-Figeac, *Documents inédits*, t. IV, p. 324-339.
3. Lecoy de la Marche, *le Roi René*, t. II, p. 145.

maistre Estienne a faite pour jouer a la dite joyeuse venue, seroit payée aux despens d'icelle ville et qu'elle seroit jouée par personnaiges, et que la ville fourniroit de bougrans pour faire les abiz aux joueux d'icelle ; et ils seroient tenus de les faire faire et paindre a leurs despens, et aussi que les dits abits leur demeureroient [1]. »

1462. — DRAGUIGNAN. *Terre et Fortune* ou *le Monde et Espérance*.

Moralité jouée à Draguignan par six habitants de la ville qui s'associèrent en vue de cette représentation et passèrent le contrat suivant :

« L'an de l'Incarnation du Seigneur MCCCCLXI, et le seizième jour du mois de mars, est à savoir, etc., que maître Louis Honorati, barbier; Bertrand Hellant, chaussetier de la ville de Draguignan ; Jacob Richer, apothicaire de la même ville ; aussi vénérables hommes Messires Jacques de Barbona, chapelain en second, et Didier Quadrati, chapelain diacre de l'église de la dite ville de Draguignan ; et moi, Honoré Flamenqui, notaire soussigné, de bonne foi, etc., tous ensemble, l'un à l'autre et réciproquement, avons promis, et chacun a promis, que chacun de nous jouera dans un certain jeu ou moralité, laquelle doit prochainement être jouée et représentée (*levanda*) dans la dite ville de Draguignan ; la quelle moralité est appelée *la Terre et Fortune* ; et l'un et l'autre : *le Monde et Espérance ;* à savoir, chacun devra jouer son personnage qu'il a déjà reçu, aux conditions suivantes : Et d'abord a été convenu entre nous tous susnommés que chacun de nous sera tenu et obligé de venir ; et pour cela, ne fera pas de difficultés quant au jour et au lieu qui sera choisi par le dit seigneur Jacques de Barbona, pour ce choisi, pour apprendre et retenir la dite moralité ; et celui qui ne sera pas à la répétition aux lieu et terme assignés d'avance, devra payer un gros, chaque fois, applicable au fonds commun de la société ; sauf en cas d'absence. Ceci ajouté : que si quelqu'un de nous devait nécessairement s'absenter, un jour avant la répéti-

---

1. Voy. *Congrès scientifique de France,* XVᵉ session, t. I, p. 126.

tion prochaine, après avoir été convoqué par le dit Messire Jacques, il devrait prévenir de son absence le dit Messire Jacques, ou la société. En outre a été convenu que chacun de nous devra se rendre prêt, et de bonne grâce, à aider à la construction des échafauds, pour jouer la dite moralité, autant que sera nécessaire, et qu'il en aura été requis par le dit Messire Jacques ; et pour jouer la moralité, le jour sera choisi plus tard entre nous. En outre, le jour où la moralité devra être jouée, chacun de nous devra être présent, sans excuse d'aucune sorte ; ni ne devra s'absenter, après que le jour aura été choisi ; et ce, sous peine d'un écu pour chaque jour d'absence, à appliquer et employer comme ci-dessus ; sauf le cas de maladie, ou d'autre juste et légitime excuse. Et veulent, au cas où serait allégué par l'un de nous une excuse quelconque, que la connaissance en soit remise totalement au dit Messire Jacques de Barbona, et que le même ait à en connaître ; et que chacun s'en tienne à son dire ; et que soit tenu pour fait, tout ce qui par lui sera fait et ordonné. ..... Fait à Draguignan, au dessous de la boutique de draperie de maître Bertrand Hellant, sise sur la place du marché. Témoins : Bresson Gaudemar, M. Antoine Geoffroi, chaussetiers de Fréjus. Et moi, Flamenqui, etc. [1]. »

1468. — AIRE. *La Paix de Péronne.*

Après la défaite des Liégeois qui suivit le traité de Péronne, le Roi de France et le Duc de Bourgogne revinrent ensemble au château d'Aire, ou, entre autres réjouissances, ils eurent celle d'entendre débiter une moralité de circonstance (*la Paix de Péronne*) composée en l'honneur de leur réconciliation par Georges Chastellain. Cette pièce, presque toute en stances lyriques, n'est pas vraiment théâtrale. Toutefois elle fut débitée sans doute avec un appareil quasi dramatique en présence du Roi et du Duc. (Voyez ci-dessus page 89.)

[1]. Archives départementales du Var. Voy. *Revue des Sociétés Savantes*, t. VII, p. 506, janvier-février 1874. L'acte est en latin.

1469. — BÉTHUNE. *La Destruction de Liège*.

« Gorge de Brelles, evesque des folz, qui avoit remonstré et joué la destruction de Liege », reçut trois lots de vin de l'échevinage. Il est probable que cette représentation se bornait à quelque pantomime [1].

1472. — AMIENS. *Va-Partout, Ne-te-bouge, Tout-le-monde,* et *Bon-Temps*.

Au Puy d'Amiens, en 1472, on donna divers jeux dramatiques. La nuit de Noel. « Jeu fait par Jehan Destrees, joué aux matines ». Peu après « Jeu extraordinaire » fait par le même et joué « la nuit des Roys » ensuite « au disner, le jour de la Chandeleur ». Le même jour « Jeu fait par Pierre du Buyon » [2].

Voir Catalogue des Farces : *Va-partout, Ne-te-bouge, Tout-le-Monde* et *Bon-Temps*, ci-dessus, p. 251.

1474. — NANCY.

Par mandement daté du 24 avril 1474, le duc René ordonne à sa Chambre des comptes d'allouer au receveur général, Antoine Varin, une somme de 124 francs qu'il a payée à plusieurs « tant, dit-il, pour le fait des joustes dernierement faictes en nostre ville de Nancy, une moralité jouée en nostre presence, le jour de Karesme-prenant, comme pour plusieurs autres menues despences » [3].

---

1. Communication de La Fons de Melicocq, *Documents inédits,* t. IV, p. 326.
2. Voy. *Catalogue Soleinne,* n° 676. — Beauvillé, *Documents sur la Picardie,* t. I, *Introduction.* — Breuil, *la Confrérie de N. D du Puy* (*Mémoires de la Société de Picardie,* 1854).
3. H. Lepage, *Mémoires de la Société des Sciences, Lettres et Arts de Nancy,* 1848, p. 204.

1476. — Tarascon. *L'Homme Juste et l'Homme Mondain.*

Représentation de l'*Homme juste et l'Homme mondain,* à Tarascon. Une somme de deux florins pour costumes de toile, et autant pour travaux de menuiserie figure à la date du 11 août et du 3 septembre, sur les comptes du Roi René[1]. (Voir sur cette moralité, ci-dessus p. 67.)

Les mêmes comptes allouent un florin « a ceulx qui ont fait les chaffaulx pour la farce qui a esté jouée devant le Roy »; trois gros « aux menestrez qui ont mené le Prieur[2] et les joueux par la ville et jusques devant les chaffaulx ».

1477. — Pontoise.

Des lettres de rémission citées par Du Cange (*Glossaire,* au mot *moralité*) parlent d'une certaine « moralité ou farce que les escolliers de Pontoise avoient fait ainsi qu'il est de coustume », l'an 1477.

1478. — Compiègne.

Maistre Loys Ruzé, trésorier et receveur général des finances de la Duchesse d'Orléans (veuve de Charles d'Orléans, le poète, père de Louis XII), payait le 1er mai 1478 « aux menestrez et joueux de farces de Compeigne, deux escus et a Manyon ung escu, lesquels trois escus la dite dame leur a donnez pour la peine d'avoir joué devant elle[3] ».

1. Lecoy de la Marche, *le Roi René,* t. II, p. 146 et 374.
2. Sur ce personnage, voy. nos *Mystères,* t. I, p. 323.
3. *Revue des documents historiques,* par E. Charavay, t. II, p. 81.

1479. — Nancy.

Les comptes du Duc René attribuent « aux Gallans sans sossy qui ont joué farce devant nous, ad ce lieu de Nancy, dix florins d'or XXIII gros piece »[1].

1479. — Paris.

Quatre « compaignons » de Paris, pour avoir « joué des farces » devant Madame la Duchesse d'Orléans, reçoivent du trésorier de la dite dame « quatre escus d'or ». L'un des joueurs reçoit en outre un écu pour « le recompenser d'une robe qu'il a perdue en jouant lesdites farces »[2].

1480. — Metz.

Cette année-là, aux noces d'un échevin de Metz, entre autres réjouissances, on représenta une farce, après souper; et la farce jouée, les acteurs débitèrent au père de l'épousée un compliment en vers ainsi rédigé :

> Tres chier et honoré seigneur,
> Dieu voz doint liesse et santé,
> Accroissement de toute honneur,
> Tousjours vivre en prosperité.
> Les compaignons qui ont joué
> Aux nopces, par joyeux compas,
> Voz prient par humillité
> Que voz ne lez obliez pas.

Le père, émerveillé, leur donna « deux florins d'Utrecque »[3].

---

1. Comptes des Ducs de Lorraine, H. Lepage, *Mémoires de la Société des Sciences, Lettres et Arts de Nancy*, 1848, p. 205.
2. L. Paris, *le Théâtre à Reims*, p. 66.
3. *Journal de Jean Aubrion*, édition Larchey, 1857, in-8°, p. 115.

1482. — DIEPPE.

A partir de cette année, on célébra régulièrement dans cette ville la fête dite des *Métouries*, le 15 août, jour de l'Assomption, pour rappeler la mémoire de la prise de la Bastille par le Dauphin depuis Louis XI (14 août 1443). La cérémonie religieuse était suivie de représentations données sur la place de l'Hôtel-de-Ville. On jouait des mystères tirés surtout de la vie de la Vierge Marie ; mais on jouait aussi des comédies morales ou profanes remplies d'allusions à des faits contemporains [1]. Les représentations avaient lieu par les soins de la Confrérie très ancienne, dite des *Saints-Martyrs* ou des *Sept-Dormants*. Ces représentations, où l'on finit par abuser des personnalités violentes et par pousser la licence jusqu'à l'obscénité, furent supprimées en 1630, en même temps que les jeux non moins libres de la *Mère-Folle* de Dijon.

1482. — PARIS.

« D'icelle bonne paix (d'Arras, signée le 23 décembre 1482), fut resjoy et joyeulx tres noble et tres reverend pere en Dieu, monseigneur le cardinal de Bourbon qui a l'occasion d'icelle, fit faire en son hostel de Bourbon, a Paris, une moult belle *moralité, sottie et farce,* ou moult de gens allerent pour les veoir jouer, qui moult priserent ce qui y fut faict. Et eussent les choses dessus dites esté plus triumphantes n'eust esté le temps qui moult fut plouvieux, et mal advenant, pour la belle tapisserie et le grant appareil fait en la cour du dit hostel ; laquelle cour fut toute tendue de tapisserie de mondit seigneur le cardinal dont il avoit grande quantité et belle » [2].

1. Voy. *Le Puy des Palinods à Dieppe,* par Eugène de Beaurepaire. *Revue des Sociétés Savantes,* 5ᵉ série, t. VII, p. 359 (mars-avril 1874).
2. *Chronique de Louis XI* (dite *scandaleuse),* par Jean de Troyes, édit. Buchon, p. 351.

## 1483. — BEAUVAIS.

« Au mois de janvier 1483, de grandes réjouissances eurent lieu (dans cette ville) à l'occasion de la paix (le traité d'Arras venait d'être signé le 23 décembre 1482)...Sur un théâtre élevé pour la circonstance, on représenta une moralité composée par Guillaume de Gamaches, maître de l'école de Saint-Pierre. Elle fut jouée par les « Momeurs du Pont-Pinard » avec le concours des « farceurs de l'ostel de M. de Beauvais » et des chantres de la cathédrale. La ville qui avait fourni aux acteurs leurs habillements de « sotz » donna aux « Momeurs du Pont-Pinard » huit sous parisis, et aux farceurs de l'Évêché, la même somme. Guillaume de Gamaches, n'ayant rien voulu accepter pour sa peine, le maire paya pour lui au collecteur de la taille une livre 5 sous tournois [1].

## 1483. — LAON.

« 81 s. parisis, savoir 54 s. pour deux esculs d'or, qui, a la feste des vingt jours, furent ordonnez estre bailliez et donnez pour et au nom d'icelle ville, aux compaignons, gens d'eglise et autres joueurs de personnaiges de la ville de Saint-Quentin » [2].

Sur les fêtes de Laon, voir ci-dessus, p. 326. Elles se renouvellent maintes fois, entre autres, en 1490, 1497 et 1500.

## 1483. — PARIS.

Pour l'entrée de Marguerite d'Autriche, future Dauphine (2 juin 1483), on construisit à la porte Saint-Denis, trois

---

[1]. Voy. *Recherches sur les anciens théâtres de Beauvais*, par E. Charvet, Beauvais, 1881, in-8°.
[2]. Fleury, *Origines et développements de l'art théâtral dans la province de Reims*, Laon, 1881, in-8°, p. 197, 214, 263.

échafauds où l'on voyait « labour, clergé, marchandise et noblesse qui tous dirent un couplet a icelle entrée »[1]. C'était là une véritable *moralité mimée*, car ces personnages sont de ceux qui reviennent le plus souvent dans nos moralités. Mais ils ne faisaient en cette occasion que se montrer et débiter quelques vers.

### 1483. — Paris.

Les « Gallans sans Soulcy joueux de farces », reçoivent dix livres tournois pour avoir joué devant le Duc d'Orléans (plus tard Louis XII) et la Duchesse. Deux ans plus tard, en 1485, les mêmes acteurs reçoivent, du même prince, trente-quatre sols pour une farce représentée devant lui[2].

### 1484. — Laon.

« Aux compaignons joueurs de la ville de Saint-Quentin qui sont venuz a la feste du Roy des Braies, LIV s. parisis »[3].

### 1485. — Genève. *Le Miroir de Justice.*

Le 25 octobre 1485, la moralité du *Miroir de Justice* fut jouée à Genève, par personnages, devant le Duc de Savoie, la Duchesse et Mgr l'Évêque, en la place de la Fusterie. Les acteurs reçurent six florins[4].

### 1485. — Rouen.

Le 14 avril 1485, Charles VIII fit une entrée solennelle à

---

1. *Chronique de Jean de Troyes*, édit. Buchon, p. 352.
2. L. Paris, *Le Théâtre à Reims*, p. 66.
3. Fleury, *L'Art théâtral dans la province de Reims*, p. 263.
4. *Mémoires et Documents publiés par la Société d'Histoire et d'Archéologie de Genève*, t. I, p. 142-144.

Rouen. Le soir, Robert Pinel, bourgeois de la ville, fit jouer devant le Roi une fort joyeuse comédie. « C'estoit une matiere faicte sur pastoureries et estoit une finction traictée sur bucoliques » [1].

## 1486. — METZ.

Au mois de septembre de cette année, à l'occasion des noces de Seigneur Renal Le Gournais, échevin, et de Barbe, fille de Michiel de Kunchevin, aussi échevin, il y eut, après souper, représentation d'une farce, et « ceux qui la jouèrent apporterent au pere de l'espousee un couplet de rimes croisées en gros languaige dont on usoit encore lors en Mets » [2]. C'est probablement la même représentation que celle dont nous parlons ci-dessus p. 342, année 1480.

## 1486. — PARIS.

Le 1ᵉʳ mai 1486, Henri Baude fit jouer par les Basochiens de Paris, une moralité où il attaquait avec une extrême vivacité les hommes qui gouvernaient alors sous le nom du jeune Charles VIII. L'autorité royale y était comparée à une fontaine d'eau vive obstruée par une multitude d'ordures

> Herbes, racines,
> Roche, pierre, boue et gravois.

Le poète fut mis au Châtelet et quatre Basochiens avec lui. Le Parlement évoqua l'affaire, et, n'étant pas lui-même bien disposé pour les courtisans, après quelques mois de prison préventive, il élargit les prévenus. Henri Baude a raconté en vers sa mésaventure; mais la moralité est perdue [3].

1. Ch. de Beaurepaire, *Entrée de Charles VIII*, cité par Gosselin, *Recherches sur l'histoire du théâtre à Rouen*, p. 27.
2. Voy. H. Lepage, *Études sur le théâtre en Lorraine*, p. 206.
3. Voy. Quicherat, *les Vers de Mᵉ Henri Baude*, Paris, Aubry, 1856. — Vallet de Viriville, *Nouvelles recherches sur Henri Baude*, Paris,

(Voyez sur Henri Baude, nos *Comédiens en France au Moyen-Age,* pages 102-105.)

1487. — Saint-Nicolas (près Nancy).

« Payé par le Receveur, par mandement donné a Pont-à-Mousson, le 9 juin 1487, 21 francs 1 gros 4 deniers (12 gros par franc) pour la despence faicte en faisant le jeu que Mgr a faict faire a Saint-Nicolas le 9 mai 1487[1]. »

1488. — Metz. *Corrigier le Magnificat.*

On joua à Metz, en 1488, la Vie de saint Laurent, Griselidis, et le jeu de *Corrigier le Magnificat*[2]. Voyez ci-dessus *Catalogue des pièces perdues,* p. 299. *Corrigier le Magnificat.*

1489. — Amiens. *Le Débat du Corps et de l'Ame.*

Le *Débat du Corps et de l'Ame* fut joué dans cette ville en 1489[3]. Une pièce ainsi intitulée figure dans l'*Ancien Théâtre Français* de Viollet-Leduc ; mais elle n'est nullement dramatique et n'a certainement jamais été représentée. (Voy. *Ueber den Streit von Leib und Seele,* von Gustav Kleinert, Hall 1880. Il distingue cinq rédactions françaises de ce débat.)

1489. — Laon.

« A certain nombre de compaignons de la ville de Sois-

---

in-8°. — Le même, *Notice sur Henri Baude,* Biographie Didot, t. IV. — *Bibliothèque de l'École des Chartes,* t. III et X, p. 94. — Ad. Fabre, *les Clercs du Palais,* p. 140. — Ci-dessus, *Catalogue des pièces perdues,* p. 300.

1. H. Lepage, *Mémoires de la Société des Sciences, Lettres et Arts de Nancy,* 1848, in-8°.
2. *Idem, idem,* p. 209.
3. Dusevel, *Documents relatifs aux mystères joués à Amiens,* 1842, in-8°, p. 9.

sons qui vindrent jouer de personnaiges (à la fête du Roi des Braies) vi grands pots de vin [1]. »

1490. — LAON.

A l'occasion de la fête des Braies « vingt quatre personnages de S. Quentin, tant d'eglise que seculiers et d'autres de Soissons en nombre de douze personnes qui vinrent jouer moralitez, farces et autres esbattemens durant trois jours » reçurent quatre grands pots de vin chacun et furent régalés d'un grand repas [2].

1490. — REIMS.

« A l'occasion de la fête des Fous, les vicaires et les enfants de chœur firent quelques jeux aux quels fut représentée la nouvelle façon de chaperons inventés depuis un an que portaient aucunes femmes bourgeoises de Reims, disant qu'elles avaient entrepris et singé la façon des dames de Paris. » Les Basochiens voulurent riposter. Vainement l'archevêque prit le soin d'interdire toute représentation. Le Dimanche des Brandons, chez le commandeur du Temple qui se prétendait exempt de toute juridiction, l'on joua des farces très violentes dirigées contre les chanoines. Le lendemain, les acteurs parcoururent les rues en désordre, en criant : Pourquoi les prêtres ne paient-ils la taille ? Les auteurs de ces désordres furent excommuniés; et l'un d'eux, Nicolas Jacquier, ayant voulu passer outre et entrer dans l'église, le chapitre le fit mettre hors [3]. »

1. Fleury, *L'Art théâtral dans la Province de Reims*, p. 264.
2. *Idem, idem.*
3. *Remensiana* (par L. Paris), Reims, 1845, in-32, p. 32. — *Le théâtre à Reims*, par le même auteur, Reims, in-8º, 1885, p. 30. — *Coquillart (Œuvres de)*, Bibliothèque Elzévirienne, t. I, p. cxxxv.

1491. — ARRAS.

Représentations données avec le même succès qu'en 1431 ; des prix furent décernés aux meilleurs acteurs et aux meilleurs poètes. Malheureusement, ces faits vaguement allégués [1] manquent de précision et d'authenticité.

1492. — CAEN. *Pattes Ointes.*

Représentation d'une farce intitulée *Pattes Ouaintes* par les Écoliers de l'Université de cette ville.

(Voy. ci-dessus Catalogue des Farces : *Pattes Ouaintes*, p. 206.)

1492. — FORCALQUIER.

La ville accorde, le 22 juillet, « un écu de subside et soulagement des dépenses à faire pour la représentation prochaine d'un jeu ou moralité ». Il est fait (le 17 août), une seconde mention d'une subvention de trois florins payée aux *joueurs* [2].

1492. — PARIS.

La Reine Anne accorde une gratification de 35 livres tournois aux *Gallans-sans-Soucy* qui avaient joué devant elle plusieurs « moralitez, farces et esbatemens » [3]. Les

---

1. Voyez Laserna, *Les Chambres de Rhétorique*, p. 165. — Voy. ci-dessus *Arras*, 1431.
2. La première mention est en latin, la seconde en provençal. Registres des délibérations du Conseil de ville de Forcalquier, voyez C. Arnaud, *Ludus Sancti Jacobi*, p. vi.
3. *Bibliothèque de l'École des Chartes*, 3º série, t. I, p. 156. (*Détails sur la vie privée d'Anne de Bretagne*, par Leroux de Lincy). Et *Vie de la Reine Anne*, par le même, t. IV, p. 161.

mêmes avaient reçu de cette Reine 12 livres 10 sous, pour étrennes, au premier jour de l'an.

1493. — BÉTHUNE.

« Aux joueurs de confrairies des arbalestriers et des archiers de Plaisance, et aussi aux clercs de saint Betremieu, qui ledit jour que ladite paix (de Senlis) fut publyée jouerent chacun un jœu de personnaiges sur ung hourt, estant devant la halle, pour chascun jœu VIII sous qui font XXIIII sous [1]. »

1493. — DIE. *Le peuple commun.*

Une délibération consulaire du 5 mai 1493 alloue 2 florins à des joueurs qui devaient représenter sur la place de Die une moralité appelée *le Poble commun* « pour arranger la place, élever l'échafaud et autres dépenses »[2].

1493. — LAVAL. *Le Bon et le Mauvais Pèlerin.*

Guillaume Le Doyen, notaire à Laval (sur ce personnage voyez nos *Mystères*, tome I, p. 328), compose et fait jouer devant l'église de Saint-Vénérand, alors en construction dans le faubourg où il habitait, la moralité du *Bon et Maulvais Pèlerin*, dans laquelle il tint lui-même le rôle principal[3]. Il est possible que ce titre désigne un épisode de la Passion, l'histoire du bon et du mauvais larron.

---

1. *Documents inédits*, par Champollion-Figeac, t. IV, p. 326 et 342.
2. La délibération est en latin. Voy. *Le Théâtre à Die et à Romans*, par A. Lacroix (*Bulletin de la Société départementale d'Archéologie et de Statistique de la Drôme*). Année 1877, 2º livraison, p. 348.
3. *Chronique rimée* de Guillaume Le Doyen, Laval, Godbert, 1859, in-8º, et *Bibliothèque de l'École des Chartes*, 3ª série, t. III, p. 387.

1494. — METZ.

Le 24 novembre 1494, représentation de farces satiriques, à Metz, par des Enfants-sans-souci qui venaient de la cour du Roi de France et de la cour du Roi de Sicile (le Duc de Lorraine); on faisait les noces de la fille d'un riche bourgeois, Gerard Perpignan, lequel était mort vingt jours auparavant : cette circonstance ne permit pas qu'on dansât; du moins on crut qu'on pouvait rire [1].

1494. — TOULON. *L'Amoureux et la Fille.*

Quatorze habitants de Toulon, savoir, trois ecclésiastiques, dont un moine, deux notaires, deux apothicaires, un tailleur, un orfèvre, un boulanger, un savetier, et trois autres personnes sans profession désignée, passèrent contrat devant notaire, le 23 mars 1494, à l'effet de s'associer pour jouer ensemble, aux fêtes de Pâques, une moralité en provençal, intitulée *de l'Amoros et de la Filha.* Ils s'engageaient à assister à toutes les répétitions sous peine d'amende, et à ne rendre leur rôle sous aucun prétexte [2].

L'an M. CCCC LXXXX III, et le 23ᵉ jour de mars, est à savoir, etc., que vénérables et discrètes personnes, Messire Guillaume Aycard, clerc bénéficier à Toulon ; Messire Antoine Fournier, chapelain à Toulon ; frère Blaise Dudon, de l'ordre des Prêcheurs ; Messire Jean Marin, fils de Pierre ; Maître Ant. de Coreys, apothicaire ; maître Gabriel Fournier, autrement dit Bravet, notaire ; maître Denis Motet, tailleur ; maître Nicolas Chapus, orfèvre à Toulon ; maître Jacques Progenne ; maître Marin André, notaire ; maître Simon Calhon, apothicaire à Hyères ; maître Jean Étienne, savetier à Ollioules ; maître Ho-

---

1. *Chronique d'Aubrion*, p. 350.
2. *Revue des Sociétés Savantes*, 5ᵉ série, t. VII, p. 506, janvier-février 1874. L'acte est en latin.

noré Catellin de Toulon, et maître Jac. Motet, boulanger à Toulon ; voulant et entendant, avec l'aide de Dieu, jouer pendant la quinzaine de Pâques prochain, une moralité intitulée *de l'Amoureux et de la Fille (de l'Amoros et de la Filha)* ; à cet effet, tous ensemble, et chacun d'eux, ont promis d'assister et se trouver aux répétitions (*in recordio*) toutes les fois que besoin sera, et qu'ils en seront requis par lesdits maîtres Antoine de Coreys et Gabriel Bravet, ou tout autre d'entre eux ; sous peine d'un gros pour chacun, à chaque fois qu'il manquera. *Item* ne manqueront au jour où ils devront jouer le dit jeu, sous peine pour chacun et chaque fois, d'un (écu) d'or, applicable aux autres de la dite société. Sous obligation de leurs biens, etc..... Fait à Toulon, dans la salle épiscopale. Témoins : Messire Guigon Matharoni, vicaire et official à Toulon, maître Renaud Rodelhati, notaire à Toulon. Et moi, Honoré Pavez, notaire.

## 1494. — Tours. *L'Homme Pécheur.*

La première édition de l'*Homme pécheur*, moralité qui comprend environ vingt mille vers, porte ce titre : *L'omme pecheur par personnages, joué en la ville de Tours.* A la fin, on lit : A l'onneur et a la louenge de N. S. J. C. a esté fait ce livre appelé l'omme pecheur nagueres joué en la ville de Tours, et imprimé a Paris par Anthoine Verard. Cette édition fut donnée par Antoine Verard, vers 1494. (Sur la pièce, voyez ci-dessus : *Catalogue des moralités*, p. 72[1].)

## 1496. — Die.

Le compte consulaire de Jean d'Archiane mentionne

---

1. Relevons ici un fait curieux pour l'histoire de notre théâtre. Le 29 août 1494, Charles VIII entrait en Piémont ; le 31 décembre, à Rome. Le 7 novembre 1495, il était de retour à Lyon. Durant l'expédition, des poètes aux gages du Roi, composèrent et firent jouer devant la Cour des pièces satiriques contre le Pape et le Roi d'Espagne. *Et factæ sunt coram rege Francorum, per suos, tragœdiæ et comœdiæ de Papa Romanorum et Hispaniæ regibus, collusorie et more gallico derisorio.* (Voy. Robert Gaguin, *Annales rerum gallicarum.*)

20 gros donnés à ceux qui jouèrent une « histoire » hors le pont de Suzon à l'arrivée de l'Evêque, et 4 gros pour une collation donnée à l'auteur, Jean de Sauze, quand on distribua les rôles ; le copiste qui les avait écrits reçut 6 gros. Jean de Sauze était prieur de Sainte-Agathe [1]. Cette « histoire » était peut-être un mystère, peut-être une moralité.

1496. — NANCY.

A Nancy, en 1496, René de Vaudemont, duc de Lorraine, faisait construire un théâtre dans son palais et accordait dix florins d'or « aux Gallans sans Soucy » qui venaient y jouer ; mais peut-être ces *Gallans* n'étaient-ils pas du pays. Nous avons vu plus haut qu'en 1494, les suppôts du Prince des Sots de Paris faisaient l'ornement et la joie d'une noce bourgeoise à Metz [2].

1496. — SEURRE. *Le Meunier de qui le diable emporte l'âme en enfer.* — *L'Aveugle et le Boiteux.*

Cette farce, attribuée à Andrieu de la Vigne, fut jouée à Seurre le 9 octobre 1496, en guise de prologue joyeux, avant la représentation du mystère de saint Martin (du même auteur) joué, durant les trois jours suivants, dans la même ville. Il avait plu le dimanche matin et les spectateurs, qui étaient accourus des villes voisines, voyant qu'on retardait la représentation du mystère à cause du mauvais temps, parlaient déjà de s'en retourner. Pour les retenir, on se hâta de leur donner la farce du Meunier « la quelle fut si bien jouée que chacun s'en contentit entière-

---

1. *Bulletin de la Société d'Archéologie de la Drôme*, 1877, p. 348. (*Le Théâtre à Die et à Romans*, par A. Lacroix.)
2. Voy. Lepage, *Études sur le théâtre en Lorraine*, Nancy, 1848, in-8°.

ment et ne fut fait aultre chose pour celui jour ». Après la farce jouée, tous les acteurs du mystère se rendirent à l'église Saint-Martin « chanter un salut moult devostement affin que le beau temps vint pour executer leur bonne et devoste entention et l'entreprise dudit mystere ».

Sur la farce du Meunier et sur les représentations de Seurre qui se composèrent du mystère de saint Martin et de la moralité intitulée *l'Aveugle et le Boiteux,* voyez nos *Mystères,* tome II, pages 68-73 et 539, et ci-dessus, *Catalogue des farces,* p. 177, et *Catalogue des moralités,* p. 37.

1497. — METZ.

Pendant le Carnaval, après avoir promené par la ville deux mannequins gigantesques, au retour « en la cour de Saint-Nicole de Heu, fut jouée une farce joyeuse »[1].

1497. — TULLE.

Les statuts de l'Église rédigés à cette date font mention de représentations théâtrales mêlées à la Fête des Fous : « moralités, simulacres de miracles, farces et semblables jeux, toutefois toujours honnêtes ». L'Évêque des Enfants parcourait la ville « avec des mimes et des trompettes ». Le lendemain des Innocents on faisait des processions masquées et costumées, par la ville ; et quand le temps était sec, il y avait des représentations de farces en certains lieux « en toute honnêteté »[2].

1499. — ARRAS.

Au mois de juillet 1499, la ville paya dix livres à des joueurs de farces pour avoir joué « plusieurs jeux de

---

1. *Journal d'Aubrion,* édit. Larchey, 1857, in-8°.
2. Du Cange, *Glossaire,* au mot *Kalendæ.*

farses devant M^gr, pour sa plaisance, durant qu'il fut audit Arras »[1].

1499. — ROUEN. *Le Triomphe des Normands.*

Guillaume Tasserie, lauréat du Puy des Palinods, à Rouen, fait jouer un « mystere mystique », intitulé : Le triomphe des Normands, traitant de l'Immaculée Conception de Nostre Dame [2]. Cette pièce devait être une sorte de moralité, analogue à celle de l'Assomption que Parmentier fit jouer au Puy de Dieppe. (Voy. ci-dessus, page 35.) L'antique confrérie de la Conception de Notre-Dame était devenue une société littéraire sous le nom de *Puy des Palinods.* (Voy. ci-dessus, Catalogue des pièces perdues, page 315.)

1499. — TOURNAY.

La fête des Innocents était particulièrement joyeuse et scandaleuse à Tournay. Les excès qui s'y commettaient finirent par donner lieu, en 1499, à un procès entre le Chapitre, hostile à la fête, et les Jurés de la ville qui la voulaient maintenir. Dans l'arrêt du Parlement de Paris rendu sur cette affaire, on lit « que ledit vicaire, ainsi fait (de force) evesque (des Innocents) est mené par trois jours parmy la ville, avec ung surplis et jouent farces diffamatoires au grant scandale desdits du chapitre, et autres gens de bien de ladite ville ». Le défenseur des « Innocents » allègue que ces jeux se sont faits librement « *ab omni evo,* et passé a deux cents ans... en toutes les eveschés de Picardie ; et mesmement a Paris... et par tout ce royaume... *ad sola-*

---

1. Archives municipales B, 2165, fol. 292. Voy. *Le Théâtre à Arras,* par A. de Cardevacque, Arras, 1884, p. 28.
2. Gosselin, *Histoire du théâtre à Rouen,* Rouen, 1868, in-8°, p. 32. — Ballin, *Notice historique et bibliographique sur l'Académie des Palinods,* p. XXI.

*cium populi*...Mais, pour savoir d'où provient la hayne du procès dit que... quand vient a la fin desdits jeux l'evesque fait faire des chaperons a oreilles qu'il distribue ou bon luy semble ; peut estre que ledit evesque en distribua a quelque personne qui n'en a esté content, et a suscité tout ce trouble » [1].

1501. — CAMBRAI.

« A Girard de Raborie, *rethoricien* de Lescache Proffit, pour avoir fait et composé led. poesme de l'Abbeye joué par personnaiges le jour des Rois, dernier passé, par courtoisie, pour frais et despens... (le reste manque) [2].

1501. — DIJON.

Le 3 avril, Maître Guillaume Flameng (auteur du mys-

---

1. *Bibliothèque de l'École des Chartes*, 1re série, t. III, p. 568-577.
2. Voy. Durieux, *Le théâtre à Cambrai*, Cambrai, Renaut, 1883. Sur cette abbaye bouffonne de Lescache-Proffit, voyez nos *Comédiens en France au Moyen Age*, p. 236.

Mentionnons à cette date un fait singulier ; la représentation d'une pièce de Térence donnée, en 1502, au palais épiscopal de Metz. Il est curieux de voir que l'Antiquité, la première fois qu'elle reparut sur le théâtre, y fut huée du peuple :

« Le diemenche penultieme jour de janvier fut commenciez ung jeuz apres diney a la court l'Evescque, en la basse salle, nommey *Terance*. Et le jouoient plusieurs gens d'eglise et jonnes clersons, tout en latin ; et illec estoient... plusieurs... gens d'eglise et clercs et aultres menuz peuple ; tellement que quant le dit menuz peuple qui n'estoit point clerc, ne povoit entendre ce que les personnaiges disoient, il se esmeut et se esleva par telle faiçon encontre lesdits joweuz qu'il convint que les sieurs dessus nommey trouvassent maniere de soy despartir tout doulcement de la place. Et ce fait ledit menuz peuple efforcet les dit personnaiges et monta sur le hour tellement qu'il fuit tout bel audit personnaiges de decendre, car il furent en grand dangier d'estre tres bien frontés... Le landemain apres diney, que ledit peuple estoit chascun a sa besoigne, fuit juez le dit jeuz en latin, comme dit est ». (*Journal de Pierre Aubrion*, édition Larchey, p. 441.) « Et n'y entroient que gens d'eglize, seigneurs et clercs ». (*Mémoires de Jacomin Husson*, édit Michelant, p. 214.) De tout temps l'on avait joué en latin, mais dans les collèges, non devant le peuple.

tère de saint Didier, voy. nos *Mystères*, tome I, p. 229, et tome II, p. 508) est mandé à la Chambre de ville « pour faire mistere joyeux a la venue du Roy » (Louis XII). Il ne s'agit ici probablement que d'une représentation mimée [1].

1502. — AMIENS.

Vingt-deux sols six deniers sont donnés « a six compaignons et une fille pour avoir joué aulcuns esbatemens devant Messieurs » (les échevins) [2].

1503. — PARIS.

Représentations satiriques à l'occasion de l'entrée solennelle de la Reine Anne de Bretagne à Paris. La même année, la Reine avait fait disgrâcier François de Rohan, maréchal de Gié. On raconta dans une sottie : qu'un *maréchal* avait voulu ferrer une *Anne*, mais qu'il en avait reçu un tel coup de pied qu'il avait été jeté hors de la *cour* jusque dans le *Verger* (nom d'un domaine, situé en Anjou, où le maréchal avait été exilé). Cette audacieuse satire fut jouée dans plusieurs collèges [3].

1504. — LAVAL. *L'Enfant prodigue.*

« Au moys de juillet de ce present an, fut joué au cloais-

---

1. Délibérations de la Chambre de Ville de Dijon. Extraits communiqués par M. Garnier, archiviste.
2. Georges Lecocq, *Histoire du théâtre en Picardie, depuis son origine jusqu'à la fin du XVIe siècle*, Paris, H. Menu, 1880, in-8°, p. 139. M. Lecocq cite un nombre immense d'indications vagues relatives à des représentations comiques. Nous n'avons pas cru devoir les reproduire toutes. Celle-ci est curieuse à cause de la présence d'une femme parmi les acteurs.
3. Voy. Brantôme, *Vie de la Reine Anne*. — *Chroniques de Jean d'Auton*, t. III, p. 76, 96 et 113. — D'Argentré, *Histoire de Bretagne*, p. 1031. — Le Roux de Lincy, *Vie de la Reine Anne*, Paris, 1860, t. I, p. 208-212 — et nos *Comédiens en France*, p. 110.

tre de saint Dominique le mistere du *Prodigue*... » (c'est-à-dire de l'Enfant prodigue). La pièce était à 12 personnages et comprenait quinze cents vers [1]. Voir au Catalogue des Moralités : *L'Enfant prodigue*, p. 57.

1506. — BÉTHUNE. *La Fortune du Roi de Castille.*

Plusieurs habitants de cette ville reçoivent des deniers communs « trois cannes de vin d'Auxerre » pour avoir joué « devant la halle ung jus de la Fortune que olt le Roy de Castille et la royne sur la mer »[2]. Voir aux *Pièces comiques perdues*, ci-dessus, p. 312.

1506. — GENÈVE.

Des « joueurs d'histoire » (*lusores historiæ*) ayant eu l'audace de nommer quelques bourgeois sur leur théâtre, furent condamnés à demander pardon à la justice et à ceux qu'ils avaient nommés [3].

1506. — ROUEN.

Représentation de farces à Houville-lez-Rouen [4]. Un ecclésiastique « compose et fait jouer publiquement une farce contre un sieur Robert Charpentier ». Charpentier se venge en faisant jouer contre le prêtre une autre farce « dans laquelle il disoit beaucoup de choses deshonnestes ». L'officialité condamna le prêtre à 40 sous d'amende et 8 jours de prison. Charpentier en fut quitte pour 30 sous d'amende.

1. *Chronique rimée de Guillaume Le Doyen, Bibliothèque de l'École des Chartes,* série C, t. III, p. 389.
2. *Documents inédits* publiés par Champollion-Figeac, t. IV, p. 326.
3. Grenus, *Fragments historiques sur Genève*, 1818, in-8°.
4. Gosselin, *Histoire du théâtre à Rouen*, Rouen, 1868, in-8°, p. 34.

1507. — LAVAL. *L'Innocent.*

Représentation de « l'Ignoscent » (probablement une moralité) à Laval, par les soins de Guillaume Ledoyen, notaire [1]. Sur cet auteur-acteur-amateur passionné pour le théâtre, voyez nos *Mystères*, I, p. 328.

Le baron James de Rothschild (*Mistere du viel Testament*, II, p. II) croit que l'*Innocent* désigne Isaac ; parce que l'on joua avant cette pièce, le *Sacrifice d'Abraham.* Les vers de Le Doyen semblent bien désigner deux pièces distinctes :

> ...D'Abraham le Sacrifice
> Fut joué, qui fut moult propice,
> Sur le grand pavé de Laval,
> Par le clergé de Saint Thugal ;
> Aussi fut joué l'Ignoscent
> Celluy an, qui est moult decent.

1507. — LE MANS.

Philippe de Luxembourg, évêque du Mans, ayant, en 1507, résigné son évêché à son neveu, François de Luxembourg, donne (le 2 mai) un grand banquet, suivi d'une « farce moralisée de pastoureaux » [2].

1507. — ORLÉANS. *L'Homme pécheur.*

Le 18 mai représentation d'une moralité : *L'Homme pécheur.* « Il fut payé XXXVIII sous par Aignan Levassor, receveur des deniers communs, a Jehan Guillaume, charpentier, pour faire selles, marche-pieds, entrées, galleries des echaffaux des echevins, et faire la closture des deux costés aux

---

1. *Chronique rimée de Guillaume Le Doyen*, Laval, Godbert, 1859, in-8°, et *Bibliothèque de l'École des Chartes*, série C, t. III, p. 389.
2. D. Piolin, *Mystères représentés dans le Maine*, Angers, 1858, in-8° (p. 37).

dits echaffaux, pour voir jouer les mysteres de l'Homme Pecheur. » (L'Homme pécheur est une moralité.)

« Item cvii livres vi sous iii deniers, pour des collations que firent messieurs les eschevins a l'hostel de ville, avec plusieurs bourgeois estant avec eulx aux chaffaux, voir jouer les mysteres de l'Homme Pecheur, a diverses et plusieurs fois, au dit ostel ou ils conversent [1]. »

1507. — Paris, Rouen, Grenoble.

Durant un voyage du Duc de Calabre (depuis le duc Antoine de Lorraine) à Paris, un présent fut fait par son ordre « aux écôliers du collège de Coqueret et du Plessis qui sont venus jouer une farce devant Monseigneur, au lieu de Paris » [2]. Les comptes de dépenses du même voyage font mention de diverses sommes payées aux Enfants-sans-Souci de Rouen, Paris et Grenoble qui avaient joué devant Monseigneur à son passage dans ces trois villes.

1508. — Paris. *Le Nouveau Monde.*

Représentation de la moralité du Nouveau-Monde, le 11 juin, sur la place Saint-Étienne, par des Écoliers de l'Université; voyez ci-dessus, page 87 (Catalogue des moralités), et nos *Comédiens en France au Moyen-Age*, page 297.

1509. — Béthune. *Le Roi de Gascogne.*

A l'occasion de la procession du Saint-Sacrement, « Sire Jean des Ewiers, prebstre », ayant, avec dix ou douze compagnons « auprès de la chapelle de Saint-Nicolas, joué un

---

1. Lottin, *Recherches sur Orléans,* t. I, p. 354.
2. Lepage, *Mémoires de la Société des Sciences, Lettres et Arts de Nancy,* 1848, p. 211.

grant jeu de personnaiges traitant d'une histoire romaine intitulée du roy de Gascoigne, et après le souper, representé une farse ou ilz olrent de la despence », ces joueurs reçurent de la ville une allocation de huit sous. La même année, plusieurs bourgeois jouèrent devant la halle « certain jeu et mistere par personnaiges traitant du fait de justice » et firent ensuite « jeus et esbatemens sur cars »[1].

1510. — BÉTHUNE.

Les mêmes joueurs nommés ci-dessus, année 1509, jouèrent le 6 janvier 1510, un beau jeu de la paix[2].

1511. — BÉTHUNE.

Anselot du Puch, Gilles du Taillich et autres « jueurs de moralitez et farces », jouent « une farce et joyeuseté devant la halle »[3].

1512. — BÉTHUNE.

L'abbé des Sots de Saint Vaast de Béthune avec ses compagnons, joue devant la halle « jeux de personnages »[4].

1512. — PARIS. *Le jeu du Prince des Sots, la Moralité de Peuple Français, Peuple Italique et l'Homme Obstiné, la Farce de Dire et Faire* (ou de Raoullet Ployart).

Sur cette célèbre représentation donnée aux Halles de

---

1. *Documents inédits*, publiés par Champollion-Figeac, t. IV, p. 324.
2. *Idem*, idem.
3. *Idem*, idem.
4. *Idem*, idem.

Paris, le 25 février 1512, par Gringore, pour exciter l'opinion populaire contre le pape Jules II, voyez ci-dessus, *Prince des Sots*, au Catalogue des Farces et Sotties ; et nos *Comédiens en France au Moyen-Age*, page 162.

### 1513. — LYON.

Attaqués ainsi sur la scène, les amis du pape se défendirent par les mêmes armes. Des Florentins, en résidence à Lyon, furent autorisés par les Echevins de cette ville à dresser des échafauds au puits de la Porcherie (sur l'emplacement actuel de la place Saint-Paul), pour y jouer « certains jeux et farces en faveur et à la louange du pape »[1].

### 1513. — NÎMES.

Le 25 octobre 1513, à l'entrée de Mgr Briçonnet, évêque de Nîmes, quatre enfants costumés, représentant la Foi, l'Espérance, la Charité et le Peuple, jouèrent devant le Prélat une *moralité*, qui probablement ne se composait que de quelques compliments allégoriques[2].

### 1514. — DRAGUIGNAN.

Aux joueurs de la moralité de Notre-Dame, la Ville accorde, le 21 juillet 1514, un florin et un « copo de vin » (*cupam vini*) valant neuf gros[3]. Cette moralité pouvait bien être un mystère. Toutefois l'on se souvient que nous avons une véritable moralité intitulée l'*Assomption de Notre-Dame*. (Voy. ci-dessus, page 35, et ci-dessous à l'année 1527.)

---

1. Brouchoud, *Les Origines du théâtre à Lyon*, p. 19.
2. Renseignement fourni par M. l'archiviste du Gard.
3. *Revue des Sociétés Savantes*, 6ᵉ série, t. III, mai-juin, 1876, p. 472.

1514. — Paris.

Le 11 octobre 1514, Louis XII, âgé déjà de cinquante-deux ans, épousa Marie d'Angleterre, sœur de Henri VIII ; elle avait dix-huit ans. Pour plaire à sa jeune épouse, il commença de vivre en jeune homme et en mondain. Le 1er janvier suivant, il mourut. Entre les deux dates, « ceux de la Basoche à Paris, disent les mémoires de Fleurange, disoient pour se jouer que le Roy d'Angleterre avoit envoyé une haquenée au Roy de France pour le porter bientost et plus doucement en enfer ou en paradis ». Le mot paraît tiré de quelque sottie perdue [1].

1515. — Béthune.

L'argentier de Béthune porte en compte quatre sous donnés « a aucuns jones enffans qui avoient joué jeux de personnaiges » [2]. Les jeux « sur cars » étaient surtout fréquents à Béthune ; comme ils n'intéressent qu'indirectement l'histoire du théâtre, nous ne mentionnons pas tous ceux dont les comptes de l'argentier de Béthune ont conservé la trace. Ce n'étaient guère que des pantomimes, mêlées seulement de quelques couplets : des personnages costumés et masqués parcouraient la ville sur des chars, en amusant les passants par une satire ambulante des vices et des ridicules contemporains.

1515. — Lyon.

Le Roi François Ier et la Reine Claude allaient faire leur entrée à Lyon. Un bourgeois de la ville, appelé Pierre Syrodes, dit Grenoble, s'avisa de faire dresser des tréteaux

---

1. Édition Buchon (*Panthéon littéraire*), p. 257.
2. *Documents inédits*, publiés par Champollion-Figeac, t. IV, p. 343.

devant sa maison, sur le passage des souverains et il se proposait d'y jouer « certaine ystoire ou il blamoit des membres du corps commun ». Les conseillers décidèrent qu'à eux seuls appartenait le droit de régler les divertissements publics à l'occasion des entrées royales, et ils portèrent leurs plaintes au sénéchal et au chancelier de France, lequel était venu à Lyon au devant de la cour. Le théâtre de Syrodes disparut, et les Echevins purent, sans inquiétude, conduire à travers les rues de la ville le cortège du Roi [1].

1515. — NEUFCHATEAU.

Maistre Jehan (Pontalais), dit Songecreux, ayant joué diverses moralités devant le Duc de Lorraine à Neufchâteau, reçoit pour lui « et ses complices » une gratification de 40 francs [2].

Voyez sur Pontalais, nos *Comédiens en France au Moyen-Age,* pages 168 à 180.

1515. — PARIS.

François Ier fit son entrée solennelle à Paris au commencement de 1515. Après le souper, qui lui fut offert à l'Hôtel-de-Ville, par le Prévôt des marchands et les Échevins « les Basochiens furent introduits, qui représentèrent une farce, et exécutèrent des danses dont le Roi fut très satisfait »[3]. Toutefois le deuil du défunt Roi Louis XII n'étant pas terminé, le Parlement ne permit pas que d'autres représentations eussent lieu à la suite de cette fête. On croit que c'est à cette occasion que l'Épître de Clément Marot en faveur de la Basoche, fut présentée au Roi (Voyez nos *Comédiens en France au Moyen-Age,* page 115).

1. Brouchoud, *Origines du théâtre à Lyon,* p. 19.
2. H. Lepage, *Le théâtre en Lorraine,* 1848, in-8°.
3. Parfait, *Histoire du théâtre français,* t. II, p. 106.

1515. — Paris.

Représentation donnée au mois d'avril, sur la place Maubert, d'une *sottie,* d'un *sermon joyeux,* d'une *moralité,* d'une *farce,* par Messire Cruche, prêtre ; ces pièces, remplies d'allusions très hardies au luxe des courtisans et aux amours de François I<sup>er</sup>, valurent à leur auteur une mésaventure cruelle. Il fut à demi-assommé par des gentilshommes de la cour que le Roi avait dépêchés [1].

1516. — Évreux.

« A Messire Jehan Guernel, prebstre, curé de Chambor, la somme de vii livres x sols tournois, à lui ordonnée estre paiée pour son sallaire et vacation d'avoir par huict jours, en cette ditte ville, besogné a fere dictés, et comedies pour l'entrée de Monseigneur (d'Alençon), que l'on disoit fere en cette ditte ville [2]. »

1516. — Paris.

Représentation donnée par des Basochiens et des Enfants-sans-souci, de sotties injurieuses contre l'honneur de la Reine-Mère. Les joueurs furent mis en prison. Ils se nommaient « Jacques le Basochien, Jehan Seroc et Maistre Jehan du Pontalez » ; ce dernier, célèbre acteur et auteur, qui rentra plus tard en grâce. Après trois mois de prison, très dure, ils réussirent à s'échapper et furent amnistiés à l'occasion de l'entrée de la Reine à Paris [3]. (Voyez nos *Comédiens en France au Moyen-Age,* p. 114.)

1. *Journal d'un bourgeois de Paris,* publié par M. Lalanne, pour la Société de l'Histoire de France, p. 13-14. Sur Messire Cruche, voir nos *Comédiens en France au Moyen Age,* p. 113.
2. Extrait des Archives de l'Hôtel-de-Ville d'Évreux, cité par Ed. Duméril, *Origines latines,* p. 73.
3. *Journal d'un bourgeois de Paris* publié par L. Lalanne, p. 44.

## 1516. — TOURS.

L'entrée de François I<sup>er</sup> à Tours (21 août 1516) fut célébrée par des représentations mimées, dont la relation fournit un curieux détail : entre autres spectacles, on figura « le personnaige de Bersabée » (Bethsabé) lequel fut tenu par « Thomyne, poissonniere, jeune fille demeurant en ceste dicte ville de Tours ». Nous ne savons si la jeune « poissonniere » en demeura un peu compromise ; mais trois mois plus tard, la ville de Tours lui alloua une indemnité « de dix livres tournoys.... pour ayder a marier ladite Thomine » [1].

## 1518. — MONTGERON (Seine-Inférieure).

Un ecclésiastique, nommé Alard Bunon, fut condamné par l'officialité à 24 sous d'amende, pour avoir, en jouant publiquement la comédie en présence du peuple, fait le rôle de *fol* et parlé irrévérencieusement des saints [2].

## 1518. — NANCY.

Par mandement donné à Lunéville, le 24 février 1518 :
« A Mère-Sotte (Gringore), vingt frans, pour despens qu'il a soustenuz en accoustremens pour jouer farces devant Monseigneur le Duc » [3]. (Voyez sur Gringore nos *Comédiens en France au Moyen-Age*, p. 166.)

## 1519. — BÉTHUNE.

A l'occasion du retour aux Pays-Bas, de Charles-Quint,

---

1. *Congrès scientifique de France*, t. I, p. 143, 15<sup>e</sup> session (Tours et Paris, 1848).
2. Gosselin, *Recherches sur l'histoire du théâtre à Rouen*, p. 34.
3. Lepage, *Recherches sur l'histoire du théâtre en Lorraine*, 1848, p. 232.

proclamé Roi des Romains, deux joueurs de Douai, « qui joeuerent joeux et farsses », reçurent huit sous de la ville de Béthune. Le fils de « Teste-de-Sot, clerc habitué de Saint-Betremieu », et ses trois compagnons, reçurent quatre sous, « pour pluisseurs farsses, joeux et esbattements ». Cinq autres joueurs reçurent seize sous pour avoir joué « pluisseurs joeus et moralitez »[1].

1519. — NANCY.

« Quatre vingtz francs a Songecreux (Pontalais) et a ses complices, que Monseigneur leur a ordonné, en consideration du passe temps qu'ilz luy ont donné, par vingt-quatre jours qu'ilz ont sejourné en ce lieu de Nancy, en jouant farces et autres choses. Appert par mandement donné a Nancy le 19° jour de decembre 1519[2]. » Sur Pontalais, voyez nos *Comédiens en France au Moyen-Age*, p. 167.

1520 (vers). — ALENÇON.

Vers cette date, il faudrait placer les représentations pieuses ou profanes que Marguerite de Valois-Angoulême, duchesse d'Alençon, donnait en son château d'Alençon, d'après une tradition locale, malheureusement assez vague[3]. On pense qu'elle y faisait jouer ses propres pièces, à mesure qu'elle les composait. Sur le théâtre de la sœur de François Ier, voyez ci-dessus pages 135 et 334, et nos *Mystères*, tome Ier, p. 334 et tome II, p. 620-625.

1. *Documents inédits* publiés par Champollion-Figeac, t. IV, p. 329 et 330.
2. Comptes du trésorier-général, cités par H. Lepage, *Études sur le théâtre en Lorraine*, 1848, p. 262.
3. Voy. *Mémoires de la Société des Antiquaires de Normandie*, 2e série, 3e vol. *Discours* du Directeur, M. de la Sicotière, sur Marguerite d'Angoulême (1843).

1521. — Paris.

Noël Béda, syndic de la Faculté de théologie, est bafoué dans une farce représentée au collège Du Plessis. (Voyez nos *Comédiens en France au Moyen-Age,* p. 302.)

1523 et 1524. — Genève.

Représentation de deux curieuses Sotties politiques jouées à Genève ; voir ci-dessus, pages 238 à 242.)

1523. — Rouen.

Dans un village de la Haute-Normandie, un ecclésiastique fut condamné à 40 sols d'amende pour s'être associé à des comédiens qui jouaient la *Fête des Valets,* le jour de la fête patronale [1].

1524. — Angers. *Le Franc Archer de Cherré.*

*Le Franc Archer de Cherré* fut probablement joué aux fêtes du Carnaval, à Angers, en 1524. (Voy. *Anciennes poésies françaises,* tome XIII, pp. 18-44. — Picot, *Nouveau Recueil de farces,* page XXII.)

En 1521, François I$^{er}$ avait essayé de rétablir les Francs-Archers et les quolibets pleuvaient à nouveau sur cette milice impopulaire. (Voir au Catalogue des monologues, *Franc (le) Archer de Cherré,* ci-dessus, page 270.)

1524. — Bar-le-Duc.

« A Songecreux (Pontalais) 20 escuz d'or au soleil que

---

[1]. Gosselin, *Recherches sur l'histoire du théâtre à Rouen,* p. 34. M. Gosselin désigne ce village du nom d'*Anvers,* que n'indique pas le *Dictionnaire des Postes.*

Monseigneur luy a ordonné pour le passe temps qu'il luy a fait; par mandement donné a Bar, le 20ᵉ jour de novembre 1524. »

Il y avait eu des fêtes magnifiques, à Bar, pour le baptême du prince Nicolas de Lorraine. Le chroniqueur loue ainsi l'agrément qu'y apporta Pontalais : « La feste estoit esjouye par Songecreux et ses enfants, *Mal-me-sert, Pou-d'Acquest,* et *Rien-ne-vault* qui, jour et nuit, jouoient farces vieilles et nouvelles, rebobelinées, et joyeuses a merveille ». (Voy. sur Pontalais nos *Comédiens en France au Moyen-Age,* pages 167 à 180.)

1524. — Saint-Omer. *Le débat de Guerre et de Paix.*

Il y eut théâtre ouvert et quasi permanent, de 1524 à 1537, dans l'abbaye de Saint-Bertin, à Saint-Omer. En 1524, l'économe paie « vi sols a plusieurs compaignons ayans jouwé devant Monseigneur (l'abbé) et aultres, le *Debat de la Guerre et de la Paix*[2] ». Voyez ci-dessus pages 92 et 335.

1524. — Cambrai.

« A ung nomé Beloni et ses compaignons jueurs sur cars, aians jué au devant le chambre, et ailleurs, en la cité, certain jeu de moralité, le jour sainte Scolastique dernier passé... xxx s.[3] »

1525. — Compiègne.

La ville donne huit sous à « no mere Sottye, Jehan Jen-

---

1. Comptes du Trésorier-Général, dans H. Lepage, *Études sur le théâtre en Lorraine,* 1848, p. 263.
2. Fleury, *Origines et développement de l'art théâtral dans la province de Reims,* Laon, 1881, in-8º.
3. Durieux, *Le théâtre à Cambrai,* Cambrai, Renaut, 1883, in-8º.

P. de J. — Répertoire. 24

nesson, et a son greffier, Jehan Bienvenu, en consideration des joyeulx esbatemens qu'ilz ont faict durant les gras jours [1] ».

1525. — SAINT-OMER. *Le jeu de la Paix.*

L'annonce de la défaite de Pavie fit renvoyer au lendemain le jeu que « aulcuns compaignons de Hesdin devoient jouer ce jour », en l'abbaye de Saint-Bertin. Le jour de la Quadragésime on joua le « jou de la Paix [2] ». Sur les jeux de Saint-Bertin, voy. ci-dessus, p. 369 (année 1524).

1526. — BÉTHUNE. *L'Homme Humain. — Le Jugement du Roi d'Aragon.*

Les « vicaires de Saint Betremieu » représentent, le dimanche de la Passion, une moralité intitulée : *L'Homme Humain*. Réunis à l'abbé de Sens-Legier, ils jouent plusieurs moralités et farces. La même année, les « Confrères de Saint-Jacques » jouent entre autres pièces, à Béthune, une moralité intitulée : *Le jugement du Roy d'Aragon* [3].

1526. — BORDEAUX.

Le 9 avril 1526, François Ier, délivré de prison, fit son entrée solennelle à Bordeaux ; sur la place de l'Ombrière, on joua devant lui une moralité, où des jeunes filles représentaient les Vertus théologales ; un des acteurs figurait le Roi en personne, probablement couronné par les mains de la Foi, de l'Espérance et de la Charité. Cette représen-

---

1. H. de l'Épinois, *Notes extraites des Archives de Compiègne* (Bibliothèque de l'École des Chartes, 5º série, t. V, p. 146.
2. Fleury, *Origines*, etc., *de l'art théâtral à Reims*, Laon, 1881, in-8º.
3. *Documents inédits*, par Champollion-Figeac, t. IV, p. 325-326.

tation paraît n'avoir été qu'une sorte de moralité mimée[1].

1526. — CAMBRAI.

« Aux joueurs sur cars de la compaignie de Plaisance en Cambray, pour, le jour du xx⁰, avoir joué jus et farces et joieusetez pour recreation du peuple, a esté donné pour ceste fois et sans l'attribuer a usance, xx s.[2] »

La société joyeuse, connue sous le nom d'Abbaye de Plaisance, prodiguait aux habitants de Cambrai les divertissements publics[3].

Entre un très grand nombre de mentions analogues, figurant sur les comptes de la ville de Cambrai, nous choisissons celles où se rencontrent les mots de *farce* ou de *moralité*; nous supposons, sans l'affirmer, que les autres mentions désignent des jeux ou des spectacles qui n'étaient pas précisément dramatiques.

1526. — LILLE. *Le Franc archer de Bagnolet.*

Le 5 août, représentation du « Franc Archier Pernet », qui n'est autre que le Franc Archer de Bagnolet[4]. Sur cette pièce, voyez ci-dessus, page 268.

1526. — NANCY. *Mundus, Caro, Dœmonia.*

Des « compagnons de Nancy » jouent devant le Duc la moralité intitulée : *Mundus Caro Dœmonia*[5]. (Voy. ci-dessus p. 85.)

---

1. E. Gaullieur, *Histoire du Collège de Guyenne*, 1874, grand in-8°, p. 20.
2. Durieux, *Le théâtre à Cambrai*, Cambrai, Renaut, 1883, in-8°.
3. Sur les sociétés joyeuses de Cambrai, voyez nos *Comédiens en France au Moyen-Age*, p. 236.
4. La Fons de Mélicocq, *Archives du Nord de la France*, 3ᵉ série, t. VI, p. 26.
5. Voy. H. Lepage, *Annuaire de Meurthe-et-Moselle pour 1881*, p. 14.

1526. — Paris.

Le 16 juin 1526, la Cour de Parlement ordonne « une somme de 60 livres aux Bazochiens pour leurs jeux et sottises en faveur du retour de François I[er][1] ». Sur les représentations de la Basoche, voy. nos *Comédiens en France au Moyen-Age,* page 112.

1527. — Abbeville.

Pour l'entrée de Wolsey, cardinal d'York, légat d'Angleterre, l'échevinage avait projeté de faire débiter « ung moral et chanson » devant S. E.; mais on se contenta d'élever quatre échafauds où figurèrent des tableaux vivants selon l'usage ordinaire des entrées princières. Il fut enjoint à tous les habitants de faire bon visage aux Anglais, sous peine de prison et d'amende [2].

1527. — Dieppe. *L'Assomption de Notre Dame.*

La « moralité très excellente a l'honneur de la glorieuse assomption Nostre Dame..... composée par Jan Parmentier, bourgeois de la ville de Dieppe », fut « jouée au dit lieu, le jour du Puy de ladicte assumption, l'an de grace mil cinq cens vingt et sept ». Voyez au *Catalogue des Moralités,* ci-dessus, page 35, et sur les représentations des Puys, nos *Comédiens en France au Moyen-Age,* pages 42-54.

1527. — Laval. *Les Sept Rôles.*

On joua « les sept rolles » à la Morigniere près de La-

---

1. Parfait, *Histoire du Théâtre Français,* t. II, p. 109.
2. Communication de M. Ledieu au *Comité des Travaux Historiques,* séance du 7 juillet 1884.

val [1], en septembre 1527, durant les Quatre-Temps. Guillaume Ledoyen (voyez, ci-dessus, 1507, Laval; et nos *Mystères,* I, 328), déjà vieux à cette époque (il écrivait depuis quarante-sept ans son *Journal* rimé), tint son rôle dans cette pièce et joua « l'Homme ». Ce titre abstrait semble indiquer que les « sept rolles » étaient une moralité.

> Je jouai l'*Homme* a mon possible,
> Combien qu'a moy ne fust duysible.

### 1527. — SAINT-OMER.

On joua cette année-là « une farse devant Monseigneur » (l'abbé), en l'abbaye de Saint-Bertin. Voir, ci-dessus, année 1524.

### 1528. — CAMBRAI.

« Aux compaignons jueurs de l'espee et du baston pour, le jour du xxe, avoir jué sur un chariot ung jeu de farce et de joieuse recreation, xx s. [2]. » Voyez ci-dessus année 1526.

### 1529. — MONTDIDIER.

A la suite du traité de Cambrai, la ville accorde une gratification à Jacques Platel, Jacques Harlé et autres qui jouèrent, le 18 juin, plusieurs moralités et farces pour récréer le peuple [3].

### 1529. — MONTÉLIMAR. *Les Enfants Perdus.*

Le 1er avril, la ville donne deux écus à « aucuns habitans

---

1. *Chronique rimée de Guillaume Le Doyen,* Laval, Godbert, 1859, et *Bibliothèque de l'École des Chartes,* 3e série, t. III, p. 390.
2. Durieux, *Le théâtre à Cambrai,* Cambrai, Renaut, 1883, in-8°.
3. G. Lecocq, *Histoire du théâtre en Picardie,* p. 141.

vollans joyer l'istoyre des *Enfans perdus* a ces Pasques, pour leur eschaffaus ou feyntes dudit jeu » [1].

1529. — MONTPELLIER. *La Résurrection de l'Abbé*.

« La Résurrection de l'abbé », moralité de circonstance, écrite *ydiomate communi* (en français ? en languedocien ?) fut représentée par les étudiants de Montpellier [2], en 1529. Sans doute on y célébrait le réveil de quelque abbé d'abbaye joyeuse, analogue à celle des Connards, qui, après un long silence, reprenait bruyamment ses jeux. (Sur les représentations scolaires de Montpellier, voyez nos *Comédiens en France au Moyen-Age*, p. 306.)

1529. — SAINT-OMER.

On paie « VIII sols au maistre de la grant escole aiant jouwé ung jou en latin » devant Monseigneur (l'Abbé), Autre « jou devant Monseigneur » à la Saint-Nicolas. (Sur ces représentations de Saint-Omer, voir ci-dessus année 1524 [3].)

1530. — BAYONNE.

A l'occasion de l'entrée de la Reine Eléonore, ordre de remboursement (daté du 3 juillet) de 50 livres tournois « a maistre Françoys Bourot, secretaire de M. le Cardinal de Tournon, pour son remboursement de l'achapt et facon des habillements de taffetas faicts pour le jeu d'une bergerie, jouée hersoir en cette ville (Bayonne) pour la bonne venue de la Royne (Eléonore). — « Parmy les rues,

---

1. Inventaire sommaire des Archives communales de Montélimar, BB 27. Communication de M. Lacroix, archiviste de la Drôme.
2. Germain, *La Renaissance à Montpellier*, 1871, p. 57. (*Bulletin de la Société Archéologique de Montpellier.*)
3. Fleury, *Origines*, etc., *de l'art théâtral à Reims*, 1881, in-8°.

dit le Bourgeois de Paris, on joua comedies, farces et fainctes [1]. »

1530. — Laval. *Les Peines d'Enfer.*

On joua à Andouillé, près de Laval, « les Peines d'Enfer », peut-être un mystère, peut-être une moralité [2].

1530. — Le Puy.

Pour le retour des Enfants de France on fit une grande procession au Puy, avec « bande de chantres, joueurs d'instrumens, joueurs de farces et plaisans dictons ». Le 1er août, on construisit un échafaud, portant « histoire de la vertu de justice ». Le même jour, « les joueurs qui estoient marchans de ladite ville, jouarent une bergerie moralisée, faicte au propos, tout recentement, qui fut fort joieuse, bien jouée et briefve. Messeigneurs les notaires de ladite ville joarent une autre facetie de ladite paix fort bonne et briefve. Et icelle jouée, autres marchans de ladite ville en jouarent encore une aultre, qui, pareillement fut aussi fort bonne, briefve et bien jouée, qui fut la derniere [3] ».

1530. — Montpellier. *La Femme muette.*

Le 17 septembre 1530, François Rabelais payait un écu d'or pour son immatriculation sur les registres de la Faculté de médecine de Montpellier. On peut placer vers le

---

1. *Lettres de Marguerite d'Angoulême*, édit. Génin, p. 448, *pièces justificatives*, n° VII. — *Journal d'un bourgeois de Paris*, publié par L. Lalanne, p. 414.
2. *Chronique rimée de Guillaume Le Doyen*, et *Bibliothèque de l'École des Chartes*, 3e série, t. III, p. 390.
3. *Le livre de Podio ou Chronique d'Étienne Médicis*, Le Puy-en-Velay, 1874, in-4°, p. 318-332.

même temps la représentation de la farce perdue *la femme mute,* jouée par lui et ses camarades. Sur cette représentation, voyez ci-dessus, page 302, et dans nos *Comédiens en France au Moyen-Age,* page 307.

1530. — Paris.

Il y eut probablement des représentations *parlées,* différentes des pantomimes, dans les fêtes célébrées à Paris, pour l'entrée de la Reine Eléonore ; Marot s'adresse ainsi à cette princesse :

> Là *(à Paris)* et ailleurs, desja on t'appareille
> Mysteres, jeux, beaux parements de rues,
> Sur le pavé fleurs espesses et drues ;
> Par les quantons, theatres, colisees... [1].

Maître Jean du Pont-Alais eut grande part dans les fêtes et les spectacles par lesquels on célébra l'entrée de la Reine à Paris. On lui commanda « farces et moralitez les plus esquises, pour resjouir le Roy et la Royne » ; on lui avait associé « Maistre André, Italien » pour la mise en scène et les machines. (Voy. nos *Comédiens en France au Moyen-Age,* page 173.)

1530. — Rouen. *Les Blasphémateurs.*

Des amateurs avaient organisé au *jeu de paume de Saint-Antoine,* à Sotteville, une sorte de théâtre, où l'on sait qu'un mystère fut joué (*la Vie de Judas,* fragment de la Passion). M. Gosselin suppose (mais sans preuves bien solides) que la moralité des Blasphémateurs dut y être aussi représentée. Sur cette moralité, voyez ci-dessus page 41 [2].

---

1. Marot, *Œuvres,* édit. Jannet, t. I, p. 167.
2. Gosselin, *Histoire du théâtre à Rouen,* 1868, in-8º, p. 38. — Lormier, *Revue de Normandie,* 1862, p. 86.

1530. — Saint-Omer. *Le Chevalier errant*.

Le « Jœu de chevalier errant » fut représenté, cette année-là, devant Monseigneur l'abbé de Saint-Bertin. (Voir ci-dessus année 1524[1].)

1531. — Abbeville.

Pour l'entrée de la Reine Eléonore, on joua des pièces mimées, relevées de quelques couplets. Le *Seigneur souverain*, la *Reine*, *Abbeville*, échangeaient sur le théâtre de forts gracieux compliments :
Le premier disait :

> Abbeville beaucoup famée,
> Et de nous grandement amée,
> Toute prompte a gendarmerie,
> Donne grands coups d'artillerie.

La Reine félicitait Abbeville :

> Si ne m'aimiez de corps et d'ame
> Vous n'eussiez fait tels appareulx.
> Vos mysteres, qui n'ont pareulx,
> Me plaisent fort et me recreent.

Abbeville expliquait les allégories exposées sur les échafauds, et le Seigneur souverain lui témoignait sa satisfaction :

> Nous sommes de vous très contens,
> Abbeville, je vous afferme[2].

1531. — Béthune.

« Les voisins de la Rue aux Fers » font « une remonstrance, et jouent l'histoire par personnaiges avec une farse pour l'honneur du jour (la fête du Saint-Sacrement) et re-

---

1. Fleury, *Origines*, etc., *de l'art théâtral à Reims*, 1881, in-8º.
2. Louandre, *Histoire d'Abbeville*, t. I, p. 323.

creer le peuple »[1]. Les « remontrances » de Béthune étaient des tableaux vivants.

1531. — COMPIÈGNE.

La ville alloue 16 sous à Jehan Bienvenu « Mere Sotte » et à ses compagnons « pour subvenir aux fraictz de leurs jeuz, moralitez, farces et esbatemens joyeulx et recreatifs, qu'ilz ont faictz et demonstrez ceste annee ainsy qu'il est accoustumé de longtemps audit Compiegne »[2].

1532. — BÉTHUNE. *L'Enfant Prodigue*.

En 1532, « aulcuns joueurs » y représentèrent, le dimanche avant la mi-carême, la moralité de l'Enfant prodigue. La même année « aulcuns joueurs font auprès de la chapelle Saint-Nicolas une belle remonstrance a l'heure que le Saint-Sacrement passoit », et après les vêpres, « la jouent par personnaiges avec une farce joïeuse »[3].

1532. — NANCY.

Quarante francs furent payés à six compagnons joueurs de farces « en consideration de quelque passe temps qu'ils ont fait a Monseigneur ». Quarante-deux francs « a Dom Pedro Courtisse de Barbarie pour quelque passe temps qu'il a fait a Monseigneur »[4].

1532. — PARIS.

Le sieur Rousseau « Empereur de Galilée », obtient du

1. *Documents inédits*, par Champollion-Figeac, t. IV, p. 325.
2. H. de l'Épinois, *Bibliothèque de l'École des Chartes*, série E, t. V, p. 146.
3. *Documents inédits*, par Champollion-Figeac, t. IV, p. 325, 327.
4. Comptes du Trésorier-général de Lorraine dans H. Lepage, *Etudes sur le théâtre en Lorraine*, 1848, in-8°.

Roi François Ier, 25 l. p. pour danses, morisques, momme-
ries et autres triomphes que le Roi veut et entend estre
faits par les clercs de Galilée, pour l'honneur et recreation
de la Reine ». Cette représentation paraît avoir été toute
en pantomimes. Sur les *Clercs de Galilée,* voy. nos *Comédiens en France au Moyen-Age,* page 91.

1533. — LE PUY.

Les *moralités mimées* ne tenaient pas une moindre place
que les *mystères mimés* dans les fêtes célébrées à l'occasion
d'une entrée royale ou princière. Nous n'avons pas cru
nécessaire de réunir les textes trop nombreux et trop longs
qui nous décrivent des solennités de ce genre. Un exemple
pris au hasard donne l'idée de cent autres solennités analogues [1].

A son entrée au Puy, le 18 juillet 1533, François Ier put
contempler sur divers échafauds « les sept Arts liberalles »
représentées « par de jeunes dames toutes accoutrées de
fin taffetas de diverses couleurs, a façons antiques et
estranges » ; puis Minerve, Honneur, Vertu, Foi, Justice,
Jérémie, Volonté-Divine, trois Juifs, un Soudard, un Roi
de France, Bonne-Inspiration, Bon-Vouloir, *Dame-Répu-
blique,* « *habillée de damas cramoisin* », Humilité, Amour,
Fidélité. Mais le plus grand attrait de cette entrée royale
fut sans doute la présence de maître Jean de Pont-Alais
qui ne dut pas manquer à jouer quelques farces de son répertoire. Sur ce célèbre acteur, voyez nos *Comédiens en
France au Moyen-Age,* pages 167 à 180.

1533. — PARIS.

C'est, croit-on, en 1533, que Marguerite de Navarre,

---

[1]. *Le livre de Podio ou Chronique d'Estienne Médicis,* édition Chas-
saing, le Puy, 1874 (p. 350).

sœur de François Ier, fut jouée publiquement au collège de Navarre, sous les traits d'une furie qui, la torche à la main, incendiait tout le royaume. Mais Béda fut l'instigateur de ce scandale; et Béda était principal du collège de Montaigu. Th. de Bèze, qui rapporte ce fait, aurait-il désigné à tort Navarre pour Montaigu? (Voy. Th. de Bèze, *Hist. Ecclés.*, l. I). Le collège de Navarre passait, d'ailleurs, pour favorable aux novateurs; Montaigu, pour très hostile. Béda fut arrêté peu après (1535) et déporté au Mont-Saint-Michel. Voy. sur ces événements nos *Comédiens en France au Moyen-Age,* page 302.

1534. — BORDEAUX.

En 1534, les barbiers de Bordeaux voulurent disputer aux Basochiens le monopole que ceux-ci prétendaient avoir pour les représentations du genre comique ; un comédien ambulant, inconnu dans la ville et qui se faisait nommer « Mère d'Enfance » excitait vivement les barbiers et cherchait sans doute à recruter parmi eux une troupe d'acteurs pour faire concurrence aux Basochiens. En attendant, il voulait faire insulte à leur Roi, nommé Levrault, en portant, par les rues de la ville, un levraut écorché. Le Parlement s'émut et par arrêt, fit défense aux barbiers de sortir en troupes et d'injurier la Basoche « sous peine de la hart ». En compensation, il était permis aux barbiers de s'en aller danser par les carrefours, mais au nombre de dix au plus et sans armes ; surtout « sans medire d'aucun par libelle ne autrement » [1].

1534. — NANCY.

Par deux mandements donnés à Nancy, le 26 février

---

1. *Actes de l'Académie nationale des Sciences, Belles-Lettres et Arts de Bordeaux,* 3e série, 43e année, 1881, p. 403.

1534, une première somme de 20 francs est délivrée à Vaudemont (Gringore) et une seconde de 12 francs « a cinq compaignons joueurs de farces, qui ont donné recreation a Monseigneur le Duc »[1].

## 1534. — Saint-Omer.

Aux « Karesmeaux » (jours gras), l'Econome de Saint-Bertin mentionne « six jours de jœux devant Monseigneur » (l'abbé). Voir ci-dessus, année 1524[2].

## 1535. — Saint-Omer.

Aux Rois, on joue « ung moral ». Aux Innocents, « plusieurs compaignons jouent morals et farces devant Monseigneur (l'abbé) et le couvent plusieurs fois. » Voir ci-dessus année 1524[3].

## 1536. — Nancy.

Trente francs sont alloués « aux compagnons joueurs de farces, qui ont baillé recreation a Monseigneur (le Duc), par dix ou douze jours ». L'année suivante, des farces furent encore jouées, au château de Nancy, dans la salle de *parement* (parade)[4].

## 1536. — Saint-Omer.

L'Évêque des Innocents de Saint-Omer chante devant Monseigneur (l'abbé de Saint-Bertin) et reçoit quatorze sous. Voir ci-dessus année 1524[5].

1. Voy. Lepage, *Études sur le théâtre en Lorraine*, 1848, in-8°.
2. Fleury, *Origines*, etc., *de l'art théâtral à Reims*, 1881, in-8°.
3. *Idem*, idem.
4. Comptes du trésorier, dans H. Lepage, *Études sur le théâtre en Lorraine* (p. 268), 1848, in-8°.
5. Fleury, *Origines*, etc., *de l'art théâtral à Reims*, 1881, in-8°.

1537. — NANCY.

En 1537, il y eut, outre le mystère de sainte Barbe, joué à Saint-Nicolas-de-Port, un autre mystère représenté à Nancy, durant les fêtes de la Pentecôte; et des farces jouées devant la Duchesse de Lorraine, par une troupe d'Enfants-sans-souci, qu'on désigne sous le nom de *Vertz-Vestus* [1].

1537. — SAINT-OMER.

On donne six sous aux « frecqz poissonniers », pour un jeu, représenté à l'abbaye de Saint-Bertin. Voir ci-dessus année 1524 [2].

1538. — BÉTHUNE.

L'argentier de Béthune porte en compte 48 sous pour vin de Beaune donné à certains « joueurs sur cars pour les joyeusetés du gras dimanche, faites devant l'hostel de ville » [3].

1538. — CADILLAC-SUR-GARONNE. *L'Enfant prodigue.*

Par ordre des Jurats, il fut donné « aux escolliers, pour leur vin, pour avoir joué une farse devant la maison de ville, 6 sols 3 deniers » [4]. A une date qui n'est pas fixée, les compagnons de Rions qui étaient venus faire, au même lieu, leur « monstre de l'Enfant prodigue » pour leurs frais de « pain, vin, carbonades, muguettes, œufs et lard, » reçurent 37 sols tournois.

1. Lepage, *Études sur le théâtre en Lorraine* (p. 268), 1848, in-8°.
2. Fleury, *Origines*, etc., *de l'art théâtral à Reims*, 1881, in-8°.
3. *Documents inédits*, publiés par Champollion-Figeac, t. IV, p. 327.
4. *Actes de l'Académie des Sciences, Arts et Belles-Lettres de Bordeaux*, 3ᵉ série, 43ᵉ année, p. 402.

1538. — CAMBRAI.

A Claude Le Mausnier ayant ce jour (de sainte Scolastique), « preschié sur un tonneau en recreant le peuple, luy a esté payé par l'ordonnance de Messrs, x s. [1]. » Curieux exemple d'un « sermon joyeux » subventionné par une municipalité. Sur les « sermons joyeux », voyez nos *Comédiens en France au Moyen-Age,* page 33.

1538. — PARIS.

« A mestre Jehan de l'Espine de Pontalletz, dit Songecreux, qui a par cy devant suyvy ledit seigneur (Roi), avec sa bande et joué plusieurs farces devant luy pour son plaisir et recreation, en don, 225 livres tournois. »

« A Pierre de la Oultre, maistre compositeur et joueur de farces et moralitez, en don tant pour luy que pour aultres, ses compagnons qui ont joué plusieurs fois devant ledit seigneur (Roy), cxii livres x sols » [2]. Sur Pontalais, voyez nos *Comédiens en France au Moyen-Age,* page 167.

1538. — VILLERS-COTTERETS.

« A six joueurs de farces et moralitez en don et faveur des plaisirs, recreations et passe-temps qu'ilz ont fait audit seigneur (Roy) a jouer nouvelles farces et comedies de matieres joyeuses, durant le sejour qu'il a faict a Villiers Coteretz, xx escus-sol [3].

1539. — LIMOGES. *L'Enfant prodigue.*

Claude Cheyron, libraire, obtient du chapitre de Saint-

---

1. Durieux, *Le théâtre à Cambrai,* Cambrai, Renaut, 1883, in-8°.
2. *Les comptes des Bastimens du Roi,* par L. de Laborde, Paris, Baude, 1880, t. II, p. 270-272.
3. *Id.,* id., p. 254.

Martial l'autorisation de faire jouer la moralité de l'*Enfant prodigue,* à condition qu'il ne s'ensuive aucun scandale [1].

1539. — Noyon. *La Béguine.*

Une décision du chapitre de l'église de Noyon défend de représenter, dans l'église, par crainte du scandale, le « mystère de la Béguine », qui, d'après le titre, était peut-être une moralité [2].

1540. — Compiègne.

Jehan Jennesson, Mère Sotte, et ses « enffançons, *sotz, sottelettes et sotteletz,* » reçoivent vingt sous des échevins pour aider aux frais de « plusieurs belles moralités et farces joyeuses » [3] qu'ils ont représentées par la ville « pour rejouir le peuple ».

1540. — Issoudun.

Vers cette époque, un basochien de Paris, natif d'Issoudun, François Habert [4], retiré dans sa ville natale, s'étant avisé, de concert avec un greffier, nommé Jean Le Brun, d'introduire à Issoudun, les jeux de la Basoche, leurs pièces parurent trop vivement satiriques et dangereuses pour l'ordre public. Ils furent mis en prison et François Habert, renonçant au métier périlleux d'auteur comique, se contenta de rimer les poésies amoureuses et plaintives qu'il signait d'un pseudonyme prétentieux dont Du Bellay

1. Registres capitulaires de S. Martial, f° 31, r°. Communication de M. L. Guibert, de Limoges.
2. *Bibliothèque de l'École des Chartes,* 6° série, t. III, p. 246, en note.
3. H. de l'Épinois, *Notes extraites des archives de Compiègne (Bibliothèque de l'Ecole des Chartes,* 5° série, t. V.)
4. Vers 1540. Il était né au plus tôt en 1508, au plus tard en 1520.

s'est moqué[1] : *Le Banny de Liesse.* Plus tard, il fit fortune et fut pensionné par Henri II.

### 1541. — Draguignan.

Le 11 juin, la ville alloue à Pons Cavalleri et autres, cinq florins, pour les frais d'une moralité qu'ils proposent de jouer le jeudi suivant, jour du Saint-Sacrement[2], sur le Cros (place publique de la ville).

### 1541. — Lyon. *Lyon marchant.*

Représentation au collège de la Trinité, de « *Lyon marchant,* satyre françoise » de Barthélemy Aneau, principal du collège. Voir au *Catalogue des moralités,* ci-dessus, page 44.

### 1541. — Rouen. *L'Église, Noblesse et Pauvreté qui font la lessive.*

Quoique cette liste ne renferme pas la mention des innombrables *montres* célébrées périodiquement par les Confréries joyeuses, nous croyons devoir ici rappeler que la moralité de « l'Église, Noblesse et Pauvreté qui font la lessive », traduite en tableau vivant et muet, sauf quelques couplets chantés ou peut-être exhibés sur écriteau par les figurants, fit partie des divertissements publics de l'abbaye des Connards à Rouen, le dimanche gras de l'année 1541[3]. Il s'en suivit un procès et l'arrestation de l'*abbé* (Guillaume Lejeune) et de douze *Connards*. Le Parlement les

---

1. Dans la *Défense et Illustration de la langue française.*
2. Registre des ordonnances du conseil communal de Draguignan, BB 11, f° 239, et comptes trésoraires CC 72, f° 31, v° (*Revue des Sociétés Savantes,* 6° série, t. III, p. 465, mai-juin, 1876.)
3. Voy. *Triomphe de l'Abbaye des Cornards,* réimprimé par Marc de Montifaud, Paris, Jouaust, 1874, in-16.

fit relâcher presque aussitôt. (Sur cette moralité, voyez ci-dessus p. 55 et nos *Comédiens en France au Moyen-Age*, page 250.)

1545. — BORDEAUX.

Représentations scolaires au collège de Guyenne, à Bordeaux. Montaigne y tint son rôle dès l'âge de douze ans (il était né en 1533) « avant l'aage, dit-il,

*Alter ab undecimo tum me vix ceperat annus.*

« J'ay soustenu les premiers personnages es tragedies latines de Bucanan, de Guerente et de Muret, qui se representerent en nostre college de Guienne, avec dignité ; en cela Andreas Goveanus, nostre principal, comme en toutes les autres parties de sa charge, fut, sans comparaison, le plus grand principal de France ; et m'en tenoit on maistre ouvrier. » Ces exercices scolaires en latin n'intéressent qu'indirectement l'histoire du théâtre français, mais le nom de Montaigne méritait qu'on rappelât ici ce souvenir curieux, consigné dans les *Essais* (I, 25).

En 1545, un arrêt du Parlement de Bordeaux, rendu le 15 janvier 1545, interdit au Roy de la Basoche, Jehan de Pachâbelier de jouer « certaines farces dans les maisons particulieres »[1]. La Basoche de Bordeaux était en hostilité ouverte avec les écoliers. Voyez nos *Comédiens en France au Moyen-Age*, p. 133.

1546. — BÉTHUNE. *L'Annonciation.*

Le régent maître de l'école de l'église Saint-Betremieu ayant fait jouer, par ses élèves, une moralité « faisant mention de l'Annonciation de la Vierge Marie », reçoit de la ville quatre cannes de vin. Sire Michiel Gambon, régent et

---

1. *Actes de l'Académie de Bordeaux*, 1881, p. 406.

maître de la grande école de Saint-Vaast, ayant représenté « pour recreer le peuple et enseignier les josnes enffans ung ju moral avecq la farse joieuse » reçoit deux cannes de vin[1].

## 1546. — LAON.

Délibération des chanoines de la cathédrale de Laon, en date du 30 novembre 1546, « Messieurs ont ordonné, puisque, depuis quelque temps, la mode a cessé ou le maistre des escoliers, le jour de la Sainct Eloy, premier decembre, dans l'eslection de l'Evesque des Innocents, faisoit jouer par ses escoliers une comedie, pendant la messe, que doresnavant la messe ne seroit plus interrompue et que suivant l'usage, si les escoliers veulent faire un petit discours il seroit entendu avec plaisir »[2].

## 1547. — BÉTHUNE.

Le successeur de Michiel Gambon, nommé Jehan Malpar, fait jouer, le 25 mars, par ses écoliers, une moralité devant la Halle[3]. Voir ci-dessus, Béthune, 1546.

## 1547. — CAMBRAI.

« A Geirit Du Quesne et ses compagnons, jueurs sur cars de farces et aultrement, pour, au commandement de Messieurs et selon le volloire de Mons' Reverendissime, avoir esté au Chastel en Cambresis a la venue de Monseigneur le duc d'Aschot, sa femme et aultres princes, affin de leur baillier recreation et esbatements, en quoy faisant ils ont sejourné quatre jours, XVIII l. t.[4] »

---

1. *Documents inédits*, par Champollion-Figeac, t. IV, p. 328.
2. Ed. Fleury, *Cinquante ans de l'Histoire du chapitre de Laon*, 1875, in-8°.
3. *Documents inédits*, par Champollion-Figeac, t. IV, p. 328.
4. Durieux, *Le théâtre à Cambrai*, Cambrai, Renaut, 1883, in-8°.

1547. — Rouen. *L'Ane et l'Anon.*

Jacques Sireulde, huissier du Parlement, et *Connard*, fit jouer, en 1547, une comédie satirique intitulée : l'*Ane et l'Anon*, dirigée contre le conseiller Estienne L'Huillier [1].

Le Parlement le condamna à 50 livres d'amende, 100 livres de dommages-intérêts et un an de suspension. Voyez ci-dessus p. 295.

1548. — Béthune.

Pierre Tiretaine, régent de S. Waast, fait représenter dans cette ville, devant la Halle « moralité et farce » [2].

1548. — Paris. *Le Cry de la Basoche.*

Représentation de la farce du *Cry* de la Basoche, aux jours gras de 1548; c'est la seule pièce connue, qui ait appartenu d'une manière authentique au répertoire de la Basoche. Voyez Catalogue des Farces et Sotties (*La Basoche, les deux Suppôts, Monsieur Rien*), ci-dessus page 112.

1549. — Abbeville.

L'Argentier de la ville délivre « a maistre Charles Ducrocq, sire Nicolas Robert, et sire Nicolas Cache, prestres, la somme de xlvi sols tournois, pour leur aider a supporter les fraitz qu'ils ont mis en jouant ung moral subz un charriot, au parmi des rues de cette ville [3].

---

1. Gosselin, *Recherches sur l'histoire du théâtre à Rouen*, p. 50.
2. *Documents inédits*, par Champollion-Figeac, t. IV, p. 328.
3. Louandre, *Histoire d'Abbeville*, p. 316.

1549. — DRAGUIGNAN.

La ville alloue aux joueurs « qui joueront la moralité apres la procession, le jour prochain du Corps precieux de Jesu Crist, dix florins »[1].

1549. — VALENCE. *L'Homme, le Ciel, l'Esprit, la Terre, la Chair*.

Un dialogue moral à cinq personnages, sur la devise de M. le Révérendissime Cardinal de Tournon *Non quæ super terram*, fut joué à Valence, devant ce prélat, le dimanche après la mi-Carême de l'année 1549. Voyez sur cette pièce *Catalogue des moralités, l'Homme, le Ciel, l'Esprit, la Terre, la Chair*, ci-dessus, page 70. L'auteur était Guillaume des Autels, poète et grammairien ; mais plus grammairien que poète.

1550. — MONTREUIL-SUR-MER.

Vers le milieu du xvi⁰ siècle, les enfants de la grande école de cette ville jouaient, chaque année, « ung moral », en l'Echevinage, et recevaient en récompense quarante sous tournois[2].

1550. — ROUEN. *Les Veaux*.

Le manuscrit de la « farce des Veaux » (voyez ci-dessus page 252) porte qu'elle fut « jouée devant le Roy en son entrée a Rouen ». Ce Roi est probablement Henri II, qui fit une entrée solennelle à Rouen, avec Catherine de Médicis, en 1550. On a vu plus haut (p. 253), comment il

---

1. Registre des ordonnances, BB 12, f⁰ 87 v⁰ (*Revue des Sociétés Savantes*, 6⁰ série, t. III, p. 465, mai-juin 1876).
2. Louandre, *Histoire d'Abbeville*, p. 316.

désira voir les jeux des Connards, et ceux-ci « mectant tout a debvoir et obeissance se perforcerent par diverses sumptuosités d'accoustrements et montures, par traynee de chars de triomphe, par une infinité de flambeaux, par nouvelles inventions, subtilz dictums et plaisantes moralitez, donner entiere recreation au roi et a toute la suite de sa court. »

1554. — CAMBRAI.

« Donné aux enfans d'escole de Sainct Gery, ayans le jour vingtiesme joué des jeus en la chambre hault de Mess$^{rs}$... xx l. t. » (probab. s. t., *sous* tournois, et non *livres*) [1].

1555. — LIMOGES. *Honneur, Vertu, Limoges.*

Pour célébrer l'entrée du Roi et de la Reine de Navarre, on joua une « bergerie », hors des remparts; puis une moralité dans un carrefour de la ville. Personnages : *Honneur, Vertu, Limoges* et trois habitants [2].

1556. — BORDEAUX.

Un arrêt du Parlement, du mois d'avril 1556, fait défense « aux bateleurs, enfants sans souci, et autres joueurs de farces, de jouer aucune pièce concernant la foi chrétienne, la vénération des saints et les saintes institutions de l'Eglise » [3].

1556. — CAMBRAI.

« A ceulx de la compaignie et confrairie de monsieur Saint

---

1. Durieux, *Le théâtre à Cambrai*, Cambrai, Renaut, 1883, in-8°.
2. Leymarie, *Limousin historique*, t. II, p. 114-125.
3. *Actes de l'Académie de Bordeaux*, 1881, p. 406.

Jacques, ayant joué le jour des caresmeaux dernier, sur un car, quelque farce pour recreer le peuple, xxx s. t.[1]. »

1556. — ROUEN. *Le Retour de Mariage*.

Un directeur de troupe ambulante, Pierre Le Pardonneur, avec cinq acteurs et trois « petits enfants chantres » installés, au Jeu de Paume du Port de Salut, depuis deux jours, jouaient la *Vie de Job*; lorsque deux sergents vinrent leur intimer l'ordre de cesser la représentation. Ils appelèrent au Parlement, offrant de faire examiner leur répertoire. Le Parlement, « comme c'est la premiere fois qu'une troupe se presente et joue en public moyennant salaire », ordonne que « Frere Matthieu des Landes, provincial des Carmes, et Jehan Lambert, chanoine et penitencier de Nostre Dame, vont examiner les moralitez et farces que les requerants se proposent de jouer ». Examen fait, le Parlement, dès le jour suivant, autorise la reprise des jeux, à condition qu'on ne jouera que le dimanche après vêpres, et qu'on n'assemblera pas le peuple au son du tambourin ni d'aucun autre instrument bruyant. Il interdit la représentation de la farce du *Retour du Mariage*[2]. (Voy. ci-dessus, page 213, le *Pèlerinage de mariage* qui est probablement la même farce. Sur ces premières troupes de comédiens, mal accueillies presque partout par les autorités civiles et ecclésiastiques, voyez nos *Comédiens en France au Moyen-Age*, pages 342-352. Le Pardonneur reparut à Rouen en 1558, voyez ci-dessous.)

1558[3]. — BORDEAUX.

Autorisation donnée par les Jurats, en avril 1558, au sieur

---

1. Durieux, *Le théâtre à Cambrai*, Cambrai, Renaut, 1883, in-8°.
2. Gosselin, *Histoire du théâtre à Rouen*, 1869, in-8°, p. 41.
3. Nous pourrions indiquer ici une moralité jouée à Limoges en

François Savary, de jouer « en ceste ville des farces, histoyres et moralités sans toutesfois commettre aulcun scandalle contre Dieu et l'Eglise que aultre chose que ce soit, et ce pour le temps et espace de six jours seulement, commensant le lendemain de Quasimodo et enjoingnant toutesfois audict François et ses compaignons de ne faire payer et prendre que six deniers par homme voyant une chambree » [1].

1558. — LA ROCHELLE. *La Maladie de Chrétienté.*

Représentation d'une moralité : *la Maladie de Chrétienté*, par Mathieu Malingre, sous les auspices et en présence du Roi et de la Reine de Navarre, Antoine de Bourbon et Jeanne d'Albret. (Sur cette pièce, voyez *Catalogue des Moralités*, ci-dessus, page 79.)

L'analyse de la pièce jouée à la Rochelle semble se rapporter à un texte un peu différent de celui que nous possédons. La voici telle que nous la fournit M. de Richemond, archiviste de la Charente-Inférieure; d'après Ph. Vincent, ministre, auteur d'une histoire inédite de la Réformation à La Rochelle, écrite à Rotterdam en 1693.

Une femme désolée, mourante, demande à grands cris des consolations et des remèdes. Le curé le plus voisin emploie en vain son ministère ; en vain les divers ecclésiastiques lui succèdent selon la hiérarchie; et après le clergé séculier, viennent les moines de tous ordres. Reliques, indulgences, habit miraculeux de s. François, tout est inutile. La malade va succomber lorsqu'on lui conseille d'avoir recours à un inconnu possesseur de merveilleux secrets.

---

1557, à l'entrée du Roi et de la Reine de Navarre : les personnages furent des bergers, Vertu, Honneur, Apollon, Calliope, Clio, Euterpe, Pallas, Mercure. Mais sous le nom de moralité, c'est là une pastorale dans le goût de la Renaissance. (Voy. *Registres consulaires de la ville de Limoges*, Limoges, 1867, t. II, p. 114-125.

1. *Actes de l'Académie de Bordeaux,* année 1881, p. 406.

Mais cet étranger vit dans la retraite et craint jusqu'à la lumière du jour. On le cherche, on réussit à le découvrir ; il paraît, revêtu d'un costume ordinaire, simple et modeste ; il parle à la moribonde ; il la rassure ; il la réconforte ; il lui remet un petit volume plein d'excellentes recettes ; et là-dessus s'éloigne et disparaît précipitamment. On emporte la malade ; au bout de quelques instants, elle revient vaillante, guérie, leste et joyeuse, en vantant l'efficacité du remède apporté par l'inconnu et les vertus du précieux livre. Mais elle ajoute qu'il est chaud au toucher et qu'il sent le fagot ; d'ailleurs elle ne veut déclarer ni son nom, ni celui du livre ; aux spectateurs de deviner.

1558. — ROUEN.

Le Pardonneur reparaît à Rouen (voir ci-dessus, 1556) avec trois nouveaux acteurs, Nicolas Michel, dit Martainville ; Nicolas Roquevent, dit Leboursier et Jacques Caillart. Mais cette fois, le Parlement, moins bien disposé, interdit absolument les représentations « parce que ces divertissements entraînaient à de vaines et inutiles dépenses »[1].

1559. — CAMBRAI.

A une compaignie de joueurs sur cars, pour avoir le jour de la paix joué une farse et esbatement pour recreer le peuple. L. S. (cinquante sous).

Aux confreres de Saint Jacques en le boulenguerie pour eulx recreer, attendu les farse, jeuz et esbatement par eulx faicz,... 4 l. t.[2].

---

1. Gosselin, *Histoire du théâtre à Rouen*, 1868, in-8°, p. 44.
2. Durieux, *Le théâtre à Cambrai*, Cambrai, Renaut, 1883, in-8°.

1559. — Paris. *Le Pauvre Villageois*.

Une farce, qui pouvait être intitulée *Le pauvre villageois*, composée par J. Quintil, poète saintongeois, fut jouée devant la cour, par les Enfants-sans-Soucy, au mariage de Madame Claude, fille de Henri II, avec Charles II, duc de Lorraine. Sur cette représentation, voyez ci-dessus, page 309.

1559. — Le Puy.

Le 30 avril, place du Martoret, fut jouée « par certains jeunes enfants une briefve histoire moralisée touchant la paix, qui fut assez recreative »[1].

1560. — Bordeaux. *Robinet, Jeannot, le Vicaire, le Bulliste, Roguelant et Jacquette.*

Sur le rapport du conseiller Etienne de la Boétie (l'illustre ami de Montaigne), le Parlement autorise la représentation au collège de Guyenne : 1° D'une moralité latine sur ce texte : *Regnorum integritas concordia retinetur*, dont l'à-propos était grand à la veille des guerres civiles prêtes à éclater ; 2° d'une moralité française dont les personnages étaient Timon, Jupiter, Mercure, Plutus, Pauvreté, le Parasite, le Flatteur, l'Escornifleur ; Trafictès, philosophe ; 3° d'une farce a six personnages : Robinet, Jehanot, son fils; le vicaire, le bulliste, Roguelant, son cuisinier; et Jacquette[2].

---

1. Le livre *De Podio* ou *Chronique d'Estienne Médicis*, Le Puy, 1874, in-8°, p. 484.
2. *Archives historiques de la Gironde*, t. III, p. 466, citées par E. Gaullieur, *Histoire du collège de Guyenne*, 1874, gr. in-8°, p. 256.

1561. — BORDEAUX.

Le dimanche 9 février 1561, Jacques Morin, régent de dialectique au collège de Guyenne, et Antoine Nenin, régent des *primani*, firent représenter, par leurs élèves, plusieurs pièces de leur composition « tragedies, moralités, farces et comedies, tant en latin que françoys, pour l'exercice des escouliers et resjouissance du peuple ». Il s'en suivit des désordres violents qui mirent aux prises les écoliers et les Basochiens ; ceux-ci tenant pour l'Eglise catholique et ceux-là penchant vers la Réforme, ou même y accédant tout à fait. Le Parlement réprimanda les écoliers, et destitua le Roi de la Basoche, nommé Charles Amussat [1]. (Voyez nos *Comédiens en France au Moyen-Age*, p. 313.)

1563. — BÉTHUNE. *L'Enfant Prodigue*.

Cette année, Béthune fut singulièrement égayée par diverses représentations. L'on donna « a aulcuns bourgeois et manans de ceste ville, ayant joué quelque histoire, au devant de la Halle, le jour du gras dimenche, VIII cannes de vin. A ceux de la rue de la Vigne, aians joué une histoire avecq la farche, LXXVI solz en consideration du grant nombre de genz qu'ilz estoient ». Les « josnes compaignons de Saint Michiel » qui avaient joué « ungne histoire de l'Enfant prodigue », reçoivent VIII cannes de vin [2].

1563. — LILLE.

Un jeu du *Veau d'Or* fut représenté sur la place publique de Mouveaux, près de Lille, le dimanche 4 juillet

---

1. *Registres de la Jurade*, cités par Ernest Gaullieur, *Histoire du collège de Guyenne*, 1874, gr. in-8°, p. 258.
2. Voy. *Documents inédits* par Champollion-Figeac, t. IV, p. 327-335.

1563. La représentation attira un grand concours de spectateurs, malgré l'interdiction prononcée par l'ordonnance municipale, du 6 février 1559, contre les mystères tirés de l'Ecriture Sainte. Michel et Antoine Cardon, Jacques Lorthioir, Jehan des Tombes, Loys Prevost, Pierre et Jehan Boussemare qui avaient figuré comme acteurs tant dans le drame religieux que dans *une farce qui avait terminé le spectacle,* furent poursuivis, condamnés à faire amende honorable au Saint-Sacrement, puis jetés en prison. Le lieutenant de police, coupable d'avoir toléré la représentation et même d'y avoir assisté, fut destitué et condamné à 30 florins d'amende [1].

1566-1567. — CAMBRAI.

« Aux enffans du college de ceste cité, pour avoir joué ung jeu en la chambre de Mess^rs, le jour Saincte Scolastique, leur a esté donné en recompense des mises qu'ils ont soustenu, C. S. (cent sous)[2]. »

1567. — BORDEAUX.

Le 5 mai 1567, les *Jurats* portèrent plainte au Parlement « sur ce que, au college de Guienne il avoit esté joué certains jeux de comedie ou il y avoit des paroles diffamatoires contre les Jurats ». Sur ces dissentiments du célèbre collège de Guyenne avec la municipalité de Bordeaux, voyez nos *Comédiens en France au Moyen-Age,* page 310.

1568. — BÉTHUNE.

Des écoliers jouent une moralité (en latin) et une farce

---

1. La Fons de Melicocq, *Archives du Nord de la France,* 3ᵉ série, t. VI, p. 31-33. Cité dans Rothschild, *Viel Testament,* t. III, p. CIII.
2. Durieux, *Le théâtre à Cambrai,* Cambrai, Renaut, 1883, in-8º.

Le sieur Laurent, régent, en était l'auteur, et fut l'un des acteurs [1].

## 1570-1571. — Cambrai.

« Aux enffans du college de ceste cité, ayans le jour Sainte Scolastique, donné recreation a Messrs jouant une comedie en latin, leur a este donné... cx s. t. [2]. »

## 1571. — Béthune.

Les mêmes écoliers qui avaient joué en 1568, représentent, le 1er avril 1571, une *histoire latine* et une farce [3].

## 1571-1572. — Cambrai.

« Aux maistres et enffans du college de ceste cité, pour avoir, le jour Saincte Scolastique dernier, joué une comedie et farse, leur a esté donné pour faire leur raton (sorte de crêpes), C. s. t.

Aux enffans de cœur de Nostre Dame, pour avoir joué quelque farse et donné recreation a Messrs leur a esté ordonné pour eulx recreer,... xx s. t. (Les enfants de chœur de Saint-Géry reçoivent pour le même service, lx sous) [4]. »

## 1572. — Forcalquier. *Le Mauvais Riche.*

Par deux délibérations successives, le Conseil de ville accorde à des particuliers « ayans entrepris de jouer pour decoration d'icelle ville, l'Histoire du Mauvais Riche », quatre florins et une livre de poudre ; puis un teston et une seconde livre de poudre [5].

---

1. *Documents inédits* par Champollion-Figeac, t. IV, p. 327, 335.
2. Durieux, *Le théâtre à Cambrai*, Cambrai, Renaut, 1883, in-8°.
3. *Documents inédits* par Champollion-Figeac, t. IV, p. 327, 335.
4. Durieux, *Le théâtre à Cambrai*, Cambrai, Renaut, 1883, in-8°.
5. C. Arnaud, *Ludus Sancti Jacobi*, Marseille, Arnaud, 1868, p. xi.

1575. — Draguignan. *L'Histoire du Monde.*

« Sera payé aux escoliers qui veulent jouer l'histoyre du Munde, quatre florins par le trezorier. » (Délibération du 24 juin [1].)

1576. — Forcalquier. *L'Histoire du Monde.*

En 1576, on y joua l'Histoire du Monde, jouée à Draguignan l'année précédente. Le conseil de ville alloua 8 florins [2].

1576. — Montelimar. *Seigne Peyre et Seigne Joan.*

Représentation donnée par deux paysans, de la farce de Seigne Peyre et Seigne Joan (sire Pierre et sire Jean). Voy. *Catalogue des farces,* ci-dessus, page 236.

1577-1578. — Cambrai.

« Aux enffans de cœur de Nostre Dame et de Saint Gery, ayans es gras jours derniers joué quelque farse et donné recreation a Messrs, leur a esté ordonné a chacun l s., en tout c. s. (cent sous). »

1578-1579. — Cambrai.

« Aux enffans de cœur de Nostre Dame et de Saint Gery ayans joué quelque comedie et farse devant Messrs... a chacun l. s. [3]. »

1. Registre des ordonnances du Conseil communal de Draguignan, BB 16, fol. 9.
2. C. Arnaud, *Ludus Sancti Jacobi,* Marseille, Arnaud, 1868, p. xi.
3. Durieux, *Le théâtre à Cambrai,* Cambrai, Renaud, 1883, in-8º.

1580. — AURIOL (Bouches-du-Rhône). *L'Enfant Prodigue*.

On y représenta cette année-là « le jeu de l'enfant perdu » (l'enfant prodigue) [1].

1583. — DIJON.

Représentation satirique donnée, le 12 juin 1583, par la *Mère-Folle*, pour ridiculiser Mr Du Tillet, grand-maître des Eaux et Forêts, qui avait, disait-on, « battu sa femme ». Le *jeu* se composa d'une succession de scènes et d'*entrées* variées; le texte est à moitié en français, à moitié en patois bourguignon. Sur la *Mère-Folle* et son répertoire, et particulièrement sur cette représentation satirique, voyez nos *Comédiens en France au Moyen-Age*, pages 206-213.

1584. — AIX.

Un conseiller au parlement « remontre que la veille, jour de la Fête Dieu, il se récita quelques farces où il se proféra plusieurs paroles sales et deshonnêtes, et que ceux qui jouent lesdites farces se licencient trop et dénigrent l'honheur d'aucuns ». Le Parlement, pourvoyant à l'avenir, décida que « dorénavant sera fait commandement aux consuls de cette ville d'Aix, de ne permettre qu'il se récite aucunes farces par la ville, qu'elles n'aient été vues, six jours auparavant, par deux conseillers de la cour, commis à ce, appelé le Procureur général; et pour le présent, il décide que seront les dits joueurs de farces ajournés en personne pour répondre sur ce qu'ils seront interrogés » [2].

---

[1]. Communication de M. l'abbé Albanès, correspondant du Ministère de l'Instruction publique.
[2]. *Journal de Foulques Sobolis*, cité par A. Joly, *Note sur Benoet du Lac*, Lyon, 1862, in-8°.

1588. — Cambrai.

Certains « joueurs » ayant « représenté » devant le Duc d'Alençon, reçoivent 15 livres [1].

1593. — Bayonne.

Le 20 novembre 1593, la ville alloue 12 écus-sol au régent du collège, pour les frais d'une représentation de tragédie que doivent donner ses élèves. L'écu-sol valait trois écus ordinaires [2].

1593. — Cambrai.

Adrien Talmy et ses compagnons ayant donné représentation à MM$^{rs}$ (les échevins) reçoivent 8 livres [3].

1594. — Cambrai.

« Au Recteur du college de la ville ayant joué quelque comedie avecq ses enfants, et au maistre des enfants de chœur de Nostre Dame, pour avoir chanté (au *Te Deum* pour la paix) avec ses enfants, XLIII l. t. [4].

1595. — Aix. *L'Enfant Vicieux et Vertueux.*

« Le 24 juin a été joué un jeu, à l'Archevêché, par les Écoliers de la Ville et les enfants de M. de la Fare et autres, qui était l'*Enfant vicieux et vertueux.* Le vicieux, après avoir tout dissipé, s'est désespéré, et le diable l'a em-

---

1. Durieux, *Le théâtre à Cambrai*, Cambrai, Renaud, 1883, in-8°.
2. Ducéré, *Le théâtre bayonnais sous l'ancien régime. Revue des Basses-Pyrénées* (Partie historique), 1883, t. I, page 121.
3. Durieux, *Le théâtre à Cambrai*, Cambrai, Renaud, 1883, in-8°.
4. *Idem*, idem.

porté ; et le vertueux, le père l'a marié. Et ensuite une farce à quatre personnages, un Savoyard, un Provençal, un Espagnol et un Français. » Sur cette moralité, dont l'auteur est *Benoet du Lac* (anagramme de Claude Bonet); voyez ci-dessus, p. 53. La pièce est imprimée sous ce titre : « le désespéré », par lequel notre catalogue la désigne.

Les mêmes acteurs avaient joué à l'Archevêché, le 19 mai précédent, une « Histoire romaine », *en latin,* où l'on voyait « Octavius, Sylla et Marius, montrant une semblable guerre, comme à present, voulant les grands régner par ambition ».

Le 21 septembre suivant, on vit encore jouer à l'Archevêché « l'histoire de toute la presente guerre, a trente trois personnages, les uns faisans les capitaines, les autres les laboureurs et le tiers estat, lequel estoit pillé et ravagé; enfin le Roi a tout mis en paix »[1].

1598. — BAYONNE.

« A Mr Alexandre Cothereau, regent principal des escolles dudit Bayonne, la somme de neuf cent trente cinq solz a luy ordonnee pour le remboursement de pareille somme par lui fournie et advancee en une pastorale et tragedie représentée par les escolliers de ladite ville, en deux divers jours, l'ung suyvant l'autre, du mois de Juing dernier[2]. »

1599. — CAMBRAI.

« A Jean Lefebvre et ses compagnons, pour quelque comedie jouée le jour du xxe en presence de MMrs, 8 livres.
» A quelques joueurs de comedie ayant joué le xxe de

---

1. *Journal de Foulques Sobolis,* cité par A. Joly, *Note sur Benoet du Lac,* p. 2 et p. 69.
2. Voy. Ducéré, *Le théâtre bayonnais sous l'ancien régime* (*Revue des Basses-Pyrénées, Partie historique,* 1883, t. I, p. 122.)

juillet 1599, par devant Messieurs, en leur maison eschevinalle... xii l. t. [1]. »

1600. — REMIREMONT.

« Payé quatre francs, par conseil des jurés ou de la plupart d'eux, aux enfants qui representerent la *moralité seconde,* que le regent des escoles, du consentement desdits jurés, leur avoit appris [2]. »

1. Durieux, *Le théâtre à Cambrai,* Cambrai, Renaud, 1883, in-8°.
2. Voy. Lepage, *Études sur le théâtre en Lorraine* (1848, in-8°) :
En 1602, le 24 juillet, une troupe de comédiens fut autorisée par les magistrats municipaux d'Arras à donner des représentations dans cette ville à condition « de ne mesler esdits jeux aulcun passaige de la saincte escripture, ny en leirs farses aultres choses trop lachives dont aulcuns polroient estre scandalisez ». Le conseil d'Artois voulut s'opposer aux représentations et expulser les comédiens. Le conseil de ville en appela au gouverneur et il semble qu'il obtint gain de cause (Voy. *Mémorial de 1598 à 1615,* f° 115, cité dans *Le théâtre à Arras,* par A. de Cardevacque, Arras, 1884.)
A Draguignan, en 1613, on jouait encore de vraies moralités. Artus Gautier, quelque chef de troupe ambulante, adressa cette supplique au Conseil de Ville « Ayant, moy indigne, mis en lumiere l'istoire ou moralité que j'ay intitullé *le Ver du péché,* n'ayant volleu icelle mettre en evidence sans vostre authorité et lissance, y estant uzé beaucoup de choses, tant pour le faicteur des abitz, poudre que aultres chozes que conviendra fere, vous priant de donner quelque choze que indemnize a jouer icelle. » Le Conseil fut touché. Il accorda six livres, le 1er août 1613. (Voy. *Registre des ordonnances du conseil communal de Draguignan,* BB, 21, fol. 392 v°, cité dans *Revue des Sociétés Savantes.* 6e série, t. III, mai-juin 1876, p. 475.)

# APPENDICE

# APPENDICE

## NOTE

### SUR DIVERSES PIÈCES NON DRAMATIQUES

#### EXCLUES DES CATALOGUES PRÉCÉDENTS

Où commence, où finit le théâtre ? Il est difficile de répondre d'une façon précise à cette question. Toutefois, il est certain qu'on ne doit pas classer indistinctement parmi les œuvres dramatiques toutes les pièces qui ont pu à un titre quelconque, être débitées sur un théâtre. Autrement tout serait dramatique jusqu'à la *Marseillaise* que Rachel, en 1848, déclamait sur la scène de la Comédie-Française ; jusqu'aux *Nuits* de Musset qu'on y récite encore.

Nous avons exclu des catalogues précédents une multitude de *débats, disputes, dialogues, monologues,* qui nous ont paru, après examen, n'avoir pas été composés proprement en vue de la scène ; quelques-unes de ces pièces ont bien pu y être récitées exceptionnellement, en façon d'intermèdes ; mais il n'est demeuré aucune trace de ces représentations hypothétiques. (Voyez ci-dessus pages 28-29.)

La liste de ces morceaux eût inutilement grossi notre volume. Nous nous bornerons à réunir ici les titres d'une trentaine de poèmes, de divers genres, que les historiens de notre ancien théâtre ont considérés à tort (selon nous) comme des ouvrages dramatiques :

*Bataille (la) des Géants contre les Dieux.* Ms. moderne (xviii° siècle), petit in-4°, 44 pages (Bibliothèque Nationale fr. 25468). Fragment épique et lyrique du temps de la Pléiade ; intitulé à tort : moralité à neuf personnages.

*Chapelet (le) d'amours.* Voyez *Recueil Montaiglon-Rothschild*, tome XIII, p. 136.

*Charité et Orgueil.* Voyez *Recueil Montaiglon-Rothschild*, tome XI, p. 293-312.

*Collerye* (Œuvres de Roger de). Nous n'avons admis dans nos catalogues que le seul monologue du Résolu (voyez cidessus p. 286). Nous avons exclu d'autres monologues et dialogues du même auteur, comme non destinés au théâtre.

*Combat (le) de la Chair et de l'Esprit*, par Edmond Du Boullay, Paris, Corrozet, 1549, in-8°, 72 ff. A tort cité comme dramatique, par Brunet, *Manuel du libraire*, col. 1171, n° 16266.

*Complainte (la) douloureuse de l'âme damnée.* S. l. n. d. In-4° goth., 14 ff. et Paris, Jehan Trepperel, s. d. petit in-4° goth. de 11 ff.

*Confession (la) Margot.* Voyez ci-dessus page 5.

Coquillart (Œuvres de) ; ni ses dialogues ni ses monologues ne furent destinés au théâtre, quoi qu'en ait pensé l'auteur de la *Bibliothèque du Théâtre Français*.

*Corps (Débat du) et de l'âme.* Voyez ci-dessus pages 5, 300 et 347.

*Diablerie (la)*, par Éloi d'Amerval ; Paris, Michel Lenoir, in-fol. goth., 1507, 126 ff. Cité partout comme dramatique. C'est un dialogue en vingt mille vers entre Satan et Lucifer.

*Diablerie (la petite)* « autrement appelée l'Église des mauvais, etc. ». Lyon, Olivier Arnoullet, in-16, 1541. N'est pas plus dramatique que la précédente.

*Dialogue plaisant et recréatif*, entremeslé de plusieurs discours plaisans et facetieux en forme de coq à l'asne. Rouen, Loys Costé, s. d. vers 1600. Voy. *Recueil Montaiglon-Rothschild*, tome V, p. 155-161. Cité comme dramatique par M. E.

Picot (*La Sottie en France*, p. 80). A notre avis la pièce est trop incomplète pour qu'on en puisse nettement distinguer le caractère.

*Figue, Noix, Chataigne* (*Traité plaisant et sententieux de*). Incomplet. Voyez *Recueil Montaiglon-Rothschild*, tome IV, p. 134, note 3 où cette facétie est à tort qualifiée de farce.

*Fille* (*la*) *abhorrant mariage* et *la Vierge repentie*. Deux colloques d'Erasme, traduits par Clement Marot ; M. Lacour en les publiant d'après le ms. 12795 de la Bibliothèque nationale a intitulé à tort cette publication : *Deux farces inédites attribuées à la Reine Marguerite*. (Paris, 1856, in-8º.)

*France* (*Moralité sur la*) à huit personnages. Bibl. nat., mss. fr. 25468. (Voir ci-dessus : *Bataille des Géants*.) Il n'existe de la *Moralité sur la France* que le premier acte et le commencement du deuxième acte. Écrite en vers de 12 syllabes, avec alternance régulière des rimes masculines et féminines, divisée en actes, cette pièce n'appartient pas au théâtre du Moyen-Age.

*Guerre* (*la*) *et le Débat entre la langue, les membres et le ventre*. Paris, in-4º goth., s. d. 18 ff. Souvent réimprimé (Voyez *Collection Silvestre*, nº 15). Attribué par Du Verdier à Jean d'Abondance. Il existe des pièces dramatiques sur la même donnée[1], mais celle-ci n'est pas dramatique : le vers dix-huit et le dernier vers le montrent bien :

> Vous *qui lisez*, je vous pri, notez les
> ...O vous *lisans*, corrigez ce volume.

*Herberie* (*le dit de l'*). Par Rutebeuf. Cité souvent comme dramatique, mais à tort. Il n'offre nulle action, nul jeu de scène ; la forme est plutôt lyrique ; la pièce est en tercets, composés de deux vers de huit syllabes, suivis d'un vers de quatre. Un long épisode en prose (langue ignorée du théâtre jusqu'à la Renaissance) succède aux couplets lyriques. (Voy. nos *Comédiens en France*, page 24.)

*Homme* (*Moralité de l'*) *produit de Nature au monde*, qui demande le chemin de Paradis et y va par neuf journées ; mise en rime françoise, et par personnaiges. Paris, Simon Vostre, s. d., in-8º goth. C'est un long poème didac-

---

1. Voy. *le Ventre, les Jambes, le Cœur, le Chef*, moralité ; et les *Cinq sens de l'Homme*, farce. (Pages 100 et 120 ci-dessus.)

tique, édifiant, nullement dramatique. Le nom de moralité s'est appliqué souvent à des ouvrages qui n'étaient même pas dialogués ; c'est l'intention didactique qui fait la *moralité*, non l'intention dramatique.

*Jardin (le) de Gênes.* « Le jardin de Jennes avecques la plainte de Religion et le soulas de Labeur, composé nouvellement a l'honneur du roy tres chrestien, nostre Sire, le Roy de France, et de son Royaulme. » S. l. n. d. in-4º goth., 4 ff. Voy. *Catalogue Soleinne*, tome I, p. 625, nº 645. Dialogue à treize personnages, que P.-L. Jacob a présenté à tort comme une œuvre dramatique.

*Jeune (le débat du) et du Vieux.* Voyez *Recueil Montaiglon-Rothschild*, tome VII, p. 211. La pièce, divisée en stances régulières de huit vers, ne saurait être dramatique ; mais nous avons vu, sur la même donnée, la farce du Vieil Amoureux et du Jeune Amoureux. Voir ci-dessus p. 256.

*Lacs (le) d'amour divin.* Imprimé à Paris par Félix Balligault, petit in-8º goth. de 26 ff. — Le même, Rouen, Thomas Laisné, petit in-8º goth. de 32 ff. Ce dialogue (entre Jésus-Christ, Charité, Justice, les Filles de Sion) divisé en strophes de huit vers chacune, ne pouvait être destiné au théâtre.

*Mort (la) du duc Philippe* (1467) et : *Mort (la) du Roi Charles VII* (1461). Deux « Mysteres » de Georges Chastellain. Voy. ses *Œuvres*, éd. Kervyn de Lettenhove, tome VII, p. 237-280, et tome VI, p. 437-457. Ces deux panégyriques dialogués ont pu, à la rigueur, être représentés ; mais il est beaucoup plus probable qu'ils ont été composés seulement pour être lus. L'action est nulle et la forme à demi-lyrique. Nous avons admis dans notre catalogue des Moralités (voy. ci-dessus p. 89) *la Paix de Péronne*, du même auteur, parce qu'elle fut certainement représentée.

*Pierre de la Broche.* « La complainte et le jeu de Pierre de la Broche qui dispute a Fortune par devant Raison » publiée comme pièce dramatique par F. Michel et Monmerqué (*Ancien Théâtre Français*, p. 208) est, comme le nom l'indique, une pure « complainte » dialoguée, en trente-cinq strophes de huit vers chacune, et n'a jamais été composée pour la scène.

*Providence divine.* « Monologue de Providence divine parlant a la France, avec un cantique de la France, une chanson spirituelle sur le chant du ps. 72 et une ode en maniere d'Ecco. » Envers, 1561, pièce pet. in-4°. Poème protestant, en trois cents vers décasyllabiques, nullement dramatique.

*Quiolars (les).* Farce en prose, indiquée, dans divers catalogues de l'ancien théâtre français, avec cette date : 1599. Comme il y est question des *fontanges* et de la bataille de Steinkerque (1695), il faut la rajeunir d'un siècle environ.

*Réformation (la) des tavernes.* Dialogue indiqué comme pièce de théâtre dans la *Bibliothèque du Théâtre Français*, tome I, p. 28, et réimprimé dans le *Recueil Montaiglon-Rothschild*, tome II, p. 223. Il n'est nullement dramatique.

*Trois (les) Morts et les Trois Vifs.* Célèbre *débat* imprimé en dernier lieu dans le *Recueil Montaiglon-Rothschild*, tome V, p. 60. Fortoul (dans la *Danse des Morts*, Paris, 1842, in-16) rapporte que les Dominicains avaient fait de ce débat le texte de représentations dramatiques : en tout cas ce n'étaient pas là de vrais jeux de théâtre, mais une mise en scène édifiante, une sorte de prédication mimée. Nous avons rapporté des faits analogues dans nos *Mystères*. (Voy. tome II, page 203.) La forme toute lyrique de ce débat ne permet pas de le regarder comme véritablement dramatique.

*Vierge (la) repentie.* Voy. ci-dessus p. 405, *la Fille abhorrant mariage.*

FIN.

*Achevé d'imprimer
pour la librairie Léopold Cerf
par Cerf et Fils, à Versailles
le 15 juillet 1886.*

www.ingramcontent.com/pod-product-compliance
Lightning Source LLC
Chambersburg PA
CBHW071239240426
43671CB00031B/1238